Stephen von Tetzchner · Harald Martinsen
Einführung in Unterstützte Kommunikation

Stephen von Tetzchner · Harald Martinsen

Einführung in Unterstützte Kommunikation

Übersetzt aus dem Norwegischen
von Sebastian Vogel

»Edition S«

Die Deutsche Bibliothek – CIP-Einheitsaufnahme

Einführung in Unterstützte Kommunikation/
Stephen von Tetzchner; Harald Martinsen. Übers. aus dem
Norweg. von Sebastian Vogel. – Heidelberg: Ed. S, 2000
    Einheitssacht.: Spŷêag og funksjonshemming ⟨dt.⟩
    ISBN 3-8253-8266-4

Alle Rechte vorbehalten · Printed in Germany
© 2000 Universitätsverlag C. Winter Heidelberg GmbH – »Edition S«
Fotomechanische Wiedergabe, auch von Teilen des Buches,
nur mit ausdrücklicher Genehmigung durch den Verlag.
Umschlagdesign: Drißner-Design und DTP, Meßstetten
Druck: Strauss Offsetdruck GmbH, Mörlenbach

Inhalt

Geleitwort	7
Vorwort	9
1. Einleitung	10
2. Unterstützte Kommunikation	17
3. Kommunikationshilfen	48
4. Zielgruppen der Unterstützten Kommunikation: Kinder, Jugendliche und Erwachsene	79
5. Untersuchungsverfahren	110
6. Die Unterrichtssituation	146
7. Unterrichtsstrategien	161
8. Die Auswahl der ersten Zeichen	205
9. Die weitere Entwicklung	242
10. Äußerungen aus mehreren Zeichen	281
11. Gesprächsfähigkeit	309
12. Das sprachliche Umfeld	343
13. Fallstudien: eine Übersicht	361
Literatur	368
Register	417

Geleitwort

Unterstützte Kommunikation als sonderpädagogisch-therapeutisches Fachgebiet wurde in Deutschland erst mit zehnjähriger Verspätung entdeckt. Während im angloamerikanischen Raum, in Skandinavien und in den Niederlanden bereits in den achtziger Jahren sowohl praktisch als auch theoretisch an der Entwicklung der Thematik gearbeitet wurde, gab es in Deutschland zu diesem Zeitpunkt vom Bemühen einzelner Praktiker/innen abgesehen keine übergreifende Theoriebildung, von einer flächendeckenden Versorgung nichtsprechender Menschen ganz zu schweigen. Erst zu Beginn der neunziger Jahre begann mit der Gründung der deutschsprachigen Sektion der internationalen Vereinigung für Unterstützte Kommunikation (ISAAC), eine Fortbildungs- und Publikationsarbeit und eine bundesweite Vernetzung interessierter Personen, in deren Folge Unterstützte Kommunikation immer stärker Einzug in die praktische Arbeit mit nichtsprechenden Menschen hielt und auch die Universitäten diesen Forschungsschwerpunkt entdeckten. Ein historischer Zufall - die Gründungsmitglieder der deutschen Sektion von ISAAC kamen überwiegend aus der Berufsgruppe der Sonderpädagogen/innen - führte dazu, daß Unterstützte Kommunikation in Deutschland zunächst überwiegend in den Sonderschulen umgesetzt wurde.

Auch heute, zum Ende der neunziger Jahre, ist Unterstützte Kommunikation in Deutschland am weitesten im Bereich der Sonderschulen verbreitet, während sich im vorschulischen und nachschulischen Bereich oder in Rehabilitationseinrichtungen und Kliniken nur einzelne engagierte Mitarbeiter/innen um die Verbesserung der kommunikativen Möglichkeiten nichtsprechender Menschen bemühen. Nur sehr zaghaft findet der Bereich Einzug in die logopädischen Praxen Deutschlands, ein aus internationaler Sicht erstaunliches Phänomen, da Unterstützte Kommunikation in fast allen Ländern schwerpunktmäßig von der Berufsgruppe der Sprachtherapeuten/innen und Logopäden/innen angeboten wird.

Überraschend von einer internationalen Sichtweise aus betrachtet erscheint auch, daß in Deutschland bisher nur wenige wissenschaftliche Arbeiten zur Unterstützten Kommunikation veröffentlicht wurden und daß dieses Fachgebiet kein Pflichtbereich in der Ausbildung angehender Sonderschullehrer/innen darstellt. Bedenkt man, daß Unterstützte Kommunikation z.B. in den USA ein ausgewiesener Studienschwerpunkt für angehende Sonderschullehrer/innen bzw. Sprachtherapeuten/innen sein kann, so ist es kaum zu verstehen, daß Studenten/innen der Körperbehinderten-, Sprachbehinderten- oder Geistigbehindertenpädagogik hierzulande ihr Examen ablegen können, ohne jemals auch nur ein einziges Referat zur Untersützten Kommunikation gehört zu haben.

Vor diesem Hintergrund ist es auch kaum verwunderlich, daß die vorliegende Einführung in Unterstützte Kommunikation in Norwegen bereits 1991 erschienen ist, während in Deutschland kein vergleichbares Werk existiert. Auf dem deutschen Markt gibt es bisher neben der Zeitschrift „Unterstützte Kommunikation" entweder die wenigen wissenschaftlichen Veröffentlichungen (eine Habilitationsschrift, einige Dissertationen, wenige Studien und eine wachsende Zahl an Examens- bzw. Diplomarbeiten) oder praxisorientierte Einführungen, ein umfassendes Buch aber, das auf wissenschaftlicher Basis praxisrelevante Anregungen geben kann, fehlt unter den deutschsprachigen Publikationen. Um so erfreulicher ist es, daß nach der Übersetzung ins Englische und Spanische nun auch eine deutsche Übersetzung der überarbeiteten Ausgabe des Werkes von von Tetzchner und Martinsen verfügbar gemacht werden konnte. Sowohl Studierende wie auch Praktiker/innen können aus der Lektüre des Buches einen tiefen Einblick in das Fachgebiet gewinnen und sich über den Stand der internationalen Forschung und deren Bedeutung für die praktische Arbeit informieren.

Beachtenswert an dieser Einführung ist neben ihrer Komplexität und ihrer Praxisrelevanz auch die Unterscheidung in drei Gruppen von Menschen, die Unterstützte Kommunikation für sich nutzen können. Diese Einteilung hat sich als derart sinnvoll und hilfreich erwiesen, daß sie von zahlreichen Folgeveröffentlichungen übernommen wurde und inzwischen als Standard gelten kann.

Anzumerken bleibt, daß von Tetzchner und Martinsen in einer kurzen Stellungnahme zur Facilitated Communication eine kritische Haltung einnehmen, während in der Diskussion in Deutschland die Befürworter/innen dieser Methode deutlich überwiegen.

Insgesamt betrachtet besteht kein Zweifel, daß das vorliegende Werk eine Lücke im Bereich der sonderpädagogisch-therapeutischen Veröffentlichungen schließen kann und damit hoffentlich dazu beitragen wird, der Unterstützten Kommunikation in Deutschland den Platz zu erkämpfen, der diesem wichtigen Fachgebiet gebührt. Im Interesse der nichtsprechenden Menschen und ihrer Kommunikationspartner/innen, die bisher in ihren kommunikativen Bemühungen immer wieder starke Frustrationserlebnisse erdulden mußten, wünsche ich dieser Einführung eine weite Verbreitung auf dem deutschsprachigen Markt.

Arolsen, im Juli 1999
Dr. Ursula Braun

Vorwort

Gebärden, graphische und greifbare Zeichen werden allgemein von hörenden Menschen benutzt, bei denen schwere entwicklungsbedingte Sprech- und Sprachstörungen vorliegen; zu diesem Personenkreis gehören Menschen mit motorischen Störungen, Autismus und geistigen Behinderungen. Deshalb haben es immer mehr Familien und professionelle Helfer mit Kindern, Jugendlichen und Erwachsenen zu tun, die sich solcher Formen der Kommunikation bedienen, und sie müssen über die verschiedenen Systeme der Unterstützten Kommunikation sowie über ihre Anwendung in der Intervention und in alltäglichen Gesprächen Bescheid wissen. Dieses Buch verfolgt das Ziel, solche Informationen zu vermitteln und die Zusammenarbeit zwischen verschiedenen Gruppen der professionellen Helfer sowie zwischen professionellen Helfern und Angehörigen zu erleichtern. Es kann als einführendes Lehrbuch dienen, sowohl für Sprech- und Sprachtherapeuten, Lehrer in Schule und Vorschule, Psychologen, Pflegekräfte und so weiter., als auch für die Angehörigen von Personen mit schweren entwicklungsbedingten Sprech- und Sprachstörungen.

Das Buch wurde ursprünglich 1991 geschrieben, weil ein Bedarf nach einer umfassenden Einführung bestand, welche die verschiedenen Gruppen der Nutzer mit entwicklungsbedingten Störungen ebenso behandelt wie eine ganze Reihe nicht-lautsprachlicher Kommunikationssysteme und Interventionsstrategien. Der vorliegende Band wurde im Vergleich zu dem ursprünglichen Text vollständig überarbeitet, wobei die theoretischen und klinischen Weiterentwicklungen des Gebietes berücksichtigt wurden. Die Überarbeitung wurde im Dezember 1998 abgeschlossen.

Sowohl für professionelle Helfer als auch für Angehörige ist es wichtig, daß ein Lehrbuch in ihrer Muttersprache zur Verfügung steht. Unser besonderer Dank gilt Ursula Braun für ihre Unterstützung und Hilfe bei der Anpassung des Buches an die Verhältnisse im deutschsprachigen Raum. Weiterhin danken wir Ursi Christen und Michael Schäfer für ihre Unterstützung sowie Sebastian Vogel für die ausgezeichnete Übersetzung und freundliche Zusammenarbeit.

Oslo, im Januar 1999
Stephen von Tetzchner
Harald Martinsen

1. Einleitung

Eine bedeutende Minderheit der Bevölkerung ist nicht in der Lage, uneingeschränkt mit Lautsprache zu kommunizieren. Solche Menschen sind entweder völlig unfähig zu sprechen, oder ihr Sprachvermögen reicht nicht aus, um alle Kommunikationsaufgaben zu erfüllen; deshalb brauchen sie unter Umständen eine nichtsprachliche Kommunikationsmethode als Ergänzung oder Ersatz für die gesprochene Sprache. Betroffen sind Kinder, Jugendliche und Erwachsene mit motorischen Störungen, geistigen Behinderungen, Autismus, verzögerter Sprachentwicklung und anderen entwicklungsbedingten oder erworbenen Sprachstörungen. Um wieviele Menschen es sich handelt, ist nicht genau bekannt. Eine besonders große Gruppe sind die Personen mit erworbenen Sprachstörungen, und unter ihnen sind auch viele ältere Menschen.

Das vorliegende Buch befaßt sich in erster Linie mit *entwicklungsbedingten* Störungen von Sprache und Kommunikation. Zwischen den Folgen angeborener oder frühzeitig erworbener Störungen einerseits und solchen, die später im Leben erworben werden, andererseits bestehen große Unterschiede. Die erworbenen Behinderungen zu beschreiben, würde ein eigenes Buch erfordern. Eine angeborene oder frühzeitig erworbene Behinderung führt unter Umständen dazu, daß auch Fertigkeiten, die nur indirekt mit der Behinderung zu tun haben, sich nur schwer entwickeln können. So können beispielsweise Menschen, die als Erwachsene die Seh- und Hörfähigkeit verlieren, in der Regeln noch sprechen und schreiben, wer dagegen gehörlos und blind geboren wird, erlernt diese Fähigkeiten nur in seltenen Fällen. Viele motorisch und sprachlich gestörte Kinder haben auch Schwierigkeiten beim Lesen und Schreiben; wer dagegen erst als Erwachsener unter vergleichbaren motorischen und sprachlichen Beeinträchtigungen leidet, ist nur selten von solchen Problemen betroffen. Außerdem unterscheiden sich die beiden Gruppen wegen der unterschiedlichen Erfahrungen während ihrer Entwicklung auch in Kultur und Lebensweise. Die Gruppe mit entwicklungsbedingten Störungen umfaßt nach Schätzungen mindestens 0,5 Prozent der Bevölkerung, und diese Zahl ist vermutlich noch zu niedrig gegriffen. Nachdem Sprach- und Kommunikationsstörungen mehr Aufmerksamkeit fanden, nahm in der Folgezeit auch die Zahl der Fälle zu. Das wachsende Interesse für die Störungen von Sprache und Kommunikation führte verstärkt zu dem Bewußtsein, daß andere Kommunikationssysteme notwendig sind. Heute steht eine große Zahl solcher Systeme zur Verfügung.

Das Thema dieses Buches ist die Anwendung von Gebärden, graphischen Darstellungen und greifbaren Zeichen in der sprachtherapeutischen Intervention. Die größte Gruppe derer, die Gebärden verwenden, sind die Gehörlosen. Gehörlose Kinder erlernen jedoch die Gebärdensprache ebenso zwanglos, wie die meisten hörfähigen Kinder sprechen lernen. Wenn sie in einer Umwelt mit Gebärdensprache aufwachsen, brauchen sie dazu keinen besonderen Unterricht. Deshalb befaßt sich das vorliegende Buch *nicht* mit den Gehörlosen. Eine Ausnahme bilden nur diejenigen gehörlosen Menschen, die Kommunikationshilfen brauchen, weil motorische Störungen eine ausdrucksstarke Gebärdensprache unmöglich machen.

Zwischen den Menschen, die solche Systeme der Unterstützten Kommunikation brauchen, gibt es große Unterschiede. Viele Kinder entwickeln irgendwann eine Lautsprache, so daß der Bedarf an solchen Systemen verschwindet. Außerdem passen sie sich in unterschiedlichen Umfang an die Gesellschaft an, so daß sie zu ganz normalen Mitgliedern einer sozialen Gruppe werden.

Brauchen Menschen jedoch ihr ganzes Leben lang ein unterstütztes Kommunikationssystem, bestimmen Sprachverständnis und motorische Fähigkeiten wesentlich darüber mit, wie ihr Leben verläuft und inwieweit sie sich eine normale Lebensqualität verschaffen können. Ein Teil von ihnen versteht voll und ganz, was andere Menschen sagen und was um sie herum vorgeht; diese Gruppe teilt die Werte und Normen ihrer jeweiligen Kultur. Die Notwendigkeit, sich der Unterstützten Kommunikation zu bedienen, entsteht durch motorische Störungen, die das Sprechen behindern. In der Regel sind durch die motorische Behinderung auch andere Tätigkeiten beeinträchtigt, so daß die Betroffenen auf technische Hilfsmittel und die Unterstützung anderer Menschen angewiesen sind.

Eine weitere Untergruppe umfaßt Personen, die keine Sprechfähigkeit erwerben und denen auch die herkömmliche Sprachtherapie nicht hilft. Für die meisten Angehörigen dieser Gruppe ist die Sprachstörung ein Teil einer allgemeinen Behinderung, die sich auch auf andere geistige und soziale Fähigkeiten auswirkt.

Schwierigkeiten bei der Kommunikation mit anderen haben vielfältige Folgen, und betroffen sind Menschen in allen Lebensbereichen und Altersstufen. In der Zeit vor dem Spracherwerb beeinflussen Kommunikationsstörungen die Wechselbeziehung zwischen den Kindern und ihren primären Bezugspersonen, und die natürlichen Vorgänge der kulturellen Entwicklung werden gestört oder zunichte gemacht. Die Eltern von Kindern mit umfangreichen Kommunikationsstörungen machen oft die Erfahrung, daß der Kontakt zu ihren Kindern sehr verarmt ist. Sie verstehen die Interessen des Kindes nur schwer und wissen oft nicht genau, was sie tun sollen. Die Kinder laufen Gefahr, daß ihnen nicht die Gelegenheiten zum natürlichen Lernen geboten werden, die normalerweise zu jedem sozialen Umfeld gehören. Das meiste, was Kinder während des Heranwachsens lernen, erfahren sie durch gemeinsame Aufmerksamkeit, durch Reaktionen der Erwachsenen und anderer Kinder, durch das, was andere ihnen über die Dinge erzählen, und indem sie sehen und hören, was andere sagen und tun. Das ist der Weg, wie Kinder sprechen lernen und sich die Kenntnisse, Werte und Normen ihrer Kultur aneignen. Kinder mit Sprach- und Kommunikationsstörungen haben weniger solche Gelegenheiten zum Lernen als andere.

Von der Kindheit an und während des ganzen Lebens hängen die Gefühle von Selbständigkeit, Selbstachtung und Selbstwert eng mit der Fähigkeit zusammen, sich auszudrücken. Die Empfindung, daß man selbst unabhängig ist und mit anderen auf einer Stufe steht, ist eng verknüpft mit der Fähigkeit, den Mitmenschen die eigenen Bedürfnisse, Ideen, Sorgen und Gefühle mitzuteilen. Wer dazu nicht oder nur unter Schwierigkeiten in der Lage ist, kann sich nur schwer „Gehör" verschaffen und verliert die Kontrolle über das eigene Schicksal. Solche Menschen laufen Gefahr, aus der sozialen Gemeinschaft ausgeschlossen zu werden und sich ihr zu entfremden. Sie machen die Erfahrung, daß andere sie unterschätzen - sie werden von oben herab behandelt, und man nimmt ihnen die Entscheidungen ab -, und das verstärkt ihr Gefühl, Menschen zweiter Klasse zu sein. Bei den am schwersten Behinderten können solche negativen Erfahrungen - zu denen noch uneinheitliche, seltene Reaktionen auf ihre Initiativen und Bedürfnisse hinzukommen - zur erlernter Passivität und starker Abhängigkeit von anderen führen. Für solche Menschen ist Kommunikationsfähigkeit gleichbedeutend mit einem verbesserten Verständnis für die Welt und die Vorgänge um sie herum, mit der Möglichkeit, eigene Bedürfnisse auszudrücken, und mit verstärkter Aktivität.

Wenn man Kindern und Erwachsenen mit fehlender oder eingeschränkter Sprechfähigkeit ein anderes Mittel der Kommunikation bietet, verbessert man ihre Lebensqualität; sie können ihr Leben besser selbst in die Hand nehmen, größere Selbstachtung erwerben und sich in der Gesellschaft eher gleichberechtigt fühlen. Außerdem können motorisch stark behinderte Menschen Sprache und Kommunikation unter Umständen einfacher entwickeln als andere Fähigkeiten. Die nicht-lautsprachliche Ausdrucksfähigkeit, die sie auf diese Weise gewinnen, hat meist eine Doppelfunktion, denn sie können mit ihrer Hilfe auch stärker an sozialen und gesellschaftlichen Aktivitäten teilnehmen.

Bei der Auswahl eines unterstützten Kommunikationssystems gilt es zahlreiche Gesichtspunkte zu berücksichtigen. Das System sollte den

Alltag verbessern und dem Betreffenden das Gefühl verleihen, weniger behindert zu sein und sein Leben besser meistern zu können. Deshalb sind bei der Wahl des Systems alle Bedürfnisse der betroffenen Person zu berücksichtigen. Die meisten Menschen, für die ein unterstütztes Kommunikationssystem notwendig ist, benötigen auch andere Formen der Intervention. Das Lehren eines solchen Systems muß außerdem mit dem ganzen Spektrum anderer Förderungsmaßnahmen koordiniert werden, so mit Erziehung, Ausbildung, Hilfe usw. Die Intervention im Bereich von Sprache und Kommunikation darf nicht von sonstigen Maßnahmen isoliert sein. Wie andere Formen von Sprache und Kommunikation, so sollte auch das unterstützten Kommunikationssystem als Hilfsmittel dienen, dessen man sich in allen Lebenslagen bedienen kann.

Mittlerweile sind viele neue Kommunikationssysteme und -hilfsmittel im Gebrauch; sie alle zu beschreiben und zu bewerten, dürfte schwierig sein. Da die verschiedenen Gruppen, die unterstützte Kommunikation benötigen, dazu häufig unterschiedliche Systeme brauchen, ist die Kenntnis der verfügbaren Systeme von entscheidender Bedeutung, damit man die richtige Wahl treffen kann. Außerdem muß man wissen, wie sich die verschiedenen Systeme und Hilfsmittel an die Bedürfnisse der einzelnen Benutzer anpassen lassen. Deshalb verfolgt dieses Buch vor allem folgende Ziele:

- Es möchte einen Überblick über Kommunikationssysteme und Kommunikationshilfen mit Gebärden, graphischen und greifbaren Zeichen geben, die man bei Kindern, Jugendlichen und Erwachsenen einsetzen kann, wenn Alternativen und Ergänzungen zur Lautsprache notwendig sind;
- es möchte einen Überblick über die wichtigsten Gruppen geben, die unterstützte Formen der Kommunikation brauchen, und die wichtigsten Unterschiede zwischen den Angehörigen dieser Gruppen aufzeigen;
- es möchte Maßstäbe und Faktoren beschreiben, die für die Auswahl des Kommunikationssystems und einzelner Zeichen von Bedeutung sind, und dabei soll erörtert werden, wie man sich bei der Auswahl soweit wie möglich auf die besonderen Eigenschaften, Interessen und Bedürfnisse des Benutzers stützen kann;
- es möchte die wichtigsten Prinzipien beschreiben, die bei den verschiedenen Systemen der Unterstützten Kommunikation für den Unterricht und die Unterstützung durch die Umwelt gelten; dazu gehört auch die Frage, wie man Interventionen im Bereich von Sprache und Kommunikation am besten so abstimmt, daß Initiative und Selbstvertrauen der betroffenen Person verstärkt werden.

Terminologie

Daß nicht gehörlose Menschen mit Sprach- und Kommunikationsbehinderungen graphische Zeichen und Gebärden verwenden, ist recht neu, und deshalb sind auch einige neue Begriffe notwendig. Die in diesem Buch verwendete Terminologie stimmt mit der modernen Literatur des Fachgebietes überein. An einer Stelle allerdings weicht sie von den meisten anderen Veröffentlichungen ab. „Zeichen" dient hier als Oberbegriff für linguistische Formen, die keine Lautsprache sind, und schließt sowohl Gebärden als auch graphische Darstellungen ein. Das hat einen einfachen Grund: Graphische Zeichen werden in der Literatur über Unterstützte Kommunikation zwar häufig „Symbole" genannt, in der Linguistik jedoch bezeichnet man sowohl die Lautsprache als auch Gebärden und graphische Zeichen als Sprachsymbole (Lyons, 1977). Peirce (1931) und andere unterscheiden zwischen „symbolischen" und „ikonischen" Zeichen. Die Mehrzahl der graphischen Zeichen, die als „Symbolsysteme" bezeichnet werden (PCS, PIC usw.), hätte Peirce nicht als „symbolisch" angesehen. Den Begriff „Symbol" nur für eine Art von Kommunikationssysteme zu verwenden, erscheint deshalb unklug. Neutraler ist es, wenn man die Ausdrucksformen als „Zeichen" bezeichnet.

In Übereinstimmung mit der internationalen Terminologie werden Wörter und Ausdrücke wie *sprechen*, *etwas sagen*, *Sprecher*, *Zuhörer* usw. recht locker gebraucht. Ein *unterstützter Sprecher* bedient sich einer Kommunikationshilfe, ein *natürlicher Sprecher* dagegen spricht auf die übliche Weise. Ein *Zuhörer* ist das gleiche wie ein Gesprächspartner. Der *Zuhörer* muß nicht unbedingt jemanden sprechen hören, sondern er kann auch ein graphisches Zeichen und eine Gebärde „lesen" oder eine andere Form der Kommunikation interpretieren. Der Begriff *nichtsprechend* bedeutet, daß die betreffende Person nicht über eine Lautsprache verfügt, und *nichtverbal* heißt, daß die Person keine einzige Form von Sprache besitzt, sei es Lautsprache, Gebärdensprache oder graphische Sprache.

Bei den meisten Schülern handelt es sich zwar um Kinder, aber auch viele Jugendliche und Erwachsene werden in der Anwendung Unterstützter Kommunikation unterrichtet. Das liegt unter anderem daran, daß viele schwerbehinderte Menschen bis ins Erwachsenenalter auf Interventionen angewiesen sind - manche sogar ihr ganzes Leben lang. Ein anderer Grund ist die Tatsache, daß es nach wie vor eine nicht unerhebliche Zahl von Erwachsenen gibt, die in ihrer Kindheit nicht die Gelegenheit hatten, ein System der Unterstützten Kommunikation zu erlernen. Wir sprechen deshalb von *betroffenen Personen*, bei denen die Intervention angewandt wird, es sei denn, aus dem Zusammenhang geht hervor, ob es sich um Kinder, die Jugendliche oder Erwachsene handelt. Als *Lehrer(in)* bezeichnen wir alle, die von Berufs wegen am Unterricht der betroffenen Personen beteiligt sind. Die "Lehrerin" kann also eine Kindergärtnerin, eine Lehrerin in der Schule, eine Krankenschwester, eine Sprachtherapeutin, eine Psychologin usw. sein. Der Begriff *Bezugspersonen* bezeichnet Angehörige, Freunde, Tagesbetreuer bei betreutem Wohnen und andere, die der betroffenen Person nahestehen oder für sie verantwortlich sind. Lehrer und sonstige Ausbilder sind damit in der Regel nicht gemeint.

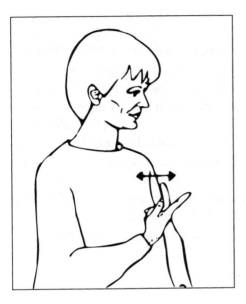
WIR BEIDE

EINKAUFEN

Du/Sie

Ich

einkaufen

Abb. 1 *Die in diesem Buch verwendeten Schreibweisen. WIR-BEIDE EINKAUFEN oder DU UND ICH EINKAUFEN können bedeuten: 'Wir gehen einkaufen'.*

Terminologie und Zeichenerklärung

Die Schreibweisen in diesem Buch entsprechen denen in Tetzchner und Jensen (1996): *Natürlich gesprochene Äußerungen* sind kursiv gesetzt, *„Wörter und Sätze in einer von Maschinen erzeugten, digitalisierten oder synthetischen Sprache"* stehen kursiv und in Anführungszeichen. Bei der schriftlichen Wiedergabe der Gebärdensprache hat jede Gebärde eine *Erläuterung*, das heißt eine Bezeichnung oder Übersetzung. Solche Erläuterungen, zum Beispiel LADEN, werden in Großbuchstaben geschrieben. Erläuterungen für *GRAPHISCHE ZEICHEN* und *BILDER* sind in Großbuchstaben kursiv gesetzt.[1] Die gleiche Konvention gilt auch für GREIFBARE ZEICHEN. Erfordert die Erläuterung einer Gebärde oder eines graphischen Zeichens mehrere Wörter, werden diese durch Bindestriche verknüpft, beispielsweise DU-UND-ICH oder *DU-UND-ICH*. Zeichen für ganze Wörter oder geschriebene fertige Sätze sind unterstrichen, und das gleiche gilt für b-u-c-h-s-t-a-b-i-e-r-t-e Wörter. Einfache Anführungszeichen kennzeichnen 'Interpretationen oder Übersetzungen' geäußerter Gebärden oder graphischer Zeichen. Außerdem bezeichnen sie die Bedeutung von Gesichtsausdrücken, Gesten, Gebärden und so weiter, zum Beispiel 'ja' (Nicken) und 'nein' (Kopfschütteln). Geschweifte Klammern {...} schließen gleichzeitige Ausdrucksformen ein, beispielsweise Lautsprache und Gebärden oder Gebärden und graphische Zeichen. {FROH. *Ich bin froh.*} bedeutet also, daß die Gebärde FROH gleichzeitig mit dem laut ausgesprochenen Satz *Ich bin froh* geäußert wird.

---

[1] Viele Beispiele in diesem Buch beziehen sich nicht eindeutig auf Gebärden *oder* graphische Zeichen. In solchen Fällen werden Großbuchstaben verwendet.

2. Unterstützte Kommunikation

Für Menschen mit normalem Hörvermögen ist die Lautsprache das beste und am weitesten verbreitete Mittel der Kommunikation. Aber manche Menschen sind nicht in der Lage zu sprechen, ganz gleich, wieviel Ausbildung sie erhalten. Für solche Personen ist Unterstützte Kommunikation das wichtigste Mittel zur Verständigung. Andere leiden unter enger begrenzten Sprechstörungen. Dann benötigen sie die Unterstützte Kommunikation unter Umständen, während sie sprechen lernen, oder sie verbessern auf diese Weise ihre Mitteilungsfähigkeit, weil ihre Lautsprache besser verständlich wird. Von Unterstützter Kommunikation spricht man also, wenn die Lautsprache durch andere Methoden ergänzt oder ersetzt wird.

Im internationalen Sprachgebrauch wird die Unterstützte Kommunikation als *Augmentative and Alternative Communication* (AAC) bezeichnet.

> *Alternative Communication* wendet der einzelne an, wenn er von Angesicht zu Angesicht kommuniziert, ohne sich aber dabei einer Lautsprache zu bedienen. Solche alternativen Formen der Kommunikation für Personen, die keine Lautsprache benutzen können, sind Gebärden, graphische Zeichen, Morsezeichen, Schrift usw.
>
> *Augmentative Communication* bedeutet ergänzende Kommunikation. Das Wort *augmentative* weist darauf hin, daß das Erlernen alternativer Kommunikationsformen einem doppelten Zweck dient: Es soll einerseits den Spracherwerb fördern und ergänzen, andererseits aber auch eine alternative Art der Kommunikation gewährleisten, wenn die betroffene Person nicht zum Erwerb der Lautsprache in der Lage ist.

Bei den Systemen der Unterstützten Kommunikation unterscheidet man zwischen Handzeichen (Gebärden), graphischen und greifbaren Zeichen.

> Zu den *Handzeichen* oder *Gebärden* gehören sowohl die Gebärdensprachen der Gehörlosen als auch andere Zeichen, die mit den Händen ausgeführt werden (zum Beispiel *Signed Norwegian* oder *Seeing Exact English*). Der Begriff *Zeichensysteme* wird sowohl für Gebärden als auch für graphische Zeichen benutzt.
>
> *Graphische Zeichen* sind alle graphisch darstellbaren Zeichen (Bliss-Symbole, PCS, PIC-Zeichen usw.).

Greifbare Zeichen bestehen aus Holz oder Kunststoff wie zum Beispiel die Premack-Wortbausteine. Manche greifbaren Zeichen wurde für blinde oder stark sehbehinderte Menschen entwickelt und werden auch *Tastzeichen* genannt. Sie sind in der Regel ebenfalls aus Holz oder Kunststoff gefertigt und unterscheiden sich in Form und Oberflächenbeschaffenheit.

Weiterhin kann man bei den verschiedenen Formen Unterstützter Kommunikation zwischen *hilfsmittelgestützter* Kommunikation und *Kommunikation ohne Hilfsmittel* unterscheiden.

Von *Hilfsmittelunterstützter Kommunikation* spricht man immer dann, wenn der linguistische Ausdruck in physischer Form außerhalb der Person des Benutzers vorhanden ist. Die Zeichen werden *ausgewählt*. In diese Kategorie gehören Zeichenbretter, auf die gezeigt wird, tragbare Computer für die Sprachsynthese, stationäre Rechner und andere Hilfsmittel. Das Zeigen auf ein graphisches Zeichen oder Bild gehört zur hilfsmittelunterstützten Kommunikation, weil das Zeichen oder Bild gleichzeitig den kommunikativen Ausdruck darstellt.

Bei der *Kommunikation ohne Hilfsmittel* produziert die kommunizierende Person alle linguistischen Ausdrucksformen ohne Hilfe. Im Deutschen werden diese Formen mit dem Fachbegriff *körpereigene Kommunikationsformen* zusammengefaßt. Die Zeichen werden *erzeugt*. Damit meint man vor allem Gebärden, aber auch Morsezeichen gehören in diese Kategorie, denn auch dabei erzeugt der Benutzer jeden einzelnen Buchstaben selbst. Das Blinzeln mit den Augen zum Anzeigen von „ja" oder „nein" ist ebenfalls eine körpereigene Form der Kommunikation. Das gleiche gilt beispielsweise für das Zeigen auf einen Gegenstand, denn dabei ist das Zeigen der eigentliche Ausdruck der Kommunikation.

Die Unterscheidung zwischen *personenabhängiger* und *personenunabhängiger* Kommunikation schließlich besagt etwas darüber, wie die jeweilige Form der Unterstützten Kommunikation angewandt wird und welchen Beitrag der Kommunikationspartner dabei leistet.

Von *personenabhängiger Kommunikation* spricht man, wenn der einzelne sich bei der Kommunikation einer anderen Person bedienen muß, die das Gesagte zusammensetzt oder interpretiert. Hierher gehören zum Beispiel die Kommunikation mit Hilfe eines Brettes, auf dem Buchstaben, Wörter oder graphische Zeichen aufgemalt sind. Aber auch wer sich mit Gebärden verständigen will, braucht unter Umständen einen Partner, der die Gebärden deutet und ihre Bedeutungen zusammensetzt.

Personenunabhängige Kommunikation findet statt, wenn der Benutzer die Mitteilung völlig selbständig formuliert. Handelt es sich um graphische Kommunikation, läßt sich dies mit Sprachsynthesecomputern erreichen, die ganze Sätze sprechen, oder auch mit technischen Hilfsmitteln, bei denen die Nachricht auf Papier oder einen Bildschirm geschrieben wird.

Gebärden

In den meisten Ländern kennt man zwei Arten von Gebärden. Der erste Typ wird in der Gebärdensprache der Gehörlosen benutzt. Diese Gebärdensprachen werden oft nach dem jeweiligen Land benannt und heißen zum Beispiel Norwegische Gebärdensprache (*Norwegian Sign Language*, NSL) oder Deutsche Gebärdensprache (DGS). Gebärdensprachen haben eine eigene Grammatik, die in den Flexionsformen und der Wortstellung (Syntax) von den Lautsprachen abweicht. Die Gebärdensprachen der einzelnen Länder unterscheiden sich ebenso stark wie ihre Lautsprachen. Die Topographie (Artikulation) der Gebärden ist unterschiedlich, sie werden unterschiedlich gebeugt, und die Wortreihenfolge ist jeweils anders. Auch Dialekte kommen vor. Die Gebärdensprachen haben sich ebenso wie Laut- und Schriftsprache auf natürlichem Wege entwickelt und durch den Kontakt mit anderen Gebärdensprachen Veränderungen durchgemacht (vgl. Klima und Bellugi, 1979; Martinsen, Nordeng und von Tetzchner, 1985; Siple und Fischer, 1991).

Den zweiten Typ kann man als *lautsprachbegleitende Gebärden* bezeichnen. Sie sind so aufgebaut, daß sie der Lautsprache Wort für Wort folgen, und auch die Flexion entspricht der gesprochenen Sprache des jeweiligen Landes (vgl. Wilbur 1979). Entsprechend unterscheiden sie sich ebenfalls von einem Land zum anderen, wie z. B. das lautsprachbegleitende Norwegisch (Norsk tegnordbok, 1988) und das *Paget-Gorman-Gebärdensystem* (Paget, 1951; Paget, Gorman und Paget, 1979). Lehrer wenden die lautsprachbegleitenden Gebärden häufig an, um gehörlosen Kindern die gesprochene Sprache mit Gebärden zu verdeutlichen. Viele Zeichen dieser konstruierten Sprachen wurden aus den nationalen Gebärdensprachen übernommen, Flexion und Syntax richten sich aber nach dem Vorbild der jeweiligen Lautsprache. Die Gebärdensprachen dieses Typs wurden von Gehörlosen nie in großem Umfang verwendet, weil Flexion und Syntax sich für eine visuell aufgenommene Gebärdensprache nicht besonders gut eignen.

In der Ausbildung nicht gehörloser Personen, die an Kommunikationsstörungen leiden, bedient man sich jedoch allgemein der lautsprachbegleitenden Gebärden. Das hat mehrere Gründe: Nur wenige hörende Menschen beherrschen die Gebärdensprachen der Gehörlosen, die nationalen Gebärdensprachen sind in ihrer Mehrzahl nicht ausreichend detailliert beschrieben, und es fehlt an geeignetem Lehrmaterial. Das gilt auch für die deutsche Gebärdensprache.

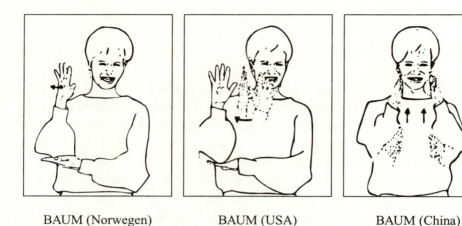

BAUM (Norwegen)   BAUM (USA)   BAUM (China)

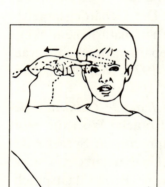 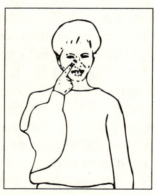 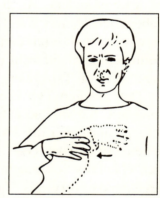

MUTTER (Norwegen, Standard)   MUTTER (Dialekt von Bergen)   MUTTER (Dialekt von Trondheim)

Die Begabung zum Erlernen von Fremdsprachen ist sehr unterschiedlich verteilt, und viele Menschen können sich eine neue Sprache nur mit Mühe aneignen. Eine Gebärdensprache, die stark der Lautsprache ähnelt, ist einfacher zu erlernen, wenn man die gesprochene Sprache bereits beherrscht. Beträchtlich schwieriger ist es, sich eine Sprache mit einer völlig anderen Grammatik anzueignen. Außerdem ist es einfacher, Laut- und Gebärdensprache gleichzeitig anzuwenden. Das ist wichtig, denn bei der Intervention durch Unterstützte Kommunikation werden in der Regel beide Formen gleichzeitig eingesetzt. Wer aber Gebärden gut beherrscht, für den ist eine Gebärdensprache, die der Lautsprache entspricht, weniger nützlich als eine natürliche Gebärdensprache.

Graphische Zeichen

Graphische Zeichensysteme setzt man häufig in Verbindung mit Kommunikationshilfen ein, deren Spektrum von einfachen Zeichentafeln bis zu hochentwickelter Computertechnik reicht. Das erste derartige System waren die Bliss-Symbole, aber im Laufe der Zeit wurden eine ganze Reihe weiterer Systeme entwickelt (vgl. Bloomberg und Lloyd, 1986; Braun, 1997; von Tetzchner und Jensen, 1996). Hier sollen nur die gebräuchlichsten Systeme beschrieben werden.

Bliss-Symbole

Bliss-Symbole sind eine Art *logographischer* oder *ideographischer* Schrift, das heißt, die Schriftzeichen basieren nicht auf Buchstabenfolgen (Downing, 1973). Ursprünglich wurden die Bliss-Symbole als internationale Schriftsprache konzipiert, wobei das Chinesische als Vorbild diente. Man wollte damit dem Weltfrieden dienen, indem man die Politiker verschiedener Länder in die Lage versetzte, einfacher ihre Meinungen auszutauschen (Bliss, 1965). Diese Bestimmung erfüllte das System aber nie. Angewandt wurde es zum ersten Mal in Toronto als Schreibhilfe für motorisch gestörte Kinder, die nicht sprechen konnten und auch mit dem Lesen- und Schreibenlernen große Schwierigkeiten hatten (Becker und Gangkofer, 1994; McNaughton, 1998; McNaughton und Kates, 1974).

Das Bliss-System besteht aus 100 Grundzeichen oder *Radikalen*; diese können zu Wörtern verbunden werden, für die es keine Grundzeichen gibt. Für eine Reihe solcher Zeichenkombinationen bestehen feste Konventionen: Das Bliss-Institut in Toronto und das Internationale Bliss-Komitee übernahmen zahlreiche festgelegte englische Wortbedeutungen oder „Übersetzungen", aber damit sie zum Deutschen oder anderen Sprachen passen, muß man entsprechende Abwandlungen vornehmen. Ein bestimmtes Zeichen oder eine Zeichenkombination wird in den einzelnen Ländern ein wenig unterschiedlich verwendet, ganz ähnlich wie bei einem Wort in der Lautsprache, das ebenfalls häufig nicht genau das gleiche bedeutet, wenn man es in eine andere Sprache übersetzt. Wo man sich nicht auf eine Kombination geeinigt hat, kann man unter Umständen mehrere Bliss-Symbole konstruieren, die dem gleichen gesprochenen Wort entsprechen - ein Beispiel ist das hier dargestellte Wort WEIHNACHTSMANN.

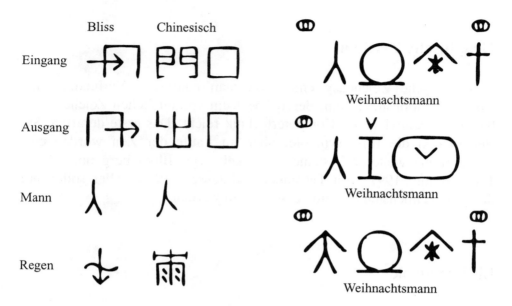

Tafeln zur Kommunikation mit Bliss-Symbolen enthalten in der Regel sowohl Grundzeichen als auch häufig gebrauchte Zeichenkombinationen. Für die Mehrzahl der Wörter aus der Lautsprache gibt es aber keine durch Konvention festgelegten Bliss-Symbole; in vielen Fällen kennt der Nutzer auch die allgemein übliche Form nicht, oder die erforderlichen Grundzeichen stehen auf der Tafel nicht zur Verfügung. Dann bleibt es dem Nutzer überlassen, eine geeignete Zeichenkombination zu finden und damit den gewünschten Inhalt auszudrücken.

Die einzelnen Zeichen in einer Zeichenkombination kann man als *semantische Elemente* ansehen, die zusammengesetzt und aufgrund von Analogien verstanden werden. Auf diese Weise erhält die Zeichenkombination einen Sinn. Das Bliss-Symbol für *ELEFANT* besteht zum Beispiel aus den Symbolen *TIER + LANG + NASE*. *HEIM* entsteht aus *HAUS + GEFÜHLE*. *TOILETTE* ist *SITZ + WASSER*, *GLÜCK* entsteht aus *GEFÜHLE + AUFWÄRTSPFEIL* (Abb. 2). Neben den Bliss-Symbolen, die ganzen Wörtern entsprechen, gibt es auch eine Reihe von Zeichen für grammatikalische Flexionsformen und Sprachteile, zum Beispiel *VERGANGENHEIT*, *PLURAL*, *HANDLUNG*, *GEGENTEIL* usw. Das System der Bliss-Symbole hat also eine recht komplexe Konstruktionsstruktur, deren Grundlage die Zeichenkombinationen bilden (vgl. Schlosser, 1997a, b).

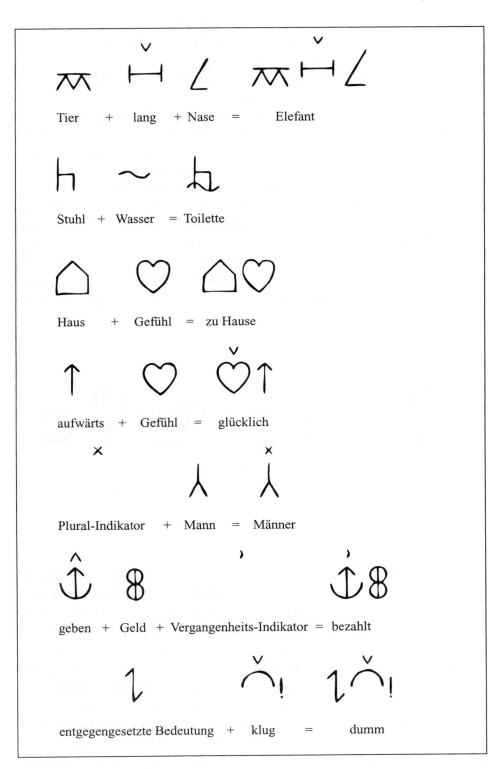

Abb. 2 *Bliss-Symbole.*

Die Grundzeichen und ihre Kombinationen lassen sich auch zu Sätzen verbinden. Bliss (1965) gibt Hinweise zur Syntax, aber im Prinzip kann man jede beliebige Wortreihenfolge verwenden. In den meisten Ländern lehnt sich die Reihenfolge der Wörter so eng wie möglich an die Lautsprache an.

Viele Bliss-Symbole sind graphisch recht komplex aufgebaut. Außerdem haben viele von ihnen ein oder mehrere Grundzeichen gemeinsam. Für Personen, die über ein normales Sehvermögen sowie über gute sprachliche und intellektuelle Fähigkeiten verfügen, spielt das meist keine Rolle, aber für geistig Behinderte kann diese Komplexität eine große Hürde darstellen. Abgesehen von Fällen, in denen nur die allereinfachsten Zeichen gelehrt wurden, haben sich Versuche, dieser Personengruppe die Bliss-Symbole beizubringen, als wenig erfolgreich erwiesen. Den größten Nutzen von dem System hatten Personen mit normaler geistiger Funktion, bei denen Sprech- und Lesefähigkeit eingeschränkt waren (McNaughton und Kates, 1980; Sandberg und Hjelmquist, 1992).

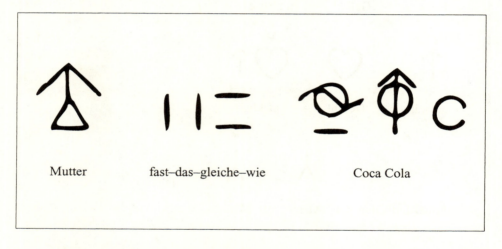

Mutter   fast–das–gleiche–wie   Coca Cola

Die Bliss-Symbole stellen zweifellos das am höchsten entwickelte graphische System dar, das für nichtsprechende Menschen zur Verfügung steht. Aber gerade weil es im Vergleich zu anderen Systemen so kompliziert ist, hängt seine Anwendung stark von geeigneten Lehrmethoden ab (von Tetzchner, 1997a). Hier wurden im wesentlichen zwei Strategien angewandt: ganze Zeichen und die Erklärung von Elementen. Bei dem ersten Verfahren wird nur die gesprochene Entsprechung zu einzelnen Bliss-Symbolen angegeben. Die zweite Vorgehensweise wird bei Verbindungen aus zwei oder mehr Grundzeichen angewandt: Man erklärt die Elemente oder Grundzeichen, aus denen sich die Zeichenverbindung zusammensetzt. Sofern die lernende Person Lautsprache versteht, reicht es zum Erlernen der Bliss-Symbole aus, die Grundzeichen zu benennen. Was die Zeichenverbindungen angeht, ist es offenbar wichtig, die Bedeutung der einzelnen Elemente und ihre Funktion in der Verbindung zu erklären (Schlosser und Lloyd, 1997; Sheperd und Haaf, 1995). Darüber hinaus befaßte man sich mit der Strategie, die Bliss-Symbole stärker zu Piktogrammen zu machen: Man fügte Einzelheiten hinzu, damit sie wie ein Beispiel für die bezeichnete Kategorie aussahen - bei *HAUS* zeichnete man zum Beispiel eine Tür und Fenster ein. Auf diese Weise können Kleinkinder und geistig Behinderte sich die einzelnen Bliss-Symbole ein wenig leichter merken (Raghavendra und Fristoe, 1990, 1995), aber andererseits können die zusätzlichen Bilddetails auch die Analogiefunktion (s. S. xxx) und den metaphorischen Gebrauch der Bliss-Symbole beeinträchtigen. Besser ist es wahrscheinlich, zunächst ein Bildsystem wie PCS oder PIC (siehe unten) zu benutzen und zu Bliss-Symbolen überzugehen, wenn es angemessen erscheint.

Manchmal wurde behauptet, wenn ein Gesprächspartner lesen könne, brauche er die Bliss-Symbole nicht zu beherrschen, weil das Wort immer über dem Zeichen geschrieben steht. Das gilt für die Grundzeichen und Zeichenkombinationen auf der Kommunikationstafel. Sobald aber Wörter, die nicht auf der Tafel stehen, mit Zeichenkombinationen wiedergegeben werden, muß der Zuhörer wissen, wie das System aufgebaut ist - nur so kann er verstehen, was der Nutzer meint. Dieser muß sich seinerseits ein Bild davon machen, was der Zuhörer verstehen kann. Unter Umständen ist die Kommunikation schwierig, weil die Kombinationsmöglichkeiten davon abhängen, welche Zeichen auf der Tafel vorhanden sind. Ganz ähnlich ist auch die Satzkonstruktion durch die verfügbaren Zeichen eingeschränkt.

> Auf einem Jugendseminar wurde einem intellektuell sehr leistungsfähigen Zwanzigjährigen, der aber nicht lesen konnte, die Aufgabe gestellt, einer anderen Person etwas mitzuteilen, das nichts mit der augenblicklichen Situation zu tun hatte. Dazu bediente er sich einer Tafel mit 240 Bliss-Symbolen. Er wollte sagen: „Wer alles besitzt, der besitzt auch Gesundheit." Nach 20 Minuten hatte er sich immer noch nicht verständlich gemacht. Die Unterhaltung wurde auf Videofilm aufgezeichnet und am nächsten Tag einer Gruppe von Heranwachsenden gezeigt, die ebenfalls Kommunikationshilfen benutzten. Auch diese Gruppe, zu der mehrere Nutzer von Bliss-Symbolen gehörten, verstand erst nach langer Zeit und nach einer ganzen Reihe klärender Fragen, was der junge Mann hatte sagen wollen.
>
> Ein Jugendlicher, der Bliss-Symbole verwendete, erzählte in der Schule seinem Lehrer: *MUTTER ÄHNLICH-WIE COCA-COLA.* Später am gleichen Tag kam seine Mutter in die Schule und erklärte, sie habe sich am Morgen über ihn geärgert; erst jetzt verstand man, daß die Äußerung in Wirklichkeit „Mutter war wütend" bedeuten sollte.

Rückblickend versteht man ohne weiteres, daß der Junge „Mutter ist fast übergeschäumt" ausdrückte, aber das Beispiel zeigt sehr deutlich, wie schwierig es sein kann, die richtigen Zeichen zu benutzen, und wieviel Phantasie sowohl der Zuhörer als auch der Nutzer aufbringen müssen, wenn ein nuanciertes Gespräch zustande kommen soll.

Die Bliss-Symbole waren das erste graphische System, das in vielen Ländern angewandt wurde (z.B. von Tetzchner und Jensen, 1996), aber seine Benutzung scheint stetig zurückzugehen. In einer neueren epidemiologischen Studie an norwegischen Kindern unter zehn Jahren, bei denen graphische Kommunikation die wichtigste Form der Intervention war - die Untersuchung umfaßte 25 Prozent der Bevölkerung -, fehlten die Bliss-Symbole völlig (von Tetzchner, 1997a). Studien aus Schweden (Sandberg und Hjelmquist, 1992) und Schottland (Murphy et al., 1995) weisen darauf hin, daß die Bliss-Symbole in diesen Ländern etwas stärker in Gebrauch sind als in Norwegen, jedoch scheint ihre Verwendung in vielen Ländern abzunehmen. Das liegt unter anderem daran, daß sich die Bliss-Symbole für eine ganze Reihe früherer Nutzer als zu schwierig erwiesen haben. Statt die Kommunikation zu verbessern, führten sie sowohl bei den Nutzern als auch bei ihnen nahestehenden Personen zu Frustrationen. Das geschah vor allem bevor andere Systeme gebräuchlich wurden, und heute bringt man Personen mit geistigen Behinderungen oder schweren Sprachstörungen geeignetere Systeme bei. Andererseits kennt man aber auch Beispiele für Kinder, die eine Tafel mit Bliss-Symbolen erhielten, obwohl sie lesen und schreiben konnten, so daß eine Tafel mit Buchstaben und Wörtern ihnen mehr genützt hätte (vgl. Conway, 1986; Smith et al., 1989).

Möglicherweise ist das Pendel aber zu weit in der entgegensetzten Richtung ausgeschlagen. Daß Kinder, die Nutzen aus einem hoch entwickelten System ziehen können, die Bliss-Symbole erlernen, ist sehr wichtig. Wie bereits erwähnt, ist das aber nicht immer der Fall. Viele Eltern und professionelle Helfer stehen den Bliss-Symbolen ablehnend gegenüber. Es ist durchaus nichts Ungewöhnliches, daß sie die Bliss-Symbole nur dann benutzen, wenn das Kind zur Untersuchung oder Kontrolle in die Rehabilitationseinrichtung kommt, in der ihre Anwendung verordnet wurde. Das dürfte daran liegen, daß sie in die Anwendung des Systems nicht eingeführt werden und keine fachkundige Begleitung erhalten; auch wird häufig nicht klar erläutert, warum man das System der Bliss-Symbole gewählt hat (Brekke und Frafjord, 1996). Professionelle Helfer (und durch sie auch die Eltern) sehen in den Bliss-Symbolen offenbar manchmal eine Konkurrenz zur herkömmlichen Rechtschreibung. Im Zusammenhang mit der Diskussion über die Bliss-Symbole sagte die Mutter eines vierjährigen Kindes:

„Er versteht schon viel, und deshalb wollten wir lieber mit einem Computer anfangen, ihm das Alphabet beibringen und so weitermachen, statt ein anderes unterstütztes Kommunikationsverfahren anzuwenden. Das besaß er nach unserer Überzeugung schon. Und wir hofften langsam, er würde irgendwann später - auch wenn es vielleicht noch lange dauert - lesen und schreiben lernen. (von Tetzchner, 1997a, S. 229).

Unter Umständen gilt der Unterricht mit Bliss-Symbolen auch als so zeitaufwendig, daß er sonstige Tätigkeiten beeinträchtigt und deshalb besser vermieden werden sollte. Der Lehrer eines anderen Jungen berichtete über ein Gespräch, das im fünften Lebensjahr des Kindes geführt wurde:

„Es war immer noch notwendig, den Wortschatz und die Kommunikationsfähigkeit zu erweitern. Dann erhob sich die Frage nach Lesen und Schreiben sowie nach seinen Möglichkeiten in diesem Zusammenhang. Wie sollten wir die Zeit nutzen? Wenn er Bliss-Symbole lernen sollte, wieviel Zeit würde ihm dann noch zum Spielen bleiben? Das war das eigentliche Problem. Wenn er vom PIC-System vor der ersten Klasse schnell zum Lesen übergehen kann, werden wir die Zeit nicht mit dem Erlernen von Bliss-Symbolen vergeuden. Dann ist es doch viel besser, wenn wir sie zum Spielen nutzen" (von Tetzchner, 1997a, S. 229).

Wenn ein Kind sich eines Systems bedienen muß, das weniger hoch entwickelt ist, als es seinen Fähigkeiten entspricht, kann das dazu führen, daß es in der Entwicklung seiner Ausdruckssprache unnötig lange auf einer Stufe stehenbleibt und wartet, bis die herkömmliche Rechtschreibung eingeführt wird. Außerdem besteht für Kinder mit Sprachstörungen und motorischen Beeinträchtigungen die Gefahr, daß sich zusätzlich zu diesen Problemen auch noch Lesestörungen entwickeln (Koppenhaver und Yoder, 1992), und wenn der Zugang zu einer hoch entwickelten Form graphischer Kommunikation fehlt, kann das ganz allgemein die Sprachentwicklung behindern. Keinem der beiden Jungen, von denen in den Zitaten die Rede war, wurde das Schreiben und Lesen beigebracht, bevor sie das (in Norwegen) übliche Schulalter von sieben Jahren erreicht hatten. Der zitierte Lehrer war zwar davon überzeugt, daß das Spielen von großer Wichtigkeit ist, gleichzeitig übersah er aber, daß Sprache für motorisch gestörte Kinder nicht nur im Gespräch eine große Bedeutung hat, sondern auch beim Spielen der Schlüssel zur Teilnahme ist.

PIC

Das System PIC (*Pictogram Ideogram Communication*) stammt aus Kanada (Maharaj, 1980) und erfreut sich auch in Skandinavien großer Beliebtheit. Bei stark Lernbehinderten hat es die Bliss-Symbole weitgehend verdrängt. PIC besteht aus stilisierten Zeichnungen, die sich als weiße Umrisse von einem schwarzen Hintergrund abheben. Die Wortbedeutung steht immer in weißen Buchstaben über der Zeichnung. In den einzelnen Ländern werden unterschiedlich viele PIC-Zeichen verwendet: In Norwegen sind es 563 (1989), in Dänemark 705 (1995) und in Portugal 400 (1989; von Tetzchner und Jansen, 1996).

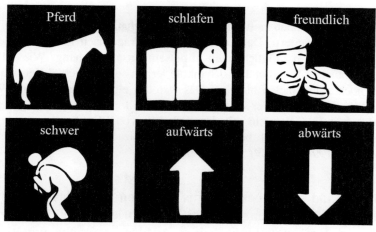

Abb. 3 *PIC-Zeichen.*

PIC-Zeichen werfen nicht die gleichen Probleme auf wie die Bliss-Symbole. Sowohl Eltern als auch professionelle Helfer halten sie für leichter verständlich und haben schnell Gefallen an ihnen gefunden. Aber die PIC-Zeichen sind auch weniger vielseitig und in mancher Hinsicht stärker eingeschränkt als die Bliss-Symbole. Auch mit PIC-Zeichen kann man Sätze und neue Wörter bilden, aber angesichts der geringen Zahl von Zeichen ist das nicht immer einfach. Benötigt der Nutzer mehr Möglichkeiten, als mit den PIC-Zeichen zur Verfügung stehen, kann er diese durch Zeichen aus anderen Systemen mit allgemeinerer Bedeutung ergänzen.

Die PIC-Zeichen waren für viele Menschen äußerst nützlich, aber ihre Beliebtheit hat auch dazu geführt, daß sie im Übermaß verwendet wurden. Manchmal werden sie empfohlen, wenn die betreffende Person sich auch der Bliss-Symbole oder der normalen Schrift bedienen könnte.

Picture Communication Symbols

Das System PCS (*Picture Communication Symbols*, Johnson, 1981, 1985) entstand in den USA. Es umfaßt etwa 1800 Zeichen, einfache Strichzeichnungen in Schwarzweiß mit der darübergeschriebenen Wortbedeutung. Manche Bindewörter, Artikel und Präpositionen, zum Beispiel *VON*, *FÜR* oder *MIT*, werden in der üblichen Schreibweise ohne Strichzeichnungen dargestellt. Die Zeichen sind einfach nachzuzeichnen, so daß PCS auch mit der Hand abgeschrieben werden kann. PCS ist heute wohl das am häufigsten benutzte System. Sehr verbreitet ist es in Großbritannien, Irland, Deutschland und Spanien, und auch in den skandinavischen Ländern gewinnt es immer mehr an Beliebtheit. Sein wichtigster Vorteil im Vergleich zum PIC-System ist die größere Zeichenzahl.

Abb. 4 *Picture Communication Symbols*

Rebus

Wie die Bliss-Symbole, so wurde auch das *Peabody Rebus Reading Program* (Woodcock, Clark und Davies, 1969) als logographisches Zeichensystem entwickelt (Clark, 1984). Ursprünglich diente es dazu, Personen mit geringerer geistiger Behinderung das Lesen beizubringen. Später erweiterte sich der Anwendungsbereich auf die Kommunikation (Jones, 1979). Eine britische Version wurde in engem Zusammenhang mit dem Makaton-Projekt entwickelt (van Oosterom und Devereux, 1985; Walker et al., 1985).

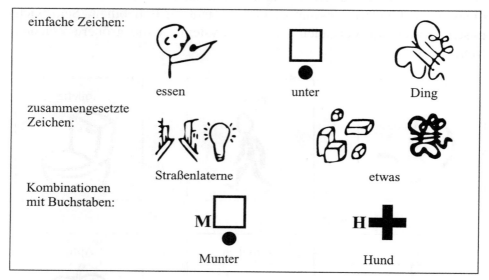

Abb. 5 *Rebus-Zeichen.*

Das Rebus-System stellt in mancherlei Hinsicht einen ganz anderen Ansatz dar als Bliss-Symbole, PIC und PCS. Es besteht aus 950 graphischen Zeichen, in der Mehrzahl bildliche Darstellungen. Die Zeichen lassen sich in der üblichen Weise kombinieren: *STRASSE + LICHT* wird zu *STRASSENLATERNE*. Neben den üblichen Wortkombinationen kann auch die Aussprache der Wortbedeutung verwendet werden. Das englische Wort *LIGHT* kann zum Beispiel sowohl „hell" als auch „leicht" bedeuten. Darüber hinaus kann man Buchstaben mit den ausgesprochenen Wortbedeutungen kombinieren, so daß aus graphischen Zeichen und Buchstaben neue Wörter entstehen. Wird ein Zeichen in dieser Weise mit einem Buchstaben zusammengefügt, ergibt sich das neue Wort aus der Aussprache der beiden Elemente. K+*ALT* wird beispielsweise zu *KALT*, Z+*IMMER* ergibt *ZIMMER*, H+*UND* wird zu *HUND* kombiniert. Im

Unterricht liegt das Schwergewicht beim Rebus-System also sowohl auf den Buchstaben als auch auf den Zeichen.

Wie sich herausgestellt hat, wirkt sich Übung in der Anwendung des Rebus-Systems positiv auf die Lesefähigkeit aus (Kiernan, Reid und Jones, 1982); das ist vor allem auf die übliche Praxis zurückzuführen, neben den herkömmlichen Bedeutungen der Zeichen auch die zugehörigen Laute zu benutzen. Gleichzeitig stellt das Rebus-System nur geringe Anforderungen an die Lesefähigkeit, denn es müssen nicht alle Buchstaben eines Wortes gelesen werden. Wie sich in Untersuchungen des Lese- und Lauterkennungsunterrichtes gezeigt hat, können die Kinder anfangs den ersten Laut oder die erste Silbe eines Wortes sprechen, ohne daß sie in der Lage wären, die übrigen Laute zu erkennen (Skjelfjord, 1976). Offensichtlich hat das Rebus-System seine Grundlage also im mittleren Stadium des Erwerbbs der Lesefähigkeit, und deshalb fördert es die weitere Entwicklung dieser Fähigkeiten.

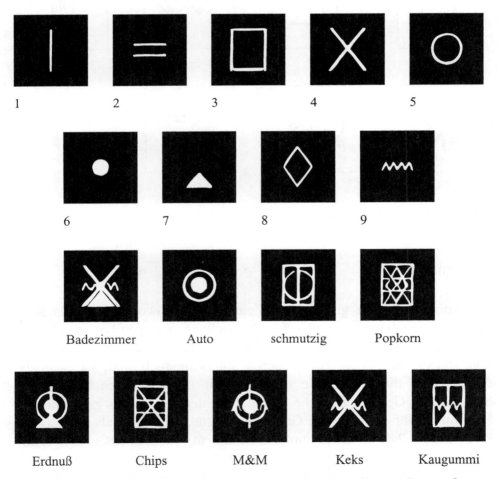

Abb. 6 *Lexigramme. Oben: die neun Grundelemente. Unten: Beispiele.*

Lexigramme

Die Lexigramme stellen kein vollständiges Zeichensystem dar. Es handelt sich um neun Elemente, die zu unterschiedlichen Formen kombiniert und Wortbedeutungen zugeordnet werden können. Da es keine festgelegten Zeichen und Bedeutungszuordnungen gibt, wird den einzelnen Zeichen je nach den Bedürfnissen der jeweiligen Person ein Sinn beigelegt. Wie beim Premack-System ist es das erklärte Ziel, daß die Zeichen nicht auf bildlichen Darstellungen basieren sollen. Die Lexigramme waren vor allem in den USA in Gebrauch, ihre Verwendung beschränkte sich aber offensichtlich auf Forschungsprojekte (Romski und Sevcik, 1996).

Abb. 7 *Sigsymbole.*

Sigsymbole

Grundlage dieser graphischen Zeichen sind sowohl Bilder als auch Gebärdensprache. Die graphischen Darstellungen zeigen typische Merkmale der zugehörigen Gebärden. Da die Gebärden von Land zu Land und von einem System zum anderen unterschiedlich sind, ist es unabdingbar, daß die Sigsymbole anhand der in der jeweiligen Gegend gebräuchlichen Gebärdensprache gestaltet werden. So gibt es zum Beispiel Sigsymbole für die britische Gebärdensprache, die 1982, als sie entwickelt wurden, 240 Elemente umfaßten (Cregan, 1982; Jones und Cregan, 1986). Eine andere Version basiert auf der amerikanischen Gebärdensprache (Cregan und Lloyd, 1984). Sigsymbole sind nützlich für Personen, die sowohl graphische Zeichen als auch Gebärden benutzen, und können auch für Personen, die Gebärden erlernen, als Schriftsprache dienen.

Aladin

Die Aladin-Bildersammlung wurde in Deutschland entwickelt und besteht aus ca. 1000 schwarz-weißen Bildsymbolen, deren Bedeutung unterhalb des Bildrahmens wiedergegeben wird. Es handelt sich um sehr schwungvolle, bewegte Zeichnungen. Auch Tabuthemen, z.B. aus dem Bereich der Sexualität, und umgangssprachlicher Jargon sind im Vokabular enthalten. Zusätzlich zur Kopiervorlage in Buchform wurde von den Autoren ein Computerprogramm entwickelt, das die Nutzung der Symbole auf stationären oder tragbaren Computern ermöglicht. Die Computerversion basiert auf Baumstrukturen, die die Zusammenstellung individueller Kommunikationstafeln mit Oberbegriffen und darunterliegenden Thementafeln ermöglichen.

Abb. 8 *Aladin-Bilder.*

Bilder

Bilder, das heißt Zeichnungen und Fotos, stellen in der Regel die erste Form graphischer Kommunikation dar. Bilder zu verstehen, ist aber eine wichtige kognitive Fähigkeit, die sich normalerweise langsam entwickelt und von geistig Behinderten unter Umständen nicht ohne weiteres erlangt wird. Kleinkinder zeigen eine eingeschränkte Verständnisfähigkeit für Bilder (Kose, Beilin und O'Conner, 1983). Im Frühstadium der Spracheentwicklung werden zum Beispiel die erlernten Namen für Gegenstände nicht auf Abbildungen dieser Gegenstände übertragen (Luciarello, 1987). Auch bei vielen geistig behinderten Menschen ist die Begriffsfähigkeit für Bilder beeinträchtigt, und Fotos sind häufig schwerer zu verstehen als Strichzeichnungen (Dixon, 1981; McNaughton und Light, 1989). Wenn jemand nicht versteht, was die Bilder darstellen sollen, hat es wenig Sinn, Bilder anstelle eines graphischen Zeichensystems zu benutzen.

Zugunsten der Bilder wird im allgemeinen das Argument angeführt, man wolle etwas benutzen, was die betreffende Person erkennen und worauf sie reagieren kann. Aber die Verwendung von Bildern ist als solche meist nicht das Ziel. Es stellt sich die Frage, ob der visuelle Inhalt der Bilder dem behinderten Menschen hilft, sie in der Kommunikation einzusetzen. Bilder haben Vor- und Nachteile. Ein *allgemeines* Interesse an Bildern könnte dafür sprechen, ein auf bildlichen Darstellungen basierendes Zeichensystem zu benutzen, vorausgesetzt, die betreffende Person befolgt keine festgelegten „Rituale", die mit dem Betrachten von Bildern zu tun haben. Interessiert sich die Person für *bestimmte* Bilder, hängt ihre Verwendung davon ab, was mit den Darstellungen assoziiert wird. Das Betrachten von Bildern und die Reaktion darauf sind keine *linguistische Anwendung*, und damit Bilder als Wörter benutzt werden können, muß die betreffende Person unter Umständen erst den ursprünglichen Gebrauch der Bilder „verlernen". Das Verlernen eingespielter Reaktionen auf bekannte Bilder ist gleichbedeutend mit dem Entfernen von Teilen jener Grundlage, die eine bereits vorhandene Interaktion aufbaut, und das erscheint weder notwendig noch klug.

Die meisten Menschen sind von Bildern umgeben, und wer sie als „Wörter" benutzt, kann die im üblichen Sinn gebrauchten Bilder - die man anschaut, an die man sich erinnert, über die man spricht, die als Verzierung und Illustration dienen - unter Umständen nur schwer von jenen unterscheiden, die zum eigenen Wortschatz gehören. Deshalb ist es hilfreich, wenn man besondere Bilder verwendet, die sich von anderen völlig abheben, und diese als eigenen Wortschatz der betreffenden Person definiert. Die meisten graphischen Zeichensysteme basieren im wesentlichen auf bildlichen Darstellungen, und manchmal führt der Bildinhalt bei der Verwendung als Wort zu Verwirrung (Smith, 1996). Gleichzeitig haben sie aber ihre eigenen, besonderen Merkmale, durch die sie sich von den üblichen Bildern unterscheiden (z.B. PCS und PIC). Deshalb ist es unter Umständen nützlich, ein graphisches Zeichensystem anstelle von Bildern zu benutzen.

Graphische Zeichensysteme können bei Kindern auch die Begriffsbildung erleichtern - sie ist schwierig, wenn ein Kind mit Hilfe von Bildern kommunizieren muß. Eltern und Kinder sitzen beispielsweise oft zusammen, betrachten Bilderbücher und tauschen die Namen der abgebildeten Gegenstände aus. Sind die Bilder auf den Kommunikationstafeln und in den Bilderbüchern einander sehr ähnlich, hat es wenig Sinn, sie immer sowohl im Buch als auch auf der Tafel zu zeigen. Das wäre nur eine Form der Zuordnung, die nichts mit liguistischer Verwendung zu tun hat. Wenn man auf ein Bild auf der Kommunikationstafel deutet, wäre das kaum als Benennung für die im Buch abgebildeten Gegenstände und Tätigkeiten zu begreifen, aber eine solche Benennung ist die Grundvoraussetzung, damit man von linguistischer Anwendung sprechen kann.

Darüber hinaus gelten Bilder offenbar in der Regel nicht als Sprache eines Menschen. Die Nutzer erleben immer wieder, daß sie nicht ernstgenommen werden, wenn sie mittels Bildern kommunizieren wollen, und wenn sie auf ein Bild zeigen, erkennen andere nicht, daß sie etwas zu sagen haben (Conway, 1986). Eltern verhalten sich oft so, als ob das Kind schlicht auf ein ganz normales Bild zeigt, und sprechen dann vielleicht darüber, was auf dem Bild zu sehen ist, was dort vorgeht, usw. (C. Basil, persönliche Mitteilung, November 1989).

Zur Gestaltung der Kommunikationstafeln werden vielfach Fotos von Gegenständen aus dem Umfeld des Kindes benutzt. Die Eltern nehmen beispielsweise ein Foto ihres Autos und wollen dem Kind dann beibringen, es als Gattungsbegriff für „Auto" zu verwenden. Das macht es dem Kind unter Umständen schwer, mit Hilfe des Bildes von anderen Autos als dem seiner Eltern zu sprechen. Die Vertrautheit, die auf den ersten Blick ein Vorteil zu sein scheint, wird zu einem Hindernis, weil das Bild eigentlich als Name für „das Auto von Mama und Papa" verwendet wird und nicht als allgemeine Bezeichnung für die Klasse von Gegenständen namens „Auto". Noch augenfälliger wird das Problem, wenn man sich vorstellt, das Kind solle Fotos seiner Eltern als allgemeine Benennung für „Mann" und „Frau" verwenden und mit ihrer Hilfe von allen Männern und Frauen sprechen.

Oft werden auch Bilder aus Zeitschriften ausgeschnitten und auf den Kommunikationstafeln angebracht; dabei wird nicht berücksichtigt, wie schwierig es sein kann, zwischen solchen Abbildungen zu unterscheiden. Manche geistig Behinderten sind entweder farbenblind, oder sie können Farbinformationen nicht nutzen (J. F. Fagan, persönliche Mitteilung, August 1987). Außerdem gibt es, was die Wahrnehmung von Bildern angeht, ganz allgemein beträchtliche kulturbedingte Unterschiede. Die Angehörigen mancher Kulturkreise verstehen zwar schwarzweiße Strichzeichungen, können aber Farbfotos nicht erkennen (Stephenson und Linfoot, 1996). Solche Argumente sprechen dafür, ein System schwarzweißer graphischer Zeichen mit scharfen Kontrasten zu benutzen, denn bei einem solchen System besteht die größte Wahrscheinlichkeit, daß Nutzer die Unterschiede zwischen den Zeichen erkennen und begreifen.

Fotos erfüllen ihre wichtigste Funktion wahrscheinlich als Personennamen. Da ein Name immer eine ganz bestimmte Person bezeichnet, eignen sie sich für diesen Zweck gut. Werden Fotos aber als Kommunikationshilfe eingesetzt, ist auf den Bildern oft auch das Kind zu sehen. Dann sind Ort, Situation und Person in den Äußerungen des Kindes, das auf das Bild zeigt, oft nur schwer zu trennen. Außerdem läßt sich dann mittels des Fotos nur schwer mitteilen, was andere Kinder oder Erwachsene wollen oder tun. Um solche Probleme zu vermeiden, kann man ein eigenes Foto des Kindes zusammen mit weiteren Fotos oder Zeichen aus einem graphischen System einführen, die Gegenstände, Tätigkeiten usw. bezeichnen. Kombiniert man auf diese Weise ein Foto des Kindes mit anderen Fotos oder graphischen Zeichen, statt sie in einem einzigen Element zusammenzufassen, kann man die Tätigkeit, den Gegenstand usw. verändern, während man das Foto des Kindes beibehält, oder man bringt zusammen mit dem Element, das eine Tätigkeit oder einen Gegenstand bezeichnet, das Foto eines anderen Kindes oder Erwachsenen ins Spiel. Auf diese Weise schafft man die Grundlage für Äußerungen mit mehreren verschiedenen Zeichen, auch wenn die Tätigkeit und das Kind zunächst gemeinsam dargestellt sind (von Tetzchner et al., 1998).

Orthographische Schrift

Viele Kommunikationshilfen basieren auf normaler Schrift. Da das Buchstabieren von Wörtern und Sätzen mit vielen Buchstaben sehr lange dauern kann, enthalten entsprechende Kombinationshilfen häufig nicht nur Einzelbuchstaben, sondern auch Buchstaben-, Wort- und Satzkombinationen. Kommunikationshilfen für Nutzer mit eingeschränktem Wortschatz bestehen meist aus einzelnen Wörtern.

Greifbare Zeichen

Manchen Kindern hilft es, wenn sie die Form eines Zeichens nicht nur sehen, sondern auch ertasten können. Neben reinen Tastzeichensystemen können auch Gegenstände, die Ereignisse symbolisieren, sowie Modelle, die dem dargestellten Gegenstand ähneln, als greifbare Zeichen dienen, und das gleiche gilt auch für Formen, die den Gegenständen der dargestellten Kategorie überhaupt nicht ähnlich sind (Bloom, 1990: Rowland und Schweigert, 1989). Auch die Oberflächenbeschaffenheit kann unterschiedlich sein. Das älteste und umfangreichste Kommunikationssystem mit Tastzeichen wurde von Premack (1971) entwickelt.

Die Premack-Wortbausteine

Das System der Premack-Wortbausteine wurde in Großbritannien und den Vereinigten Staaten in relativ großem Umfang zum Unterricht geistig behinderter und autistischer Menschen verwendet. Ursprünglich entwickelte man die Wortbausteine, weil man untersuchen wollte, ob Affen eine nicht auf der Lautsprache basierende Sprache erlernen können. Premack (1971) legte deshalb großen Wert darauf, daß seine Wortbausteine nicht den Gegenständen ähnelten, zu deren Bezeichnung sie dienen sollten. Er wollte nämlich zeigen, daß Affen auch nicht bildhafte Zeichen lernen können. Deich und Hodges (1977) stellten weitere Wortbausteine her, und von diesen ähneln manche den Objekten, die sie darstellen. Die Wortbausteine bestehen aus Kunststoff oder Holz und haben unterschiedliche Formen (Abb. 4). Von anderen Zeichen unterscheiden sie sich dadurch, daß man sie physisch erkunden, handhaben und bewegen kann.

Premacks System zielte vorwiegend darauf ab, einzelne Zeichen zu lehren, aber die Bausteine wurden auch zu Sätzen zusammengefügt. Weiterentwickelt wurde die Anwendung der Premack-Wortbausteine durch Carrier: Er stellte ein systematisches, pädagogische Programm für das Erlernen des Satzbaus zusammen (Carrier, 1974; Carrier und Peak, 1975). Man kennzeichnete die Wortbausteine mit farbigem Klebeband und legte auf diese Weise fest, zu welchem Satzteil sie gehörten. Artikel waren rot markiert, Verben waren blau, Substantive orange, usw. Die Nutzer lernten also nicht nur, sich der einzelnen Bausteine zu bedienen, sondern da unterschiedliche Sätze aus verschiedenartigen Farbfolgen bestanden, wurde ihnen auch eine einfachere Syntax nahegebracht (Abb. 10).

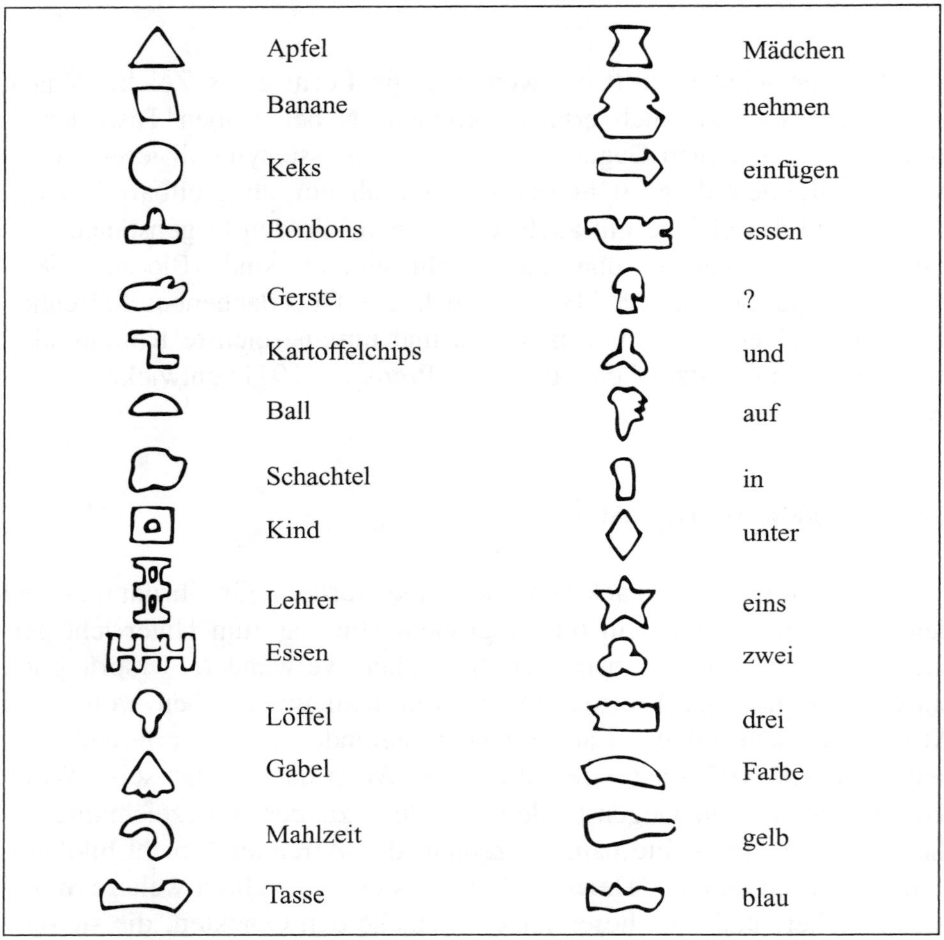

△	Apfel	⏳	Mädchen
▢	Banane	⌘	nehmen
○	Keks	⇨	einfügen
⚐	Bonbons	⬚	essen
⌒	Gerste	♀	?
⌐	Kartoffelchips	⚛	und
⌂	Ball	⚲	auf
⎔	Schachtel	▯	in
◉	Kind	◇	unter
⫩	Lehrer	☆	eins
⩭	Essen	⚘	zwei
⚶	Löffel	⌓	drei
△	Gabel	⌒	Farbe
∽	Mahlzeit	⌇	gelb
⌢	Tasse	⌇	blau

Abb. 9 *Premack-Wortbausteine.*

Tastzeichen

Manche greifbaren Zeichen wurden für blinde oder stark sehbehinderte Menschen entwickelt. Da sie durch Tasten erkannt werden sollen, sind sie in der Regel leicht an ihrer Form zu unterscheiden und haben auch eine unterschiedliche Oberflächenstruktur; man kann sie deshalb auch „Tastzeichen" nennen (vgl. Mathy-Laikko et al., 1989).

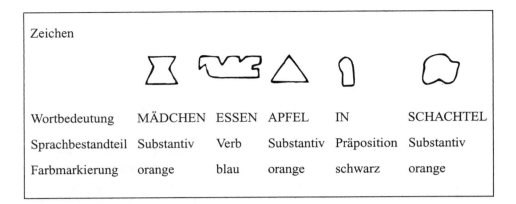

Abb. 10 *Satzbau mit Premack-Wortbausteinen nach Carrier.*

Die Auswahl eines Zeichensystems

Um für eine Person, die der Unterstützten Kommunikation bedarf, die beste Kommunikationsform zu finden, sollte man sich bei der Auswahl des Systems daran orientieren, was man über die Eigenschaften der betreffenden Person weiß, insbesondere über ihre motorischen Fähigkeiten und über die Fähigkeit, Bewegungen, Formen und Bilder wahrzunehmen. Zuerst sollte man feststellen, ob man besser mit hilfsmittelunterstützter Kommunikation oder mit einer Kommunikationsform ohne Hilfsmittel beginnt. Meist wählt man zwischen Systemen mit Gebärden, graphischen Zeichen oder Tastzeichen, oder man entschließt sich, mehrere Systeme zu verwenden. Dann stellt sich die Frage, welches System die Grundlage bilden soll.

Die unterschiedlichen Zeichensysteme zu vergleichen, ist keine einfache Aufgabe. Häufig stellt die Tatsache, daß ein System in einem Land der allgemeine Standard ist, das wichtigste Argument für die Auswahl dieses Systems anstelle eines anderen dar. Es ist sehr wichtig, daß möglichst viele Menschen das gleiche System verwenden, denn dann können Lehrer und andere professionelle Helfer die Arbeit mit Kindern und Jugendlichen aus anderen Schulen und Institutionen leichter fortsetzen. Man sollte sorgfältig darauf achten, daß die Nutzer untereinander unmittelbar kommunizieren können. In Deutschland bedeutet das, daß man am besten bei der Deutschen Gebärdensprache und deutschen Handzeichen bleibt, und daß man darüber hinaus die allgemein üblichen graphischen Systeme verwendet (Bliss-Symbole, PCS, PIC und Aladin). Nur wenn überzeugend nachgewiesen wurde, daß ein bestimmtes neues Zeichensystem notwendig ist, sollte ein solches System eingeführt werden. Ist ein System der allgemeine Standard, eröffnen sich auch größere

Möglichkeiten, umfangreiche Erfahrungen damit zu sammeln, so daß sich seine Stärken und Schwächen zeigen.

Gebärden, graphische Zeichen oder greifbare Zeichen?

Bei der Entscheidung zwischen Gebärden und graphischen Zeichen sollte man die Wahrnehmungsfähigkeiten der betreffenden Person in Rechnung stellen. Für Sehbehinderte ist es oft einfacher, die Bewegungen der Gebärden zu verstehen, als eine Zeichnung wahrzunehmen. Die Bewegungen kann man auch kinästhetisch verstehen, beispielsweise bei der Kommunikation zwischen Menschen mit kombinierter Seh- und Hörschwäche, wenn die Gebärden des Gesprächspartners mit den Händen des Nutzers ausgeführt werden. Für manche Anwender erweisen sich technische Hilfsmittel mit graphischen Zeichensystemen und Sprachsynthese als hilfreich. Bilder nützen vielen geistig behinderten Menschen kaum, für andere aber haben graphische Zeichen einen großen Aufmerksamkeitswert. Manchen Menschen hilft es offenbar, wenn sie Premack-Wortbausteine oder andere greifbare Zeichen spüren und handhaben können, aber bisher weiß man ganz allgemein wenig darüber, wie dies das Lernen und die Anwendung beeinflußt.

Auch die Fähigkeit, Arme und Hände zu benutzen, ist ein bedeutender Faktor bei der Auswahl einer Kommunikationsform. Ein wichtiger Unterschied zwischen Gebärden und graphischen Zeichen besteht darin, daß graphische Zeichen ausgewählt werden, während Gebärden erzeugt werden müssen. Deshalb stellen Gebärden offenbar größere Anforderungen an das Gedächtnis. Und damit Zeichen beider Typen verstanden werden, muß die betreffende Person ihre Aufmerksamkeit sowohl auf die vom Gesprächspartners hervorgebrachten Zeichen als auch auf die mit diesen Zeichen zusammenhängenden Konsequenzen für die Kommunikation richten. Das Erzeugen von Zeichen stellt jedoch etwas andere Anforderungen an die Aufmerksamkeit. Wer sich der Gebärden bedient, muß auf den Kommunikationspartner ebenso achten wie auf die Person, den Gegenstand oder das Ereignis, das durch die Gebärden dargestellt werden soll. Bei der Anwendung graphischer Zeichen muß man die Aufmerksamkeit auf diese richten und auf ein Zeichen zeigen; gleichzeitig auch auf den Kommunikationspartner und andere Aspekte der Situation zu achten, ist schwierig (Martinsen und Tetzchner, 1996).

Es gibt eine ganze Reihe von Umständen, die für die Entscheidung zwischen Gebärden und graphischen System von Bedeutung sein dürften, über die man aber wenig weiß. Behauptungen über die Funktionsunterschied zwischen den Systemen gründen sich häufig auf Vermutungen. In Experimenten hat sich vorwiegend gezeigt, daß Rebus und Bliss-Symbole für Menschen ohne Kommunikationsstörungen leichter zu erlernen sind als die Premack-Wortbausteine (Clark, 1981). Es gibt aber keine vergleichenden Untersuchungen über die Verwendung von PIC-Zeichen und Premack-Wortbausteinen im Unterricht von geistig Behinderten.

Auch die hilfsmittelunterstützte Kommunikation und die Kommunikation ohne Hilfsmittel wurden nur in wenigen Studien verglichen. Die beste Untersuchung stammt von Hodges und Schwedhelm (1984). Sie verglichen, wie 52 Kinder und Jugendliche (5 bis 17 Jahre) mit einem durchschnittlichen nichtverbalen IQ von weniger als 13 Gebärden und Premack-Wortbausteine erlernten. Sie betrachteten vier Gruppen mit jeweils 13 Schülern. In den ersten drei Monaten wurde eine Gruppe im Gebrauch der Premack-Wortbausteine unterrichtet, wie es von Hodges und Deich (1978) vorgeschrieben wurde. Eine weitere Gruppe lernte den Gebrauch der Wortbausteine nach der Methode von Carrier und Peak (1975). Die beiden anderen Gruppen erhielten in den ersten drei Monaten überhaupt keinen Unterricht. In den beiden folgenden Monaten wurden den ersten beiden Gruppen sowie einer der beiden anderen Gebärden beigebracht (Tab. 1).

Tabelle 1 *Der Unterricht der Gruppen von Hodges und Schwethelm (1984).*

Gruppe	Erste Unterrichtsphase (3 Monate)	Zweite Unterrichtsphase (2 Monate)
1	Unterricht in der Anwendung der Premack-Wortbausteine nach der Methode von Hodges und Deich (1978)	Gebärdenunterricht
2	Unterricht in der Anwendung der Premack-Wortbausteine nach der Methode von Carrier und Peak (1975)	Gebärdenunterricht
3	kein Zeichenunterricht	Gebärdenunterricht
4	kein Zeichenunterricht	kein Zeichenunterricht

Zunächst machten die beiden Gruppen, die den Gebrauch der Wortbausteine lernten, Zuordnungsübungen, und erst wenn sie diese beherrschten, wurde ihnen die Benutzung der greifbaren Zeichen beigebracht. Von den 26 Kindern in den beiden Gruppen waren nur sieben bei den Zuordnungsübungen erfolgreich, so daß sie im weiteren Verlauf mit den Wortbausteinen arbeiten konnten. Von den 19 Kindern, die das Zuordnen nicht ausreichend beherrschten, lernten zwölf in der zweiten Phase zwischen einer und elf Gebärden. Und nur eines von den Kindern, die den Umgang mit den Wortbausteinen begriffen, erlernte keine Gebärden. Die Tatsache, daß sie mit den Wortbausteinen vertraut waren, hatte aber für das Erlernen der Gebärden offenbar keinerlei Bedeutung. Die Kinder in den beiden ersten Gruppen erlernten im Durchschnitt 4,3 Gebärden, in der Gruppe, die während der ersten drei Monate überhaupt keinen Unterricht hatte, lag diese Zahl bei fünf.

In dem Experiment spiegelt sich nicht nur der Unterschied zwischen Gebärden und greifbaren Zeichen wider, sondern auch die Unterrichtsmethoden waren unterschiedlich. Carrier legt großen Wert auf die Zuordnung von Farben und Zahlen als Kriterium für den Unterricht mit den Premack-Wortbausteinen. Auch Hodges und Deich messen der Zuordnungsfähigkeit große Bedeutung bei. Die Frage, in welchem Umfang Zuordnungsaufgaben gelöst wurden, erwies sich jedoch nicht als entscheidend für die Fähigkeit, Gebärden zu erlernen. Es ist durchaus denkbar, daß mehrere Kinder den Umgang mit den Premack-Wortbausteinen hätten erlernen können, wenn man eine andere, zweckmäßigere Unterrichtsmethode angewandt hätte. Andererseits dürfte es einfacher sein, mit Gebärden eine nützliche Unterrichtssituation herzustellen.

Aus diesem Experiment verläßliche Schlußfolgerungen zu ziehen, ist schwierig. Immerhin legt es aber die Vermutung nahe, daß man zu Anfang am besten Gebärden unterrichtet, vorausgesetzt, die betreffende Person hat mit dem Gebrauch der Hände keine besonderen Schwierigkeiten. Allerdings gibt es auch Fälle, in denen Kinder die hilfsmittelunterstützte Kommunikation erlernten, nachdem der Unterricht mit Gebärden erfolglos geblieben war. In den Experiment von Hodges und Schwethelm (1984) gelernte ein Kind den Gebrauch der Wortbausteine, aber die Gebärden konnte es sich in der zweiten Unterrichtsphase nicht aneignen. In einem anderen Versuch (Deich und Hodges, 1977) lernte ein neunjähriger Junge sehr schnell den Gebrauch der Premack-Wortbausteine, obwohl sich der Unterricht in der Gebärdensprache bei ihm zuvor als erfolglos erwiesen hatte. Anschließend jedoch erlernte er auch die Gebärden. Man kann sich also vorstellen, daß der Gebrauch der Wortbausteine hier die Voraussetzung für das Erlernen der Gebärden geschaffen hatte. Von Tetzchner und Mitarbeiter (1998) beschreiben zwei autistische Kinder im Vorschulalter, die mit Fotos und PIC-Zeichen ein ähnlich großes Repertoire von Ausdrücken erwarben, nachdem sie zuvor mit dem Erlernen von Gebärden kaum vorangekommen waren. Eines dieser Kinder eignete sich nach dem Anfangserfolg mit graphischer Kommunikation auch Lautsprache und Gebärden an. Rotholz, Berkowitz und Burberry (1989) berichteten über zwei Jugendliche mit Autismus, bei denen sich graphische Kommunikation in einem experimentellen Umfeld im Vergleich zu den Gebärden als wirksamer erwiesen hatte.

Die Anwendung der Systeme

Wenn die mit dem Lernen zusammenhängende Faktoren keinen Anhaltspunkt dafür liefern, welches Zeichensysteme sich für eine Person am besten eignet, sollte man anderen Kriterien größere Beachtung schenken. Gebärden haben den großen Vorteil, daß man sie überall anwenden kann. Man brauchte weder eine Tafel noch irgendein anderes Hilfsmittel mit sich herumzutragen. Andererseits sind viele graphische Zeichen für Menschen, die mit dem System nicht vertraut sind, einfacher zu verstehen. Der Wunsch, mobil zu sein, einen großen Wortschatz zu haben und von vielen Menschen leicht verstanden zu werden, führt oft zu Widersprüchen, wenn es darum geht, eine Form der Unterstützten Kommunikation auszuwählen. Welche Prioritäten man dabei setzt, hängt von der Person ab, die das System anwenden soll. Für einen Jugendlichen, der nicht schreiben kann und häufig mit vielen Freunden und Bekannten zusammenkommt oder neue Menschen kennenlernt, wird sich häufig ein graphisches System als besonders nützlich erweisen. Für einen schwer behinderten autistischen Jugendlichen dagegen, der im wesentlichen nur zu Hause, in der Schule oder in seiner Behinderteneinrichtung mit anderen Menschen in Kontakt kommt, dürften Gebärden die beste Wahl sein, denn von seinen Bekannten kann man erwarten, daß sie die Gebärden erlernen, und der Betreffende selbst muß nicht daran denken, ständig eine Kommunikationstafel mitzunehmen.

Es ist nicht immer notwendig, sich *zwischen* graphischen Zeichen und Gebärden zu entscheiden. In manchen Fällen können graphische Zeichen auch die Gebärden ergänzen.

> Ein dreizehnjähriger, geistig mäßig behinderter Junge erlernte den Gebrauch des Memowriter, einer kleinen Kommunikationshilfe, mit der er Nachrichten auf Papier schreiben konnte. Er benutzte sie, wenn er mit Menschen zusammenkam, die keine Gebärdensprache beherrschten. Er lernte auch, andere Menschen zunächst schriftlich zu fragen, ob sie Gebärden beherrschten. Erhielt er eine bejahende Antwort, ging er zu Gebärden über, deren Anwendung schneller geht. Bei einer negativen Antwort verständigte er sich weiterhin schriftlich. Er verfügte mit Schrift und Gebärden über einen ähnlich großen Wortschatz aus etwas über 300 Wörtern (Reichle und Ward, 1985).

Ein achtjähriges Mädchen mit geringfügiger geistiger Behinderung konnte Lautsprache gut verstehen, hatte aber große Schwierigkeiten, sich selbst auf diese Weise auszudrücken. Sie lernte, sich sowohl der Gebärden als auch einer Kommunikationstafel mit graphischen Zeichen zu bedienen. Das Mädchen bevorzugte die Gebärden, benutzte aber auch die Tafel, wenn die Handzeichen in einer Situation nicht ausreichten (Culp, 1989).

Gebärden

Was die Gebärdensprachen angeht, die im Unterricht gehörloser Kinder eingesetzt wurden, so gibt es keinerlei Indizien dafür, daß eine derartige Sprache leichter oder schwerer zu erlernen ist als eine andere. In allen Gebärdensprachen lassen sich manche Gebärden einfach ausführen, andere dagegen sind schwieriger. Systeme, die sich an die Lautsprache anlehnen, umfassen auch deren Flexionsformen, und wenn man diese einschließt, werden die Gebärden recht kompliziert. Auch in natürlichen Gebärdensprachen gibt es Flexionen. Wie schwierig eine Sprache ist, hängt weniger von den verwendeten Gebärden selbst ab als vielmehr davon, in welchem Umfang Flexionsformen einbezogen werden. Im ersten Stadium des Unterrichts ist es nicht notwendig, sie zu benutzen.

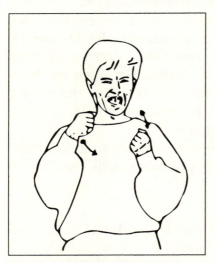
KLEINES AUTO

GROSSES AUTO

Für Personen mit Dyspraxie (Schwierigkeiten bei der Ausführung willkürliche Bewegungen) und anderen Formen motorischer Behinderung ist es ein Vorteil, wenn die Gebärden einfach auszuführen sind. In der großen Mehrzahl der Experimente mit Gebärden wurden Systeme eingesetzt, die man ursprünglich für gehörlose Kinder entwickelt hatte. Wo es notwendig war, wurden die Gebärden so vereinfacht, daß auch Menschen mit motorischen Störungen sie leichter ausführen konnten (vgl. Grove, 1990). Das klappte in der Regel gut.

Graphische Zeichensysteme

Ein wichtiger Gesichtspunkt für die Auswahl eines graphischen Zeichensystems ist das Sprachverständnis. So stellen beispielsweise die Bliss-Symbole größere Anforderungen an das Sprachverständnis als die PIC-Zeichen. In der Regel zielen diese Zeichensysteme auch auf unterschiedliche Gruppen ab, das heißt, sie sind für Menschen mit unterschiedlich gut ausgeprägtem Sprachverständnis gedacht.

Über die charakteristischen Eigenschaften der graphischen Zeichensysteme und über die Frage, wie einfach sie zu erlernen sind, begibt es heute beträchtliche Meinungsverschiedenheiten (Clark, 1984; Fuller und Lloyd, 1987; Schlosser, 1997a, b). In Experimenten hat sich überwiegend gezeigt, daß Rebus-Zeichen für Menschen ohne Sprachbehinderung leichter zu erlernen sind als Bliss-Symbole (Clark, 1981). Auch Zeichnungen sind leichter zu erlernen als Bliss-Symbole (Hurlbut, Iwata und Green, 1982).

Bliss-Symbole, Rebus-Zeichen und Lexigramme schließlich sind einfacher zu erlernen als normale Schrift (Clark, 1981), aber nur dann, wenn die betreffende Person nicht buchstabieren kann. Wer diese Fähigkeit besitzt, bekommt durch die normale Schrift Zugang zu einer unbegrenzten Zahl von Wörtern, ohne sich diese einzeln merken zu müssen.

Es scheint also, als gebe es im Hinblick darauf, wie schwierig verschiedene Zeichensysteme zu erlernen sind, eine gewisse Hierarchie. Aber daß die Schwierigkeitsverhältnisse für alle, die solche Systeme benutzen, die gleichen sind, ist durchaus nicht gesichert. So gibt es zum Beispiel keine vergleichenden Untersuchungen zur Verwendung von PIC-Zeichen und Premack-Wortbausteinen im Unterricht geistig behinderter Menschen. Viele graphische Systeme ähneln sich stark, und Behauptungen, dieses oder jenes System sei das bessere, gründen sich oft auf Vermutungen, oder der Urheber der Behauptung war selbst an der Entwicklung des jeweiligen Systems beteiligt. So könnte man sich beispielsweise vorstellen, daß der bei den PIC-Zeichen verwendete weiße Umriß auf schwarzem Hintergrund gegenüber den normalen Strichzeichungen von PCS und Bliss-Symbolen vorzuziehen ist, aber der entsprechende Nachweis steht noch aus.

Auch der Wortschatz der Zeichensysteme ist keineswegs für den einzelnen Nutzer maßgeschneidert. Er spiegelt vielmehr die Begrenzungen im Hinblick auf die Zeichen wider, die erlernt werden können. In die Auswahl der Zeichen, die ein solches System bilden, hat man zwar jeweils viel Arbeit gesteckt, aber trotz allem sollte man den Wortschatz nur als Vorschlag betrachten. Die Bedürfnisse des Nutzers sollten darüber bestimmen, welche Zeichen auf der Kommunikationstafel auftauchen, und wenn ein benötigtes Wortes nicht vorhanden ist, sollte man ein neues Zeichen hinzufügen. Um aber die linguistische Funktion der Zeichen zu unterstreichen, dürfte es dennoch nützlich sein, wenn die selbstgemachten Zeichen denen in dem jeweils verwendeten System ähneln. So gibt es zum Beispiel kein PIC-Zeichen für ZU ENDE. Die Gebärde für ZU ENDE hat sich jedoch oft als nützlich erwiesen, und deshalb wird man für Menschen, die sich ansonsten der PIC-Zeichen bedienen, vielfach ein entsprechendes graphisches Zeichen herstellen, das aus einem weißen Umriß auf schwarzem Hintergrund besteht. Da auch die Lexigramme weiß auf schwarzem Hintergrund sind, kann man möglicherweise eines von ihnen verwenden. Wenn es um die Namen von Menschen, Orten usw. geht, ist es oft praktisch, Fotos zu benutzen.

ENDE

Sich vor dem Mischen verschiedener graphischer Zeichensysteme zu fürchten, besteht kein Anlaß. An ihnen ist nichts Magisches, das verlangen würde, nur bei einem System zu bleiben. Die Zahl der PIC-Zeichen ist beschränkt, und es ist häufig notwendig, sie mit Hilfe des PCS zu ergänzen. Manchmal hat auch der Nutzer eine Vorliebe für die eine oder andere Form. Außerdem erweisen sich die PIC-Zeichen für viele Nutzer im Laufe der Zeit als zu eingeschränkt, und als zusätzlichen Schritt in der weiteren Entwicklung solcher Menschen kann man zwischen den PIC-Zeichen auch Bliss-Symbole einfügen. Die Bliss-Symbole sind ganz allgemein weiter verbreitet als die PIC-Zeichen und sind schon deshalb für den Anwender ein nützlicheres Hilfsmittel. Gleichzeitig stellen die Bliss-Symbole aber auch größere Anforderungen, und sie bauen auf die Kommunikationsfähigkeiten auf, die der Nutzer mit Hilfe von PIC, PCS oder einem anderen an bildlichen Darstellungen orientierten System erworben hat.

Greifbare Zeichen

Menschen, die nicht sehbehindert sind, verwenden als greifbare Zeichen wahrscheinlich am häufigsten Gegenstände und Modelle von Gegenständen. Sie werden in der Regel unter den Objekten in der Umgebung der betreffenden Person ausgewählt und haben meist nur für diese Person ihre besondere Bedeutung (vgl. Bloom, 1990). Um Verwechslungen mit normalen Gegenständen zu vermeiden, verfolgt man in der Regel das Ziel, so bald wie möglich zu graphischen Zeichen oder Gebärden überzugehen. Ist auf lange Sicht die Anwendung greifbarer Zeichen notwendig, sollte man ein geschlossenes System vorziehen, und das einzige derartige System sind die Premack-Wortbausteine. Sehbehinderte brauchen Zeichen, die sich durch Tasten ohne Mitwirkung der Augen unterscheiden lassen (Mathy-Laikko et al., 1989). Ein geschlossenes System derartiger Zeichen gibt es zur Zeit nicht.

3. Kommunikationshilfen

„Kommunikationshilfen" ist der übliche Begriff für Hilfsmittel, die es dem Benutzer erleichtern, sich auszudrücken. Hörhilfen gelten als Mittel zur Unterstützung eines Sinnesorgans, eine Brille dagegen wird nicht auf die gleiche Weise als Hilfsmittel eingestuft. Beide betrachtet man nicht als Kommunikationshilfen, obwohl sie zweifellos dazu beitragen, die Kommunikation zwischen den Menschen zu verbessern.

Kommunikationshilfen sind schon seit langem im Gebrauch; das Spektrum reicht dabei von „manuellen", technisch sehr einfachen Tafeln und Hilfsmitteln mit beweglichen Lichtern und Zeigern bis zur hochentwickelten Computertechnik mit Monitoren und künstlicher Sprache (siehe Goosens, Crain und Elder, 1992; Fishman, 1987; Vanderheiden und Lloyd, 1986). Besondere Aufmerksamkeit schenkte man den Kommunikationshilfen und ihrem Einsatz, nachdem computergestützte Geräte im Gebrauch kamen.

Am wichtigsten ist der Zugriff auf Kommunikationshilfen in der Regel für motorisch gestörte Menschen, aber auch wenn keine motorische Beeinträchtigung, sondern Autismus, Sprachstörungen oder geistige Behinderung vorliegen, können sie sehr hilfreich sein. Kommunikationshilfen sollten tragbar sein, so daß man in unterschiedlichsten Situationen auf sie zurückgreifen kann. Insbesondere High-Tech-Geräte waren bis vor kurzer Zeit recht schwer und sperrig, so daß man sie kaum mit sich herumtragen konnte. Manchmal erforderten sie auch eine äußere Stromversorgung oder häufiges Aufladen der Batterien. Die Anwendung solcher Hilfsmittel war für motorisch gestörte Menschen, die relativ unbeweglich sind, häufig einfacher als für andere, eher mobile Personen. Wer einen elektrischen Rollstuhl benutzte, konnte das Gerät an die Batterie des Stuhls anschließen. Außerdem lassen sich relativ schwere, batteriebetriebene Kommunikationshilfen in einem Rollstuhl ohne weiteres transportieren; einem Anwender, der sie tragen muß, nützen sie dagegen kaum etwas. Personen, die keinen Rollstuhl benötigen, neigen deshalb eher zu herkömmlichen Zeigetafeln oder zu Kommunikationsbüchern mit graphischen Zeichen oder Bildern.

Traditionelle Hilfen

Bei den traditionellen Hilfen handelt es sich im allgemeinen um Tafeln oder Tabletts mit Buchstaben, Wörtern, graphischen Zeichen oder Bildern (Abb. 11). In manchen Fällen enthält eine Tafel ausschließlich Zahlen oder einen anderen *Code*, der sich auf ein Wörterverzeichnis bezieht. Ein Zahlencode oder etwas Entsprechendes verschafft dem Anwender die Möglichkeit, eine größere Zahl von graphischen Zeichen, Wörtern oder Sätzen auszudrücken, als es ohne eine solche Vorrichtung möglich wäre.

Abb. 11 *Beispiele für traditionelle Kommunikationshilfen.*

Die Hilfen werden entweder durch direkte Selektion bedient oder aber durch automatisches oder gerichtetes Scanning.

Von *direkter Selektion* spricht man, wenn der Anwender unmittelbar auf das deutet, was er sagen möchte. Zu diesem Zweck kann er einen Finger, einen Fuß, einen am Kopf befestigten Zeigestock, einen Lichtstrahl, die Augen oder anderes benutzen.

Beim *automatischen Scanning* bewegt sich eine Lichtquelle, ein Zeiger oder etwas ähnliches. Befindet sich das Licht oder der Zeiger an der gewünschten Stelle, betätigt der Anwender irgendeinen Schalter.

Das *gerichtete Scanning* besteht in der Regel darin, daß der Anwender zwei oder mehr Schalter bedient. Mit einem Schalter (oder auch mehreren) wird ein Lichtstrahl, Zeiger o.ä. auf dem Brett bewegt, und mit einem zweiten wird dann die Auswahl getroffen.

Gerichtetes und automatisches Scanning können entweder allein oder kombiniert ablaufen.

Als *einfaches Scanning* bezeichnet man einen Vorgang, bei dem alle Zeichen auf dem Brett nacheinander abgetastet werden (Abb. 12).

Beim *kombinierten Scanning* wird jede Dimension einzeln abgetastet. Das kann zum Beispiel bedeuten, daß der Nutzer zunächst eine Reihe auswählt und sich dann in dieser Reihe für ein Zeichen entscheidet, auf das er zeigen möchte. Dieses Scanningverfahren läßt sich auf mehrere Arten organisieren (Abb. 12).

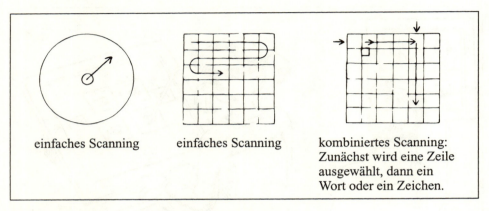

einfaches Scanning   einfaches Scanning   kombiniertes Scanning: Zunächst wird eine Zeile ausgewählt, dann ein Wort oder ein Zeichen.

Abb. 12 *Einfaches und kombiniertes Scanning.*

Verfügt der Nutzer über einen großen Wortschatz, kann das einfache Scanning sehr zeitaufwendig werden. Schneller und effizienter ist das kombinierte Scanning. Bei Kleinkindern und geistig Behinderten beginnt man natürlich zunächst mit dem einfachen Scanning, und wenn dieses beherrscht wird, geht man zum kombinierten Scanning über. Darüber hinaus gibt es auch abhängige und unabhängige Formen des Scanning.

Unabhängiges Scanning bedeutet, daß der Anwender den Zeiger - beispielsweise einen Lichtstrahl - ohne fremde Hilfe lenkt oder anhält.

Beim *abhängigen Scanning* oder *Partnerscanning* zeigt eine andere Person nach einem bestimmten System auf die Tafel, und der Anwender teilt dieser Helferin durch einen Laut, ein Blinzeln oder ähnliches mit, wann sie auf die gewünschte Reihe, den gewünschten Buchstaben, daß gewünschte Wort oder graphische Zeichen deutet.

Die direkte Selektion setzt bei der betreffenden Personen eine relativ gute motorische Koordination und eine ausreichende Reichweite voraus. Zum gerichteten Scanning muß der Anwender wiederholt die gleichen Bewegungen ausführen können, das automatische Scanning dagegen erfordert, daß der Nutzer seine eigenen Bewegungen mit denen eines Lichtstrahls, Zeigers usw. koordinieren kann. Ein Mensch ist empfindlicher als ein technisches Gerät. Deshalb ist das abhängige Scanning unter Umständen ein guter Weg, um bei Kindern, die auf das Scanning angewiesen sind und es bisher nicht in unabhängiger Form beherrschen, die Entwicklung einer vielgestaltigeren Kommunikation in Gang zu setzen.

Nützlich ist das abhängige Scanning auch dann, wenn man keine Bewegung findet, deren sich die betreffende Person bedienen kann. Kennt der Kommunikationspartner den Anwender gut, kann ein Wechsel von Gesichtsausdruck oder Körperhaltung durchaus ausreichen. Allgemein sollte man jedoch immer das Ziel verfolgen, das Scanning im Laufe der Zeit so unabhängig wie möglich zu gestalten.

Die traditionellen Kommunikationshilfen, das heißt manuelle Hilfen und Low-Tech-Geräte, werden in großem Umfang angewandt und erfüllen für viele Benutzer wichtige Funktionen. Sie haben aber auch eine Reihe von Schwächen. Die Anwendung eines Buchstabenbrettes ist zeitaufwendig, wenn der Zuhörer die Wörter und Sätze nicht richtig erraten kann, bevor der Nutzer mit dem Buchstabieren fertig ist. Unter Umständen vergehen mehrere Minuten, bis der Nutzer auf alle Buchstaben eines einzigen Wortes gezeigt hat oder bis sich der Zeiger eines automatischen Scanninggerätes auf das gewünschte graphische Zeichen oder den gewünschten Buchstaben bewegt. Bringt der Anwender eine längere Sequenz hervor, bricht die Kommunikation häufig ab, weil der Zuhörer kaum die zuvor gesprochenen Wörter behalten und gleichzeitig die Buchstaben des nächsten Wortes aufnehmen kann. Oft ist es auch schwierig, sich über längere Zeit auf das zu konzentrieren, was der Anwender tut. In einem normalen Gespräch kann der Blick des Zuhörers durchaus abschweifen, ohne daß er deshalb den Faden der Unterhaltung verliert. Verwendet der Partner jedoch eine traditionelle Kommunikationshilfe, kann schon eine geringfügige Unaufmerksamkeit dazu führen, daß man raten muß und hinterher frustriert ist; die Äußerungen des Anwenders werden dann entweder falsch oder gar nicht verstanden.

High-Tech-Hilfen

Bei den High-Tech-Hilfen der neuen Generation handelt es sich häufig um speziell konstruierte, computergestützte Geräte. Nachdem aber relativ preisgünstige Laptops mit langlebigen Batterien auf den Markt gekommen waren, ging man stärker dazu über, besondere PC-Programme zu verwenden, die man auch zu Unterrichtszwecken sowie für Arbeit, Spiel und Unterhaltung benutzen kann. Programme, die für einen Rechnertyp entwickelt wurden, sind jedoch auf einem anderen System nicht zu gebrauchen. Apple und IBM-kompatible Computer bedienen sich unterschiedlicher Betriebssysteme. Derzeit sind aber die meisten geeigneten Programme für IBM-kompatible Rechner verfügbar.

Ein normaler Personalcomputer ist für viele verschiedene Einsatzgebiete konstruiert, und die Tatsache, daß diese Geräte so weit verbreitet sind, ist auch ein bedeutsamer Faktor für die Entwicklung computergestützter Kommunikationsfunktionen. Das gilt insbesondere für den Einsatz des Rechners in Kindergärten und Schulen sowie am Arbeitsplatz und zu Hause, wo man mit seiner Hilfe Aufsätze, Briefe, Bestellungen, Steuererklärungen, Gedichte und vieles andere anfertigen kann. Viele Personen, die sich graphischer Zeichen bedienen, haben selbst nie einen Brief geschrieben, und ein Computer mit graphischen Zeichen eröffnet ihnen unter Umständen eine ganze Palette neuer Gelegenheiten. Das gilt nicht nur für Menschen mit normaler Intelligenz. Auch geistig Behinderte, die über eine gewisse Fähigkeit zum Schreiben (mit normaler Schrift oder graphischen Zeichen) verfügen, können Freude daran haben, anderen Briefe mit Geburtstagsgrüßen, Nachrichten usw. zu schicken.

> Der zwölfjährige Ken leidet an Zerebralparese und einer leichten geistigen Behinderung. Er kann nicht sprechen, versteht die Lautsprache aber gut. Seine Hilfsmittel sind einige Gebärden und eine Kommunikationstafel mit 25 Rebuszeichen. Schreiben kann er nicht. Als man ihm die Gelegenheit gab, einen Computer mit Graphiktablett zu verwenden, dauerte es gar nicht lange, bis er Briefe schrieb, insbesondere an seine Freundin (Abbildung 13).

Damit ein Anwender graphischer Zeichen einen Personalcomputer bedienen kann, muß ein Computerprogramm für das jeweilige Zeichensystem zur Verfügung stehen. Bisher ist nur relativ wenig Software auf dem Markt, die solche Zeichensystem benutzt, aber Programme für die am weitesten verbreiteten Systeme - Bliss-Symbole, PIC, PCS und Aladin - stehen für Apple- und IBM-kompatible Rechner zur Verfügung. Allerdings sind nicht alle derartigen Programme nutzerfreundlich. Insbesondere Autisten und geistig Behinderte haben mit der Anwendung häufig Schwierigkeiten, auch wenn sie das fragliche Zeichensystem gut beherrschen.

Kindern mit schweren motorischen Störungen gibt man häufig kein High-Tech-Hilfsmittel an die Hand, wenn sie es aufgrund ihrer Behinderung nicht selbständig verwenden können. Aber auch abhängig verwendete Kommunikationshilfen mit großem Wortschatz werden kaum eingesetzt, weil sie in der Bedienung einfach zu langsam sind. Eltern und andere Erwachsene kehren wieder zur Strategie des Ratens aus der Zeit vor Entwicklung der Hilfen zurück (von Tetzchner und Martinsen, 1996). Eine computergestützte Kommunikationshilfe macht auch bei abhängiger Verwendung eine schnellere Selektion der Zeichen möglich, und es ist wichtig, daß man Kindern solche Hilfen an die Hand gibt, auch wenn sie vom Kommunikationspartner bedient werden müssen.

Computer können aber nicht nur als Kommunikationshilfe dienen, sondern man kann sie auch so programmieren, daß sie als Umwelt-Steuerungssysteme wirken, das heißt, man kann mit ihrer Hilfe Türen öffnen, Radio und Fernsehen oder die Beleuchtung ein- und ausschalten,

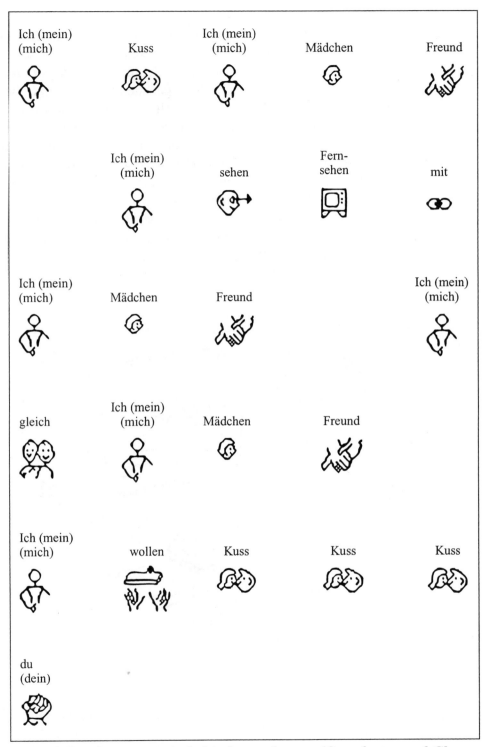

Abb. 13 *Brief eines geistig behinderten Jungen (Osguthorpe und Chang, 1987).*

die Seiten eines Buches umblättern usw. Auch zu Unterrichtszwecken und zum Spielen läßt sich der Computer verwenden. Spiele, die mit Schaltern gesteuert werden, sind für Kinder mit schweren motorischen Störungen unter Umständen von besonderer Bedeutung. Das *hilfsmittelunterstützte Spielen* gibt Gelegenheiten für eigenständige Aktivität; behinderten Kindern und ihren Betreuern verschafft es gemeinsame Interessen und Gesprächsthemen. Außerdem lassen sich im Spiel auch Fertigkeiten üben, die später in Kommunikationssituationen nützlich sind. Das Computerprogramm „Wo ist Blob" zum Beispiel ist eine Abwandlung des Versteckspiels, bei der das Kind ein teilweise verborgenes Tier durch Betätigen eines Schalters auftauchen lassen kann. Sobald es das gelernt hat, kann das Kind zwischen mehreren Tieren wählen, indem es auf den Knopf drückt, wenn ein Stern über dem Tier aufleuchtet, das sichtbar werden soll (Abb. 14). Wie dieses Spiel - und die Fähigkeit zum Scanning - den Spracherwerb fördern kann, ist leicht zu erkennen.

Abb. 14 *„Blob" ist ein schaltergesteuertes Programm für Personal Computer. Ein Stern bewegt sich über drei Tieren, die teilweise hinter einer Wand versteckt sind. Drückt das Kind einen Schalter, taucht das Tier unter dem Stern auf.*

In vielen Computerspielen, vor allem wenn sie aus Amerika stammen, werden Sprachsynthesizer verwendet (siehe unten). Solche Spiele können viel Spaß machen, und das ist ein stichhaltiger Grund, sie zu spielen. Verfolgt man aber das Ziel, die Kommunikationsfähigkeit eines behinderten Kindes zu verbessern, sollte man sich bewußt sein, daß ein solches Spiel allein mit seiner synthetischen Sprache diesem Zweck nicht dient. Die Spiele „sprechen" zwar, das stimmt, aber sie führen kein Gespräch mit dem Kind. Was die Maschine sagt, hat keinerlei funktionale Bedeutung; die stereotypen Äußerungen des Computers fördern die Kommunikationsfähigkeit nicht, sondern sie können im Gegenteil zu der kommunikativen Passivität beitragen, die man bei vielen Menschen mit motorischen Störungen beobachtet.

Der normale Computer hat zwar den Vorteil, daß er sich für die unterschiedlichsten Tätigkeiten einsetzen läßt, aber ein Schwachpunkt besteht darin, daß der Nutzer ihn nicht als Kommunikationshilfe benutzen kann, während er mit dem Rechner etwas anderes tut. Viele derartige Tätigkeiten erfordern ein beträchtliches Maß an Kommunikation. Deshalb ist es wichtig, daß die betreffende Person auch während einer anderen Tätigkeit über ein Kommunikationsmittel verfügt. Hier zeigt sich eine Beschränkung von Hilfen, die zu viele Funktionen haben, und man erkennt die große Bedeutung spezialisierter Hilfsmittel, auch wenn diese in Funktion und Wortschatz stärker eingeschränkt sind als ein gewöhnlicher Personalcomputer.

Wie die traditionellen Hilfsmittel, so basieren auch die High-Tech-Kommunikationshilfen auf direkter Selektion und Scanning. Sie sind aber vielseitiger. So ist es beispielsweise mit dem Computer einfacher, Seiten durchzublättern und sich Zugang zu einem großen Wortschatz zu verschaffen. Werden Graphiken ausgegeben, bleibt das Gesagte auf dem Bildschirm, bis es gelöscht oder durch eine neue Äußerung ersetzt wird. High-Tech-Hilfen stellen also geringere Ansprüche an die Aufmerksamkeit des Zuhörers. Das vermindert häufig die Anspannung von Nutzer und Zuhörer, so daß die Kommunikationssituation angenehmer wird. Außerdem wird es für den Gesprächspartner einfacher, das nichtverbale Verhalten - beispielsweise Gesichtsausdrücke und Körperhaltung - zu beobachten, ohne den Faden der Unterhaltung zu verlieren.

Eine Reihe von High-Tech-Hilfen, die auf normaler Schrift basieren, benutzen Abkürzungen oder Voraussagefähigkeit.

> Werden *Abkürzungen* verwendet, braucht der Nutzer nur eine Reihe von Buchstaben einzugeben und dann die oder eine andere Taste zu bedienen, um ein vollständiges Wort oder einen ganzen Ausdruck zu erzeugen. Der Anwender schreibt zum Beispiel <u>bit</u>, und auf dem Bildschirm erscheint <u>bitte</u>. Solche

Abkürzungen erfüllen die gleiche Funktion wie die Buchstaben-, Wort- und Satzkombinationen auf manuellen Buchstabentafeln. Unter Umständen kann der Nutzer auch nach dem Eintippen eines oder mehrerer Buchstaben aus einer „Wortliste" wählen. Auf dem Bildschirm erscheinen häufig gebrauchte Wörter, die mit den eingegeben Buchstaben beginnen, und der Nutzer kann dann unter ihnen das gewünschte Wort aussuchen (Abb. 15).

Von *Voraussagefähigkeit* spricht man, wenn der Rechner Vorschläge für das nächste Wort oder den Rest des gerade eingetippten Wortes macht. Ist der Vorschlag falsch, fährt der Nutzer einfach mit dem Schreiben fort. Bei einem richtigen Vorschlag geht man durch Eintippen eines Punktes, Betätigen der Leertaste o.ä. zum nächsten Wort über. Die Vorschläge stützen sich auf Wörter, die zuvor bereits benutzt wurden. Die Maschine speichert diese Wörter und schlägt dasjenige vor, das am häufigsten vorkommt und mit dem eingegebenen Buchstaben beginnt. Nach einem F schlägt der Rechner zum Beispiel Familie vor, nach Fr Frage und nach Fre Freitag. Hat der Nutzer an Freitag gedacht, wurde auf diese Weise der Aufwand für das Eintippen oder Auswählen der Buchstaben mehr als halbiert. Manche Programme geben auch mehrere Alternativen vor, und der Nutzer kann eine davon auswählen oder mit dem Schreiben fortfahren.

Abb. 15 *MAC-Apple ist ein schaltergesteuertes Programm für den Apple computer. Es kann mit Hilfe eines Modems auch zur telefonischen Kommunikation benutzt werden.*

Abkürzungen und Voraussagefähigkeit können nützlich sein, aber beide Systeme sind darauf angewiesen, daß die Wörter recht lang sind und häufig verwendet werden; nur dann spart man auf diese Weise Zeit.

Die Ersparnis hängt davon ab, wieviele Buchstaben durch das Betätigen von Tasten oder auf andere Weise vorgegeben werden müssen, und man konnte nachweisen, daß manche vorhersagefähigen Systeme 40 bis 60 Prozent der Tastenanschläge überflüssig machen (Newell et al., 1992; Venkatagiri, 1993). Außerdem ergibt sich durch die Voraussagen ein größere Anstrengung für Wahrnehmung und Kognition (Koester und Levine, 1996). Personen, die schnell tippen können, werden im Schreibfluß unterbrochen, wenn sie ständig genau verfolgen müssen, was auf dem Bildschirm vorgeht. Wer aber langsam tippt und der Anzeige schnell folgen kann, spart beträchtlich Zeit.

Die Voraussagefähigkeit kann auch als Schreibhilfe und Unterrichtshilfsmittel für Kinder dienen, die an Schreibschwäche leiden, einer Störung, die auch bei nichtsprechenden Menschen mit gutem Verständnis für die Lautsprache vorkommt (Newell, Booth und Beattie, 1991; von Tetzchner, Rogne und Lilleeng, 1997).

Die am weitesten entwickelte Form der Voraussage - die sich derzeit noch im Versuchsstadium befindet - umfaßt nicht nur Vorschläge für Wörter auf der Grundlage von Wortteilen, sondern es in werden auch je nach Gesprächssituation und emotionaler Befindlichkeit des Nutzers bestimmte Handlungsabläufe vorgeschlagen und Wörter ausgewählt (Alm und Newell, 1996).

Eine mittlerweile besonders beliebte Sonderform eines Codierungssystems, die bereits in vielen High-Tech-Hilfen verwendet wird, ist die sogenannte *semantische Verdichtung*, die meist als *Minspeak* bezeichnet wird (Baker, 1986). Es handelt sich um ein Codierungssystems für Wörter und Sätze, die mit Hilfe synthetischer oder digitalisierter Laute ausgesprochen werden (siehe unten). Man schlägt Tasten in unterschiedlicher Reihenfolge an und erzeugt auf diese Weise verschiedene Wörter und Sätze. Werden beispielsweise die Tasten MILCH und HEISS betätigt, sagt das Gerät „*ich möchte heiße Milch*", aber die Kombination HEISS und MILCH wird zu „*die Milch ist zu heiß*". Ebenso kann eine Kombination dazu führen, daß ein einziges Wort artikuliert wird. Hochentwickelte Kommunikationshilfen verfügen über mehrere Einstellungen oder Themen; welches Wort oder welchen Satz sie aussprechen, hängt sowohl von dem zuvor ausgewählten Thema ab als auch von der Reihenfolge, in der die Tasten betätigt werden. Bei der Einstellung „Cafe" erzeugte die zuvor genannte Kombination vielleicht „*Cappucino*". Die Beziehung zwischen Zeichenkombinationen und Sätzen wird im voraus festgelegt. Minspeak ist nicht auf ein bestimmtes System graphischer Zeichen angewiesen. Baker (1986) spricht sich sogar für die Verwendung einzigartiger Zeichen für die jeweilige Person aus, weil man sich nach seiner Ansicht einen Code aus eigenen Assoziationen leichter merken kann als ein graphisches Zeichensystem, das von anderen konstruiert wurde. In jüngerer Zeit hat man jedoch das spezielle Zeichensystem der Minsymbole entwickelt. Die Verwendung eines allgemein üblichen Zeichensystems dürfte auch deshalb von Vorteil sein, weil man es ohne die codierten Sätze selbst dann benutzen kann, wenn die Batterien erschöpft sind oder wenn das Gerät einen Defekt hat. Minspeak war ursprünglich vor allem in den USA und auch in Großbritannien verbreitet, aber in den letzten Jahren hat das System mit den Programmen *Deutsche Wortstrategie* und *Quasselkiste* auch in Deutschland weite Verbreitung gefunden.

Künstliche Sprache

Die wohl wichtigste technische Entwicklung bei den High-Tech-Kommunikationshilfen ist die künstliche Sprache. Es gibt zwei Formen: die synthetische und die digitalisierte Sprache (Venkatagiri und Ramabadran, 1995).

> *Synthetische Sprache* entsteht durch ein System von Regeln, nach denen Buchstabenkombinationen in Lautsprache umgewandelt werden (Texte-zu-Lautsprache). Die Regeln sind je nach der Landessprache unterschiedlich, das heißt, jedes Land braucht sein eigenes System. Synthetisches Deutsch wird in mehreren Kommunikationshilfen eingesetzt.

Eine Kommunikationshilfe, die sich der synthetischen Sprache bedient, kann alles sagen, was der Anwender schreibt, aber damit die Kommunikation funktioniert, muß der Anwender recht schnell buchstabieren und schreiben können. Natürlich kann auch eine andere Person schreiben sowie Wörter und Sätze speichern, aber dann geht die Flexibilität verloren. In Verbindung mit Abkürzungen, Wortlisten und Voraussagesystemen funktioniert synthetische Sprache jedoch gut. Besonders nützlich ist sie für Menschen mit guten linguistischen Fähigkeiten, denn sie eröffnet die Möglichkeit, Sprache flexibel und mit einem unbegrenzt großen Wortschatz einzusetzen.

Synthetische Sprache ist nicht so einfach zu verstehen wie natürliche Lautsprache, aber bei regelmäßigen Gebrauch gewöhnt man sich daran wie an einen regionalen Dialekt (McNaughton et al., 1994; Venkatagari, 1994). Aber wie bei der natürlichen Sprache hat ein Sprecher, der nicht mit ihr vertraut ist, unter Umständen größere Verständnisschwierigkeiten, und eine laute Umgebung wirkt schneller störend (Reynolds, Bond und Fucci, 1996). Die Verständlichkeit synthetischer Sprache ist von Hersteller zu Hersteller und je nach der Landessprache unterschiedlich (Raghavendra und Allen, 1993; Scherz und Beer, 1995). Insbesondere synthetisches Englisch hat eine hohe Qualität erreicht, weil mehrere Hersteller in harter Konkurrenz stehen.

Bisher hat der Anwender synthetischer Sprache noch kaum die Gelegenheit, Abwandlungen und eine eigene, unverwechselbare Stimme zu erzeugen, insbesondere in anderen Sprachen als dem Englischen. Manche Systeme haben eine männliche und eine weibliche Stimme sowie eine Kinderstimme, aber die männliche Stimme ist aus technischen Gründen ein wenig deutlicher und leichter zu verstehen als die weibliche oder kindliche.

> *Digitalisierte Sprache* wurde von Menschen gesprochen, mit einem entsprechenden Gerät aufgezeichnet und in einem Computer oder einer computergestützten Vorrichtung - beispielsweise einer Sprechhilfe - gespeichert. Ein solches Aufzeichnungsgerät wandelt Schallwellen (das heißt analoge Signale) in Zahlen (digitale Signale) um. In dieser digitalen Form wird die Sprache gespeichert. Digitalisierte Sprache ähnelt der Aufzeichnung mit einem Tonbandgerät, aber um das Wort zu finden, das man sagen möchte, braucht man nicht vor- oder zurückzuspulen. Deshalb eignet sich digitalisierte Sprache für Sprechhilfen besser als Tonbandaufnahmen. Sie ist unabhängig von der jeweiligen Landessprache.

Mittlerweile gibt es auf dem Markt eine ganze Reihe von Sprechhilfen, die sich der digitalisierten Sprache bedienen. Sie sind bisher noch relativ teuer, aber im Zuge der allgemeinen technischen Entwicklung sinken die Preise. Die Vorteile der digitalisierten Sprache sind ihre gute Qualität und die Möglichkeit, eine Stimme aufzuzeichnen, die sich im Hinblick auf Dialekt, Alter, Geschlecht usw. für den Anwender eignet. Ein Nachteil ist der begrenzte Wortschatz; jedes Wort muß zunächst aufgezeichnet werden. Einen Satz kann man durch Auswahl mehrerer Einzelwörter zusammenfügen, aber wenn er einen Tonfall haben soll, muß man den ganzen Satz zusammenhängend aufnehmen.

Die Anwendung der künstlichen Sprache wirkt sich sozial positiv aus, weil sie normalere Gespräche möglich macht. Der Anwender braucht nicht darauf zu warten, daß er mit dem Zuhörer Blickkontakt herstellen kann, und er braucht auch keine Glocke zu läuten oder ähnliches. Er kann beim Sprechen genau wie die anderen Gesprächsteilnehmer innehalten und neu beginnen, er hört sofort, was sie gesagt haben, kann überprüfen, ob er das richtige Wort ausgewählt hat, und eventuelle Fehler korrigieren. Weiterhin hat die künstliche Sprache den wichtigen Vorteil, daß sie mehreren Nutzern von Kommunikationshilfen die Kommunikation untereinander erleichtert, ohne daß eine Person, die die normale Lautsprache beherrscht, als Dolmetscher und Übermittler erforderlich ist.

Telekommunikationshilfen

Sprachunterricht bestand praktisch immer in der unmittelbaren Kommunikation von Angesicht zu Angesicht. Heute spielt jedoch die Telekommunikation in der Gesellschaft ganz allgemein eine immer größere Rolle, und es werden immer neue Dienstleistungen angeboten. Das Telefon ist für die Aufrechterhaltung des sozialen Beziehungsgeflechts und für die Koordination der Aktivitäten von großer Bedeutung. Insbesondere gilt das für die Aktivitäten junger Menschen.

Die neue Technologie führte zu hochentwickelten Telekommunikationsdiensten wie Email und Internet, und außerdem machte sie die Telekommunikation auch für eine Reihe von Menschen möglich, denen sie früher nicht zugänglich war (Roe, 1995; von Tetzchner, 1991). Sprachbehinderte können sich am Telefon mit Hilfe der synthetischen Sprache unterhalten und mit Personalcomputer oder Texttelefon graphische Zeichen übermitteln (Abb. 16). Darüber hinaus machen manche Hilfsmittel es einfacher oder sogar überflüssig, den Hörer abzuheben, andere wählen eine Telefonnummer automatisch, usw. Auch Bildtelefone, die ein Live-Bild unmittelbar über die Telefonleitung übertragen, werden schon bald allgemein zur Verfügung stehen. Damit wird die Möglichkeit geschaffen, auch über große Entfernungen hinweg mit Gebärden zu kommunizieren. Manche geistig behinderten Menschen werden ihre Telekommunikationseinrichtungen überhaupt erst dann verstehen, wenn sie wissen, daß sie ihren Kommunikationspartner sehen (Brodin und von Tetzchner, 1996).

Paradoxerweise hatten früher gerade diejenigen Gruppen, die nicht sonderlich mobil sind und nur unter Schwierigkeiten andere Menschen besuchen können, auch die geringsten Möglichkeiten, Telekommunikationseinrichtungen zu benutzen. Nachdem sich jetzt der Zugang zu diesen Einrichtungen verbessert, bestehen auch für Personen mit Sprach- und Kommunikationsschwierigkeiten mehr Gelegenheiten, sich in ein soziales Beziehungsgeflecht einzugliedern. Besonders wichtig ist das für geistig Behinderte, denn viele große Einrichtungen werden zugunsten kleinerer Lebensgemeinschaften geschlossen, und das bedeutet, daß die früheren Bewohner dieser Einrichtungen heute weiter voneinander getrennt leben. Über die Aufrechterhaltung solcher Sozialbeziehungen, die im Laufe vieler gemeinsamer Jahre in einer Institution aufgebaut wurden, hat man sich bisher kaum Gedanken gemacht, und das gleiche gilt für die Frage, wie Bewohner, die früher in einer großen Institution zu Hause waren, in einer kleineren Lebensgemeinschaft neue Beziehungen knüpfen sollen. Die meisten geistig Behinderten haben ganz gewöhnliche Beziehungen zu anderen Menschen. Sie haben enge Freunde, mit denen sie vielleicht auch zusammenleben, sowie andere Freunde und Bekannte, die sie dann und wann gerne sehen möchten.

Bei der Herstellung von Kommunikationssituationen sollte man deshalb in jedem Fall berücksichtigen, welchen Bedarf an Telekommunikation die betreffenden Personen haben und welche Möglichkeiten auf diese Weise geschaffen werden. Das kann für viele Menschen äußerst wichtig sein, insbesondere für junge Leute, die nicht mehr zu Hause wohnen oder für längere Zeit von ihrer Familie getrennt sind.

Zeigen

Die unmittelbare Selektion von Zeichen erfolgt häufig durch Berühren, Drücken von Knöpfen oder Tasten usw., oder durch irgendeine andere Formen des Zeigens. „Zeigen" bedeutet nicht unbedingt, daß dazu der ausgestreckte Zeigefinger benutzt wird. Viele motorisch gestörte Menschen sind nicht in der Lage, den Zeigefinger auszustrecken oder überhaupt mit ihm zu zeigen. Hier darf man nicht formalistisch sein, sondern man sollte die Art des Zeigens akzeptieren, zu der ein Benutzer in der Lage ist.

> Peter ist ein stark behinderter Mann von 30 Jahren. Er konnte sich sehr schwer verständlich machen, weil das Personal seiner Schule darauf bestand, er solle mit dem Zeigefinger auf die Kommunikationstafel deuten. Ihn fiel es aber viel leichter, dazu das untere Daumengelenk zu verwenden, und bei ihm zu Hause hatte man das auch akzeptiert. Die Mitarbeiter der Schule jedoch behinderten durch ihre mangelnde Flexibilität bei Peter den Spracherwerb und sorgten für unnötige Frustrationen.

Für Menschen, die nicht mit den Händen auf etwas deuten können, gibt es zu diesem Zweck mehrere andere Möglichkeiten. Die Füße können hier ebenso eine gute Alternative sein wie ein am Kopf befestigter Zeigestock oder eine Lampe, die einen Lichtstrahl aussendet (Abb. 16).

Für Menschen, bei denen die Kontrolle über Körper oder Kopf nicht ausreicht, existieren zahlreiche verschiedene Formen des *Mit-den-Augen-Zeigens*. Es gibt zu diesem Zweck besondere Codesysteme (ETRAN), aber man kann das Zeigen mit den Augen auch auf die gleiche Weise einsetzen wie andere Formen des Zeigens (Abb. 18). Daneben gibt es Kommunikationshilfen, die auf die Blickrichtung ansprechen und dann einen Buchstaben, ein Wort oder ein graphisches Zeichen schreiben und aussprechen, wenn der Anwender es beispielsweise länger als drei Sekunden ansieht. Allerdings sind diese Formen des Zeigens mit den Augen sehr anstrengend.

Abb. 16 *Verschiedene Formen des Zeigens.*

Das Zeigen mit den Augen ist gewöhnlich die Formen des Zeigens, auf die man erst als letzte Rettung zurückgreift, obwohl es einen natürlichen Teil des Kommunikationsrepertoires vieler behinderter Kinder darstellt. Es ist aber ein großer Unterschied, ob es die einzige Ausdrucksformen darstellt, oder jemand es nur hin und wieder dazu benutzt, auf Gegenstände in der Umwelt zu deuten. Das Zeigen und andere Methoden, auf Gegenstände, Personen und Orte außerhalb der Kommunikationstafel hinzuweisen, können Teil einer Strategie zur Sprachunterstützung sein. Wenn einem Kind ein gerade benötigtes Zeichen fehlt, ist das Deuten auf einen Gegenstand oder eine Person unter Umständen ein gutes Mittel, um diese Schwierigkeit zu überwinden. Oft spart es auch Zeit, wenn die betreffenden Gegenstände einfacher erreichbar sind als das graphische Zeichen, dessen Selektion länger dauert. Man kann das Zeigen auf einen Gegenstand sogar als Form der Kommunikation mit Symbolen betrachten, wenn der Gegenstand dazu dient, eine Kategorie, eine Tätigkeit oder einen größeren Zusammenhang zu benennen oder darzustellen. Beispielsweise saß ein achtjähriges Kind neben der Türe seines Zimmers und sah sie an, um „ich" auszudrücken. Mit dieser Methode, einer Art bildlicher Darstellung, war es schneller, als wenn es die Seiten seiner Kommunikationshilfe durchgesehen und auf das „ich" gedeutet hätte (von Tetzchner und Martinsen, 1996). Außerdem lassen sich Blickbewegungen auf größere Entfernungen einfacher verfolgen als auf kurze.

Wenn jemand mit den Blicken auf irgendeine Tafel deutet, muß der Gesprächspartner so stehen oder sitzen, daß er den Blicken des Anwenders folgen kann, und damit bestimmt er darüber, wie gut die Kommunikationssituation gelingt. Außerdem haben die Augen auch so viele andere Funktionen, daß es von Vorteil ist, wenn man eine andere Formen des Zeigens anwenden kann. Ist der Benutzer in der Lage, sich dazu einer Hand oder eines Fußes zu bedienen, wird es für den Gesprächspartner häufig einfacher, das Gezeigte zu erkennen. Aber für Menschen, die weder mit den Händen noch auf andere Weise auf etwas deuten können - was häufig beim Mädchen mit dem Rett-Syndrom der Fall ist -, stellt das Zeigen mit den Augen dennoch vielfach eine wirksame Methode dar, mit der sie ihre Wünsche mitteilen können.

Abb. 17 *Zeigen mit den Augen.*

Tastaturen

Das gängigste Mittel, einen Computer zu bedienen, ist die Tastatur. Auch viele Kommunikationshilfen bedienen sich ganz normaler Tastaturen mit Buchstabentasten, und in manchen Fällen sind zusätzliche Tasten für besondere Funktionen vorhanden. Für Menschen, die nicht weit greifen können, gibt es Miniaturtastaturen, und wenn jemand nicht gut zielen kann, stehen Tastaturen mit größeren Tasten und mehr Zwischenraum zwischen ihnen zur Verfügung (Abb. 18).

Seit Computer überhaupt als Kommunikationshilfen genutzt werden, kommen auch besondere Tastaturen zum Einsatz, die man als *Concept*

Keyboard bezeichnet. Auf einer solchen Tastatur können ganze Bereiche gedrückt werden. Es gibt auch *Concept Keyboards*, auf denen verschiedene Bereiche nacheinander betrachtet werden, wobei einer oder mehrere von ihnen aufleuchten. Die Zahl der Bereiche, die sich betätigen lassen, kann schwanken, aber in der Regel sind es 128. Häufig sind jedoch auch mehrere von ihnen zu einem größeren Bereich kombiniert, indem alle Tasten die gleiche Funktion haben. Die Größe solcher *Funktionsfelder* ist also nicht festgelegt, sondern sie hängt von dem jeweils verwendeten Programm ab. Haben sämtliche Tasten dieselbe Funktion, ist nur ein Funktionsfeld vorhanden. Ein *Concept Keyboard* mit 128 Tasten kann also aus einem bis 128 Funktionsfeldern bestehen. Indem man mehreren Tasten die gleiche Funktion zuweist, kann man ein solches *Concept Keyboard* sehr einfach an die motorischen und linguistischen Fähigkeiten der betreffenden Person anpassen. Die Tasten werden mit einem Blatt Papier abgedeckt, auf dem die Funktionsfelder eingezeichnet sind. Diese Kennzeichnung kann aus Buchstaben, Wörtern, graphischen Zeichen, Bildern, usw. bestehen (Abb. 19).

Abb. 18 *Beispiele für unterschiedlich konstruierte Tastaturen.*

Sowohl auf einer normalen Computertastatur als auch auf einem *Concept Keyboard* läßt sich die Anschlagsempfindlichkeit der Tasten verändern. Bei längerem Niederdrücken der Taste wird der Buchstabe oder das graphische Zeichen in der Regel mehrfach wiederholt, aber diese Funktion kann man abschalten, so daß man die Taste erst loslassen muß, bevor man sie durch Drücken erneut aktivieren kann. Ebenso kann man erreichen, daß die Taste längere Zeit niedergedrückt werden muß, bevor sie ein zweites Mal aktiviert wird, das heißt, der Buchstabe oder das Zeichen wird erst dann wiederholt, wenn die Taste beispielsweise zwei Sekunden lang gedrückt gehalten wird. Zur Bedienung eines Computers ist es häufig erforderlich, daß zwei Tasten gleichzeitig getätigt werden.

Das ist schwierig oder unmöglich, wenn jemand über eine schlechte Koordination verfügt, nur eine Hand benutzen kann oder sich eines Zeigestocks am Kopf bedient. Für solche Fälle gibt es besondere Programme, bei denen der Nutzer eine Tasten nach der anderen drücken kann und so eine Funktion ausführt, die normalerweise die gleichzeitige Betätigung von zwei Tasten erfordert.

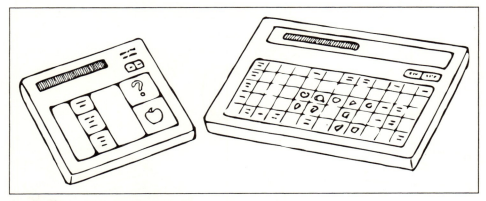

Abb. 19 *Concept Keyboards.*

Schalter

Hilfsmittel, die sich eines Scanning-Verfahrens bedienen, werden häufig mit Schaltern gesteuert. In der Regel sind ein oder zwei Schalter vorhanden, aber bei manchen Systemen sind es auch bis zu acht. Ob fünf oder acht Schalter installiert sind, ist jedoch für die Funktion von untergeordneter Bedeutung. Werden viele Schalter eingesetzt, verschwimmt die Grenze zu normalen Tastaturen und *Concept Keyboards*. Ein *Concept Keyboard* ist eigentlich nichts anderes als eine Anordnung von Schaltern, die durch Drücken aktiviert werden. Ein Schalter läßt sich mit Hand, Arm, Fuß, Kopf, Blicken usw. betätigen. Es gibt Schalter, die nur einen sehr geringen Druck erfordern, und andere, die man recht grob behandeln kann. Schalter können groß oder klein sein. Manche sind geformt wie ein normaler Lichtschalter, andere haben eine Schlaufe, durch die man die Hand stecken kann, und wieder andere bestehen aus einem Rahmen, auf den eine Hand oder ein Fuß drückt. Schalter können durch Saugen und Blasen oder durch geringfügige Muskelkontraktionen betätigt werden. Manche Schalter bestehen auch aus einem Rohr, das einen Tropfen Quecksilber enthält und auf sehr kleine Positionsveränderungen reagiert. Hat der Anwender bessere Kontrolle über seine Gliedmaßen, ist auch ein Joystick oder etwas ähnliches als Schalter zu gebrauchen. (Ein Überblick über Schalter und Anleitungen für den Eigenbau befinden sich bei Fishman, 1987; Johannessen und Preuss, 1989a, 1989b; York, Nietupski und Hamre-Nietupski, 1985.)

Die Betätigung von Schaltern mit den Blicken stellt an den Nutzer größere Anforderungen, als wenn er mit den Blicken auf etwas zeigen soll. Diese Methode wird oft erst dann in Betracht gezogen, wenn sich herausgestellt hat, daß der Anwender die Schalter auf keine andere Weise bedienen kann.

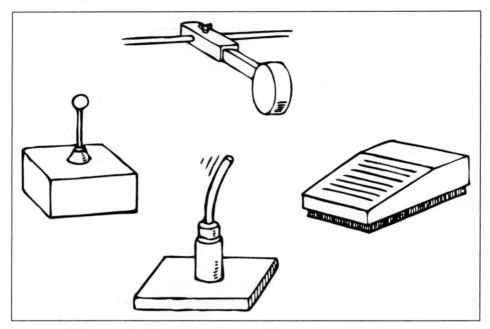

Abb. 20 *Beispiele für Schalter und Joysticks.*

Es gibt zwei Haupttypen von Schaltern, die mit den Augen bedient werden. Der erste besteht aus einer Brille, die das Auge mit schwachem Infrarot bestrahlt. Die Strahlen sprechen auf Farbveränderungen zwischen dem Weißen im Auge und dem farbigen Bereich (Iris) an. Auf diese Weise haben Augenbewegungen die gleiche Wirkung, als würde man einen anderen Schalter betätigen. Der zweite Type besteht aus elektrischen Sensoren, die hinter den Augen angebracht werden. Diese Vorrichtungen registrieren die elektrische Nervenaktivität, wenn Impulse vom Gehirn für die Augenbewegungen sorgen. Sobald das Gehirn an die Augen den Befehl schickt, sich nach links oder rechts zu bewegen, hat das die gleiche Wirkung wie das Umlegen eines oder zweier Schalter.

Häufig bestimmt die Auswahl der Schalter darüber, wie gut jemand eine Kommunikationshilfe beherrscht. Es gibt viele verschiedene Schaltertypen, aber ihre Justierung ist häufig der schwierigste und langwierigste Teil der Arbeiten, wenn man eine Kommunikationshilfe für Personen mit starken motorischen Störungen anpassen will. Häufig beginnt man dabei mit den Händen, denn das erscheint am „natürlichsten", und erst nachdem man sie eine Zeitlang erfolglos trainiert hat, probiert man es mit anderen Körperteilen. Erfahrungsgemäß können 80 Prozent der Anwender den Kopf am besten kontrollieren, so daß sie die Verwendung eines Kopfschalters zunächst am effizientesten erlernen. Hand oder Fuß ist häufig die erste Wahl für den zweiten Schalter. Zwar ist es wünschenswert, daß jemand sich seiner Hände bedient, aber wichtiger ist es, daß zunächst einmal die Kommunikationshilfe benutzt werden kann und daß Frustrationen vermieden werden. Bestehen Zweifel an der Funktionsfähigkeit der Hände, geht man deshalb am besten so vor, daß der Schalter zunächst mit dem Kopf betätigt wird. Stellt sich später heraus, daß die betreffende Person ihre Hände gut unter Kontrolle hat, kann man zu einem mit der Hand betätigten Schalter übergehen.

Man sollte keinen Schaltertyp verwenden, dessen Beherrschung der betreffenden Person große Schwierigkeiten bereitet. Unter Umständen ermüdet der Anwender schnell, und dann konzentriert er sich stärker auf die Betätigung des Schalters als auf die eigentliche Kommunikation. Oft ist es vorteilhaft, wenn jemand mehrere Schaltertypen beherrscht. Unter Umständen schwankt der Allgemeinzustand des Nutzers von Tag zu Tag, so daß die Betätigung des normalerweise benutzten Schalters zu anstrengend wird; dann ist es wichtig, daß die Möglichkeit besteht, zu einem anderen Typ zu wechseln.

Die Auswahl der richtigen Kommunikationshilfe

Ganz gleich, ob eine Kommunikationshilfe allein oder in Verbindung mit Gebärden benutzt werden soll: Immer besteht das Ziel darin, ein oder mehrere Hilfsmittel zu finden, die derzeit und in der nicht allzu fernen Zukunft am besten die Bedürfnisse der betreffenden Person im Bereich der Kommunikation erfüllen. Die Kommunikationshilfen sollten dem Anwender die Gelegenheit zur Weiterentwicklung geben. Das bedeutet, daß eine einzige Hilfe nicht immer ausreicht. Wichtig ist auch, daß die Betroffenen sich bei der Anwendung wohlfühlen. Es ist von großer Bedeutung, daß man andere Arten der Kommunikation ausprobiert, wenn sich mit Kommunikationshilfen kein Erfolg einstellt (Smith-Lewis, 1994).

In der Regel werden zunächst die Kommunikationsbedürfnisse der betroffenen Person beurteilt; anschließend stellt man eine Liste der geeigneten Kommunikationshilfen zusammen, und dann sucht man nach dem Ausschlußverfahren diejenige, die diese Bedürfnisse am besten erfüllt. Die Kommunikationsbedürfnisse bestimmen aber nicht allein darüber, welchen Typ von Kommunikationshilfen man wählt. Die meisten Menschen würden am liebsten in unterschiedlichen Situationen und an verschiedenen Orten sowohl mit Menschen kommunizieren, die lesen können, als auch mit solchen, die dazu nicht in der Lage sind (das heißt mit Erwachsenen und Kindern). Ganz allgemein verfolgt man im Unterricht von Personen mit Kommunikationsstörungen das Ziel, diese Möglichkeit zu entwickeln. Für die Fähigkeit, Briefe, Aufsätze, Berichte usw. zu schreiben, wird eine unterschiedlich große Notwendigkeit bestehen, aber den Bedarf an einem Mittel zum Verfassen schriftlicher Äußerungen sollte man bis zu einem Grade unabhängig von der Notwendigkeit der Kommunikation von Angesicht zu Angesicht betrachten. Dennoch ist die Frage, ob die betreffende Person sich der normalen Schrift bedienen kann, ein wichtiger Faktor für die Auswahl einer Kommunikationshilfe, denn die Fähigkeit zum Buchstabieren verschafft den Zugang zur synthetischen Sprache und zu einem unbegrenzten Wortschatz.

Entscheidend ist auch, daß man zwischen der Auswahl eines Zeichensystems und der Auswahl einer Kommunikationshilfe unterscheidet. Die Kommunikationsbedürfnisse, wie sie sich bei der Untersuchung der betreffenden Person und ihres Lebensumfeldes darstellen (siehe das Kapitel über diagnostische Verfahren), sind für die Auswahl des Zeichensystems häufig von größerer Bedeutung als für die Auswahl der Kommunikationshilfe. Welche Hilfe man wählt, ist abhängig von den körperlichen, kognitiven und linguistischen Fähigkeiten der betroffenen Person sowie von der Konstruktion der Hilfe, von der Frage, wie man sie transportiert und benutzt, und auch davon, wie einfach ihre Benutzung zu erlernen ist. In nördlichen Breiten und im Gebirge müssen Hilfsmittel beispielsweise auch bei extremen Temperaturen sowie bei Regen und Schnee funktionieren. Macht der Anwender Urlaub in Spanien, muß die Kommunikationshilfe dem direkten Sonnenlicht und sehr hohen Temperaturen standhalten. In den Prioritäten, die man bei einer solchen Auswahl setzen muß, spiegelt sich die Tatsache wider, daß die Entwicklung von Kommunikationshilfen noch in den Kinderschuhen steckt. Diese Prioritäten schränken die Kommunikation ein, und zwar sowohl für Menschen mit normaler Intelligenz als auch für geistig Behinderte.

Ein Hauptproblem der Kommunikationshilfen besteht darin, daß sie in der Regel für ältere Kinder und Erwachsene konstruiert wurden. Für Kinder in dem Alter, in dem man normalerweise sprechen lernt, gibt es keine speziell entwickelten Kommunikationshilfen. Deshalb kann man Kindern, die mit Unterstützter Kommunikation aufwachsen, nur sehr schwer Hilfestellung für das vorsprachliche „Brabbeln" und das Frühstadium der Sprachentwicklung geben.

Mobilität

Mobilität ist für jeden, der sich einer Kommunikationshilfe bedient, ein wichtiger Faktor. Insgesamt sollte man das Ziel verfolgen, der betreffenden Person jederzeit Zugang zu einem möglichst großen Wortschatz zu verschaffen. Wer einen elektrischen Rollstuhl benutzt, kann sich auch eines recht großen und schweren Hilfsgerätes bedienen. Für Kinder dagegen und auch für Personen, die zwar gehen können, aber unsicher auf den Füßen sind, ist es von entscheidender Bedeutung, daß die Kommunikationshilfe nicht zu schwer und sperrig ist. Für diese Gruppe ist ein Buch mit graphischen Zeichen oder Schrift, oder auch eine dünne, beidseitig mit Zeichen oder Schrift versehene Tafel unter Umständen die beste Lösung, je nachdem, wie groß der Wortschatz der Betroffenen ist. Wegen der Transportschwierigkeiten ist es vielfach notwendig, daß man mehrere Kommunikationshilfen besitzt. Ein Kind benutzt zu Hause und in der Schule vielleicht einen Laptopcomputer mit großem Wortschatz, synthetischer Sprache und der Möglichkeit, etwas auszudrucken; auf dem Schulhof und im Freien jedoch bedient es sich möglicherweise eines kleinen, leichten Gerätes mit digitalisierter oder synthetischer Sprache.

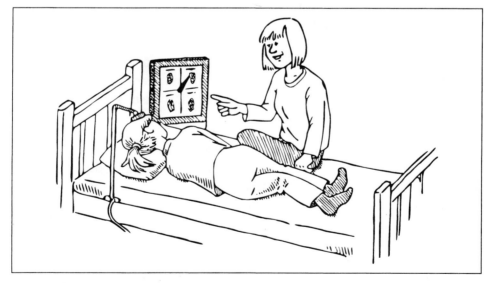

Abb. 21 *Kommunikationshilfen können auch im Liegen verwendet werden.*

Die Hilfe muß in vielen unterschiedlichen Situationen zu gebrauchen sein, das heißt, der Benutzer wird dabei nicht immer auf einem Stuhl oder im Rollstuhl sitzen. Manchmal ist es notwendig oder zumindest einfacher, das Hilfsmittel im Liegen anzuwenden, und es sollte möglich sein, die Hilfe für diesen Zweck anzupassen (Abb. 21).

Direkte Selektion und Scanning

Die direkte Selektion ist schneller und einfacher als das Scanning, das man außerdem häufig individuell anpassen muß, um den Vorgang zu beschleunigen (Lesher, Moulton und Higginbotham, 1998). Im wesentlichen bestimmen aber die motorischen Fähigkeiten darüber, welches System man zum Anzeigen von Buchstaben, Wörtern, Sätzen und graphischen Zeichen benutzt. Für das Scanning ist nur die Bedienung eines oder mehrerer Schalter notwendig, und je mehr Schalter man benutzt, desto geringer wird der Unterschied zur direkten Selektion. Zwischen der Verwendung eines Joystick und der direkten Selektion ist der tatsächliche Abstand recht klein. Der Joystick hat den Vorteil, daß man ihn durch Veränderung des Widerstandes stabilisieren und so an die motorischen Fähigkeiten der betreffenden Person anpassen kann, das heißt, es spielt keine Rolle mehr, wieviel Kraft auf ihn ausgeübt wird. Andererseits stellt der Joystick aber recht große Anforderungen an die motorische Steuerung und an das Richtungsgefühl. Das Scanning dürfte also von der Kognition mehr verlangen als die direkte Selektion (Horn und Jones, 1996; Ratcliff, 1994).

Ob man sich für direkte Selektion oder Scanning entscheidet, ist abhängig von der Reichweite der betroffenen Person, der Genauigkeit beim Zeigen, der Geschwindigkeit, der Fähigkeit, mehrere kontrollierte Bewegungen nacheinander auszuführen, und der Druckstärke.

Reichweite und Zeigegenauigkeit

Sieht man vom Zeigen mit den Augen einmal ab, setzt die direkte Selektion voraus, daß die betreffende Person eine ausreichende Zahl von graphischen Zeichen oder Buchstaben erreichen kann. Wer beispielsweise an einer Muskelerkrankung leidet, hat oft nur eine äußerst begrenzte Reichweite. Dieser Tatsache kann man mit technischen Hilfsmitteln wie einer Miniaturtastatur Rechnung tragen. Eine andere Möglichkeit, die funktionale Reichweite zu erhöhen, ist das Scanning mit Schaltern oder einem Joystick. Der Lichtstrahl, der Zeigestock, usw. dienen der Verlängerung des unmittelbaren Zeigens mit dem Körper.

Direkte Selektion setzt außerdem ein Mindestmaß an Genauigkeit voraus. Viele Menschen mit Zerebralparese können ohne weiteres Dinge erreichen, aber sie brauchen ziemlich große graphische Zeichen oder Buchstaben, weil sie wegen ihrer motorischen Störungen nur unter Schwierigkeiten so auf die Zeichen deuten können, daß man sie eindeutig versteht. Die Genauigkeit bestimmt auch darüber, welchen Schaltertyp und welchen Abstand zwischen den Schaltern man wählt. Geringere Genauigkeit erfordert große Schalterflächen und viel Platz zwischen ihnen.

Geschwindigkeit

Die Kommunikation mit Hilfsmitteln erfordert immer mehr Zeit als die natürliche Lautsprache, und man sollte stets das Ziel verfolgen, sie so schnell wie möglich ablaufen zu lassen. Das Scanning ist zwar eine langsame Methode, aber für manche Personen ist die direkte Selektion sogar noch langsamer, und sie kann ebenso anstrengend sein. Wenn es vom Beginn einer Bewegung bis zu ihrem Abschluß sehr lange dauert, ist das Scanning unter Umständen eine gute Alternative, weil die betreffende Person dann die dazu erforderliche Zeit nutzen kann, um mit den eigenen Bewegungen zu beginnen. Die individuelle Geschwindigkeit bestimmt auch über die Scanning-Geschwindigkeit der Kommunikationshilfe, das heißt darüber, wie schnell der Zeiger von einem Zeichen zum nächsten springt.

Wiederholte Bewegungen

Gerichtetes Scanning kann schneller sein als automatisches, vorausgesetzt, die betreffende Person kann mehrere Bewegungen schnell nacheinander ausführen. Manche Menschen brauchen sehr lange, um sich auf eine einzelne Bewegung vorzubereiten, andere können eine ganze Reihe von Bewegungen in rascher Folge ausführen. In manchen Fällen kann jemand auch nur schwer eine gedrückte Taste wieder loslassen. In solchen Fällen ist automatisches Scanning häufig zweckmäßiger. Den technischen Hilfsmitteln kann man eine entsprechende Verzögerung einprogrammieren, so daß die Taste erst nach Ablauf einer bestimmten Zeit zum zweitenmal reagiert; auf diese Weise wird verhindert, daß der Anwender eine Taste versehentlich zweimal drückt.

Druckstärke

Wird auf Zeichen oder Text nur gezeigt, ist keine besondere Anstrengung erforderlich. Muß man jedoch Schalter betätigen, Tasten drücken oder ein *Concept Keyboard* bedienen, um Buchstaben oder Zeichen auf einem Bildschirm erscheinen zu lassen oder um synthetische Sprache zu produzieren, ist von seiten des Anwenders eine gewisse Kraft notwendig. Bei einer ganzen Reihe von Kommunikationshilfen ist diese Kraft sehr gering, andere dagegen erfordern eine beträchtliche Anstrengung. Wenn es um die Auswahl einer Hilfe mit Schaltern oder Tastatur geht, spielt deshalb die Druckstärke der betreffenden Person eine wichtige Rolle.

Nichtelektronische und elektronische Hilfen

Wenn es in Grundsatzdiskussionen über die Auswahl von Kommunikationshilfen geht, wird häufig zwischen der Notwendigkeit nichtelektronischer und elektronischer Hilfen unterschieden. Diese Abgrenzung ist aber nicht besonders sinnvoll. Wichtig ist, daß man ein oder mehrere Hilfsmittel findet, mit denen die betreffende Person kommunizieren kann. Ob es sich dabei um technische Geräte handelt oder nicht, ist von vielen verschiedenen Umständen abhängig. Ein großer Wortschatz erfordert unter Umständen eine computergestützte Kommunikationshilfe. Und unabhängiges Scanning ist immer auf irgendeine technische Vorrichtung angewiesen.

Manchmal wird behauptet, jemand könne nur dann eine technisch hochentwickelte Kommunikationshilfe beherrschen, wenn er zuvor den Umgang mit einer nichtelektronischen Hilfe gelernt hat. Für diese Ansicht gibt es aber kaum eine stichhaltige Begründung. Es besteht vielmehr Grund zu der Annahme, daß eine Person, die den Umgang mit einer technischen Hilfe erlernt hat, auch eine manuelle Kommunikationstafel mit direkter Selektion oder Partnerscanning benutzen kann, wenn es notwendig ist, beispielsweise bei einem technischen Defekt oder wenn die Stromversorgung Probleme bereitet.

Künstliche Sprache

Künstliche Sprache wurde vor allem in Kommunikationshilfen für ältere Kinder, Jugendliche und Erwachsene mit normaler Intelligenz eingesetzt. Das Wort in dem Augenblick, wenn ein graphisches Zeichen oder Bild ausgewählt wird, ausgesprochen zu hören, kann aber auch für Kleinkinder und geistig Behinderte von beträchtlicher Bedeutung sein. Auf diese Weise wird das Sprachverständnis voll ausgeschöpft, und unter Umständen begreift die betroffene Person besser, welche Tätigkeit sich gerade abspielt. Sehbehinderten Menschen kann künstliche Sprache entscheidende Hinweise liefern. Die Möglichkeit, die „eigene Sprache" mit den Äußerungen anderer zu vergleichen, kann den Erwerb neuer Wörter erleichtern. Deshalb dürfte künstliche Sprache für Personen, die sich im Frühstadium der Sprachentwicklung befinden, wichtiger sein als für solche, die bereits eine gewisse Kommunikationsfähigkeit entwickelt haben. Wie Romski und Sevcik (1996) beispielsweise nachweisen konnten, hat der Einsatz von Kommunikationshilfen, die künstliche Sprache ausgeben, bei geistig behinderten Kindern positive Auswirkungen.

Für Personen mit begrenztem Sprachverständnis ist es besonders entscheidend, daß die Kommunikationshilfe einfach anzuwenden ist, das heißt, es darf keine lange Übung erfordern, bis die Hilfe sich nutzbringend einsetzen läßt. Das ist nicht gleichbedeutend mit der Forderung, die

Hilfe solle technisch einfach sein. Der Umgang mit einem Gerät, das sich der künstlichen Sprache bedient, ist unter Umständen leichter zu erlernen als die Benutzung einer manuellen Tafel, weil der Zusammenhang zwischen den Aktionen des Anwenders und ihren Folgen deutlicher zu erkennen ist. Kobacker und Todaro (1992) führen den Erfolg der Intervention bei einem sechsjährigen autistischen Mädchen darauf zurück, daß ihre erste Kommunikationshilfe über eine Stimmausgabe verfügte.

Kosten

Die neueren technischen Hilfsmittel sind häufig noch sehr teuer. Das ist kein Argument gegen ihre Verwendung, aber ihr Nutzen sollte im richtigen Verhältnis zum finanziellen Aufwand stehen. Manche von ihnen sind für die Kommunikation nur begrenzt von Vorteil. Für ein Kind, das mit Bliss-Symbolen schnell und einfach kommunizieren kann, stellt ein Gerät, das sich der digitalisierten Sprache bedient, nicht unbedingt eine Verbesserung dar, wenn dieses Hilfsmittel schwieriger zu transportieren ist. Hat ein Kind aber andererseits noch nicht lesen gelernt, kann eine Kommunikationshilfe mit synthetischer Sprache äußerst nützlich sein, weil sie die Gelegenheit bietet, die gerade erlernten Kommunikationsfähigkeiten auch anzuwenden. Geräte, deren Transport schwierig ist, sind im allgemeinen nicht so teuer wie eine mobilere Ausrüstung. Letztere kann man sowohl zu Hause als auch in der Schule anwenden, und wennn der Anwender Schwierigkeiten mit dem Lesenlernen hat, kann sich die synthetische Sprache als unentbehrlich erweisen.

Einige Besonderheiten der Unterstützten Kommunikation

Wer ein guter Gesprächspartner sein will und anderen die Anwendung der Kommunikationshilfen angemessen beibringen möchte, muß unbedingt mit den Besonderheiten der Unterstützten Kommunikation vertraut sein, das heißt, er muß wissen, wie Gespräche mit Kommunikationshilfen in der Regel ablaufen. Zwischen Gesprächen unter Menschen, wenn die auf natürliche Weise sprechen, und Unterhaltungen, in denen ein Partner (oder in seltenen Fällen auch beide) sich einer Kommunikationshilfe bedient, gibt es viele Unterschiede. Die Anwender und die Kommunikationshilfen sind sehr verschiedenartig, aber eines haben sie alle gemeinsam: Die Artikulation ist bei der Unterstützten Kommunikation eine andere als in der normalen Lautsprache, und sie dauert auch länger; außerdem hat der Gesprächspartner nicht nur die Funktion, seine Mitteilungen zu formulieren und Bedeutungen zu übermitteln, sondern er erfüllt auch andere Aufgaben (vgl. Kraat, 1985). Es ist wichtig, das Helfer und Gesprächspartner sich dieser Besonderheiten bewußt sind und versuchen, ihren möglichen negativen Einfluß auf die Kommunikation so gering wie möglich zu halten.

Artikulation

Natürliche Sprecher machen sich in der Regel keine Gedanken darüber, wie sie die Worte aussprechen sollten. Sie denken nicht darüber nach, wie sie Zunge und Mund bewegen oder wie sie die Stimmbänder zum Schwingen bringen. Abgesehen von Fällen, in denen man ein unbekanntes Wort benutzt oder eine Fremdsprache spricht, läuft die Aussprache automatisch ab. Nur selten hält man inne und sucht nach dem Wort, das den gewünschten Sinn am besten wiedergibt.

Was die Funktion angeht, kann man die Bedienung einer Kommunikationshilfe als gleichbedeutend mit dem Hervorbringen von Klängen betrachten. Für die Anwender der Hilfen ist der motorische Ablauf des Formulierens aber in der Regel kein automatischer Vorgang, sondern eine bewußte Tätigkeit; sie erfordert einen beträchtlichen Anteil der Aufmerksamkeit und der kognitiven Bemühungen, damit das, was gesagt werden soll, auch richtig formuliert wird. Darüber hinaus können verminderte motorische Kontrolle und unwillkürlichen Bewegungen dazu führen, daß der Anwender Fehler macht. Ungenaue Bewegungen erschweren dem Zuhörer häufig das Verstehen, wenn der Buchstabe, das Wort oder das Zeichen nicht auf einem Bildschirm oder mit synthetischer Sprache dargestellt wird. Die Folge sind Mißverständnisse, Frustrationen und der Zusammenbruch der Kommunikation. Außerdem wird die Aufmerksamkeit vom Inhalt des Gesagten abgelenkt.

Zeit

Der wohl wichtigste Unterschied zwischen natürlicher und Unterstützter Kommunikation ist die Zeit, die das Hervorbringen einer Äußerung erfordert. Selbst wenn die Kommunikationshilfe schnell bedient wird, liegt die Zahl der in jeder Minute erzeugten Wörter oder graphischen Zeichen deutlich niedriger als in der natürlichen Sprache. Wegen dieser geringen Geschwindigkeit dauert es länger, bis man ausgedrückt hat, was man sagen möchte. Es stellt an den Zuhörer andere Anforderungen (siehe unten) und hindert die Anwender in vielen Fällen daran, an einer Kommunikationssituation teilzuhaben.

Wieviel Zeit notwendig ist, um eine einfache Mitteilung weiterzugeben, wird an folgenden Beispiel deutlich: der siebenjährige George kommunizierte durch Zeigen mit den Blicken und Partnerscanning. Als Kommunikationshilfe benutzte er ein Buch mit 845 PIC-Zeichen, Zeichnungen und Fotos. George und sein Vater wollten gerade spielen, da sah der Vater am Gesichtsausdruck des Jungen, daß irgend etwas nicht stimmte.

V: *Hier?* (Blättert die Seiten um und fragt bei jeder Seite).
G: *KÖRPER.*
V: *Körper. Körper?* (Blättert die Seiten um).
G: Gibt einen Laut von sich und spannt sich körperlich an.
V: *Hm? War es nicht der Körper? Was war es? War es das hier?*
G: 'Nein' (Augenbewegungen).
V: *Das hier?* (Zeigt auf *KLEIDUNG*).
G: 'Ja' (Augenbewegungen).
V: *Kleidung.* (Hinweis auf den Bereich. Der Vater schlägt die Seiten mit Kleidung auf). *Und hier?*
G: 'Ja' (Augenbewegung).
V: *Was?*
G: *PULLOVER* (starrt).
V: *Hat es mit dem Pullover zu tun?*
G: 'Ja' (Augenbewegung).
V: *Was?*
G: 'Ja' (Augenbewegung, soll vermutlich zum Raten veranlassen).
V: *Sind die Ärmel zu lang?*
G: 'Ja' (Augenbewegung).
V: *Oh ja, das stimmt. Ja.*

Zwei Minuten hat George gebraucht, um seinen Vater zu bitten, er möge die Ärmel hochziehen (von Tetzchner und Martinsen, 1996). Im nächsten Beispiel dauerte es noch länger, die Mitteilung hervorzubringen. Bob verfügte über eine Kommunikationstafel mit 50 Wörtern und konnte wenige Gebärden machen. John, der Gesprächspartner, ist Krankenpfleger (Kraat, 1985, S. 81).

B: *ZU HAUSE.*
J: *Zuhause? Was ist mit Zuhause? Hat es mit deiner Schwester zu tun?*
B: „Nein" (Kopfschütteln).
B: *WOCHENTAG.*
J: *Sonntag? Montag? Dienstag?... Samstag?*
B: „Ja" (Nicken).
J: *Es hat mit Zuhause und mit Samstag zu tun?*
B: *MANN.*
J: *Ein Mann? Ist es ein besonderer Mann, der dann kommt?*
B: „Nein" (Kopfschütteln).
J: *Soll ich herausfinden, wer der Mann ist?*
B: „Ja!" (Heftiges Nicken).
J: *Ein Verwandter? Ein Freund? Jemand aus dem Krankenhaus?*
B: „Ja" (Nicken).
J: *Jemand im Krankenhaus. Warte mal, ein Arzt, ein Therapeut, ein Freund? Kannst du mir noch mehr Hinweise geben?*

B: (Blickt zur Oberseite von Johns Kopf).
J: *Kopf. Ein Teil vom Kopf. Gehirn. Arbeitet er mit dem Kopf?*
B: *FARBE.*

Dieses „Gespräch" ging über hundertmal hin und her und dauerte 20 Minuten; erst dann verstand der Pfleger, was der Anwender sagen wollte: „Kann Carl (ein farbiger Sicherheitsbeamter) mich am Samstag mit dem Kleinbus des Krankenhauses nach Hause fahren?" Diese Unterhaltungen zeigen, in welch großem Umfang der Gesprächspartner mit darüber bestimmt, wie gut ein unterstützter Sprecher sich ausdrücken kann.

Wegen dieser geringen Geschwindigkeit und auch aus anderen Gründen ist der Gesamtumfang der Sprache, die ein Anwender der Unterstützten Kommunikation hervorbringt, beträchtlich niedriger als bei natürlichen Sprechern. Beukelman, Yorkston, Poblete und Naranjo (1984) hielten fest, wieviele Wörter erwachsene Anwender von Kommunikationshilfen im Laufe von zwei Wochen hervorbrachten. Die Zahl lag zwischen 296 und 728 Wörtern pro Tag. Für Kinder sind entsprechende Zahlen nicht verfügbar, aber die Befragung von Eltern und professionellen Helfern in Norwegen weist darauf hin, daß die Zahl der Wörter und graphischen Zeichen, die mit Kommunikationshilfen hervorgebracht werden, bei Kindern wohl sogar noch niedriger liegt. Das steht im krassen Gegensatz zu normal sprechenden Kindern, die im Alter zwischen drei und zwölf Jahren etwa 20000 bis 30000 Wörter am Tag äußern (Wagner, 1985); hier zeigt sich ein wichtiger Unterschied in den Lernbedingungen für normal sprechende Kinder und für solche, die Kommunikationshilfen benutzen.

Die Rolle des Gesprächspartners

In einer gewöhnlichen Unterhaltung sind die Gesprächspartner gleichberechtigt. Sie können formulieren, was sie sagen wollen, und in der Regel sind sie nicht auf die Hilfe anderer angewiesen, um sich verständlich zu machen. Wer eine Kommunikationshilfe benutzt, befindet sich in einer völlig anderen Lage. Wie die zuvor beschriebenen Beispiele zeigen, brauchen solche Menschen häufig einen anderen, der auf der Grundlage der unvollständigen, bruchstückhaften einzelnen Wörter und Sätze, die mit normaler Schrift oder graphischen Zeichen hervorgebracht werden, den Inhalt des Gesagten formuliert. Daß der Inhalt, den George und Bob in den zitierten Beispielen mitteilen wollten, überhaupt ausgedrückt wurde, war das Ergebnis ihrer gemeinsamen Bemühungen mit den Gesprächspartnern, Georges Vater und John. Auch nach 100 Sprecherwechseln mußte John noch selbst etwas sagen: Er hatte Bobs Äußerungen nur interpretiert.

Da die Unterstützte Kommunikation soviel Zeit beansprucht, rät der Zuhörer unter Umständen, was der Anwender sagen möchte, einfach um Zeit zu sparen. In der Geschichte von George, der seinem Vater etwas über den Ärmel mitteilen wollte, war die Raterei erfolgreich. Das Ziel der Kommunikation wurde viel schneller erreicht, als wenn George einen ganzen Satz hätte formulieren müssen, was ihm durchaus möglich gewesen wäre. Für Bob waren Johns systematische Vermutungen notwendig, damit er die Nachricht mitteilen konnte. Wie sich aber in Untersuchungen ebenfalls gezeigt hat, zeigen sprechende Kommunikationspartner in der Doppelrolle des Dolmetschers und Gesprächspartners häufig nur eine geringe Sensibilität für die Aussagen, die mit der Kommunikationshilfe hervorgebracht werden; häufig nehmen sie diese nicht zur Kenntnis oder sie gehen nicht darauf ein, und stattdessen drängen sie dem Anwender der Kommunikationshilfe ihre eigenen Ansichten oder falschen Interpretationen auf (Collins, 1976; Kraat, 1985; Light, 1988). Rät der Zuhörer falsch, wird für die Äußerung nicht weniger, sondern mehr Zeit gebraucht, oder es konnte es sogar zum völligen Zusammenbruch der Kommunikation, wie in dem folgenden Dialog aus Silverman, Kates und McNaughton (1978, S. 407).

B: *Wann ist der Feiertag?*
J: (Zeigt auf die Kommunikationstafel mit Bliss-Symbolen) *MONAT O*.
B: *Monat O? Ich verstehe dich nicht, Joey.*
B: *Versuch mal, damit einen Satz zu bilden.*
J: (klopft dreimal auf den Buchstaben) O. O. O.
B: *Fängt der Monat mit einem O an?*
J: 'Ja'.
B: *Oktober?*
J: 'Ja'.
B: *Aha. Ein Feiertag im Oktober. Nun, sehen wir mal. Ach, ich weiß. Thanksgiving (Kanada).*
   Magst du Pute genauso gern wie ich?
J: (zeigt auf die Tafel) H.
B: *H? Ich verstehe dich nicht. Was hat das H mit Thanksgiving zu tun?*
J: (Antwortet nicht).
B: *Weißt du, warum man Thanksgiving feiert? Hast du von den Pilgern von Plymouth Rock und solchen Sachen gehört?*
J: (Macht Frustration deutlich).

Es war bekannt, daß Joey, der nichtsprechende Mensch in dem Dialog, Lautsprache gut verstand. Dennoch nahm Bill, der sprechende Partner, Joeys Äußerungen offensichtlich nicht ernst (H bedeutete Halloween), sondern er riet statt dessen aus seiner eigenen Sicht weiter. Außerdem nahm er die Rolle eines dominanten „Schulmeisters" ein. Für die Kommunikation hatte das verheerende Folgen.

In der Unterhaltung zwischen einem unterstützten und einem natürlichen Sprecher muß man also besonders darauf achten, welcher Strategien sich die Partner im kommunikativen Austausch bedienen. Insbesondere besteht die Gefahr, daß der andere Kommunikationspartner das, was der Anwender der Hilfe äußert, einschränkt und den Inhalt der Kommunikation auch auf andere Weise beeinflußt. Einfühlsames Raten zum Beispiel kann durchaus eine nützliche Strategie sein, mit der sich die Aktionen des unterstützten Sprechers beschleunigen lassen, aber es kann auch die Möglichkeiten dieser Person, Nachrichten zu übermitteln, einschränken und die Kommunikation sogar bremsen. Außerdem sollte man sich der Tatsache bewußt sein, daß die Kommunikationspartner oft auch ganz allgemein als Helfer fungieren und sich ihres Einflusses auf die Kommunikation unter Umständen gar nicht bewußt sind (von Tetzchner und Martinsen, 1996).

4. Zielgruppen der Unterstützten Kommunikation: Kinder, Jugendliche und Erwachsene

Unterstützte Kommunikation ist für eine große Zahl von Menschen notwendig. Selbst wenn man nur Personen mit Entwicklungsstörungen betrachtet – mit dieser Gruppe befaßt sich das vorliegende Buch in erste Linie -, wird die Zahl der nichtsprechenden Menschen in den Vereinigten Staaten auf etwa 900 000 geschätzt (Blackstone und Painter, 1985). Die USA haben ungefähr 240 Millionen Einwohner; in Deutschland sind es 80 Millionen, und deshalb kann man davon ausgehen, daß etwa 300 000 Menschen aller Altersstufen in Deutschland aufgrund von Entwicklungsstörungen nicht über eine funktionierende Lautsprache verfügen.

Nach den Befunden von Burd, Hammes, Bornhoeft und Fisher (1988) sprechen 0,12 Prozent aller hörenden Kinder im Alter von fünf bis 21 Jahren höchstens 15 verständliche Wörter. Berücksichtigt man die Gehörlosen nicht, liegt die Größe der Bevölkerungsgruppe, deren „Lautsprache nicht für alle Anforderungen der Kommunikation ausreicht", nach Schätzungen bei mindestens 0,12 Prozent (Bloomberg und Johnson, 1990). Nach einer Umfrage, die Matas, Mathy-Laikko, Beukelman und Legresley (1985) im US-Bundesstaat Wasgington durchführten, konnten 0,3 bis 0,6 Prozent aller Kinder im Schulalter keine Lautsprache hervorbringen, die so verständlich war, daß sie als wichtigstes Mittel der Kommunikation hätte dienen können. Diese Gruppe machte 3,5 bis 6 Prozent der Kinder aus, die sonderpädagogisch betreut wurden. Kinder mit weniger umfassenden Sprachstörungen sind in dieser Zahl nicht enthalten. Geht man davon aus, daß in Deutschland 0,5 Prozent aller Kinder im Alter zwischen einem und 19 Jahren nicht in der Lage sind, eine ausreichend verständliche Lautsprache hervorzubringen und als wichtigste Form der Kommunikation zu benutzen, gelangt man zu einer Zahl von 100 000 Kindern und Jugendlichen.

Drei unterschiedliche Funktionen

Die Menschen, die Unterstützte Kommunikation brauchen, lassen sich in drei Gruppen einteilen, je nach der Funktion, die diese Art der Kommunikation für sie erfüllt, das heißt, je nachdem, in welchem Ausmaß sie ein Ausdrucksmittel, eine Unterstützung oder einen Ersatz für die Lautsprache brauchen. Allen drei Gruppen ist gemeinsam, daß sie entweder nicht in der üblichen Entwicklungsphase sprechen gelernt haben, oder daß ihre Sprachfähigkeit schon früh durch eine Erkrankung oder Verletzung verlorengegangen ist. Aus diesen Gründen können sie nicht ohne weiteres mit anderen Menschen kommunizieren. Die größten Unterschiede zwischen den Gruppen, die auch die Grundlage für ihre Einteilung bilden, betreffen das Ausmaß ihres Sprachverständnisses und ihre Fähigkeit, das Verstehen und die Verwendung von Sprache in Zukunft zu erlernen.

Gruppe 1: Menschen, für die Unterstützte Kommunikation ein Ausdrucksmittel darstellt

Kinder und Erwachsene, die zu dieser Gruppe gehören, leiden unter einer großen Kluft zwischen ihrem Sprachverständnis und ihrer eigenen Fähigkeit, sich mit Lautsprache auszudrücken. Typisch für diese Gruppe sind Kinder mit Zerebralparese, die ihre Sprachorgane nicht ausreichend kontrollieren können und deshalb nicht in der Lage sind, verständliche Sprachlaute zu artikulieren (Anarthrie). Oft verfügen sie aber über ein gut ausgeprägtes Sprachverständnis. Zusätzlich sind in vielen Fällen motorische Störungen vorhanden, die sich auf nahezu alle Bewegungen auswirken, so daß die Wahl eines graphischen Zeichensystems naheliegt.

Für Menschen, die zu dieser Gruppe gehören, hat die Anwendung der Unterstützten Kommunikation den Zweck, ihnen *auf Dauer* ein Ausdrucksmittel zu verschaffen, das heißt ein Kommunikationshilfsmittel, das sie ihr ganzes Leben lang in allen möglichen Situationen einsetzen können. Die Intervention zielt in erster Linie meist nicht auf das Sprachverständnis. Man konzentriert sich vielmehr vorwiegend auf die Beziehung zwischen der Lautsprache, die in der Umgebung benutzt wird, und der unterstützten Sprache, mit der die betreffende Person sich ausdrückt. Das Verstehen komplexer graphischer Zeichen (z.B. Bliss-Symbole) und herkömmlicher Schriftsprache können aber durchaus zu den Zielen des Unterrichts gehören. Werden Gebärden benutzt, umfaßt der Unterricht in der Regel auch das Verstehen der Zeichen, es sei denn, auch in der Umgebung des Kindes wird vorwiegend mit Gebärden kommuniziert (z. B. wenn die Eltern gehörlos sind).

Gruppe 2: Menschen, für die Unterstützte Kommunikation eine Hilfe zum Spracherwerb darstellt

In dieser Kategorie kann man zwei Untergruppen unterscheiden. Für die erste ist das Erlernen einer alternativen Kommunikationsform vor allem ein Schritt in Richtung des Spracherwerbs. Diese Untergruppe ähnelt der zuvor beschriebenen, nur leiden die Betroffenen hier in der Regel unter weniger umfassenden Störungen, und sie brauchen die

Unterstützte Kommunikation nicht als dauerhaftes Hilfsmittel. Die Unterstützte Kommunikation soll bei ihnen nicht als Ersatz für die Lautsprache dienen – weder für die Betroffenen selbst noch für andere, die mit ihnen kommunizieren. Sie erfüllt vielmehr vor allem die Aufgabe, das Verständnis und die Anwendung der Lautsprache zu fördern, das heißt, sie soll als „Gerüst" für die Entwicklung einer normalen Sprachbeherrschung dienen. Am naheliegendsten ist ein solcher Einsatz der Unterstützten Kommunikation bei Kindern, die voraussichtlich sprechen lernen werden, deren Sprachentwicklung aber stark verzögert ist. Zu dieser Gruppe gehören Kinder mit entwicklungsbedingter Dysphasie und auch viele geistig behinderte Kinder (vgl. Launonen, 1996; Romski und Sevcik, 1996; von Tetzchner, 1984a). Manche Kinder können auch nach einer Kehlkopfoperation eine Zeitlang nicht sprechen (Adamson und Dunbar, 1991; English und Prutting, 1975). Die Intervention verfolgt bei dieser Untergruppe ganz allgemein das Ziel, den Zusammenhang zwischen Lautsprache und unterstützter Sprachform deutlich zu machen und die sozialen Probleme zu lösen, die durch die begrenzte Sprechfähigkeit aufgeworfen werden. Das Verständnis für Lautsprache ist in dieser Gruppe unterschiedlich gut ausgeprägt, und in entsprechend unterschiedlichem Ausmaß wird die Intervention auch Verständnistraining umfassen.

Die zweite Untergruppe besteht aus Kindern, die Jugendlichen und Erwachsenen, die zwar sprechen gelernt haben, sich aber nur schwer verständlich machen können. Diese Untergruppe ähnelt am ehesten der Gruppe 1, aber für die Betroffenen stellt die Unterstützte Kommunikation nicht das wichtigste Kommunikationsmittel dar. Sie können sich in sehr unterschiedlichem Ausmaß durch Lautsprache verständlich machen, je nachdem, wie gut der Kommunikationspartner sie kennt, worum es in der jeweiligen Situation geht, und welche Umgebungsgeräusche vorhanden sind. Wird beipielsweise mit dem Zuhörer über gemeinsame Erfahrungen gesprochen, können die Personen in dieser Gruppe sich leicht verständlich machen; beschreiben sie aber einen Film, den der Zuhörer nicht kennt, werden sie unter Umständen nicht verstanden. Ein Kind, das in einem kleinen Klassenzimmer gut zu verstehen ist, kann sich unter Umständen im Zug oder auf einer Straße mit normalem Verkehr kaum noch verständlich machen. In solchen Situationen oder in der Kommunikation mit Unbekannten müssen die Menschen dieser Untergruppe unter Umständen auf Gebärden oder Buchstaben zurückgreifen, oder sie zeigen auf graphische Zeichen, geschriebene Wörter oder Grapheme, die den für den Kommunikationspartner nicht verständlichen Sprachlauten entsprechen. Die Intervention konzentriert sich bei dieser Gruppe auf Bedingungen, mit deren Hilfe die Betroffenen lernen, wann sie ihre Lautsprache unterstützen müssen, wie sie merken, ob der Kommunikationspartner sie versteht, und wie sie in unterschiedlichen Situationen jeweils die geeigneten Hilfsmittel und Strategien einsetzen. In diese Gruppe gehören auch Menschen mit schweren Artikulationsstörungen.

Mit diesem Ziel, die Verwendung und das Verständnis der Lautsprache zu fördern, läßt sich die Unterstützte Kommunikation am einfachsten einsetzen, wenn bei der betreffenden Person eine eindeutige Diagnose gestellt wurde und wenn gut bekannt ist, wie sich die Lautsprache bei Kindern mit dieser Diagnose in der Regel entwickelt. In der Mehrzahl der Fälle sind die Voraussetzungen aber nicht von Anfang an so eindeutig geklärt. Das gilt insbesondere für Kinder mit dem Down-Syndrom. Manche von ihnen entwickeln eine sehr gute Lautsprache, bei anderen dagegen ist die Sprache schwer zu verstehen, und wieder andere entwickeln keine oder fast keine Lautsprache (Launonen, 1996). Man mag hoffen oder vielleicht auch daran glauben, daß das Kind sprechen lernen wird, aber ob es geschieht, bleibt abzuwarten.

Soziale und psychiatrische Probleme treten bei Kindern mit Sprachstörungen wesentlich häufiger auf als bei Kindern im allgemeinen (Baker und Cantwell, 1982; Ingram, 1959). Häufig sind Sprachstörungen eine Ursache familiärer Konflikte; die Probleme und Frustrationen, die dabei entstehen, können in der Familie zu einer außerordentlich schwierigen Situation führen. Deshalb sollte man Kindern, für die Unterstützte Kommunikation ein Hilfsmittel zum Spracherwerb darstellt, ein vorübergehendes linguistisches Instrument an die Hand geben, das die negativen Auswirkungen ihrer Sprachstörungen vermindert.

Gruppe 3: Menschen, denen Unterstützte Kommunikation eine Ersatzsprache bietet

Für Menschen, die zu dieser Gruppe gehören, ist Unterstützte Kommunikation die Sprache, die sie ihr ganzes Leben lang verwenden werden. Auch andere, die mit ihnen kommunizieren wollen, müssen sich in der Regel dieser Sprache bedienen. Die ganze Gruppe ist dadurch gekennzeichnet, daß sie Lautsprache kaum oder gar nicht als Mittel der Kommunikation einsetzt. Deshalb muß es das Ziel sein, daß sie eine andere Form der Kommunikation als ihre ureigene Sprache benutzen können. Die Intervention umfaßt sowohl das Sprachverständnis als auch die Sprachproduktion, und ein Hauptziel besteht in der Schaffung der Voraussetzungen, damit ein Kind die andere Form der Sprache verstehen und benutzen lernt, ohne dazu den Bezug zur Lautsprache zu benötigen. Man will also ein Umfeld schaffen, in dem die Unterstützte Kommunikation in vollem Umfang funktioniert.

Zu dieser dritten Gruppe gehören unter anderem autistische und schwer geistig behinderte Menschen (vgl. Peterson, Bondy, Vincent und Finnegan, 1995; Romski und Sevcik, 1993). Außerdem befindet man in dieser Gruppe auch Personen mit auditiver Agnosie oder „Sprachtaubheit". Die Diagnose der auditiven Agnosie trifft auf Kinder oder Erwachsene zu, die offensichtlich besondere Probleme damit haben, Geräusche als sinnvolle Sprachelemente zu deuten. Ihr Hörvermögen ist in einem gewissen Sinne normal, denn sie können signalisieren, daß sie ein Geräusch wahrgenommen haben; sie sind aber nicht in der Lage, zwischen Sprachlauten und anderen Geräuschen, beispielsweise – in schweren Fällen – einem schreienden Kind oder einem Nebelhorn zu unterscheiden (Luchsinger und Arnold, 1965).

Unterscheidungsmerkmale der drei Gruppen

Durch die Unterscheidung zwischen den drei zuvor beschriebenen Gruppen soll die Tatsache betont werden, daß der Unterricht in Unterstützter Kommunikation unterschiedliche Ziele haben kann und daß die Intervention in jeder dieser Gruppen anders aussieht. Man sollte die Ziele jeweils für die einzelne Person formulieren, und dabei kann die Unterteilung in die drei Gruppen nützlich sein. Ganz ähnlich unterscheiden Romski und Sevcik (1996) zwischen Kindern mit einem *beginnenden* und einem *fortgeschrittenen Lernmuster*. Der wichtigste Unterschied zwischen diesen beiden Gruppen ist die Verständnisfähigkeit für die Lautsprache.

Die Unterteilung in die drei genannten Gruppen bedeutet nicht, daß man immer ohne weiteres feststellen könnte, in welche Kategorie eine bestimmte Person gehört. Insbesondere kann man oft nur schwer entscheiden, ob jemand in die zweite oder in die dritte Gruppe einzuordnen ist. Das zeigt sich sehr deutlich in den Erfahrungen, die man in den letzten Jahren bei geistig Behinderten und Autisten mit dem Unterricht in Gebärdensprachen gemacht hat. Hier erzielte man Erfolge bei erwachsenen Menschen im Alter von 40 bis 50 Jahren, die zuvor trotz jahrelangen herkömmlichen Sprechunterrichtes nie sprechen gelernt hatten, sich aber in der Folgezeit der Lautsprache bedienen konnten. Für manche von ihnen wurde die Lautsprache allmählich sogar zur wichtigsten Form der Kommunikation. In früherer Zeit dagegen erschien die Annahme, sie seien überhaupt nicht in der Lage, sprechen zu lernen, durchaus plausibel.

Behinderungsformen in den Zielgruppen

Bei den Menschen, die zu diesen drei Gruppen gehören, findet man unterschiedliche klinische Befunde, und manche Krankheitsbilder sind auch in zwei oder allen drei Gruppen vertreten. So brauchen beispielsweise manche Personen mit Zerebralparese eine Kommunikationshilfe, um sich überhaupt ausdrücken zu können; andere benötigen eine Unterstützung für ihre schwer verständliche Lautsprache, und unter Umständen ist eine solche Hilfe auch nur für kurze Zeit erforderlich. Manche Autisten beginnen zu sprechen, nachdem sie zuvor Gebärden und/oder graphische Zeichen benutzt haben. Andere lernen nie, Lautsprache zu verstehen oder zu sprechen, begreifen und benutzen aber manche Gebärden und/oder graphischen Zeichen.

Motorische Störungen

Die wichtigste und größte Gruppe derer, die wegen motorischer Störungen nicht mit Hilfe der Lautsprache kommunizieren können, sind Kinder und Erwachsene mit Zerebralparese. Dazu gehören Menschen, die keine ausreichende Kontrolle über ihre Sprachorgane (Zunge, Mund, Rachen usw.) haben und deshalb keine normalen Sprachlaute artikulieren können (Anarthrie, Dysarthrie). Sie sind unter Umständen gelähmt oder haben Krämpfe, so daß sie die Artikulation nicht richtig steuern können, und wer sie nicht sehr gut kennt, kann dann kaum verstehen, was sie sagen wollen (Capute und Accardo, 1991; Hardy, 1983).

Motorische Störungen, die ausschließlich die Sprache betreffen, sind selten. Bei der großen Mehrzahl der Menschen, die wegen einer motorische Behinderung nicht über die Lautsprache verfügen, sind auch andere motorische Funktionen beeinträchtigt. Häufig ist die Koordination der Hand- und Fingerbewegungen in unterschiedlich starkem Ausmaß vermindert. Viele Betroffene sind auf den Rollstuhl oder Krücken angewiesen.

Ungefähr eines von 1 000 Kindern im Alter zwischen vier und 16 Jahren leidet an einer Kombination aus Sprachstörung und motorischer Behinderung (Legergren, 1981). Unter Jugendlichen nimmt die Häufigkeit zu, vor allem durch Verkehrs- und andere Unfälle mit Gehirnverletzungen. Etwa 50 Prozent dieser Kinder verfügen über keine funktionsfähige Lautsprache und sind völlig auf eine Kommunikationshilfe angewiesen. Und auch bei Kindern, deren Lautsprache zum Teil erhalten ist, sind solche Hilfen unter Umständen vorübergehend oder auf Dauer als unterstützende Kommunikationsform notwendig.

In Deutschland werden jedes Jahr etwa 1,2 Millionen Kinder geboren, darunter ungefähr 800, die an einer motorischen Behinderung leiden und deshalb Unterstützte Kommunikation benötigen. Welcher Form der Kommunikation sich solche Kinder bedienen können, hängt unmittelbar von Art und Ausmaß der motorischen Behinderung ab. Die meisten von ihnen brauchen irgend eine Kommunikationshilfe.

Bei Kindern, die mit motorischen Störungen aufwachsen, können sowohl die Schwierigkeiten beim Bewegen und Sprechen als auch Einflüsse aus ihrem Umfeld dazu beitragen, daß sich eine passive Lebensweise entwickelt. Solche Kinder stellen an ihre Eltern oft hohe Anforderungen. Unterricht, Füttern und Waschen erfordern einen großen Teil ihrer Zeit, und es gibt nur wenige Aktivitäten, an denen Kinder und Eltern gemeinsam teilnehmen könnten. Schon ein Kleinkind ist in den Augen der Eltern häufig an glücklichsten, wenn es sich passiv verhält. „Sie ist so brav wie ein Engel", und „sie ist so ein liebes Kind" – das sind typische Bemerkungen, die Mütter über ihre kleinen Kinder mit Zerebralparese machen (Shere und Kastenbaum, 1986).

Lächeln, Weinen und stimmliche Äußerungen sind für Erwachsene ein Hinweis, wie man auf Kinder reagieren soll, und sie spielen für die Interaktion von Anfang an eine wichtige Rolle. Ein Kind mit motorischen Störungen ist unter Umständen nicht in der Lage, zu lächeln oder Laute hervorzubringen, und auch das Weinen hört sich manchmal anders an als bei anderen Kindern. Die Signale, die von solchen Kindern ausgehen, sind deshalb unklar und recht widersprüchlich, so daß die Eltern sie leicht mißverstehen. Das gleiche gilt auch für die Bewegungen des Kindes. Reflexe und unwillkürliche Bewegungen sind häufig von Bedeutung für den Versuch des Kindes, auf Menschen und Vorgänge in seiner Umgebung zu reagieren (Morris, 1981). Die Seitwärtsbewegung des Kopfes zum Beispiel, die durch den tonischen Halsreflex entsteht, kann dazu führen, daß Erwachsene das Interesse und die Neugier des Kindes als Teilnahmslosigkeit oder als Widerwillen gegen eine Person oder einen Gegenstand interpretieren (Bottorf und DePape, 1982). Wenn solche Kinder angespannt sind, wirken sie häufig lebhafter und interessierter als wenn ihr Muskeltonus gering ist (Burkhart, 1987). Ein starker Muskeltonus führt zu verminderter motorischer Kontrolle und macht Interaktionen schwieriger.

Selbst das Schreien erfüllt seine Funktion bei Kindern mit motorischen Störungen unter Umständen schlechter als bei anderen. In der Regel reagieren die Eltern, wenn das Kind schreit: Sie sehen darin den Ausdruck unterschiedlicher Bedürfnisse, und zwar in Abhängigkeit von Umständen wie der Zeit, seit das Kind zum letzten Mal gegessen hat, seit die Windeln gewechselt wurden, usw. Bei Kindern mit motorischen

Störungen jedoch hat das Schreien häufig Ursachen, die sich dem Einfluß der Eltern entziehen, wie beispielsweise Schmerzen aufgrund erhöhter Muskelspannung oder Schmerzen in inneren Organen, die auf die Verkrümmung der Wirbelsäule zurückgehen. Dann ist es möglicherweise schwirig oder unmöglich, das Kind zu beruhigen, so daß die Eltern frustriert sind und sich für unfähig halten. Häufiges, lang anhaltendes Schreien kann für die Eltern zu einer Ursache ständiger Gereiztheit werden. Stellt man das alles in Rechnung, ist es kaum verwunderlich, wenn Eltern meinen, ihr Kind sei zufrieden, wenn es passiv ist.

Wichtigen Einfluß auf die Entwicklung des Kindes hat häufig die *Überinterpretation*: Schon bevor man vernünftigerweise annehmen kann, daß das Kind tatsächlich etwas mitteilt, verhält die betreuende Person sich so, als habe das Kind etwas ganz Bestimmtes geäußert (Ryan, 1974; Lock, 1980). Wenn Betreuer auf diese Weise auf das Kind reagieren, schaffen sie Bedingungen, unter denen das Kind die Kommunikation erlernen kann. Die Überinterpretation ist aber nur dann möglich, wenn das Kind sich so verhält, daß seine Eltern darin dies als Kommunikationsabsicht deuten können. Kinder, die nur in geringem Umfang solche „lesbaren" Tätigkeiten zeigen (Martinsen, 1980) – und das trifft unter anderem auf Kinder mit motorischen Störungen zu -, wachsen oft in einem ärmeren sprachlichen Umfeld auf, das heißt, ihre Umgebung reagiert auf sie weniger als auf Kinder, die sich normal entwickeln (Ryan, 1977). Dann ist meist die Verständnisfähigkeit für die Lautsprache vermindert, obwohl die neurologische Grundlagen des Spracherwerbs nicht beeinträchtigt sind. Kinder mit starken motorischen Störungen müssen auf einen beträchtlichen Teil des natürlichen Sprach"unterrichts" verzichten, den andere Kinder erhalten. In der Phase vor dem Spracherwerb können Kinder schreien, lachen, nach Gegenständen greifen und sie festhalten, gurgelnde, wortähnliche Geräusche machen usw. Diese Tätigkeiten haben zur Folge, daß Eltern und andere Erwachsene reagieren und mit den Kindern sprechen, was indirekt zum Spracherwerb führt. Hat das Kind mit dem Sprechen begonnen, entwickelt sich seine Sprache auf ganz ähnliche Weise weiter, weil es sich an Unterhaltungen beteiligt. Es hört Kommentare zu dem, was es selbst sagt und tut, und es beantwortet Fragen nach Gegenständen und Tätigkeiten, für die andere sich interessieren. Kindern mit motorischen Störungen bleibt ein großer Teil dieser Erlebnisse vorenthalten, und das dürfte ganz allgemein dazu führen, daß sie Sprache schlechter verstehen und weniger Kenntnisse über ihre Umwelt besitzen.

Die motorischen Beeinträchtigungen bedeuten für die Persönlichkeitsentwicklung eines Kindes eine beträchtliche Einschränkung. An zahlreichen Aktivitäten kann es nicht teilnehmen, und auf vielen weiteren

Gebieten sind nur begrenzte Erfahrungen möglich. Zum Teil erwachsen diese Einschränkungen jedoch nicht unmittelbar aus der motorischen Störung, sondern vielmehr aus der Tatsache, daß das Kind aufgrund negativer Erfahrungen glaubt, es sei zu nichts fähig. Später wagt es sich dann nicht mehr an Dinge heran, die durchaus im Bereich seiner Möglichkeiten lägen. Es lernt, von anderen abhängig zu sein, weil die anderen ihm Dinge abnehmen, die es durchaus selbst bewerkstelligen könnte. Gleichzeitig erlebt es aber auch, daß es den anderen zur Last fällt, daß es ein Hindernis darstellt und daß die Erwachsenen zufrieden sind, wenn es passiv bleibt. Die Einstellung der Erwachsenen gegenüber dem Kinder, die zu einem großen Teil auch von dem Kind selbst übernommen wird (vgl. Madge und Fassan, 1982), spielt deshalb eine wichtige Rolle für die Gestaltung seines Lebens und für die Möglichkeiten der Persönlichkeitsentwicklung.

Wenn Kinder heranwachsen, beobachtet man ganz allgemein ein passives Kommunikationsverhalten, und es besteht Grund zu der Annahme, daß die Grundlage dafür bereits sehr früh gelegt wird. Für viele Kinder mit motorischen Störungen, die als einzige Form der Kommunikation nur Bejahung und Verneinung kennengelernt haben – also eine Art von Quiz, beispielsweise mit dem Blick nach oben für „ja" und nach unten für „nein" -eröffneten sich mit der Generation der High-Tech-Kommunikationshilfen ganz neue Möglichkeiten. Aber auch sie beginnen offenbar nicht von sich aus eine Unterhaltung, selbst wenn sie ihre Kommunikationshilfe beherrschen und alle möglichen Fragen beantworten können, und zwar auch dann nicht, wenn es so aussieht, als hätten sie etwas zu sagen. Kinder, die mit einem Frage-Antwort-Spiel als einziger Kommunikationsstrategie aufgewachsen sind, können nur sehr schwer lernen, Sprache auf neue Weise einzusetzen. Deshalb gilt es in jedem Fall eine Ausdrucksweise zu finden, mit deren Hilfe das Kind selbst die Initiative ergreifen kann, damit es nicht lernt, erst auf die Frage eines anderen zu warten, bevor es selbst etwas sagt.

Das Sprachverständnis ist bei Kindern und Erwachsenen, die wegen motorischer Störungen unter einer Beeinträchtigung der Lautsprache leiden, sehr unterschiedlich gut ausgeprägt. Viele dieser Menschen verstehen die Lautsprache der anderen ganz normal und können sich nur selbst nicht ausdrücken, das heißt, sie gehören zur ersten der zuvor beschriebenen Gruppen. Andere leiden aber auch wegen einer Schädigung des Gehirns unter mehreren Behinderungen und Sprachstörungen. Manche Betroffenen verstehen ein System der Unterstützten Kommunikation am besten. Es gibt also unter den Personen mit motorischen Störungen durchaus auch solche, die zur zweiten und dritten zuvor genannten Gruppe gehören.

Entwicklungsbedingte Sprachstörungen

Kinder sprechen im allgemeinen mit zehn bis 13 Monaten die ersten Worte, und Verbindungen aus zwei Wörtern verwenden sie im Durchschnitt mit etwa 18 Monaten. Ungefähr drei Prozent aller Kinder haben an ihrem zweiten Geburtstag noch nicht zu sprechen begonnen, und vier Prozent haben noch keine drei Wörter mit zusammenhängenden Sinn gesagt, wenn sie drei Jahre alt sind (Fundudis, Kolvin und Garside, 1979). Schwere Störungen der Sprachentwicklung kommen bei sieben bis acht von 10000 Kindern vor (Ingram, 1975).

Von einer spezifischen Sprachstörung spricht man in der Regel, wenn ein Kind in seiner Sprachentwicklung deutlich stärker zurückbleibt als in anderen Bereichen. Das bedeutet in der Praxis, daß Kinder mit dieser Diagnose in ihrer Mehrzahl bei einem nichtverbalen Intelligenztest im normalen Leistungsbereich liegen.

Diese Gruppe ist sehr vielgestaltig und umfaßt zahlreiche Fälle, die sich in ihren besonderen Merkmalen und dem Ausmaß der Störung stark unterscheiden. Man kann aufgrund der Leistung, die solche Menschen in den verschiedenartigen Aufgaben der verbreiteten Intelligenztests erreichen, zahlreiche Untergruppen abgrenzen, beispielsweise anhand der Wechsler Intelligence Scale for Children (WISC). Manche Gruppen unterscheiden sich von anderen auch durch verschiedene Begleitfaktoren, z. B. durch ihren Entwicklungsverlauf oder durch unterschiedliche begleitende Störungen (Benton, 1977; Locke, 1994; Ottem, Sletmo und Bollingmo, 1991).

Unabhängig davon, zu welcher Untergruppe sie gehören, fangen Kinder mit entwicklungsbedingten Sprachstörungen irgendwann zu sprechen an; allerdings ist ihre Sprache in der Regel während der gesamten Vorschulzeit schlecht artikuliert. Deshalb ist ein solches Kind schwer zu verstehen, insbesondere für andere Menschen als die Eltern, die oft besser begreifen, was es meint. Mit Erreichen des Schulalters sprechen die meisten derartigen Kinder so deutlich, daß sie auch für Fremde zu verstehen sind. Die verzögerte Sprachentwicklung hat aber zur Folge, daß die Kinder über einen kleineren Wortschatz verfügen und häufig auch weniger über ihre Umgebung wissen als Gleichaltrige. Dieses Defizit kann je nach dem Entwicklungsstand des Kindes in anderen Bereichen unterschiedlich groß sein. Geringere Kenntnisse sind für die meisten Kinder mit mäßigen oder stärker ausgeprägtem Sprachentwicklungsstörungen typisch, und dieser Zustand bleibt auch bis weit ins Schulalter hinein erhalten.

Eine wichtige Untergruppe sind die Kinder mit dyspraktischen Zügen: Sie haben Schwierigkeiten, willkürliche Handlungen auszuführen, insbesondere wenn dazu koordinierte Bewegungen notwendig sind. Diese Kinder haben Probleme mit praktischen Tätigkeiten in vielen Bereichen, allerdings nicht in dem gleichen extremen Ausmaß wie Mädchen mit dem Rett-Syndrom (siehe unten).

Eine weitere wichtige Untergruppe bei den Kindern mit Sprachentwicklungsstörungen sind diejenigen mit dem sogenannten *Stammeln* (Luchsinger und Arnold, 1959; Weiss, 1967). Das Stammeln ist offenbar genetisch beeinflußt und kommt in manchen Familien relativ häufig vor. Es ist durch mehrere aufeinanderfolgende Sprachstörungen gekennzeichnet: Am Anfang steht in der Regel ein verzögertes Einsetzen des Sprechens, und dann folgen Schwierigkeiten mit der Artikulation von Wörtern sowie Probleme mit Syntax und Flexion. Darüber hinaus haben die betroffenen Kinder Schwierigkeiten, Sprachlaute wahrzunehmen und zwischen ihnen zu unterscheiden; außerdem sind sie unbeholfen bei komplizierten Bewegungen und unmusikalisch. Die Artikulationsstörung besteht darin, daß die Sprechgeschwindigkeit am Ende eines Wortes oder einer Äußerung zunimmt, und gleichzeitig werden Konsonanten „achtlos" ausgesprochen, als hätte das Kind einen Stein im Mund. Wegen dieser schlechten Artikulation ist das Kind in den ersten Jahren, nachdem es sprechen gelernt hat, für Fremde nur schwer zu verstehen. Besonders deutlich zeigen sich die Probleme, wenn das Kind aufgeregt ist. Die meisten derartigen Kinder sprechen bei Erreichen des Schulalters deutlich und sind gut zu verstehen, außer bei besonderen Gelegenheiten, wenn sie sehr erregt sind. Die Schwierigkeiten mit der Syntax zeigen sich, wenn die Kinder in einem Satz einzelne Wörter auslassen oder die Wortreihenfolge verändern. Erhalten sie im Lesen nur den normalen Unterricht, entwickeln sich oft Lese- und Schreibstörungen.

Im Gespräch mit anderen Kindern oder Erwachsenen machen sowohl stammelnde Kinder als auch solche mit anderen Sprachentwicklungsstörungen die Erfahrung, daß sie sich nicht verständlich machen können. Diese Schwierigkeiten führen dazu, daß sie auf ihre Bemühungen um Kommunikation bedeutungsleere Antworten wie *ja, nein* oder *hmm* erhalten, ganz gleich, was sie sagen; ihre Fragen jedoch werden nicht beantwortet (Schjølberg, 1984). Erwachsene, die das Kind nicht verstehen können, lösen das Problem oft dadurch, daß sie die Kontrolle über das Gespräch übernehmen. Sie geben mehr Anweisungen und stellen weniger Fragen (Bondurat, Romeo und Kretschmer, 1983). Damit vermindert sich für den Erwachsenen der Druck, die Äußerungen des Kindes zu verstehen, und gleichzeitig wird dem Kind die Chance genommen, die Interaktion im Sinne seiner eigenen Interessen zu lenken. Auf diese Weise werden die Kinder nicht nur der angenehmen Unterhaltungen beraubt, deren ihre Altersgenossen sich erfreuen, sondern die Artikulationsstörungen führen auch dazu, daß die Kinder in geringerem Umfang an den ganz normalen sozialen Interaktionen teilnehmen. Solche Interaktionen stellen aber für Kinder eine natürliche Form des Lernens dar, und sie sind von großer Bedeutung für den Erwerb von Sprache, Begriffen und allgemeinen Kenntnissen über die Gesellschaft.

Wegen solcher Probleme, die Erwachsene und andere Kinder mit ihnen haben, ziehen Kinder mit Sprachstörungen sich häufig aus den Interaktionen zurück. Viele Vorschulkinder mit Sprachentwicklungsstörungen sind in Gegenwart anderer scheu und ängstlich, sowohl gegenüber Erwachsenen, die sie nicht kennen, als auch gegenüber anderen Kindern. Im Extremfall kann das zu selektivem Mutismus führen, das heißt, die Kinder sprechen außerhalb ihres eigenen Zuhause überhaupt nicht, auch wenn sie eigentlich schon deutlich sprechen können. Andere werden aufsässig und aggressiv (Bishop, 1994; Rutter, Mawhood und Howlin, 1992).

Die Probleme, die solche Kinder erleben, sind wahrscheinlich eine indirekte Folge der Tatsache, daß sie sich nur schwer verständlich machen können. Die meisten zwischenmenschlichen Situationen erfordern, daß man spricht. Wenn die Kinder neue Leute kennenlernen, stellt man ihnen Fragen wie „wie heißt du?" Oder „wie alt bis du?" Dann müssen sie ihre beeinträchtigte Sprachfähigkeit offenbaren. In manchen Fällen empfinden Kinder, die schlecht artikulieren, daß „deutliche", verständliche Sprechen als derart große Belastung, daß auch andere Tätigkeiten ihnen schwerer fallen: Die Störung, die eigentlich nur die Sprache betrifft, hat auch andere Auswirkungen und wird zu einem umfangreicheren Problem, zu einer Art erworbener Dyspraxie.

Kindern mit Sprachentwicklungsstörungen bringt man ein unterstützendes Kommunikationssystem nicht bei, um ihnen eine eigene Sprache zu verschaffen. Sie gehören zu der oben beschriebenen Gruppe 2 und sind ein gutes Beispiel dafür, wie solche Systeme die Sprachentwicklung unterstützen. Am häufigsten werden Gebärden eingesetzt, aber man hat auch andere Kommunikationsformen benutzt (Hughes, 1974/75). Die Anwendung der Gebärdensprache in dieser Gruppe wurde nur in relativ geringem Umfang systematisch erforscht, aber es gibt eine ganze Reihe positiver klinischer Erfahrungen. Auch über gute Ergebnisse in Einzelfällen wurde berichtet (Caparulo und Cohen, 1977; von Tetzchner, 1984a).

Fast ebenso wichtig wie der Effekt für den Lernerfolg der Kinder sind die Wirkungen, die Gebärden auf die Gesprächspartner des Kindes ausüben. Erwachsene über- oder unterschätzen leicht, wieviel ein Kind versteht. Bedient sich das Kind gleichzeitig mit dem Sprechen auch der Gebärden, können die Erwachsenen es leichter verstehen und sinnvoll auf die Äußerungen des Kindes antworten. Für das Kind bedeutet das, daß die Interaktion mit den Erwachsenen bedeutungsvoller und erfreulicher ist. Gleichzeitig ist es für die Erwachsenen einfacher, Kommentare zu den Tätigkeiten des Kindes abzugeben und ihm Gegenstände oder Vorgänge in der Umgebung genauso zu erklären, wie sie es bei anderen Kindern tun. Das wiederum erleichtert es den Kindern, die Namen von Gegenständen zu erlernen und zu erfahren, wie man über Ereignisse spricht, wie man Gegenstände benutzt, welche Regeln im zwischenmenschlichen Umgang gelten, usw. Das alles sind wichtige Grundlagen der Sprachentwicklung (Nelson, 1996). Ist der Unterricht in der Gebärdensprache erfolgreich, vermindert sich damit indirekt auch die Gefahr, daß sich Wortschatz und Begriffsvermögen des Kindes schlecht entwikkeln.

Daneben hat der Gebärdenunterricht noch ein drittes Ziel, das ebenfalls auf den indirekten Wirkungen basiert: Das Kind soll besser sozial Einfluß nehmen können. Auch wenn ein Kind schon deutlich sprechen und sich verständlich machen kann, gibt es für die Interaktionen viele Regeln, die es noch nicht gelernt hat, während sie seine Altersgenossen vertraut sind. Wenn das Kind sich besser verständlich machen kann und stärker an guten zwischenmenschlichen Interaktionen teilnimmt, wird es weniger scheu und ängstlich, und das wiederum führt zu verbesserten Sozialbeziehungen mit Gleichaltrigen und Erwachsenen, die es nicht sehr gut kennt.

Geistige Behinderung

„Geistige Behinderung" ist keine fachliche Diagnose, sondern eine *behördliche* Kategorie. Herkömmlicherweise wandte man den Begriff auf alle Kinder an, bei denen man den Eindruck hatte, sie könnten vom normalen Schulunterricht nicht profitieren, so daß sie Sonderschulen besuchen mußten. Heute ist „geistige Behinderung" der Sammelbegriff für ein breites Spektrum unterschiedlicher Störungen, die auch ganz unterschiedliche Ursachen haben. Ihnen allen ist aber gemeinsam, daß die Lernfähigkeit der Betroffenen und damit auch ihre Aussichten, sich in der Gesellschaft zu behaupten, mehr oder weniger stark eingeschränkt sind, und daß die Störung bereits recht frühzeitig erkennbar ist (Lossiusutvalget [The Lossius Committee], 1985).

In der Regel unterscheidet man auf der Grundlage von Intelligenztests unterschiedliche Grade der geistigen Behinderung. Ein Intelligenzquotient (IQ) zwischen 69 und 50 gilt als geringfügige Behinderung, Werte zwischen 49 und 35 bezeichnet man als mäßige, zwischen 34 und 20 als schwere und solche unter 20 als sehr schwere geistige Behinderung.

Menschen, die in Intelligenztests einen Wert von 70 oder weniger erreichen, machen zwei bis drei Prozent der Bevölkerung aus (Weltgesundheitsorganisation, 1993). Sehr wichtig ist allerdings die Erkenntnis, daß der IQ nicht viel über einen Menschen aussagt. Zur Gruppe der geistig Behinderten gehören ganz unterschiedliche Personen mit sehr unterschiedlichem Entwicklungshintergrund. Durch die Leistung im Intelligenztest werden diese Unterschiede weit stärker verschleiert als offengelegt. Selbst das, was man als Lernfähigkeit bezeichnen kann, schwankt bei Menschen mit der „gleichen" Intelligenz ganz erheblich. Besonders schwierig ist es, sprachliche Fähigkeiten aufgrund der Leistung in einem Intelligenztest vorauszusagen. Bei Personen, die einen Wert von mehr als 40 bis 50 erreichen, steht der IQ in keinem Zusammenhang mit den Stationen der Sprachentwicklung, das heißt mit den Zeitpunkten, zu denen die Betreffenden zu sprechen beginnen und ihre ersten Wortkombinationen hervorbringen. Bei Menschen mit einem IQ unter 40 bis 50 ist es sowohl praktisch als auch theoretisch schwierig, zwischen einer schlechten Sprach- und Kommunikationsfähigkeit einerseits und den Beeinträchtigungen anderer Kognitionsfunktionen andererseits zu unterscheiden.

Die Leistung in Intelligenztests hängt unter anderem auch davon ab, ob die Anweisungen für den Test verstanden werden. Für Menschen mit den geringsten Sprach- und Kommunikationsfähigkeiten ist diese Bedingung nur schwer zu erfüllen. Eine schlechte Sprachfähigkeit verhindert auch, daß andere Fähigkeiten erlernt werden, die man ebenfalls mit den Intelligenztests mißt. Deshalb beobachtet man bei Menschen mit mäßiger und schwerer geistiger Behinderung einen eindeutigen statistischen Zusammenhang zwischen dem gemessenen IQ und der Sprachfähigkeit. Aber auch wenn von den stark geistig Behinderten nur ein geringerer Anteil eine Sprache entwickelt als in der Gruppe derer, deren Behinderung geringer ist, findet man auch in der schwächsten Gruppe noch Personen, die eine Sprache entwickeln.

Es gibt bei den geistig Behinderten eine ganze Reihe von Untergruppen. In manchen Fällen kennt man das Krankheitsbild, aber in ungefähr der Hälfte der Fälle ist die Ursache unbekannt. Mehrfachbehinderungen kommen häufig vor. In einer großen Behinderteneinrichtung in Norwegen litten etwa 30 Prozent der betreuten Personen unter einer nicht behebbaren Sehstörung. Sieben Prozent davon waren völlig blind, und 11 bis 12 Prozent litten an funktioneller Blindheit, das heißt, die Störung betraf nicht das Auge selbst, sondern die Gehirnabschnitte, die für die visuelle Wahrnehmung zuständig sind (Spetalen, persönliche Mitteilung, Februar 1990). Außerdem haben selbst geringfügige Sehstörungen für geistig Behinderte größere Auswirkungen als für andere Menschen. Bei stark geistig behinderten Menschen ist ein Ausgleich der Sehschwäche oft mit Problemen verbunden, weil eine Brille leicht zu Bruch geht und Kontaktlinsen zu Verletzungen führen. Auch Störungen des Hörvermögens kommen unter geistig Behinderten häufig vor. Einer englischen Studie zufolge waren beispielsweise acht Prozent der geistig behinderten Kinder in entsprechenden Einrichtungen gehörlos. In derselben Untersuchung zeigten sich bei 14 Prozent so starke motorische Störungen, daß die Kinder sich nicht selbständig bewegen konnten (Kirman, 1985).

Wegen der großen Unterschiede im Ausmaß der Störungen und wegen der häufigen Beeinträchtigung von Sinnesfunktionen und Motorik sind bei geistig Behinderten alle Formen der Unterstützten Kommunikation von Interesse. Manche von ihnen gehören zu der oben beschriebenen Gruppe 1, andere zur Gruppe 2 oder 3.

Bei 20 Prozent der geistig Behinderten handelt es sich um Menschen mit Down-Syndrom, wenn die damit die größte und am besten dokumentierte einzelne Gruppe darstellen (vgl. Cicchetti und Beeghly, 1990; Nadel, 1988). Deshalb sollen sie hier beispielhaft für die ganze Kategorie der „geistig Behinderten" stehen. Es muß aber ausdrücklich darauf hingewiesen werden, daß es sowohl innerhalb der einzelnen Untergruppen als auch zwischen ihnen große Unterschiede gibt.

Kinder mit Down-Syndrom benötigen häufig eine Sprachunterstützung, bei manchen von ihnen ist aber auch ein Ersatz der Lautsprache notwendig. Smith und von Tetzchner (1986) untersuchten zehn Dreijährige mit Down-Syndrom. Aus den Angaben der Eltern ergab sich, daß die Kinder im Durchschnitt 45 Wörter benutzten. Die Zahl für die einzelnen Kinder lag dabei zwischen 0 und 250 Wörtern. Mit fünf Jahren war die durchschnittliche Länge der Äußerungen nur bei einem Kind größer als 1,5 Wörter, das heißt, die meisten Äußerungen der Kinder bestanden nur aus einem Wort.

Im Vergleich mit normal entwickelten Kindern ist die Sprachentwicklung beim Down-Syndrom deutlich verzögert. Wie schnell solche Kinder eine Sprache erwerben, hängt mit ihrer Entwicklung auf anderen Gebieten ebenso zusammen wie mit der Frage, in welchem Umfang sie mit ihren Betreuern in Interaktion treten können oder dürfen. Die Beteiligung solcher Kinder an zwischenmenschlichen Beziehungen und damit auch ihre Gelegenheit, auf natürliche, indirekte Weise Sprache und Begriffe zu lernen, wird dadurch beeinflußt, daß sie mehr Zeit für die Verarbeitung von Eindrücken und für die Reaktionen darauf brauchen als andere Kinder; außerdem ist das Ausmaß ihrer Aktivitäten oft so gering, daß zwischenmenschliche Beziehungen ausschließlich von Erwachsenen kontrolliert werden (vgl. Ryan, 1977).

Prinzipiell verfolgt die Intervention mit Unterstützter Kommunikation bei Kindern mit Down-Syndrom – wie auch bei solchen mit Sprachentwicklungsstörungen – das Ziel, den Spracherwerb zu beschleunigen und die Qualität ihrer Interaktionen in der Phase vor dem Sprechenlernen zu verbessern. Gleichzeitig wird für die wenigen, die nur eine geringe oder gar keine Lautsprache entwickeln, eine Alternative geschaffen. Die Parallele zu den Kindern mit Sprachentwicklungsstörungen wird auch an der Tatsache deutlich, daß Kinder mit Down-Syndrom häufig ebenfalls eine sehr schwer verständliche Aussprache haben.

Die Form der Unterstützten Kommunikation, die bei Kindern mit Down-Syndrom am häufigsten angewandt wird, sind die Gebärden. Die Intervention mit Gebärden wurde in den letzten Jahren in mehreren Ländern praktiziert, und die Berichte sind in ihrer großen Mehrzahl positiv (Johansson, 1987; Launonen, 1996; le Prevost, 1983). Im Bezirk Nord Trøndelag in Norwegen wurden die Erfahrungen, die man bei acht geistig behinderten Kindern mit Gebärden machte, systematisch aufgezeichnet (Rostad, 1989). Vier von ihnen litten am Down-Syndrom. Es wurde festgehalten, wie alt die einzelnen Kinder zu Beginn der Intervention waren, wann sie jeweils ein neues Zeichen erwarben, wie alt sie waren, als sie zu sprechen begannen, und wann sie jeweils neue Wörter benutzten.

Die vier Kinder mit dem Down-Syndrom lernten im Laufe der Intervention sowohl Gebärden als auch gesprochene Wörter (Abb. 22). Zuvor aber lernten alle Gebärden. Der Erwerb von Gebärden und gesprochenen Wörtern ging zu Beginn langsam vonstatten, beschleunigte sich später aber immer stärker. Zuerst fielen Fortschritte beim Gebrauch der Gebärden auf. Allmählich erlernten die Kinder dann mehr Wörter als Gebärden; die Zahl der erlernten Gebärden erreichte irgendwann ein Maximum und sank dann wieder ab. Diese Gesetzmäßigkeit einer zunehmenden Zahl von Wörtern im Verhältnis zu den Gebärden läßt zusammen mit den recht großen Altersunterschieden bei Beginn des Gebärdenunterrichts darauf schließen, daß dieser Unterricht sich positiv – und vielleicht unmittelbar beschleunigend – auf die Sprachentwicklung auswirkte. In einer großen Studie an Kindern mit dem Down-Syndrom in Helsinki stellte Launonen (1996) fest, daß eine Gruppe von Kindern, die seit ihrem ersten Lebensjahr eine umfassende Betreuung einschließlich des Gebärdenunterrichts erhalten hatten, mit vier Jahren im Durchschnitt über ein deutlich größeres Repertoire an gesprochenen Wörtern verfügten als solche, die auf die gleiche Weise, aber ohne Gebärdenunterricht betreut worden waren. Neben den gesprochenen Wörtern verfügte die erste Gruppe auch über ein beträchtliches Gebärdenrepertoire, so daß ihre Ausdrucksmöglichkeiten insgesamt wesentlich größer waren.

Es muß aber darauf hingewiesen werden, daß der Gebärdenunterricht nicht bei allen geistig behinderten Kindern in der Untersuchung die gleiche Wirkung hatte. In der Studie von Rostad nahm die Entwicklung bei einem der vier Kinder, die nicht am Down-Syndrom litten, einen anderen Verlauf. Diesem Kind nützte die Intervention mit Gebärden nicht, aber es lernte im Laufe der Zeit, viele Wörter zu sagen. Das zeigt sehr deutlich, daß es keine einzelne Form der Intervention gibt, die sich für alle Betroffenen eignet.

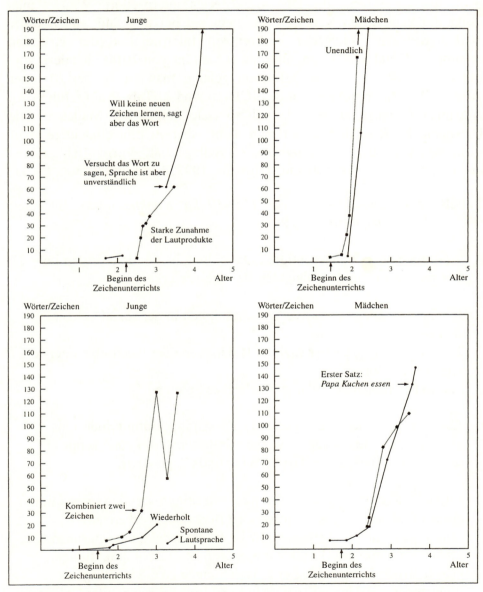

Abb. 22 *Entwicklung der Zeichenbeherrschung bei vier Kindern mit Down-Syndrom. Gepunktete Linie: Gebärden; normale Line: gesprochene Worte.*

Autismus

Das Krankheitsbild des Autismus setzt in der Regel ein, bevor das Kind zwei Jahre alt ist. Die Krankheit wird je nach dem Alter unterschiedlich beschrieben. Ihre drei Hauptmerkmale sind *umfangreiche Sprach- und Kommunikationsstörungen*, *Schwierigkeiten in den Beziehungen zu anderen Menschen* und *anormale Reaktionen auf die Umwelt*.

Die Häufigkeit des Autismus ist ein wenig unterschiedlich, je nachdem, wie streng man die Diagnosekriterien interpretiert. Wendet man strikt die klassischen Kriterien an, liegt sie bei ungefähr einem unter 10000 Kindern. Nach der verbreiteten Interpretation der Kriterien kommt die Krankheit bei ungefähr zwei bis fünf von 10000 Kindern vor, mit einer weiter gefaßten Definition gelangt man zu 10 bis 20 unter 10000. Die Diagnosekriterien des ICD-10 sind in Tab. 2 aufgeführt. An Autismus leiden mindestens doppelt so viele Jungen wie Mädchen. Die Ursachen der Krankheit kennt man nicht, aber es gibt eindeutige Indizien, wonach sie eine biologische Grundlage hat. Vermutlich gibt es mehrere Ursachen des Autismus (Howlin, 1997; Lord und Rutter, 1994).

Tabelle 2 *Diagnosekriterien der ICD-10 für frühkindlichen Autismus (World Health Organization, 1993).*

A. Anormale oder beeinträchtigte Entwicklung ist vor dem dritten Lebensjahr in einem der folgenden Bereiche zu erkennen:

(1) rezeptive oder expressive Sprachfähigkeit in der sozialen Kommunikation;
(2) Entwicklung gezielter sozialer Bindungen oder wechselseitiger sozialer Interaktionen;
(3) funktionstragendes oder symbolisches Spielen.

B. Aus den Bereichen (1), (2) und (3) müssen insgesamt mindestens sechs Symptome vorliegen, wobei mindestens zwei zur Gruppe (1) und jeweils eines zu den Gruppen (2) und (3) gehören.

(1) Qualitative Anomalien in der wechselseitigen sozialen Interaktion sind in mindestens zwei der folgenden Bereiche zu erkennen:
 (a) unzureichende Verwendung von Blickkontakt, Gesichtsausdruck, Körperhaltung und Gesten zur Steuerung sozialer Interaktionen;
 (b) fehlende Entwicklung von Beziehungen zu Gleichaltrigen (entsprechend dem geistigen Alter und trotz ausreichender Gelegenheiten) mit dem Teilen von Interessen, Tätigkeiten und Gefühlen;

(c) fehlende sozial-emotionale Wechselseitigkeit, zu erkennen an beeinträchtigten oder abweichenden Reaktionen auf die Gefühle anderer; oder fehlende Verhaltensangleichung entsprechend dem sozialen Zusammenhang; oder schwache Integration sozialer, emotionaler und kommunikativer Verhaltensweisen;

(d) Fehlen des spontanen Bestrebens, Freude, Interessen und Leistungen mit anderen zu teilen (z. B. unterläßt es die betroffene Person, anderen Menschen Dinge zu zeigen oder zu bringen, für die sie sich interessiert).

(2) Qualitative Anomalien der Kommunikation zeigen sich in mindestens einem der folgenden Bereiche:

(a) verzögerte oder völlig ausbleibende Entwicklung einer Lautsprache, die *nicht* von dem Versuch begleitet ist mit Gesten oder Mimik als alternativen Kommunikationsformen einen Ausgleich zu schaffen (zuvor häufig fehlendes kommunikatives Plappern);

(b) relativ geringe Versuche, (auf dem jeweiligen Niveau der Sprachfähigkeit) ein Gespräch zu beginnen oder aufrecht zu erhalten, in dem die Beiträge jeweils eine Reaktion auf die Äußerungen des anderen darstellen;

(c) stereotype, sich wiederholende Sprachnutzung oder eigenwillige Verwendung von Wörtern oder Formulierungen;

(d) Fehlen der spontanen, vielfältigen Verstellung oder (im jungen Alter) des sozial-imitierenden Spiels.

(3) Eingeschränkte, sich wiederholende, stereotype Verhaltens-, Interessen- und Tätigkeitsmuster zeigen sich in mindestens einem der folgenden Bereiche:

(a) umfassende Eingenommenheit von einem oder mehreren stereotypen, eingeschränkten Interessenmustern, die in Inhalt oder Ausrichtung anormal sind; oder ein oder mehrere Interessen, die zwar nicht in Inhalt und Ausrichtung, aber in Intensität und eng umschriebenem Charakter anormal sind;

(b) offensichtlich zwanghaftes Festhalten an ganz bestimmten, nicht funktionstragenden Tätigkeiten oder Ritualen;

(c) stereotype, sich wiederholende motorische Besonderheiten wie Schnippen und Drehen von Hand und Fingern, oder komplizierte Bewegungen des ganzen Körpers;

(d) Eingenommenheit für Teile oder nicht funktionstragende Elemente des Spielmaterials (z.B. Geruch, Oberflächenbeschaffenheit, von ihnen ausgehende Geräusche und Vibrationen).

Etwa die Hälfte aller autistischen Erwachsenen verfügen nicht über eine funktionsfähige Lautsprache. Bei denen, die sprechen lernen, ist die Sprachentwicklung häufig verzögert, und die sprachlichen Fähigkeiten sind äußerst unterschiedlich. Manche Autisten benutzen weder Gebärden noch Lautsprache und verfügen über nahezu kein Sprachverständnis. Andere können sprechen und verstehen eine Menge. Wieder andere bauen allmählich einen großen Wortschatz auf, bedienen sich einer offenkundig normalen Syntax und können Gedanken, Gefühle und Bedürfnisse ausdrücken. Die große Mehrzahl derer, die überhaupt sprechen, zeigen zu Beginn ein großes Maß an Echolalie, das heißt, sie wiederholen zusammenhanglos Wörter und Satzteile. Nur selten nehmen sie von sich aus Kontakt zu anderen Menschen auf. Selbst die Autisten mit den am besten ausgeprägten Funktionen sprechen oft in „Monologen", ohne auf den Zuhörer zu achten, und oft nehmen sie die Äußerungen anderer ganz und gar wörtlich.

Auch bei den nonverbalen Fähigkeiten gibt es große Unterschiede. Manche Autisten zeigen ein ausgeglichenes Begabungsprofil, andere sind nur in einzelnen Bereichen besonders geschickt. Nach den Ergebnissen von Übersichtsuntersuchungen, in denen man große Gruppen autistischer Kinder und Jugendlicher bis ins Erwachsenenalter beobachtete, besteht offenbar ein Zusammenhang zwischen den Fähigkeiten und dem Umfang der Sprachverwendung in der Vorschulzeit. Das Ausmaß sinnvoller Lautsprache, die ein autistisches Kind vor dem sechsten Lebensjahr äußert, hat sich als bester Indikator für die späteren sprachlichen und nichtsprachlichen Fähigkeiten erwiesen. In einer norwegischen Untersuchung an 64 autistischen Kindern und Jugendlichen zeigten sich in der Sprachfähigkeit nur geringe Fortschritte vom Vorschulalter bis zum jungen Erwachsenen (Kvale, Martinsen und Schjølberg, 1992). Die wenigen Ausnahmen von dieser Regel betrafen Kinder, die systematischen Gebärdenunterricht erhalten hatten.

Die ungewöhnlichen Reaktionen autistischer Menschen auf andere hängen eng mit ihren umfangreichen Kommunikations- und Sprachstörungen zusammen. Autistische Säuglinge und Kleinkinder zeigen in geringerem Umfang die normalen Verhaltensweisen, auf denen die erste Kommunikation zwischen Kindern und Erwachsenen basiert, und die Eltern merken, daß sie nur schwer mit dem Kind in Kontakt treten können. Das Kind wirkt desinteressiert, reagiert scheinbar nicht, wenn man mit ihm spielt oder es streichelt, läßt sich nicht gern liebkosen, ist nur schwer zu beruhigen, wenn es schreit, und scheint oft am zufriedensten zu sein, wenn man es in Ruhe läßt. Kleinkinder mögen es häufig nicht, wenn man sie hochhebt, und schmiegen sich im Gegensatz zu normalen Kindern nicht an die Person an, die sie trägt. Viele Autisten suchen den

Körperkontakt, andere dagegen schrecken zurück, spannen sich an und wirken ängstlich, wenn man sie berührt. Der Blickkontakt mit Autisten fehlt häufig. Manche von ihnen werfen nur einen flüchtigen Blick auf das Gesicht der Person, mit der sie kommunizieren, andere starren den Partner an und studieren sein Gesicht aus der Nähe. Befinden sie sich in einer Gruppe mit anderen Kindern oder Jugendlichen, zeigen sie wenig Interesse an den Tätigkeiten der anderen, und kaum einmal lernen sie durch Nachahmung.

Zu den „ungewöhnlichen Reaktionen auf die Umgebung" gehört eine lange Liste von Besonderheiten, die in unterschiedlichen Umfang vorkommen. Am häufigsten erwähnt werden unter anderem negative Reaktionen, wenn ein festgelegter Tagesablauf durchbrochen wird oder wenn sich die Umgebung ändert. Auf solche Abwandlungen reagieren viele Autisten mit Äußerungen von Ärger oder Furcht.

Die meisten Autisten sind nur selten selbstversunken. Sie haben ein begrenztes Spektrum von Tätigkeiten, die sie häufig über Monate oder Jahre hinweg jeden Tag über längere Zeit ausführen. „Ungewöhnliche Reaktionen auf ihr Umgebung" bedeutet auch, daß autistische Kinder sich in der Regel für andere Tätigkeiten interessieren als ihre Altersgenossen. Insbesondere fühlen sich viele von ihnen durch Gegenstände angezogen, die sich drehen oder drehen lassen, aber auch durch flackernde Lichter. Für normales Spielzeug interessieren sie sich meist nicht. Typische Lieblingsaktivitäten sind zielloses Herumwandern, das Drehen von Kinderkreiseln und ähnlichen Gegenständen, das Füllen eines Beckens mit Wasser, das Durchblättern von Büchern, das Ein- und Ausschalten von Lichtern, das Klopfen auf Gegenstände und das Musikhören. Eng damit verbunden sind die stereotypen Handlungen, die für Autisten charakteristisch sind: Sie machen im Sitzen wiegende Bewegungen, „schnippen" mit den Fingern oder mit Gegenständen, die sie festhalten, lassen Licht zwischen den Fingern hindurchfallen, nesteln an den Haaren, wedeln mit den Armen, schlagen den Kopf an Gegenstände und verdrehen Körper, Arme oder Hände in ungewöhnliche Haltungen.

Viele Autisten reagieren anormal auf äußere Reize. Manche Kinder sprechen offenbar überhaupt nicht auf Stimmen an, so daß der Verdacht entsteht, sie seien gehörlos. Selbst bei recht leistungsfähigen autistischen Kindern, Jugendlichen und Erwachsenen ist oft nur schwer festzustellen, ob sie zuhören, wenn man sie anspricht, und ob sie sich für das Gesagte interessieren. Manche Autisten sind auch überempfindlich für Geräusche. Normale Geräusche sind ihnen lästig und manchmal auch schmerzhaft, insbesondere in Phasen, in denen die betreffende Person unter Druck steht. Manche Autisten zeigen keine erkennbare Reaktion auf Schmerzen, und das führte zu der Vermutung, ihre Schmerzempfindung sei vermindert. Andere autistische Kinder sind überempfindlich für Berührungen (Grandin, 1989). Aber Kinder, die anfangs keine Schmerzempfindung zu haben scheinen, zeigen entsprechende Reaktionen, wenn sich ihre Fähigkeiten allgemein verbessern. Auch auf visuelle Reize reagieren viele autistische Kinder und Erwachsene anormal, aber mit Ausnahme derer, bei denen auch visuelle Wahrnehmung, Sehvermögen oder Hörfähigkeit beeinträchtigt sind, hat man keine besonderen Anomalien der Sinneswahrnehmung gefunden. Die Abweichungen haben vielmehr offensichtlich mit der Verarbeitung der Wahrnehmungen zu tun (Hermelin und O'Connor, 1970).

Angesichts der relativ schlechten Prognose, die man bei autistischen Kindern im Hinblick auf die Sprachentwicklung stellen muß, liegt es auf der Hand, daß die Intervention bei ihnen Unterstützte Kommunikation umfassen muß. Da man von vornherein davon ausgeht, daß über die Hälfte aller autistischen Kinder nie sprechen lernt und außerdem auch nicht über Sprachverständnis verfügt, kann man mit gutem Grund annehmen, daß ein Kommunikationssystem mit graphischen Zeichen oder Gebärden häufig zur ihrer wichtigsten Form der Kommunikation, das heißt zu einer eigenen Alternativsprache werden wird. Viele autistische Kinder gehören deshalb aufgrund ihrer Fähigkeiten zu der oben beschriebenen Gruppe 3, für einen großen Teil von ihnen dient die Unterstützte Kommunikation aber auch zur Ergänzung und Verbesserung der Lautsprache.

Autisten können sich unterschiedlicher Formen der Unterstützten Kommunikation bedienen. Gesten, verschiedene graphische Systeme, Schrift und Bilder – all das wurde bereits verwendet. Am stärksten sind aber die Gebärden verbreitet (Kiernan et al., 1982; von Tetzchner und Jensen, 1996). In Norwegen zum Beispiel wird die Mehrzahl der autistischen Kinder, die nicht sprechen gelernt haben, im Gebrauch der Gebärden unterrichtet. In den letzten Jahren wurde es immer mehr üblich, autistischen Kindern systematisch die Gebärden beizubringen, sobald die Diagnose gestellt wurde, obwohl man zu diesem frühen Zeitpunkt ohnehin noch nicht damit rechnen kann, daß sie bereits sprechen.

Die Erfahrungen mit dem Gebärdenunterricht bei autistischen Kindern sind eindeutig positiv, auch wenn er dazu eingesetzt wurde, die Lautsprache von Kindern, die sprechen konnten, zu verbessern. Nicht immer führte der Unterricht dazu, daß viele Gebärden beherrscht wurden, aber fast alle Autisten lernten zumindest einige Gebärden, und das oft in kurzer Zeit. Jene, die von dem Unterricht am meisten profitiert haben, äußern nach mehreren Jahren spontan lange Sätze aus Gebärden, und in einzelnen Ausnahmefällen umfaßte der Wortschatz mehrere hundert Zeichen. Es erscheint realistisch anzunehmen, daß selbst Autisten mit den geringsten Fähigkeiten durch eine Intervention von einem Jahr Dauer fünf bis zehn Gebärden erlernen können. Das mag nach einem bescheidenen Ziel aussehen, aber schon eine solche begrenzte Verbesserung der Ausdrucks- und Verständnisfähigkeit eines Autisten kann für das alltägliche Wohlbefinden von großer Bedeutung sein: Es schafft eine Vielzahl von Gelegenheiten, die notwendigen sozialen praktischen Fähigkeiten zu erlernen und verbessert auf diese Weise ganz allgemein die Lebensqualität.

Es gibt zwischen Autisten aller Altersgruppen große Unterschiede, das heißt, die Diagnose des Autismus trifft auf eine sehr vielgestaltige Gruppe zu. Sowohl bei Kindern als auch bei Erwachsenen schwanken die Fähigkeiten stark, und selbst die auffälligsten Merkmale dieser Gruppe – so die Tatsache, daß sie sich in besondere Dinge vertiefen, negativ auf Veränderungen reagieren, lärmempfindlich sind, usw. – sind nicht bei allen Autisten zu erkennen. Die Intervention muß deshalb in jedem Einzelfall individuell geplant werden.

Das Rett-Syndrom

Mehrfach behinderte Kinder mit stark beeinträchtigter Kommunikation laufen Gefahr, übergangen zu werden, so daß ihnen im Bereich der Kommunikation keine Intervention angeboten wird. Diese Gruppe ist hier durch Mädchen und Frauen mit dem Rett-Syndrom vertreten, einer progressiv verlaufenden neurologischen Erkrankung, von der nur Frauen betroffen sind. Die Entwicklung verläuft bei ihnen bis zu einem Alter von sechs bis 18 Monaten scheinbar normal, auch wenn es vielleicht im Rückblick so scheint, als seien sie bereits vor dem offenen Ausbruch der Krankheit passiver als andere Säuglinge. Vom sechsten bis 18 Monat an gehen zuvor erworbene Fähigkeiten wieder verloren. Der Kopfumfang ist bei der Geburt normal, aber das Wachstum ist verlangsamt, so daß der Umfang später nicht mehr den Normalwert erreicht. Epilepsie kommt häufig vor und kann in jedem Alter auftreten. Den Krankheitsmechanismus kennt man bisher nicht. Nach wie vor gibt es keinen medizinischen Test, mit dem man das Rett-Syndrom bei einem Mädchen feststellen könnte. Entscheidend für die Diagnose ist also der Krankheitsverlauf, und häufig ist das Leiden erst im Alter von drei bis vier Jahren sicher zu diagnostizieren (Hagberg, 1995; Kerr, 1995). Man hat das Rett-Syndrom in vier Stadien eingeteilt (Tab. 3). Diese können aber unterschiedlich lang sein, und es gibt im Krankheitsverlauf beträchtliche Schwankungen. Nicht alle Merkmale treten bei allen betroffenen Mädchen im gleichen Umfang auf (Hagberg, 1997).

Tabelle 3 *Die vier Stadien des klassischen Rett-Syndroms (aus Hagberg 1997).*

Stadium I: *Stagnation bei frühem Ausbruch*
Ausbruch ab dem fünften Lebensmonat.
Frühe Verzögerungen bei Körperhaltung und Entwicklung. Entwicklungsverlauf noch nicht signifikant verändert. Dissoziierte Entwicklung. „Bodenkriecher".
Dauer: Wochen bis Monate.

Stadium II: *rückläufige Entwicklung*
Ausbruch mit 1-3 oder 4 Jahren
Verlust erworbener Fähigkeiten: Kommunikation, Fingerfertigkeit, Geplapper/Wörter, aktives Spielen. Geistige Beeinträchtigung wird erkennbar. Gelegentlich „in einer anderen Welt". Blickkontakt bleibt erhalten. Mäßige Atembeschwerden. Krampfanfälle nur bei 15 Prozent der Betroffenen.
Dauer: Wochen bis Monate,, manchmal ein Jahr.

Stadium III: *pseudostationäre Phase*
Ausbruch nach dem Stadium II.
Periode des „Aufwachens". Teilweise Wiederherstellung der Kommunikation. Deutliche Apraxie/Dyspraxie der Hände. Offensichtlich noch erhaltene Gehfähigkeit. Unauffällige, schleichende neuromotorische Rückentwicklung.
Dauer: Jahre bis Jahrzehnte.

Stadium IV: *Spätphase mit motorischem Verfall*
Ausbruch nach dem Stadium III.
Untergruppe A: konnte zuvor gehen, verliert jetzt die Gehfähigkeit.
Untergruppe B: konnte nie gehen. Keine scharfe Grenze zwischen Stadium III und IV.
Völlig auf den Rollstuhl angewiesen. Schwere Behinderung: Schwächung, Fehlbildungen.
Dauer: Jahrzehnte.

Das Rett-Syndrom tritt, bezogen auf die Gesamtbevölkerung, mit einer Häufigkeit von ungefähr eins zu 20 000 auf, das heißt, betroffen ist ungefähr eines von 10 000 Mädchen (Hagberg und Hagberg, 1997; Skjeldal et al., 1997). Anfangs hielt man sich bei der Diagnose des Rett-Syndroms strikt an die herkömmlichen Kriterien (Trevathan und Moser, 1988). Nachdem sich aber die Aufmerksamkeit erst einmal auf die

Merkmale des Rett-Syndroms gerichtet hatten, wurde auch über Fälle berichtet, in denen nicht alle notwendigen Kriterien erfüllt waren, die aber dem Rett-Syndrom dennoch mehr ähnelten als allen anderen bekannten Krankheiten. Es wurden mehrere Varianten beschrieben, die zusammen mit dem klassischen Typus offenbar zu dem gleichen Syndrom oder Symptomenkomplex gehören (Hagberg und Skjeldal, 1994).

Im Verlauf der Krankheit verschlechtert sich die Steuerung der Hände. Die feinmotorischen Fähigkeiten nehmen ab, und irgendwann sind die Mädchen zum Beispiel nicht mehr in der Lage, Gegenstände mit einer Zange zu ergreifen. Die ständig schlechter werdende Kontrolle über die Handbewegungen hat unter anderem zur Folge, daß die Mädchen nicht mehr mit Gegenständen spielen und sie handhaben können. Häufig greifen sie mit einer „Pfotenbewegung" und mit der ganzen Hand nach Gegenständen. Sie können die Dinge nur noch schwer festhalten und lassen sie leicht fallen, und damit wird es für sie auch schwieriger, sich zu beschäftigen und Dinge aus eigenem Antrieb zu tun; sie werden immer abhängiger von anderen Menschen.

Die meisten betroffenen Mädchen – allerdings nicht alle – entwickeln eine besondere, stereotype Bewegung der Hände: Diese werden fast den ganzen Tag über in einer Art „Handwaschbewegung" aneinander gerieben. Viele Mädchen sitzen auch da, wobei sie die Fäuste fast unaufhörlich öffnen und schließen. Stereotype Handwaschbewegungen sind bei geistig behinderten oder autistischen Kindern nichts Ungewöhnliches, aber sie treten nicht in dem Umfang auf, der für Mädchen mit dem Rett-Syndrom typisch ist. Deshalb wurden die Waschbewegungen zum „Markenzeichen" solcher Mädchen.

Das vielleicht charakteristischste Merkmal des Rett-Syndroms ist die *Dyspraxie* der Mädchen, das heißt die Verminderung der Fähigkeit, willkürliche Handlungen auszuführen. Sie zeigt sich nicht nur in den Problemen, die beim Erlernen neuer Fähigkeiten auftreten, sondern auch bei der Ausführung von Tätigkeiten, welche die Mädchen bereits beherrschen. Häufig dauert es sogar lange, bis sie zu gehen beginnen oder ein Bein heben, um eine Treppe hochzusteigen, und unter Umständen brauchen sie Hilfe, um mit einer solchen Tätigkeit anzufangen. Weiterhin hat die Apraxie das charakteristische Merkmal, daß sie bei Aufregung zunimmt; bei stärkerer Motivation wird also die Ausführung von Handlungen schwieriger. Häufig stellt man fest, daß solche Mädchen in einer ruhigen Umgebung, in der sie nicht unter großem Druck stehen, am besten zurechtkommen. Die Intervention zielt deshalb darauf ab, den Mädchen bei verschiedenen Tätigkeiten zu helfen und so ihre Frustration zu vermindern.

Mädchen mit dem Rett-Syndrom sind offenbar schwer geistig behindert; für diesen Eindruck sprechen auch das verlangsamte Wachstum des Kopfes und das geringe Gewicht des Gehirns (Armstrong, 1997; Percy, 1997). Bei der Untersuchung ihrer kognitiven Funktionen stellte sich heraus, daß Mädchen und Frauen mit dem Rett-Syndrom unabhängig von dem Alter, in dem sie getestet wurden, kaum schwierigere Aufgaben lösen können als ein normal entwickeltes einjähriges Kind, und bei vielen von ihnen liegt das Leistungsalter sogar noch bedeutend niedriger (vgl. Garber und Veydt, 1990; Olsson und Rett, 1987, 1990; Woodyatt und Ozanne, 1992, 1993). Bei der Interpretation der Testergebnisse sollte man allerdings in Rechnung stellen, daß solche Untersuchungen bei dieser Personengruppe äußerst schwierig sind und daß keineswegs geklärt ist, welche Kategorien sich am besten eigenen, wenn man die Entwicklung der kognitiven Funktionen bei Frauen mit dem Rett-Syndrom beschreiben will (Trevarthen, 1986; von Acker, 1991). In ihrer Mehrzahl sind die betroffenen Mädchen und Frauen fast überhaupt nicht in der Lage, ihre Hände nutzbringend einzusetzen. In Studien zur Beurteilung der Kognitionsfähigkeit wurden aber immer Aufgaben eingesetzt, bei denen die Hände benutzt werden mußten, zum Beispiel das Bauen von Mustern aus Bausteinen, das Greifen nach versteckten Gegenständen, das Bewegen von Gegenständen und andere manuelle Tätigkeiten.

Von wenigen Ausnahmen abgesehen, sprechen Mädchen mit dem Rett-Syndrom fast nie. Die meisten von ihnen können keinerlei Wörter benutzen und sind auf die Unterstützte Kommunikation angewiesen, um sich auszudrücken. Manchmal beobachtet man aber, wie sie Gegenstände berühren oder ansehen und sich auf eine Person, ein Objekt oder eine bestimmte Stelle zubewegen. Oft scheint es sich um zufällige Bewegungen zu handeln, aber bei systematischer Beobachtung erkennt man, daß das nicht der Fall ist (Sharpe, 1992). Die Intervention mit Unterstützter Kommunikation umfaßt meist die *strukturierte Überinterpretation* und/oder die *strukturierte totale Kommunikation* (siehe Seite xx). Mit solchen Methoden will man den Mädchen helfen, Einfluß auf ihre Umwelt zu nehmen, und man will ihnen die Möglichkeit verschaffen, ihre Interessen, Bedürfnisse und Vorlieben mitzuteilen. Da sie Schwierigkeiten mit dem Gebrauch der Hände haben, eignen Gebärden sich nicht. Deshalb fällt die Wahl ganz von selbst auf die hilfsmittelunterstützte

Kommunikation mit Gegenständen, Fotos oder graphischen Zeichen und einem ganzen Spektrum von Interventionsstrategien. Aber auch der Gebrauch von Kommunikationshilfen ist für sie nicht einfach. Selbst einfache motorische Abläufe wie das Zeigen sind unter Umständen schwierig. Richtet sich ihre gesamte Aufmerksamkeit auf die Tätigkeit, in diesem Fall auf das Zeigen, verstärkt sich möglicherweise die Dyspraxie. Statt dessen sollte sich ein solches Mädchen auf den Gegenstand konzentrieren, auf den es gerade zeigt. Außerdem muß man bei allen Strategien in Rechnung stellen, daß die betroffenen Frauen viel Zeit brauchen, um Eindrücke zu verarbeiten und auf die Menschen und Vorgänge in ihrer Umgebung zu reagieren (von Tetzchner, 1997b).

Bei der Auswahl der Kommunikationshilfen gilt es zu beachten, daß diese auch bei weit fortgeschrittenem Verlust motorischer Fähigkeiten noch benutzt werden können. Die Mädchen sind zum Beispiel häufig auch dann, wenn sie die meisten motorischen Abläufe der Hand nicht mehr beherrschen, noch lange Zeit in der Lage, einfache Schalter zu bedienen, die keine Feinmotorik erfordern. Für Mädchen, die nicht zeigen können oder mit den Händen unaufhörlich stereotype Bewegungen ausführen, ist das Zeigen mit den Augen eine naheliegende, nützliche Alternative. Aber auch beim Zeigen mit den Augen ist es wichtig, daß die Aufmerksamkeit sich nicht auf die Tätigkeit richtet. Man kennt nämlich Beispiele, bei denen die Apraxie auch beim Zeigen mit den Augen auftrat. Dieses funktioniert aber in der Regel, und zwar vermutlich gerade deshalb, weil man meist nicht versucht, den Blick selbst zu beeinflussen und die Aufmerksamkeit des Mädchens darauf zu lenken. Entscheidend ist auch, daß man den Mädchen die oft erforderliche lange Zeit für die Weiterverarbeitung visueller Eindrücke läßt (von Tetzchner et al., 1996).

Es sind nur relativ wenige Fälle von Mädchen mit dem Rett-Syndrom dokumentiert, denen Unterstützte Kommunikation beigebracht wurde (Sigafoos et al., 1996; von Tetzchner, 1997b). Nach unserem Eindruck gab es solchen Unterricht herkömmlicherweise nur selten, aber mittlerweile setzt er sich stärker durch. Man geht davon aus, daß die Mädchen nur über ein sehr beschränktes Sprachverständnis verfügen. Andererseits können aber Menschen, die an schwerer Dyspraxie leiden und Schwierigkeiten haben, sich auszudrücken, auch kaum zu erkennen geben, daß sie etwas verstehen. Es gibt jedoch eine ganze Reihe von Berichten über Mädchen, die im richtigen Augenblick lachten, bei der Erwähnung einer Person Interesse zeigten, usw. Bei manchen Mädchen mit dem Rett-Syndrom wurden auch isolierte, plötzliche Äußerungen von gesprochenen Wörtern oder Sätzen beschrieben, meist wenn die Mädchen Fieber hatten oder aus irgendeinem Grund erregt waren.

> Ein Mädchen mit dem Rett-Syndrom war mit seinem Vater in der Stadt. Sie standen lange an einem Fußgängerüberweg und warteten, bis das „rote Männchen" auf grün wechselte. Der Vater redete, das Mädchen aber starrte fasziniert die Verkehrsampel an. Am gleichen Tag sagte das Mädchen beim Abendessen plötzlich: „roter Mann" (Lindberg, 1987).

> Ein Mädchen mit dem Rett-Syndrom erlebte, wie der Großvater zu Besuch war. Als er zum Frühstück herunterkam, sagte sie laut und deutlich: „Hallo, Opa!" (Lindberg, 1987).

Solche Einzelfälle haben jedoch keine positive Bedeutung für die Prognose, und man darf sie nicht als Anzeichen für eine entstehende Sprachfähigkeit betrachten (von Tetzchner, 1997b). Auch die Verwendung digitalisierter Sprache wirkte sich bei Mädchen mit dem Rett-Syndrom positiv aus.

> Die siebenjährige Dawn leidet am Rett-Syndrom. Im Rahmen ihres Unterrichts in Unterstützter Kommunikation probierte man auch Alltalk aus, eine Kommunikationshilfe mit digitalisierter Sprache. Auf der Sprechhilfe befand sich ein Bild von einem Glas Milch und einem Keks. Wenn sie auf die Bilder drückte, sagte der Apparat „Schokoladenmilch" und „Keks". Einmal lag ihre Hand auf dem Bild mit der Milch, während sie trank, und die Maschine sagte immer wieder „Schokoladenmilch", „Schokoladenmilch". Darauf lachte Dawn von Herzen. Obwohl sie Alltalk erst wenige Male ausprobiert hatte und obwohl es schwierig war, auf die Bilder zu drücken, interessierte sich Dawn sehr dafür, und während sie es benutzte, wirkte sie sehr lebhaft (von Tetzchner und Øien, 1989).

Solche Beobachtungen weisen möglicherweise darauf hin, daß manche Mädchen mit dem Ret-Syndrom über ein besseres Sprachverständnis verfügen, als man allgemein annimmt. Da der Versuch, den Mädchen eine Ausdrucksfähigkeit beizubringen, nur sehr begrenzte Ergebnisse erbrachte, liegt die Vermutung nahe, daß ihre Verständnisfähigkeit sich mit Kommunikationshilfen kaum verbessern läßt. Demnach gehören sie trotz ihres begrenzten Sprachverständnisses zu der oben beschriebenen Gruppe 1.

Einige häufig auftretende Probleme

Im Unterricht von Menschen mit Kommunikationsstörungen treten mehrere Probleme immer wieder auf. Sie haben vielfach damit zu tun, daß das Lernen viel Zeit erfordert, daß das Gelernte sich nur schwer auf neue Situationen übertragen läßt, und daß die lernende Person passiv oder von anderen abhängig ist.

Lernen braucht Zeit

Eine der häufigsten Hürden in der Sprachintervention ist die Tatsache, daß der Unterricht häufig sehr viel Zeit erfordert. Manche Menschen mit Kommunikationsstörungen brauchen Jahre, um scheinbar einfache Fähigkeiten zu erlernen. In noch höherem Grade gilt das für manche Untergruppen geistig behinderter und autistischer Kinder und Jugendlicher, aber auch für manche Kinder mit Sprachentwicklungsstörungen.

Manche professionellen Helfer sehen in den erzielten oder nicht erzielten Fortschritten der betroffenen Personen einen Maßstab für ihren eigenen Erfolg. Deshalb setzen sie sich unter Umständen unrealistische Ziele, und dann warten sie ungeduldig auf die Ergebnisse. Das kann dazu führen, daß die Intervention zu früh beendet wird und das statt dessen andere Methoden ausprobiert werden. Zwar ist es wichtig, die eigenen Anstrengungen zu bewerten, aber das setzt voraus, daß man die Bemühungen lange genug fortgesetzt hat und daß man sich vernünftige kurz- und langfristige Ziele setzt.

Die Tatsache, daß für die Intervention so lange Zeit erforderlich ist, hat auch andere Konsequenzen. Indirekt hat sie zur Folge, daß gerade für Menschen, die am meisten Zeit zum Lernen brauchen, auch die größte Gefahr für eine Unterbrechung der kontinuierlichen Bemühungen besteht. Unter Umständen müssen sie die Schule wechseln, oder ein neu eingestellter Lehrer weiß nur unzureichend darüber Bescheid, was die Schüler wissen und können und wie der Unterricht bisher organisiert war. Solche Unterbrechungen können dazu führen, daß bereits erlernte Fähigkeiten nicht mehr zur Kenntnis genommen werden, so daß die Schüler sie vergessen oder „verlernen". Möglicherweise will der neue Lehrer den in ihrer Kommunikation beeinträchtigten Menschen etwas beibringen, was sie schon wissen, oder er lehrt sie neue Methoden zum Ausdruck von Dingen, die sie bereits ausdrücken können. Solche Brüche und Veränderungen der gewohnten Intervention führen zu Frustrationen und oft auch zu Verhaltensauffälligkeiten, die dann ihrerseits zu einer weiteren Verschlechterung der Unterrichtssituation beitragen.

Es gibt Beispiele dafür, wie die jahrelange Intervention bei autistischen und geistig behinderten Menschen durch einen Wechsel oder Fortfall des Unterrichtsprogramms wertlos gemacht wurde (Kollingas, 1984). Weiter verstärkt werden solche negativen Folgen, weil die große Gefahr besteht, daß die erworbenen Fähigkeiten bei Menschen mit den stärksten Funktionseinschränkungen wieder völlig verlorengehen, wenn die Intervention nicht fortgesetzt wird.

Verallgemeinerung

Ein großes Problem bei der Intervention ergibt sich daraus, daß die in einer Unterrichtssituation erlernten Fähigkeiten nicht auf andere Situationen übertragen werden. Diese Schwierigkeit haben zahlreiche Menschen, die der Unterstützten Kommunikation bedürfen, und zwar nicht nur jene mit starken Behinderungen. Selbst wenn man besonders darauf achtet, günstige Bedingungen für eine Übertragung von Fähigkeiten zu schaffen, bleiben die Ergebnisse häufig unbefriedigend. Betrachtet man die Schwierigkeiten bei der Übertragung von Kenntnissen auf neue Situationen im Zusammenhang mit der Tatsache, daß die Intervention viel Zeit erfordert, ist es von großer Bedeutung, daß der Sprach- und Kommunikationsunterricht soweit wie praktisch möglich in einer natürlichen Situation stattfindet, in der die erlernten Fähigkeiten der betroffenen Person mit Sicherheit nützen werden. Das heißt: Man muß die Zeit aufbringen, um die Umgebung zu bewerten und Situationen zu finden, in denen sich einerseits die Kommunikation nutzbringend anwenden läßt und die sich andererseits auch für Unterrichtszwecke eignen. Plant man eine andere Unterrichtssituation, muß man auch einen Plan dafür haben, wie die Übertragung auf neue Situationen sich abspielen soll.

Erlernte Passivität und Abhängigkeit von anderen

Im Anfangsstadium der Sprachintervention ist es oft notwendig, den betroffenen Personen in einem gewissen Umfang zu helfen. Diese Hilfe mag unter Umständen absolut unentbehrliche sein, aber sie wirft auch ein Problem auf. Viele betroffene Personen werden abhängig von der Hilfe und sind dann nicht mehr in der Lage, ihre Fähigkeiten spontan anzuwenden.

Die mit der Sprachintervention verbundene Abhängigkeit steht im Zusammenhang mit der in großem Umfang erlernten Passivität und Abhängigkeit von anderen, die man in allen Zielgruppen der Unterstützten Kommunikation findet. Personen der Gruppe 1 haben das gemeinsame Merkmal, daß sie in den meisten Situationen und insbesondere wenn sie sich selbst ausdrücken wollen, auf die Hilfe anderer Menschen angewiesen sind. Diese Vorgeschichte läßt im Zusammenhang mit der Kommunikation Gewohnheiten und eine angepaßte Haltung entstehen, die oft nur schwer zu ändern sind, wenn man versucht, den betroffenen Personen neue Ausdrucksmittel an die Hand zu geben.

Eine ähnliche Abhängigkeit von anderen entwickeln auch viele Menschen in den Gruppen 2 und 3. Es ist durchaus nichts Ungewöhnliches, daß Kinder mit verzögerter Sprachentwicklung ihre Eltern bitten, für sie zu sprechen, wenn ein Fremder sich an sie wendet, und zwar auch dann noch, wenn andere ihre Sprache durchaus verstehen können. Am deutlichsten wird die fehlende Initiative, wenn die Mobilität des Kindes nicht eingeschränkt ist. So sind beispielsweise kommunikative Episoden bei autistischen Kindern, die nicht sprechen können, im Vergleich zu anderen Kindern äußerst selten; insbesondere ergreifen autistische Kinder nicht die Initiative zur Kommunikation. Auch für diese Gruppen ist es von großer Bedeutung, daß die Kommunikation nicht zur reinen Reaktion wird, das heißt, daß die betroffenen Personen nicht nur antworten, wenn sie von anderen gefragt werden, und daß sie nicht nur dann die „Initiative" ergreifen, wenn man sie dazu drängt. Auch wenn die Person, welche die Intervention plant, es nicht beabsichtigt, kann sonst der Unterricht die Abhängigkeit des Kindes verstärken.

5. Untersuchungsverfahren

Die Kinder, Jugendlichen und Erwachsenen, die Unterstützte Kommunikation brauchen, gehören zu allen Altersstufen und haben sehr unterschiedliche Fähigkeiten.

Der Gesamtbedarf an Intervention

Die große Mehrzahl derer, die Unterstützte Kommunikation benötigen, brauchen auch andere Formen der Intervention. Das gilt um so mehr, je stärker die Behinderung ist. Personen mit besonders umfassenden, komplexen Behinderungen brauchen während ihres ganzen Lebens Intervention und Unterstützung. Es sollte das vorrangige Ziel sein, der betroffenen Person durch die Gesamtheit aller Maßnahmen eine möglichst gute Lebensqualität zu sichern.

Das Ziel der Intervention mit ihren verschiedenen Formen ist die Schaffung einer Lebensqualität, die für die meisten Menschen selbstverständlich ist: eine eigene Wohnung, ein Beruf - oder zumindest eine sinnvolle Beschäftigung -, eine ausgefüllte Freizeit und Freude im Zusammensein mit anderen, insbesondere mit den Angehörigen, soweit wie möglich aber auch mit Freunden. Außerdem sollten die Betroffenen die Erfahrung machen, daß sie über ihr eigenes Leben bestimmen und entscheiden können, und sie sollten ein Gefühl der Selbstachtung haben.

Menschen, die Unterstützte Kommunikation benötigen, laufen Gefahr, alle diese Aspekte der Lebensqualität zu verlieren. Die genannten Ziele lassen sich nur dann bis zu einem gewissen Grade realisieren, wenn es eine vernünftige Form der umfassenden Intervention gibt. Am besten ist die Lebensqualität zu gewährleisten, wenn man die Gesamtheit aller Maßnahmen betrachtet. Ein Sprach- und Kommunikationsunterricht, der nicht die gesamte Lebenssituation der betroffenen Person in Rechnung stellt und in nicht insgesamt zu einer Verbesserung beiträgt, entspricht nicht den Interessen der jeweiligen Person. Und er wird vermutlich auch als Intervention im Bereich von Sprache und Kommunikation schlecht sein.

Der Sprach- und Kommunikationsunterricht sollte einen integralen Bestandteil der gesamten Intervention bilden, das heißt, er sollte mit anderen Maßnahmen koordiniert sein. Das gilt insbesondere für die Hilfe zur Selbsthilfe, für die berufliche Aktivität und für Tätigkeiten, die Grundlagen für verbesserte Kontakte mit anderen Menschen schaffen. Die Lehrinhalte werden auf der Grundlage einer umfassenden Untersuchung so ausgewählt, daß sie der betroffenen Person am besten nützen.

Was zu dem Maßnahmenpaket gehören sollte und wie die einzelnen Elemente allein und im Zusammenhang mit der gesamten Intervention zu beurteilen sind, kann hier nur skizziert werden. Die verschiedenen Einzelmaßnahmen, die zusammen eine gute Intervention ausmachen, müssen immer an die Bedürfnisse und Möglichkeiten der betroffenen Person angepaßt werden und sind auch für die einzelnen Gruppen, die Unterstützte Kommunikation brauchen, unterschiedlich.

Untersuchungsverfahren

Tests

Formale Tests sind je nach der Personengruppe, um die es geht, von unterschiedlicher Aussagekraft. Das gilt sowohl für Tests der allgemeinen Intelligenz als auch für solche, die begrenzte Gebiete wie das Sprachverständnis, die Fähigkeit zum Zeichnen oder die motorische Entwicklung betrachten. Sinnvoll angewandte Tests können nützliche Informationen liefern, wenn Form und Inhalt der Sprach- und Kommunikationsintervention festgelegt werden sollen, aber man sollte es sich zur Regel machen, immer zunächst über die Verwendung der Testergebnisse nachzudenken und dann erst den Test auszuführen.

Die Möglichkeit, normale Tests bei Menschen einzusetzen, die der Unterstützten Kommunikation bedürfen, wird durch mehrere Umstände eingeschränkt. Viele Betroffene leiden an Behinderungen, derentwegen man die Tests nicht in der vorgeschriebenen Weise durchführen kann. Das gilt beispielsweise für Menschen mit starken Verständnisschwierigkeiten, motorischen Störungen oder Beeinträchtigungen von Seh- und Hörvermögen. Die meisten Tests gehen von der Annahme aus, daß die untersuchten Personen sehen, hören, Anweisungen verstehen und sprechen können, und daß sie in der Lage sind, Bausteine oder andere Gegenstände zu bewegen. Typische Testaufgaben bestehen darin, Fragen zu beantworten, Anweisungen zu befolgen, Figuren zu zeichnen, Bausteine auf eine bestimmte Weise anzuordnen oder Zahlenfolgen zu wiederholen. Und vielfach muß die Aufgabe in einem vorgeschriebenen Zeitraum gelöst sein.

Die wenigsten Tests sind so aufgebaut, daß man sie bei Behinderten anwenden kann. Um sie bei diesen Gruppen einzusetzen, muß man die Anweisungen, die Darstellungsmethode und oft auch die Art der geforderten Antworten verändern. Hat man aber das Testverfahren auf diese Weise abgewandelt, sind die üblichen Normen dieses Tests auf das Ergebnis nicht mehr anwendbar, und man kann das Ergebnis auch nicht auf die übliche Art interpretieren. Die Normen setzen voraus, daß der Test auf die vorbeschriebene Weise durchgeführt wird.

Dennoch kann es nützlich sein, Tests anzuwenden. Sie haben den Vorteil, daß man weiß, welche Leistungen normale Kinder bei ähnlichen Aufgaben erbringen, und mit der Zeit sammelt man Erfahrungen, wie eine bestimmte Gruppe in der Regel bei den Aufgaben abschneidet.

Intelligenzalter und Standardwerte

Damit ein Test nützlich ist, muß man seine Ergebnisse sinnvoll anwenden. In vielen Fällen werden die erreichten Leistungen in ein *Intelligenzalter* „umgerechnet". Das mag eine einfache Methode sein, um das Intelligenzniveau eines Kindes zu beschreiben, aber oftmals vermittelt es einen falschen Eindruck. Auch wenn beispielsweise ein zwanzigjähriger junger Mann es schafft, im Test die gleichen Aufgaben zu lösen wie ein durchschnittlicher Dreijähriger, wird er sich dennoch von dreijährigen Kindern beträchtlich unterscheiden. Besser bedient man sich sogenannter *Standardwerte*: Sie geben an, wie die betreffende Person eine bestimmte Aufgabe im Verhältnis zu anderen Kindern gleichen Alters bewältigt. Standardwerte haben den Vorteil, daß sie die Schwankungsbreite in einer bestimmten Altersgruppe offenlegen. Ein Alterswert gibt den Durchschnitt für eine bestimmte Altersstufe an.

Standardwerte beruhen auf einer Verteilungskurve, deren Durchschnitt bei Null liegt, so daß ein bestimmter Anteil aller Leistungen innerhalb der Standardwerte liegt (Abb. 23). So findet man zum Beispiel 68 Prozent aller Leistungen zwischen den Standardwerten +1 und -1, einem Abschnitt, den man oft auch als *Normbereich* bezeichnet. Von einer deutlichen Abweichung sollte man aber erst sprechen, wenn ein Wert mehr als zwei Standardwerte vom Durchschnitt entfernt ist. In den meisten Intelligenztests beträgt der Standardwert ungefähr 15 Punkte, das heißt, ein IQ von 70 liegt zwei Standardwerte unter 100, der durchschnittlichen Leistung aller Personen eines bestimmten Alters. Ein IQ von 70 gilt in der Regel auch als Grenzwert für geistige Behinderung.

Es gibt viele Beispiele dafür, wie irreführend das Intelligenzalter sein kann. Im Reynell-Sprachtest erreichen die Leistungen im Alter von vier Jahren einen Maximalwert, so daß kleine Unterschiede in den eigentlichen Leistungen zu großen Abweichungen im Intelligenzalter führen (siehe Reynell, 1969). Erzielt ein sechsjähriger Junge im Testteil „verbaler Ausdruck" des Illinois Test of Psycholinguistic Ability (ITPA, Gjessing, Nygaard et al., 1975) eine unmittelbare Leistung von 13, so ergibt sich daraus ein Standardwert von -1, das heißt, die Fähigkeiten liegen im Normbereich, aber in dessen unterem Teil. Der Testteil besteht jedoch aus Aufgaben, bei denen die Häufigkeit der Lösung sich mit dem

Alter kaum ändert: Der erreichte unmittelbare Wert enstpricht der Durchschnittsleistung von Kindern im Alter von vier Jahren und drei Monaten, das heißt, dies ist auch das Intelligenzalter. Für die Eltern eines Sechsjährigen kann es ein einschneidendes Erlebnis sein, wenn sie erfahren, daß ihr Kind sich auf dem Stand eines Vierjährigen befindet. Ein zutreffenderes Bild von den Fähigkeiten des Jungen ergibt sich durch die Aussage, er sei zwar mit seiner Ausdrucksfähigkeit ein wenig langsam, befinde sich aber damit im Bereich des Normalen.

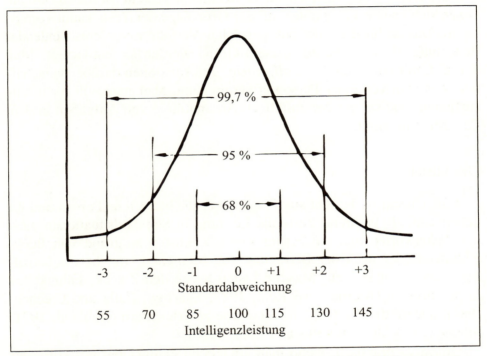

Abb. 23 *Normalverteilung mit Standardwerten und den Meßwerten eines normalen Intelligenztests*

Testprofile

Manche Tests liefern nur geringe Aufschlüsse über die einzelnen Fähigkeiten, für die man sich interessiert, wenn man die Intervention für Personen mit Sprachstörungen plant. In vielen Intelligenztests erzielen die meisten Menschen mit schlechter Sprachfähigkeit ähnlich schlechte Ergebnisse, weil die Tests darauf angelegt sind, zwischen Menschen aus der normalen Bevölkerung zu unterscheiden; Informationen über Personen mit besonderen Behinderungen sollen sie nicht liefern. Wenn man Tests entwickelt und die entsprechenden Leistungen standardisiert, werden Personen aus Behinderteneinrichtungen und Sonderschulen in der Regel nicht in die Stichproben aufgenommen (vgl. Undheim, 1978).

Deshalb unterscheiden Intelligenztests nicht ausreichend zwischen denen, die am unteren Ende der Skala stehen.

Die meisten Menschen mit schlechter Sprachfähigkeit erzielen ein unregelmäßiges Testprofil (vgl. Burr und Roar, 1978). Die Tests sind aber so gestaltet, daß die einzelnen Testteile zueinander in einer recht vernünftigen Beziehung stehen, das heißt, normalerweise schneidet eine Person in den verschiedenen Untertests ähnlich ab. Die unregelmäßigen Profile vieler Personen mit Sprachstörungen zeigen, daß die Bedingungen des Tests nicht ausreichend in Rechnung gestellt werden. Deshalb lassen sich andere Fähigkeiten auf der Grundlage der Tests kaum voraussagen. Das ist für die Anwendung solcher Verfahren von entscheidender Bedeutung, denn genau aus diesem Grund werden sie entwickelt. Man will sich mit Hilfe des Tests *allgemeine* Informationen darüber verschaffen, was man von einer Person erwarten kann, aber man will nicht herausfinden, wie sie mit der zufälligen Ansammlung von Aufgaben in dem Test zurechtkommt.

Checklisten

Eine Checkliste besteht aus Fragen über die betroffene Person und ihr Lebensumfeld. Während Tests die Leistung in Standardsituationen messen, beantwortet man die Fragen der Checklisten aufgrund von Beobachtungen oder nach der Befragung von Menschen, welche die betroffene Person gut kennen. Manche Listen haben den Zweck, Fähigkeiten zu beschreiben (Kiernan und Reid, 1987; Sparrow, Balla und Cicchetti 1984), andere dienen dazu, die Diagnose zu erleichtern (Rimland, 1971; Schopler, Reichler, DeVellis und Daly, 1980).

Oft ist es praktisch, wenn man alltägliche Fähigkeiten mit Hilfe der Checklisten untersucht. Die Listen stellen relativ detaillierte Fragen über unterschiedliche Fähigkeiten und decken dabei Bereiche wie die Fähigkeit zur Selbsthilfe, soziale Fähigkeiten, Verhaltensstörungen und Kommunikation ab. Es werden konkrete Fragen nach den notwendigen alltäglichen Tätigkeiten gestellt, so beispielsweise nach Ankleiden, Essen, dem Gang zur Toilette, usw. Die besten Checklisten enthalten zahlreiche Fragen über jeden einzelnen Bereich, so daß man daraus ein Profil ableiten kann. Was aber in den Checklisten häufig fehlt, sind Fragen nach Art und Umfang der benötigten Hilfe, das heißt, man erfährt durch sie nicht, wieviel Hilfe die betroffene Person bei einer bestimmten Tätigkeit braucht und in welchen Situationen sie diese beherrscht. Solche Informationen braucht jedoch die Person, die eine Intervention plant.

Häufig benutzt man die *Vineland Adaptive Behavior Scale* (Sparrow et al., 1984), die den Stand der Fähigkeiten umfassend wiedergibt. Auch in Norwegen wurde eine Checkliste für Autisten und andere Menschen mit ähnlichen Behinderungen entwickelt (Siverts, 1982). Diese Liste bietet die Möglichkeit zur Beschreibung von Art und Umfang der Hilfe, die notwendig ist, damit die betroffenen Personen bestimmte Fähigkeiten anwenden können. Das Problem besteht jedoch darin, daß diese Liste nicht standardisiert ist; deshalb lassen sich die mit ihr gewonnenen Ergebnisse nicht mit dem vergleichen, was für die fragliche Altersgruppe ganz allgemein normal ist. Für viele autistische und geistig behinderte Menschen sind die Unterschiede zur ihren Altersgenossen so offensichtlich, daß die Frage, wie groß diese Unterschiede sind, nur von untergeordneter Bedeutung ist. Es ist vielmehr das erste und wichtigste Ziel, die vorhandenen Fähigkeiten der betroffenen Person zu finden und darauf mit der nachfolgenden Intervention aufzubauen.

Kontaktpersonen als Informationsquelle

Die Informationen, die man von Eltern und anderen guten Bekannten der betroffenen Personen durch Gespräch und Befragungen erhält, stellen in vielerlei Hinsicht eine Fortsetzung der Checklisten dar. Solche Erkenntnisse sind jedoch detaillierter und von größerer unmittelbarer Bedeutung für die betroffene Person und ihr Umfeld als ähnliche Informationen, die sich aus den Checklisten mit ihren standardisierten Fragen ergeben. Kenntnisse, die man von den Bekannten der betroffenen Person erhält, sind nicht nur nützlich, um die jeweiligen Fähigkeiten zuverlässig festzustellen, sondern man erfährt auch Einzelheiten darüber, welche Meinung die Bekannten über die betroffene Person und ihre Fähigkeiten haben.

Systematische Beobachtung

Systematische Beobachtung ist unabhängig von der Art der Behinderung immer ein wichtiger Teil der Untersuchung. Dabei ist es von besonderer Bedeutung, daß man die betroffene Person in unterschiedlichen Situationen, bei verschiedenartigen Tätigkeiten, in Gesellschaft anderer und allein beobachtet.

Videoaufnahmen

Seit einigen Jahren spielen Videoaufnahmen für die Aufzeichnung der Interaktionen und Kommunikationsfähigkeiten behinderter Menschen eine immer größere Rolle. Da sich Videofilme aufbewahren lassen, kann man sie später immer wieder ansehen. Auf diese Weise lassen sich Erkenntnisse, die in einem späteren Stadium auffallen, oder zuvor nicht bemerkte Umstände sofort überprüfen. Mehrere Personen können sich die Aufnahmen gemeinsam ansehen und jedesmal auf ganz bestimmte Sequenzen achten. Videoaufnahmen machen es auch einfacher, den Fortschritt bei Kindern mit verlangsamter Entwicklung zu dokumentieren.

Darüber hinaus sind Videoaufnahmen ein guter Ausgangspunkt für Gespräche mit den Eltern und anderen Menschen, die zu der betroffenen Personen engen Kontakt haben. Sie können sich dazu äußern, ob das in dem Film gezeigte Verhalten typisch ist, und Annahmen über das, was die betroffene Person tun oder nicht tun kann, können bestätigt oder zurückgewiesen werden. Und manchmal kommt man beim Betrachten von Videoaufnahmen auch auf Ideen für neue Formen der Intervention und neue Kommunikationssituationen.

Versuchsweiser Unterricht

Nicht immer erhält man bei der ersten Untersuchung eine eindeutige Antwort auf die Frage, welche Vorgehensweise sich für den Unterricht der betroffenen Person am besten eignet. Unter Umständen ist ein versuchsweise eingesetzter Unterricht erforderlich, bevor man entscheiden kann, wie es weitergehen soll. Einen solchen Unterricht kann man als Teil der Untersuchung ansehen.

Grundlegende Informationen

Zu Beginn der Untersuchung sollte man sich auf grundlegende Fragen konzentrieren, um festzustellen, was als erstes notwendig ist. Eine dieser Fragen ist die nach den Zielen der Intervention im Bereich von Sprache und Kommunikation, das heißt, es geht darum, ob die betroffene Person die Unterstützte Kommunikation als Ausdrucksmittel, als Hilfsmittel bei der Sprachentwicklung oder als Alternative zur Lautsprache benötigt. Oft ist es zwar nicht möglich, diese Frage zu beantworten, aber sie trägt dazu bei, daß man sich auf Grundvoraussetzungen des Kommunikationsunterrichts konzentriert. Außerdem braucht man Kenntnisse über zentrale Bereiche wie soziale Fähigkeiten, Ausmaß der Aktivität, Verständnis für Alltagssituationen, Fähigkeit zur Selbsthilfe, allgemeinen Wissensstand und Verhaltensstörungen.

Hat man diese Schritte hinter sich gebracht, sollte die weitere Untersuchung schrittweise und nach einem Plan erfolgen. Im ersten Schritt umreißt man einem solchen Plan und die Kenntnisse, die seine Grundlage bilden. Wenn dabei die Probleme allmählich klarer zutage treten, ergibt sich ein immer größerer Bedarf an genauen Informationen. Die

Ergebnisse der bereits angewandten Intervention bilden einen bedeutenden Teil der fort laufenden Untersuchung.

Wichtig ist, daß der Einsatz von Interventionsmaßnahmen sich durch die Untersuchung nicht verzögert, wenn man bereits über ausreichende Informationen verfügt, um solche Maßnahmen anzuwenden. Oft wird die Intervention hinausgeschoben, weil manche Teile der Untersuchung längere Zeit in Anspruch nehmen. So wird beispielsweise offenbar häufig angenommen, Kinder mit motorischen Störungen müßten auch unter anderen Behinderungen leiden, und dann wird der Sprachunterricht hinausgeschoben, bis das Kind ein gewisses Sprachverständnis gezeigt hat. In solchen Fällen dient die Kommunikationshilfe dazu, Fähigkeiten aufzudecken, anstatt zu ihrer Entwicklung beizutragen.

Am Anfang stellt man leicht zu viele Fragen. Das kann zu zusätzlicher Arbeit führen, und manchmal macht es die Zusammenarbeit schwierig. Insbesondere haben viele Eltern bereits erlebt, daß professionelle Helfer sich nach einer Fülle von Einzelheiten erkundigten und diese Informationen dann nie nutzten. Und es ist auch nichts Ungewöhnliches, daß man viel Zeit mit Routinetests und Untersuchungen verbringt, die nicht als Grundlage für Interventionsmaßnahmen dienen.

Der Tagesüberblick

Bevor man mit der Sprach- und Kommunikationsintervention beginnt, muß man sich einen Überblick darüber verschaffen, an welchen Tätigkeiten die betroffene Personen sich bereits beteiligt. Ein solcher Überblick ist der schnellste Weg, um Einblicke in die gesamte Intervention bei der betroffenen Person zu gewinnen, und er gibt Hinweise auf ihre starken und schwachen Seiten. Außerdem liefert er Informationen darüber, wann bereits Unterricht stattfindet. Neue Interventionsmaßnahmen kann man dann so planen, daß sie die bereits vorhandenen, positiven Tätigkeiten nicht beeinträchtigen, sondern insgesamt eine Verbesserung bedeuten. Der Überblick sollte sich auf alle Stunden des Tages erstrecken und so fein unterteilt sein, daß die meisten Tätigkeiten, die sich im Laufe des Tages abspielen, eindeutig zu unterscheiden sind.

Ein nützliches Hilfsmittel, mit dem man die Informationen darstellen und ihnen eine Struktur verleihen kann, ist die *Tagesuhr*. Sie besteht aus Feldern, in denen man die Tätigkeiten der betreffenden Person einträgt (Abb. 24). Die Informationen verschafft man sich durch die Befragung von Eltern, professionellen Helfern und anderen, je nachdem, wer zu den verschiedenen Zeitpunkten für die Tätigkeiten verantwortlich ist.

Beim Ausfüllen der Tagesuhr muß man nach einem *typischen* Ablauf fragen. Zweckmäßigerweise erkundigt man sich zunächst nach dem gest-

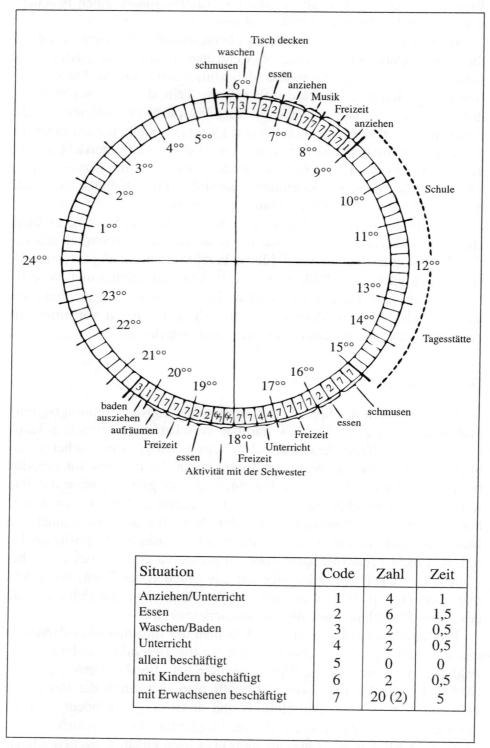

Abb. 24 *Tagesuhr für einen zwölfjährigen autistischen Jungen*

rigen Tag. War er nicht typisch, sollte man nach dem letzten Tag fragen, auf den diese Bezeichnung einigermaßen zutrifft. Man kann die Tagesuhr in Intervalle von 15 Minuten einteilen. Für jeden dieser 15-Minuten-Zeiträume muß man wissen, was die betroffene Person getan hat und wer bei ihr war. Nützlich ist es auch, wenn man beim Durchgehen der einzelnen Zeiträume fragt, ob in der betreffenden Situation häufig Probleme auftreten, ob Kommunikation stattfindet und wenn ja, um was für eine Art von Kommunikation es sich handelt. Man sollte dabei zwei Tagesuhren anlegen - eine für normale Werktage, die zweite für normale Wochenenden. Bei der Planung des Kommunikationsunterrichtes kann es ein Vorteil sein, wenn man für die Kommunikation eine eigene Tagesuhr aufstellt. Diese enthält dann die Zeitpunkte des Unterrichts, die Situationen, in denen die betreffende Person regelmäßig kommuniziert, und jene, in denen nur manchmal Kommunikation stattfindet. Auf diese Weise wird deutlich, wann die betroffene Person nicht kommuniziert.

Eine gute Tagesuhr vermittelt ein Bild von den bereits durchgeführten Interventionsmaßnahmen, vom Aktivitätsniveau des Kindes, von regelmäßigen Tätigkeiten und von allen problematischen Verhaltensweisen. Er umfaßt einen Überblick über die gesamte Intervention mit Maßnahmen im Laufe des Tages (Kindergarten, Schule, Arbeit oder Berufsausbildung) sowie mit Freizeitgestaltung und verschiedenen Formen der Erholung für die Bezugspersonen. Umfassende Befragungen liefern zudem Informationen über die Fähigkeiten zu Selbstversorgung, eigenständiger Beschäftigung und Kommunikation. Betrachtet man diese Informationen im Zusammenhang mit den Routineaufgaben, die von den Angehörigen und anderen Bekannten der betroffenen Person ausgeführt werden, erhält man ein Bild davon, wie gut die bisherige Intervention insgesamt wirkt.

Mit Hilfe der Tagesuhr kann man Zeitpunkte finden, die sich für den Kommunikationsunterricht und andere Maßnahmen eignen. Kommen neue Tätigkeiten hinzu, werden sie in die Tagesuhr aufgenommen, so daß sie immer zeigt, wie der Tagesablauf der betroffenen Person organisiert ist. Die Tagesuhr spielt also für die fortlaufende Bewertung der Intervention eine wichtige Rolle.

Allgemeine Fähigkeiten

Interesse für Gegenstände, Tätigkeiten und Ereignisse

Für den Unterricht in Unterstützter Kommunikation gilt das Grundprinzip: Alle Menschen möchten gerne kommunizieren, aber nicht jeder ist dazu in der Lage. Oft hört man, die Motivation auf seiten der betroffenen Personen sei eine Voraussetzung für den Unterricht, aber damit erhebt sich die Frage, was es bedeutet, nicht motiviert zu sein. Fehlende „Motivation" ist im allgemeinen dadurch gekennzeichnet, daß jemand ablehnend und unwillig erscheint. Es besteht kein Grund, das als Ausdruck eines allgemeinen Widerwillens gegen Kommunikation zu betrachten; eher spiegelt sich darin die Tatsache wider, daß es frustrierend ist, wenn man nicht kommunizieren kann. Die Erfahrung zeigt auch, daß Widerwillen und negative Einstellung abnehmen, wenn ein gewisses Maß an Kommunikation erlernt wurde.

Aber obwohl alle Menschen grundsätzlich den Wunsch nach Kommunikation haben, sind sie nicht zwangsläufig bestrebt, über alles und jedes zu kommunizieren. Für eine erfolgreiche Intervention ist es zwingend erforderlich, daß Kommunikation über Dinge, Tätigkeiten und Ereignisse gelehrt wird, deren sich die betroffene Person bewußt ist und über die sie kommunizieren möchte. Im Zusammenhang mit dem Sprachunterricht sollte deshalb am Anfang die Beurteilung der jeweiligen Interessen stehen.

In manchen Fällen findet man nur unter Schwierigkeiten Dinge oder Tätigkeiten, die für die betroffene Person interessant sind. Dann muß man Maßnahmen ergreifen, um die Ausgangssituation zu verbessern. Der Unterricht sollte in solchen Fällen damit beginnen, daß Interesse und bewußte Wahrnehmung geschaffen werden.

Aufmerksamkeit und Initiative im kommunikativen Kontakt mit anderen

Menschen, die Unterstützte Kommunikation brauchen, zeigen in sehr unterschiedlichem Ausmaß Aufmerksamkeit und Initiative im Kommunikationskontakt mit anderen. Das gilt sowohl innerhalb der wichtigsten Gruppen als auch von einer Gruppe zur anderen. Die Initiative zur Kontaktaufnahme kann so ungewöhnliche Formen annehmen, daß nur Menschen, welche die betroffene Person gut kennen, sie verstehen. Das führt unter Umständen dazu, daß die betroffene Personen sehr wählerisch wird, was die Menschen angeht, bei denen sie sich für eine Kontaktaufnahme entscheidet.

Innerhalb einer „reinen" Gruppe 1 ist die Fähigkeit, selbst Kontakt mit anderen aufzunehmen, häufig mangelhaft und vielleicht überhaupt nicht vorhanden. Manche Menschen besitzen nicht die körperlichen Voraussetzungen, um irgend etwas zu unternehmen, das man als Initiative zur Kommunikation interpretieren könnte. Das Problem kann seine Ursache auch darin haben, daß sie nur gelernt haben, auf Fragen zu antworten und nicht selbst die Initiative zu ergreifen - eine Form erlernter Hilflosigkeit.

In der Gruppe 2 gibt es zwischen den einzelnen Personen große Unterschiede, aber auch in dieser Gruppe nehmen zu viele Betroffene nur selten von sich aus Kontakt mit anderen auf. Die Ursache der Probleme sind wohl einerseits erlernte Hilflosigkeit und andererseits das systematische Verlernen der Initiative zum Kontakt aufgrund schlechter Erfahrungen. Viele Kinder aus dieser Gruppe sind Fremden gegenüber scheu und ängstlich, oder sie geben sich widerspenstig und aggressiv. Unter Umständen entwickeln sie eine Abneigung gegen das Sprechen oder im Extremfall den selektiven Mutismus, das heißt, sie sprechen nur mit ihren nächsten Angehörigen (Cline und Baldwin, 1993).

Die schwersten Probleme treten jedoch in der Gruppe 3 auf, sowohl was die Aufmerksamkeit angeht, als auch bei der Initiative zur Kommunikation mit anderen. Das hängt vermutlich damit zusammen, daß diese Menschen ganz allgemein über die geringsten sprachlichen, kommunikativen und sozialen Fähigkeiten verfügen. Die in dieser Hinsicht auffälligste Untergruppe sind die autistischen Kinder und Erwachsenen, bei denen Probleme in der Beziehung zu anderen Menschen ein Diagnosekriterium darstellen. Die Initiative zur Kontaktaufnahme und die Aufmerksamkeit anderen gegenüber schwanken in dieser Gruppe aber stark und sind von der Situation abhängig.

Fähigkeit zur Selbstversorgung

Zur Selbstversorgung gehört die Fähigkeit, für sich selbst zu sorgen, sich anzukleiden, sich zu waschen, zu kochen usw. Von ganz kleinen Kindern und Menschen mit umfassenden motorischen Behinderungen abgesehen, verfügen die meisten Personen, die Unterstützte Kommunikation brauchen, über eine gewisse Fähigkeit sehr Selbstversorgung. Sie trägt erheblich zum selbstbestimmten Leben der betroffenen Personen bei und ist von grundlegender Bedeutung für eine zufriedenstellende Lebensführung. Im allgemeinen erörtert man die Fähigkeit zur Selbstversorgung, wenn man die Bekannten der betroffenen Person befragt, aber vielfach ist es auch nützlich, wenn man selbst Beobachtungen macht. Allen drei genannten Hauptgruppen ist gemeinsam, daß die Menschen im Umfeld der betroffenen Personen ihnen häufig weniger zutrauen, als sie tatsächlich selbst zuwege bringen können.

Für den Sprach- und Kommunikationsunterricht ist es von großer Bedeutung, daß man die Fähigkeit zur Selbstversorgung als notwendig betrachtet und sie möglichst fördert und verstärkt. Der Sprach- und Kommunikationsunterricht sollte so weit wie möglich auf das Erlernen einer größtmöglichen Selbständigkeit abgestimmt werden, so daß beide Formen des Unterrichts größeren Nutzen bringen.

Eigenständigkeit

Die Fähigkeit einer betroffenen Person, sich selbst zu beschäftigen, bestimmt entscheidend darüber, wie man die Intervention aufbaut. Viele Angehörige und andere gute Bekannte der betroffenen Personen stellen immer wieder fest, daß deren Unfähigkeit, sich allein zu beschäftigen, eine beträchtliche Belastung darstellt. Durch die Sprach- und Kommunikationsintervention erweitert sich vielfach der Umfang dieser Eigenständigkeit. Wenn die verbesserte Fähigkeit, sich auszudrücken, der betroffenen Person bessere Wahlmöglichkeiten für ihre Tätigkeiten verschafft, wächst durch einen guten Sprach- und Kommunikationsunterricht auch die Fähigkeit, die Initiative zu ergreifen, und die erlernte Abhängigkeit von anderen vermindert sich.

Motorische Fähigkeiten

Die motorischen Fähigkeiten sind ein entscheidender Faktor für die Auswahl des Kommunikationssystems und geeigneter Hilfsmittel. Sie werden auf zweierlei Weise beurteilt. Zunächst stellt man durch eine Untersuchung der Handbewegungen fest, ob die betroffene Person sich der Gebärden bedienen kann. Wird hilfsmittelunterstützte Kommunikation angestrebt, zielt die Untersuchung darauf ab, Sitzhaltungen und Methoden zum Zeigen oder zum Betätigen von Schaltern zu finden.

Daß Personen mit offensichtlichen motorischen Behinderungen keine Gebärden benutzen können, liegt auf der Hand, aber auch andere haben damit unter Umständen Schwierigkeiten. Es ist dabei jedoch wichtig zu unterscheiden, ob jemand wegen motorischer Störungen keine Gebärden ausführen kann, oder ob das Befolgen von Anweisungen problematisch ist. Für ein geistig behindertes Kind kann es zum Beispiel schwierig sein, die Idee von der Nachahmung einer Handhaltung zu verstehen. Bei Kindern ohne erkennbare physisch-motorische Störungen liegt es unter Umständen nahe, die Leistung bei alltäglichen Tätigkeiten als Ausgangspunkt zu nehmen. Aus der Ausführung dieser Tätigkeiten ergeben sich auch Hinweise, wie man die Gebärden gegebenenfalls vereinfachen kann, so daß die betroffene Person in der Lage ist, sie auszuführen (Abb. 26).

Ist man zu der Erkenntnis gelangt, daß die betroffene Person sich einer Kommunikationshilfe bedienen muß, ergibt sich die zwingende Notwendigkeit, die bestmögliche Methode zum Zeigen oder zur Betätigung eines Schalters zu finden. Das ist häufig eine schwierige, langwierige Aufgabe, aber es ist unverzichtbar, damit eine Person mit umfassenden motorischen Behinderungen sich so gut wie möglich ausdrücken kann.

Es gibt eine ganze Reihe von Computerprogrammen zur Beurteilung motorischer Funktionen, und auch manche Spiele sowie andere Maßnahmen sind darauf angelegt, daß man mit ihnen die Benutzung von Schaltern üben kann.

Menschen mit umfassenden motorischen Störungen sind auf eine stabile Sitzposition angewiesen, damit sie ihre motorischen Fähigkeiten ausschöpfen können. Deshalb muß man in jedem Fall die Sitzposition finden, in der das Zeigen oder die Betätigung eines Schalters am einfachsten ist.

Visuelle und auditive Fähigkeiten

Störungen des Seh- und Hörvermögens sind in allen drei genannten Gruppen häufiger als in der Gesamtbevölkerung. Deshalb ist es wichtig, daß man über die visuellen und auditiven Fähigkeiten der betroffenen Person Bescheid weiß, wenn man ein Kommunikationssystem auswählt und die Intervention plant. Ebenso ist es von entscheidender Bedeutung, daß man demjenigen, der die betreffende Person untersucht, alle Probleme bei der visuellen und auditiven Wahrnehmung mitteilt, damit das Verhalten und die Testergebnisse richtig interpretiert werden. Aber bei vielen Menschen, die Unterstützte Kommunikation brauchen, ist die Überprüfung der Seh- und Hörfähigkeit schwierig.

Sowohl für das Sehen als auch für das Hören gibt es „objektive" Tests, das heißt Untersuchungsverfahren, bei denen die Mitwirkung der untersuchten Person nicht erforderlich ist. Mit ihnen läßt sich feststellen, ob Augen und Ohren unversehrt und funktionsfähig sind, und man kann messen, ob eine Reizung der Seh- und Hörorgane über die Nervenbahnen ins Gehirn gelangt. Die zuletzt genannte Untersuchung liefert aber bei Kindern mit Gehirnschäden keine zuverlässigen Ergebnisse (vgl. Rosenblum et al., 1980).

Ein offensichtlich intaktes Sinnesorgan bietet keine Gewähr für eine normale Wahrnehmung. Bei vielen geistig behinderten und autistischen Menschen liegen anscheinend Wahrnehmungsstörungen vor, die durch Gehirnschäden verursacht werden. Solche Schäden führen in der Regel nicht zu Taubheit oder Blindheit im üblichen Sinn, denn die betroffenen Personen reagieren auf Veränderungen der Reize; die Sinneseindrücke werden aber nicht normal weiterverarbeitet und wahrgenommen. Als Ergänzung zur objektiven Untersuchung muß man deshalb auch beobachten, wie die betreffende Person sich des Sehens und Hörens bedient.

		Hosen hoch/runterziehen	Hemd hoch/runterziehen	Orangensaft auspressen	Hand auf den Tisch, nimmt Bleistift	Socken anziehen	Zahnpasta auf Zahnbürste drücken	Bürste beim Frisieren am Griff festhalten	Papier zerknüllen	Tisch mit Tuch oder Schwamm abwischen	Schlüssel drehen	Buch von Tischkante nehmen
	 1 kneifen	×	×	×	×							
	 2 Handfläche						×	×	×			
	 3 Daumen anlegen									×	×	×
	 4 mittlere Stellung des Unterarms											
	 5 Daumen abspreizen											
	 6 Bewegung des Handgelenks							×				
	 7 Finger gegnüber							×				
	 8 ausgestreckter Zeigefinger											
	 9 öffnen											
	 10 Aufwärtsdrehung											
	 11 gekreuzte Finger											
	 12 ausgesteckter kleiner Finger											
Bewegung												
	1 einseitig			×		×						
	2 beidseitig spiegelbildlich	×				×						
	3 einseitig über Mittellinie										×	
	4 beidseitig Basis/Bewegung						×					
	5 beidseitig Bewegung											
	6 beidseitig über Mittellinie											

Abb. 25 *Alltägliche Tätigkeiten, die zur Beurteilung motorischer Fähigkeiten dienen können*

Selbstessen mit den Fingern/ aus Tasse trinken	selbst essen mit Besteck	Lenkrad drehen	Sandwich oder Fingerfood halten	Marmeladenglas halten, Deckel drehen	Knöpfe drehen	Haare kämmen	Zähne putzen	rühren (Inhalt in stabilem Gefäß)	aus Behälter in Glas in der anderen Hand gießen	auf- und zuknöpfen	Jacken-Reißverschluß öffnen und schließen	Telefonnummer wählen	Tasteninstrument spielen	Handpuppe benutzen	Waschlappen ausdrücken	Papier zerreißen	Handschuh von den Fingern ziehen	Gegenstand aus der Tasche nehmen	Ball in die Luft werfen und auffangen
	×	×																	
			×	×	×		×												
						×	×	×											
									×	×	×	×							
												×	×						
																×	×		
																		×	
																×			
×	×																		
×	×				×														
									×										
×														×	×				

125

Die Diagnose

Es gibt mehrere stichhaltige Gründe, nachdrücklich auf die Notwendigkeit einer genauen Diagnose hinzuweisen, auch wenn sie keine unmittelbare Bedeutung für die Planung der Intervention hat. In manchen Fällen ist die Diagnose unentbehrlich, damit die richtige medizinische Therapie angewandt wird, aber die Intervention ergibt sich nur selten *unmittelbar* aus der Diagnose. Sehr häufig handelt es sich vielmehr um allgemeine Maßnahmen in dem Sinn, daß man sie bei Kindern und Erwachsenen anwendet, die in bezug auf die Diagnose zur sehr unterschiedlichen Gruppen gehören.

Der wichtigste Grund für die Diagnosestellung besteht darin, daß diese oft ein Mittel ist, um die notwendige Intervention zu gewährleisten. Mit dem Etikett einer Diagnose ist es einfacher, die Dringlichkeit der Intervention stichhaltig zu begründen. Für Eltern und andere Menschen, die mit der betroffenen Person in engem Kontakt stehen, ist die Diagnose unter Umständen notwendig, damit sie sich realistische, handfeste Informationen über die Behinderung verschaffen können. Solche Informationen werden häufig auf dem Weg über Organisationen und Kurse geliefert, vor allem durch Eltern von Kindern, die an ähnlichen Störungen leiden. Eltern behinderter Kinder organisieren eigene Veranstaltungen und nehmen auch an Kursen teil, die sowohl professionellen Helfern als auch Angehörigen offenstehen. Die Diagnose ermöglicht es, diese verschiedenen Informationsquellen zu nutzen.

Eine richtige, genaue Diagnose ist auch notwendig, damit man eine Prognose stellen kann, das heißt damit man weiß, womit man aufgrund früherer Erfahrungen zu rechnen hat. Das gilt sowohl für die professionellen Helfer als auch für die Angehörigen der betroffenen Person.

Viele Beispiele belegen, wie eine richtige Diagnose dazu beitragen kann, daß Kinder und Erwachsene mit Sprachstörungen eine geeignete Form der Intervention erhalten, so daß sich die Planung solcher Maßnahmen für die Zukunft verbessert. Es kann sich beispielsweise herausstellen, daß ein Mädchen am Rett-Syndrom leidet und nicht, wie man zuvor angenommen hatte, an Autismus. Das hat zur Folge, daß die Intervention in verschiedenen Bereichen anders aussieht. Die Diagnose kann zum Beispiel ohne weiteres dazu führen, daß man den Gebärdenunterricht aufgibt, weil man weiß, daß die motorischen Fähigkeiten sich wahrscheinlich verschlechtern werden; statt dessen benutzt man dann vielleicht eine Kommunikationstafel, die das Mädchen anwenden kann, solange es in der Lage ist, mit Händen oder Augen zu zeigen.

Notwendige Unterstützung, Entlastung und Hilfe für die Angehörigen

Die Angehörigen von Personen, die Unterstützte Kommunikation benötigen, sind in der Regel großen Belastungen ausgesetzt. Wie stark diese Belastungen sind und in welchen Bereichen der Druck am größten ist, hängt davon ab, zu welcher Gruppe das Kind gehört. Die Eltern von Kindern mit schweren motorischen Störungen müssen meist große körperliche Anstrengungen auf sich nehmen. Die normale Betreuung und Pflege ist oft zeitaufwendig, und die betroffene Person muß häufig gehoben und bewegt werden. Für die Eltern autistischer Kinder besteht die größte Belastung häufig darin, daß sie ständig anwesend sein müssen, damit das Kind sich nicht verletzt, wegläuft oder Gegenstände beschädigt. Einige Probleme findet man bei den meisten Familien mit Kindern, die Unterstützte Kommunikation brauchen: Alltägliche Aufgaben erfordern beträchtlich mehr Zeit als sonst, der Kontakt mit anderen Angehörigen und Freunden verringert sich, und man macht sich Sorgen über die Zukunft.

Wegen solcher Schwierigkeiten haben die Angehörigen sowohl das Bedürfnis nach einem vernünftigen Maß an Erleichterung als auch ein Recht darauf. Der Umfang des Bedarfs und die Organisation der Entlastung variieren. Man muß die Hilfeleistung auch in Verbindung mit den anderen Tätigkeiten der Angehörigen betrachten. Die Betreuung behinderter Kinder erstreckt sich häufig nur über einen kurzen Zeitraum um die Mittagszeit, und unter Umständen muß weitere Hilfe die Phase vom Ende der Tagesbetreuung bis zum Feierabend der Eltern überbrücken. Auch finanziell ist die Familie meist stark belastet. Ein unverzichtbarer Bestandteil der Gesamtintervention besteht darin, daß den Familien die wirtschaftliche Unterstützung gesichert wird, die sie brauchen und auf die sie ein Anrecht haben, und daß sie über ihre Rechte informiert werden.

Die einzelnen Familien kommen mit den Belastungen sehr unterschiedlich gut zurecht. Brauchen mehrere Personen (Kleinkinder, Kranke oder ältere Familienangehörige) viel Pflege und Hilfe, müssen die Lasten in jedem Fall verteilt werden. Manche Menschen sind weniger stark als andere, und es wäre unvernünftig zu verlangen, daß jeder so viel innere Kraft und Widerstandsfähigkeit hat wie die Idealeltern. Wie die Erfahrung zeigt, werden in vielen Fällen keine wirksamen Interventionsmaßnahmen ergriffen, weil sie einer Familie, die nicht genügend Entlastung und Hilfe erhält, zu große Anstrengungen auferlegen würden. Ein besseres System der Entlastung erleichtert auch die Anwendung anderer Maßnahmen.

Die Entlastung sollte nicht vom momentanen Bedarf abhängen. Viele Familien haben das Bestreben, sich allein durchzuschlagen, und behaupten dann, sie benötigten kaum Hilfe; im Laufe der Zeit wird die Belastung aber unter Umständen dennoch zu groß. Sorgt man dafür, daß die Familie stets in vernünftigem Umfang entlastet wird, ist sie eher in der Lage, auch mit zukünftig auftretendem Druck fertig zu werden.

Sprache und Kommunikation

Expressive Fähigkeiten

Die meisten Menschen, die ein System der Unterstützten Kommunikation erlernen, verfügen über wenig oder gar keine Lautsprache. Eine Ausnahme bilden Kinder und Erwachsene, deren Lautsprache wegen motorischer Störungen sehr schlecht verständlich ist und ihre Aufgabe in der Kommunikation mit Personen, die sie nicht gut kennen, nicht erfüllt. Wenn man vor Beginn der Intervention untersucht, wie die betreffende Person sich der Sprache und Kommunikation bedient, konzentriert man sich deshalb in der Regel nicht auf die Lautsprache, sondern auf andere Kommunikationsformen.

Anfangs wenden Kinder und Erwachsene, die Unterstützte Kommunikation brauchen, recht unterschiedliche Kommunikationsformen an. Bei Kindern mit schweren motorischen Störungen beschränkt sich die Kommunikation in manchen Fällen darauf, daß sie Dinge ansehen, für die sie sich interessieren, daß sie Wünsche und Interessen mit mehr oder weniger artikulierten Lautäußerungen ausdrücken, und daß sie schreien oder andere Zeichen der Erregung von sich geben. Manchmal besteht der stärkste Ausdruck von Interesse in einer Veränderung der Muskelspannung: Der Körper des Kindes wird steif und macht keine kleinen Bewegungen mehr.

Viele andere Kinder und Erwachsene mit motorischen Störungen und gutem Sprachverständnis können „ja" und „nein" sagen, indem sie nach oben und unten blicken, zwinkern, nicken und den Kopf schütteln oder ihn auf andere Weise bewegen. Wenn Kinder und Erwachsene mit Entwicklungsstörungen auf solche Weise kommunizieren, während man noch untersucht, welche Kommunikationshilfe sich für den Anfang am besten eignet, dann bedeutet das, daß sie diese Kommunikationshilfe zu spät erhalten, denn sie haben bereits ein beträchtliches Maß an Sprachverständnis entwickelt.

Auch Kinder aus der Gruppe 3 bedienen sich häufig sehr unterschiedlicher Kommunikationsformen. Mehrere Wege der Kommunikation kommen aber bei vielen von ihnen immer wieder vor. Der häufigste besteht darin, daß das Kind sich einem Erwachsenen nähert, dessen Hand nimmt und ihn zu einer Stelle führt, an der sich ein von dem Kind gewünschter Gegenstand befindet oder an dem gewöhnlich eine bestimmte Tätigkeit stattfindet. Das kann zum Beispiel der Kühlschrank sein, in dem normalerweise eine Flasche Orangensaft aufbewahrt wird. In solchen Fällen besteht die Kommunikation meist aus einer Abfolge von Ereignissen. Nachdem das Kind und der Erwachsene an dem Kühlschrank angekommen sind, öffnet der Erwachsene die Tür, und das Kind greift nach der Flasche mit dem Saft, wobei es vielleicht gleichzeitig *uh, uh* sagt oder andere Geräusche hervorbringt.

Auch Orte dienen Kindern aus der Gruppe 3 als Bestandteil ihrer Kommunikation. Manche von ihnen setzen sich unter den Tisch, wenn sie zur Toilette gehen möchten, stehen an der Küchentür, wenn sie Hunger haben, oder setzen sich auf ihre Schuhe, wenn sie ins Freie wollen. Solche Handlungen sind kommunikative Akte, aber für Erwachsene und professionelle Helfer sind sie inmitten ihrer anderen alltäglichen Aufgaben häufig nur schwer zu verstehen.

> Kathryn ist ein autistisches Mädchen von neun Jahren. Sprechen kann sie nicht. Wenn ihr Vater das Auto in die Garage fährt, geht sie oft an die Tür und zieht an der Klinke, während sie gleichzeitig ihre Mutter anblickt und ein Geräusch macht. Auf diese Weise verleiht Kathryn ihrem Wunsch Ausdruck, mit dem Vater eine Autofahrt unternehmen.

Oft läßt sich ein Zusammenhang zwischen begrenzten Kommunikationsfähigkeiten und Verhaltensstörungen nachweisen, und eine Verbesserung der Kommunikation ist in der Regel auch von verminderten Problemen im Verhalten begleitet (Carr et al., 1994; Durand, 1993). Diese Veränderung dürfte ihre Ursache unter anderem darin haben, daß die betroffene Person besser in der Lage ist, Wünsche und Probleme mitzuteilen, die ansonsten zu Frustration, Verzweiflung und Verärgerung führen würden. Ein anderer Grund dürfte darin liegen, daß das problematische Verhalten für solche Personen ein Mittel ist, um Aufmerksamkeit zu erregen (eine sehr positive, lobenswerte Leistung für jemanden mit geringen sozialen Fähigkeiten), ins Freie zu gehen, eine Pause zu machen, usw. – alles berechtigte Bedürfnisse und Wünsche, die aber mit konventionelleren Kommunikationshandlungen einfacher zu erfüllen sind. Man sollte deshalb immer eine mögliche „Kommunikationsfunktion" von Problemverhalten in die Untersuchung einbeziehen.

Kinder mit normalen motorischen Fähigkeiten, die aber keine Lautsprache entwickelt haben, bedienen sich auf sehr unterschiedliche Weise verschiedener Gesten. Die meisten Kinder mit spezifischen Sprachstörungen benutzen das Zeigen als Form der Kommunikation. Autistische Kinder dagegen tun das in der Regel nur, wenn man es ihnen gezielt beigebracht hat. Die Kinder aus den Gruppen 2 und 3 jedoch benutzen häufig eigenwillige Gesten, die an Wörter erinnern.

> Geoffrey ist ein elf Jahre alter autistische Junge. Er schlägt mit der Faust auf den Tisch, wenn er „Papa" sagen will (Steindal, persönliche Mitteilung, August 1990).

Eine solche ganz persönliche Art der Kommunikation findet man nicht nur bei Menschen mit Sprach- und Kommunikationsstörungen. Ganze ähnliche Vorgänge sind auch charakteristisch für die ersten Stadien der Sprachentwicklung bei Kindern, die eine normale Lautsprache erwerben, und hier bezeichnet man sie in der Regel als *vocables* (Ferguson, 1978). Eine *vocable* ist definiert als eine Artikulation mit festgelegter, erkennbarer akustischer Form und eindeutig definierter Verwendung. Vokabeln haben aber keine akustische Ähnlichkeit mit den üblichen Wörtern. *Wrummwrumm* kann zum Beispiel Spielzeugautos und Traktoren bezeichnen, und *uwuwuw* wird vielleicht für Vögel, Flugzeuge, Fliegen und andere fliegende Gegenstände verwendet. Beide Vokabeln und die entsprechenden Gesten oder Lautäußerungen von Kindern mit Sprachstörungen werden auf eine Art verwendet, die nicht unmittelbar ganz bestimmten Wörtern der Lautsprache entspricht. Daß Kinder die Wörter nicht genauso benutzen wie Erwachsene, ist aber ein allgemeines Merkmal ihrer Sprache, und es ist nicht unmittelbar an den Gebrauch von Vokabeln gekoppelt. Ein einjähriges Kind spricht vielleicht mit *bau-wau* von Hunden, Autos und anderen Maschinen (Bedeutungserweiterung), oder es sagt nur *Hund*, wenn der Vater auf das Bild eines Hundes auf dem Lätzchen zeigt (Bedeutungsverengung).

Die wichtigste Quelle für Informationen über die verschiedenen Arten der Kommunikation sind die Eltern und andere Personen, die jeden Tag mit dem Kind in Kontakt kommen. Das ist eine unmittelbare Folge der Tatsache, daß Kommunikation vielfach nur mit geringer Häufigkeit stattfindet. Aus diesem Grund haben nämlich meist nur Menschen, die mit dem Kind in engem Kontakt stehen, die praktische Gelegenheit, Form und Ausmaß der Kommunikation kennenzulernen. Bei Kindern mit Sprachstörungen stellt sich noch das besondere Problem, daß ihre ganz persönliche Kommunikation, die im Rahmen ihrer Möglichkeiten den Wörtern am stärksten ähnelt, von Lehrern und anderen professionellen Helfern häufig nicht als „richtige" Kommunikation erkannt wird. Eltern berichten auch, man habe ihnen regelrechtes Mißtrauen entgegengebracht, wenn sie anderen von dieser persönlichen Form der Kommunikation erzählten.

Findet die Untersuchung statt, nachdem die Intervention mit einem oder mehreren Systemen der Unterstützten Kommunikation bereits begonnen hat, gehen diese Systeme als unverzichtbar Bestandteil in die Beurteilung ein. Bei der Untersuchung sollte festgestellt werden, wie Gesten, graphische und greifbare Zeichen benutzt werden (Konzeptbildung), wie lang die Äußerungen im Durchschnitt sind (*mean length of Utterance*, MLU), und welche grammatikalischen Strukturen und pragmatischen Funktionen vorhanden sind (siehe Kapitel 10 und 11). Für die Entwicklung von Sprachalternativen gibt es keine Normen. Das Ziel besteht deshalb nicht darin, eine Art „alternatives Sprachniveau" zu schaffen, sondern man möchte die Komplexität der von der betroffenen Person verwendeten Kommunikation verstehen und zweckdienliche Kriterien aufstellen, um über die nächsten Schritte der Intervention zu entscheiden.

Sprachverständnis

Die Menschen im Umfeld derer, die Unterstützte Kommunikation nutzen, bedienen sich in der Regel der Lautsprache, und die Strategie der Intervention gründet sich vielfach ausdrücklich oder unausgesprochen auf Annahmen darüber, inwieweit auch die betroffene Person Lautsprache versteht. Diese Annahmen können jedoch falsch sein, und dann wird nicht die geeignete Strategie angewandt. Um in Erfahrung zu bringen, was eine betroffene Person von dem in der Umgebung Gesagten versteht und ob ihr bestimmte Interventionsstrategien nützen werden, muß man neben anderen Formen der Kommunikation unbedingt auch das Sprachverständnis untersuchen. Sich ein eindeutiges Bild davon zu machen, was ein Mensch mit umfassenden Sprachstörungen verstehen kann, ist aber unter Umständen schwierig. Es gibt viele Beispiele dafür, daß Kindern und Erwachsenen ein beträchtliches Sprachverständnis unterstellt wurde, und später zeigte sich durch sorgfältige Beobachtungen, daß sie nicht die Worte verstanden, sondern die Gesten, welche die Lautsprache begleiteten, oder besondere Umstände in der jeweiligen Situation.

> Der dreijährige Martin ist Autist. Er geht sehr gern spazieren, aber auf die gesprochene Mitteilung *Komm', wir gehen spazieren!* reagiert er nicht, es sei denn, die Vorschullehrerin hält gleichzeitig seine Jacke hoch oder hat selbst den Mantel an (Steindal, persönliche Mitteilung, August 1990).

Manche Menschen mit umfassenden motorischen Störungen verfügen über keinerlei normale Mittel, mit denen sie zeigen könnten, daß sie etwas verstehen. Bei manchen von ihnen unterschätzte man viele Jahre lang, in welchem Ausmaß sie die Lautsprache und die Vorgänge um sich herum verstanden. Das hatte zur Folge, daß ihnen nicht die Anregung und die Entwicklungsmöglichkeiten geboten wurden, die ihnen angemessen gewesen wären.

> Joe Deacon wohnte in einem Heim für geistig Behinderte. Bis er 24 Jahre alt war, glaubte man, er verfüge über keine Lautsprache. Dann kam ein anderer geistig Behinderter hinzu, und er schaffte es, Joes Lautäußerungen zu interpretieren. Jetzt mußte man Joes Fähigkeiten völlig neu beurteilen. Später taten sich die beiden Freunde mit zwei weiteren Bewohnern zusammen, einem geistig behinderten Mann, der die Bedienung einer Schreibmaschine beherrschte, und einem motorisch behinderten Rollstuhlfahrer, der buchstabieren konnte. Mit Hilfe dieser Freunde schrieb Joe seine Autobiographie *Tongue Tied* (Deacon, 1974).

In weniger dramatischer Form kommt eine solche Unterschätzung häufig vor (vgl. Fuller, Newcombe und Ounstad, 1983). Die Methode der systematischen Beobachtung läßt sich bei dieser Gruppe nur schwer einsetzen. Besonders interessante Ereignisse kommen in der Regel nur selten vor. Die Beobachtung müßte sich über eine so lange Zeit erstrecken, daß sie nicht mehr praktikabel wäre. Dennoch kann man gleichzeitig mit dem Beginn der Intervention auch Nutzen aus systematischen Beobachtungen ziehen, wenn sie von denjenigen angestellt werden, die normalerweise Kontakt mit der betroffenen Person haben. Solche Beobachtungen liefern dann zusätzliche Informationen über die Fähigkeiten der betroffenen Person und bilden die Grundlage für die Bewertung der Intervention.

Die Fähigkeit einer betroffenen Person, sich auszudrücken, bestimmt bis zu einem gewissen Grade auch darüber, welche Methoden man zur Untersuchung des Sprachverständnisses einsetzen kann. Wenn die betroffene Person sprechen oder schreiben kann und offensichtlich über einen ausreichenden Wortschatz verfügt, um sich auszudrücken, kann man sich einen guten Eindruck vom Sprachverständnis verschaffen, indem man verschiedene Fragen stellt. Viel schwieriger ist eine Beurteilung des Sprachverständnisses, wenn jemand nur über wenige Wörter verfügt. Wer für „ja" nach oben und für „nein" nach unten blicken kann, ist zwar zur Beantwortung von Fragen aus dem ITPA in der Lage, die beispielsweise lauten: *Können Tomaten ein Telegramm aufgeben?* oder *Können stumme Musiker singen?* Andererseits kann eine solche Person aber einen weiteren Test aus dem ITPA nicht ausführen, in dem die Aufgabe im Vervollständigen von Sätzen besteht, beispielsweise: *Berge sind hoch, Täler sind...*

Bei Personen aus der Gruppe 1 und anderen, die bekanntermaßen über ein gutes Sprachverständnis verfügen, sind Tests unter Umständen ein nützliches Hilfsmittel, vorausgesetzt, es sind auch die motorischen

Funktionen zu ihrer Ausführung vorhanden. Manche Tests oder einzelne Testaufgaben stellen an die Motorik erhebliche Anforderungen. In den Reynell-Skalen (Reynell, 1969) zum Beispiel muß das Kind Anweisungen befolgen wie: *Setz' die Puppe auf den Stuhl!* oder *Stell' alle Schweine hinter das braune Pferd!* Andere Tests bedienen sich hauptsächlich des Zeigens, aber viele Menschen mit motorischen Behinderungen können auch das nur unter Schwierigkeiten so bewältigen, daß ein anderer mit Sicherheit weiß, auf welche von mehreren Alternativen gezeigt wurde. Erfordert das Zeigen selbst beträchtliche kognitive Anstrengungen, vermindert sich unter Umständen die Zahl der richtigen Antworten. Manche Tests wurden gezielt für motorisch gestörte Kinder abgewandelt, beispielsweise computergestützte Tests des Sprachverständnisses, bei denen Schalter betätigt werden (von Tetzchner, 1987).

Die besten Aufschlüsse erhält man jedoch aus den praxisnahen Berichten derer, die mit der betroffenen Person engen Kontakt haben. Diese haben den Vorteil, daß sie durch das Zusammensein mit der betroffenen Person über eine Fülle von Erfahrungen verfügen. Außerdem haben sie und insbesondere die Eltern, die so viel Zeit mit dem Kind oder Jugendlichen verbracht haben, auch die Grundlagen für den Gebrauch und das Verständnis der Sprache gelegt. Daß das Kind etwas versteht, zeigt es unter Umständen auf eine höchst ungewöhnliche Art, die für alle anderen außer den Eltern kaum zu erkennen ist. Und auch die Eltern sind sich nicht immer bewußt, an welchen Signalen sie sich orientieren. Sie sind es gewohnt, daß man ihnen keinen Glauben schenkt, wenn sie darüber berichten, was die betroffene Person versteht, aber wenn man die Eltern erst einmal davon überzeugt hat, daß niemand ihnen das Gegenteil beweisen will, liefert eine systematischer Befragung unter Umständen wichtige Informationen über grundlegende Aspektedes Sprachverständnisses. Diese Erkenntnisse bilden eine Grundlage, auf der man aufbauen kann, wenn die Planung der Intervention ansteht.

Besonders wichtig ist es, daß man sich viel Zeit nimmt, wenn man sich mit den Angehörigen und anderen Bezugspersonen der betroffenen Person unterhält. Als Ausgangspunkt kann man beispielsweise folgende Frage stellen: *Stellen Sie sich etwas vor, von dem Sie ganz sicher sind, das Sie es John sagen oder auf andere Weise zu verstehen geben können. Welche Handlung von John verschafft Ihnen die Gewißheit, daß er Sie verstanden hat?* Solche Fragen kann man auf viele unterschiedliche Arten stellen, und dabei sollte man die Worte entsprechend der jeweils befragten Person wählen.

Eltern und andere Menschen, die mit dem Kind Kontakt haben, antworten in der Regel zunächst zu allgemein. Sie sagen beispielsweise: *Ich weiß es, einfach weil ich ihn ansehe.* Es ist aber von großer Bedeutung, daß die Antworten so detailliert wie möglich sind. Eine allgemeine Beschreibung des Sprachverständnisses der betroffenen Person kann durchaus zutreffend sein und dennoch eine ungenügende Grundlage für eine Intervention darstellen. Dann sind weitere Nachfragen nötig. Sie können beispielsweise so aussehen: *Ja, natürlich. Aber beschreiben Sie es bitte genauer. Was tut er? Wie sieht er aus, wenn er es tut? Was für Dinge versteht er immer? Und was versteht er offenbar nur hin und wieder?*

Wenn der Fragende genügend Geduld aufbringt, sind die Bezugspersonen eines behinderten Menschen fast immer in der Lage, solche Fragen zu beantworten. Nach unseren Erfahrungen gilt das auch für die Bezugspersonen von schwerstbehinderten Menschen. Viele Eltern machen aber die Erfahrung, daß sie mit ihren Kenntnissen über das Sprachverständnis des Kindes bei professionellen Helfern keinen Glauben finden; diesen neigen meist dazu, vor allem die Erwartungen der Eltern über die zukünftige Entwicklung ihres Kindes zu dämpfen. Meinungsverschiedenheiten über den Leistungsstand machen häufig die Zusammenarbeit schwierig, wenn die Intervention aufgrund der Annahmen über die Fähigkeiten des Kindes abgestimmt werden muß.

Ein gewisses Maß von Überinterpretation ist etwas Positives. Die Untersuchung verfolgt aber das Ziel, ein möglichst zutreffende Bild vom Sprachverständnis der betroffenen Person zu zeichnen. Überschätzt man es, wird der Sprachunterricht nicht so gut angepaßt, wie es möglich wäre. Besonders leicht überschätzt man das Sprachverständnis eines Menschen, der einen Teil des Gesagten begreift. Beispielsweise sagt man vielleicht im Unterricht oder in einem Test: *Zeige auf den roten Ball*, und daraufhin tut die betroffene Person das Richtige. Aufgrund dieser Beobachtung könnte man nun annehmen, die Person verstehe alles, was gesagt wurde. Außerdem unterstellt man vielleicht, sie begreife die Worte, die sie in einem bestimmten Fall verstanden hat, auch in einer zweiten, ganz anderen Situation. Oft stimmt das aber nicht. Bei eingehender Beobachtung stellt sich unter Umständen heraus, daß jemand nur ein entscheidendes Wort oder einige wenige in dem Satz versteht und gelernt hat, in dieser besonderen Situation richtig zu zeigen.

> Der dreijährige Martin ist Autist. Er mag gerne Orangensaft und kommt in der Regel angelaufen, wenn seine Mutter ruft: *Komm, es gibt Orangensaft.* Nun sagte man seiner Mutter, sie solle in der üblichen Weise rufen, dabei aber sitzen bleiben und sich nicht bewegen. Zu ihrer großen Überraschung stellte sie fest, daß Martin überhaupt nicht reagierte, sondern weiterhin ein Spielzeug drehte. Kurz darauf stand sie auf, ging zum Küchentisch, wo die Flasche mit dem Saft stand, und wiederholte die Worte. Jetzt kam Martin sofort herbeigelaufen (Steindal, persönliche Mitteilung, August 1990).

Ob jemand versteht, was sich in einer Kommunikationssituation abspielt, hängt nicht nur von dem ab, was durch Zeichen oder Lautsprache ausgedrückt wird. Auch viele andere Faktoren tragen zum Begreifen einer Situation bei und geben Hinweise auf den wahrscheinlichen Inhalt des Gezeigten oder Gesagten. Das Klappern von Töpfen und Pfannen in der Küche zum Beispiel ist ein Indiz, daß jemand kocht; wer einen Mantel in der Hand hält, zeigt damit, daß er bald das Haus verlassen wird, usw. Außerdem trägt das Gesagte - das häufig von Blickkontakt, Zeigen und anderen Gesten begleitet wird - häufig auch dann zum Verständnis der Situation bei, wenn die Worte selbst nicht verstanden werden.

Wie man dementsprechend auch beobachten kann, zeigen manche Menschen nur dann, daß sie etwas verstanden haben, wenn sie mit bestimmten anderen Personen zusammen sind. Dennoch sollte man zurückhaltend mit der Schlußfolgerung sein, diese Person verstehe nichts von dem, was gesagt wird. Viele Menschen, die ein System der Unterstützten Kommunikation brauchen, verstehen - häufig in Abhängigkeit von der Situation - einzelne Wörter oder Satzteile.

Daß das Sprachverständnis einer Person an Gesten oder andere Arten der nichtverbalen Kommunikation gebunden ist, wird bei der Befragung derer, die mit dieser Person in engem Kontakt stehen, in vielen Fällen nicht deutlich, denn die Person, die an der Kommunikationssituation mitwirkt, ist sich dessen in der Regel nicht bewußt. Vermitteln die zuvor gegebenen Informationen den Eindruck, daß die Kommunikation von einer Situation oder einem bestimmten Menschen abhängt, ist deshalb eine systematische Beobachtung der Kommunikationssituation erforderlich. Die Dokumentation einer solchen Abhängigkeit ist unter Umständen ein guter Ausgangspunkt für weitere Gespräche mit den Eltern und anderen Bekannten des Kindes über den Unterricht.

Die Information darüber, wie Eltern und andere das Sprachverständnis einer betroffenen Person beurteilen, hat noch eine weitere Funktion. Sie liefert Hinweise, wie andere das Sprachverständnis der betroffenen Person deuten und auf ihre Ausdrucksmittel reagieren; daraus kann man auch ablesen, in welchem Umfang diese anderen ihre eigene Kommunikation abwandeln, so daß sich das Verständnis verbessert. Dieses Wissen ist nützlich, wenn man das Sprachumfeld beurteilen und so verändern will, daß es den Erwerb der Sprach- und Kommunikationsfähigkeit so gut wie möglich fördert.

Findet die Untersuchung statt, nachdem die Intervention mit einem oder mehreren Systemen der Unterstützten Kommunikation bereits begonnen hat, umfaßt sie als entscheidenden Bestandteil auch das Verständnis für diese Systeme. Manche Menschen verstehen gesprochene

Worte als solche, andere begreifen sie nur in Kombination mit Gebärden oder graphischen Zeichen. Manche verstehen Gebärden und graphische Zeichen allein, andere brauchen dabei zur Unterstützung auch die Lautsprache. Manche verstehen nur Gebärden und/oder graphische Zeichen, obwohl ihnen jahrelang gleichzeitig auch gesprochene Worte angeboten wurden. Wie bei der Lautsprache sollte die Untersuchung auch die Interpretation von Gebärden, graphischen und greifbaren Zeichen durch die betroffene Person sowie Sätze und den metaphorischen Gebrauch von Zeichenkombinationen umfassen.

Die Evaluation der Intervention

Man sollte die Intervention ständig überprüfen und an ihren Zielen messen. Ganz gleich, wie gut man im voraus plant: Man kann nicht selbstverständlich davon ausgehen, daß die Entwicklung so verläuft, wie man angenommen hat. Deshalb ist es wichtig, daß auch die Evaluation von vornherein eingeplant wird und vom Beginn des Unterrichtes an einen Bestandteil der Intervention darstellt. Eine solche geplante Evaluation trägt zur Klärung der Unterrichtsziele bei und macht es einfacher, die Beziehung zwischen den verschiedenen Unterrichtsschritten zu sehen. Da sie von vornherein geplant ist, muß nicht erst eine eindeutig ungeeignete Intervention stattfinden, bevor eine Veränderung oder Anpassung eintritt.

Die Evaluation sollte so umfassend sein, wie es praktisch möglich ist. Sie sollte die spezifischen Ziele betreffen, die man sich für die Intervention gesetzt hat, und ebenso sollten die allgemeinen Wirkungen des Unterrichts im Hinblick auf die gesamte Lebenssituation beurteilt werden, das heißt, man sollte feststellen, ob die betroffene Personen weniger Verhaltensstörungen und ein besseres Sozialverhalten zeigt, sich an mehr Tätigkeiten beteiligt, während des Unterrichts aufmerksamer ist, usw.

Spezifische Ziele

Im Rahmen der Evaluation von Sprachintervention sollte man sich auch Informationen über die Fortschritte in Richtung der jeweiligen Unterrichtziele und der erlernten Zeichen verschaffen. Dazu führt man Aufzeichnungen über die verwendeten Zeichen und über die Entwicklung anderer Sprach- und Kommunikationsfähigkeiten, die ebenfalls gelehrt werden. Bei den spezifischen Zielen kann es sich um die Verwendung neuer Zeichen, Sätze oder Strategien zur Kontaktaufnahme, ein höheres Niveau sprachlicher Aktivität und anderes handeln. Will man beurteilen, wie wirksam die betroffene Person Sprache produziert, können strukturierte Kommunikationsaufgaben nützlich sein (Møller und von Tetzchner, 1996).

BROT

Die betroffene Person lernt nicht zwangsläufig das, was als Unterrichtsziel festgelegt wurde. Manchmal führt die Unterrichtssituation dazu, daß eine andere Tätigkeit erlernt wurde, als man geplant hatte. Das ist nicht unbedingt etwas Negatives.

> Giles ist ein geistig behinderter junger Mann von 19 Jahren. Man hatte ihm die Gebärde BROT beigebracht, aber bald darauf benutzte er diese Gebärde, um ganz allgemeine um Hilfe zu bitten und um auszudrücken, daß er etwas wollte. Dieser Gebrauch der Gebärde war für ihn äußerst zweckmäßig; deshalb zwang man ihn nicht, sie „richtig" anzuwenden, sondern BROT wurde neu definiert und zwar als HILFE.

Wie man an diesem Beispiel deutlich erkennt, ist es unbedingt notwendig, nicht nur „Richtig" und „Falsch" festzustellen; man muß vielmehr auch analysieren, nach welchen Gesetzmäßigkeiten ein Zeichen benutzt und verstanden wird, um dann möglichst eine festgelegte Verwendung zu finden, auch wenn sie vom Lehrer nicht beabsichtigt war. Hätte Giles' Lehrerin in dem beschriebenen Beispiel darauf bestanden, die Gebärde müsse die Bedeutung behalten, die sie ihm ursprünglich beibringen wollte, hätte ihn das seine bereits erworbene Kommunikationsfähigkeit genommen. Durch die ständige Evaluation der Situation kann man sich auf eine unerwartete Entwicklung dann einstellen, wenn es am zweckmäßigsten ist.

Der Evaluationsbericht sollte auch etwas über Art und Umfang der Hilfe aussagen, die zu jedem einzelnen Zeitpunkt notwendig ist, damit die betroffene Person in der Unterrichtssituation eine bestimmte Kommunikationshandlung vollziehen kann. Der Unterricht kann auf unterschiedliche Weise stattfinden, und ein grundlegendes Ziel sollte immer darin bestehen, die Hilfebedürftigkeit zu vermindern. In Berichten über den Gebärdenunterricht wird häufig nur die Anzahl der Gebärden genannt, die geübt werden oder in Gebrauch sind. Das verschleiert unter Umständen wichtige Leistungen. Auch wenn jemand noch keine neuen Gebärden erlernt hat oder benutzt, zeigen sich bei der Evaluation möglicherweise deutliche Fortschritte, weil Hilfe nur noch in geringem Umfang benötigt wird.

Generalisierungen

In die Evaluation sollten neben der Sprach- und Kommunikationsfähigkeit auch andere Leistungen aufgenommen werden, denn die verschiedenen Fähigkeiten beeinflussen einander. Neue sprachliche Fähigkeiten sind mit neuen Erkenntnissen über die Umwelt, dem Erlernen von Begriffen und sozialen Fähigkeiten im weitesten Sinne verbunden (vgl. Konstantareas, Webster und Oxman, 1979). Ebenso stehen auch das Verständnis für verschiedene Tätigkeiten und die Erfahrungen mit ihrer Beherrschung im Zusammenhang mit der Fähigkeit einer betroffenen Person, die Kommunikation anderer zu verstehen und sich selbst auszudrücken. Eine erfolgreiche Sprach- und Kommunikationsintervention hat große Auswirkungen auf zahlreiche Aktivitäten. Ganz allgemein sollten diejenigen Aspekte der Lebenssituation einer betroffenen Person, die vor der Intervention in die Untersuchung eingeflossen sind, auch bei der Evaluation berücksichtigt werden.

Die Evaluation sollte nicht nur Berichte über Unterrichtssituationen umfassen, sondern auch Informationen über den Gebrauch der Sprache zu Hause und bei anderen Gelegenheiten, die nicht unmittelbar mit dem Lernen zu tun haben. Besonders wichtig ist, daß der spontane Gebrauch von Zeichen festgehalten wird. Dieser kann aber unterschiedliche Formen haben. „Spontaner Gebrauch" kann zum Beispiel bedeuten, daß die betroffene Personen das Zeichen auf Aufforderung auch außerhalb der Unterrichtssituation gebraucht oder daß sie selbst die Initiative ergreift und sich ohne Hilfe des Zeichens bedient. Die Berichte sollten Aufschluß darüber geben, welche Art der Hilfe für das, was man als spontanen Gebrauch bezeichnen kann, erforderlich ist. „Spontaner Gebrauch" kann auch heißen, daß die betroffene Person die Zeichen zur Benennung anderer Dinge verwendet, als es in der Unterrichtssituation geübt wurde. Dieser Gebrauch wird dann im Hinblick auf die Intervention vielleicht als fehlerhaft interpretiert, aber unter Umständen handelt es sich dabei um echte Kommunikationsversuche. Die Evaluation sollte deshalb Informationen darüber enthalten, welche Gegenstände, Tätigkeiten und Ereignisse durch die verwendeten Zeichen mitgeteilt werden, und ob die Zeichen zur Benennung anderer Gegenstände oder Tätigkeiten benutzt werden als im Unterricht. Man muß wissen, ob die betroffene Person das Zeichen mit einer breiteren Bedeutung verwendet, als es üblich ist (Bedeutungserweiterung), oder ob es eine eingeschränkte Bedeutung hat und zur Benennung einer kleineren Palette von Tätigkeiten und Gegenständen dient, als es normal wäre (Bedeutungsverengung).

Aus der Koordination des Sprach- und Kommunikationsunterrichts mit anderen Zielen der Intervention ergibt sich die Folgerung, daß man die Ergebnisse der Sprachintervention nur in einem sehr begrenzten Umfang isoliert betrachten darf. Die Bewertung muß auch jene Lebensbereiche und Funktionen einbeziehen, die zum Ausgangspunkt für die Festlegung spezifischer Ziele der Intervention wurden. Bei Kindern und Erwachsenen mit motorischen Störungen bedeutet das meist eine Untersuchung darüber, in welchem Umfang die Intervention zu mehr Gesprächen geführt hat und in welchem Ausmaß die betroffene Person mehr Einfluß auf den Inhalt der Gesprächen nimmt.

Informationsaustausch beim Wechsel von Schule, Arbeitsplatz und Wohnort

Zahlreiche Menschen, die in Unterstützter Kommunikation unterrichtet werden, haben einen zeitlich unbegrenzten Bedarf für Interventionen. Für Personen in der Gruppe 1, die an umfassenden motorischen Störungen leiden, muß in neuen Lebensabschnitten jeweils ein neues Umfeld organisiert werden. Es werden zwar Kommunikationshilfen entwickelt, die neue Möglichkeiten schaffen, aber sie erfordern, daß die betroffenen Personen und die Menschen in ihrer Umgebung Anleitung und Unterricht erhalten, damit sie sie benutzen können. In der Gruppe 3 werden neue Fähigkeiten oft nur langsam erworben, und die Notwendigkeit der Intervention bleibt während des ganzen Lebens erhalten. Das bedeutet, daß die Intervention immer wieder in einem anderen Umfeld stattfindet, wenn die betroffene Person die Schule, den Arbeitsplatz oder den Wohnort wechselt. Auch Kinder der Gruppe 2, bei denen die Intervention mit unterstützenden Kommunikationsformen nur für begrenzte Zeit angewandt wird, wechseln unter Umständen Schule oder häusliche Umgebung.

Wenn eine Person, bei der das Umfeld angepaßt und der Unterricht gut organisiert ist, den Wohnort wechselt, ist es von größter Bedeutung, daß es Methoden für den Informationsaustausch zwischen den bisherigen und zukünftigen Verantwortlichen für Intervention und Organisation gibt. Nur allzuoft fehlen diese Methoden, und das führt zu Unterbrechungen im Unterricht sowie zu Rückschritten oder Stagnation bei der Entwicklung neuer Fähigkeiten.

> Raymond ist ein 20 Jahre alter, geistig behinderter junger Mann. Er besucht eine Sonderschule. Einfache Anweisungen kann er befolgen, aber er spricht nicht und benutzt auch keine Zeichen. Den Aufzeichnungen zufolge erhielt er seit seinem 13. Lebensjahr Gebärdenunterricht. Als er mit 16 Jahren die Schule wechselte, hatte er den Gebrauch der Gebärden ESSEN, GEHEN und TOILETTE gelernt und war dabei, sich mehrere neue Gebärden anzueignen. Mit 18 Jahren kam er wiederum auf eine neue Schule, und in den Akten, die mit ihm dorthin gelangten, hieß es: „Er stand im Begriff, den Gebrauch von Gebärden zu erlernen." Mit 19 wechselte er erneut die Schule, und bei einem weiteren Schulwechsel im Alter von 20 Jahren gab die Lehrerin ihm eine Liste von über 50 Gebärden mit, die in Raymonds Unterricht vorgekommen waren, einschließlich der Angaben, wie gut sie ausgeführt wurden. Ob Raymond irgendwelche Gebärden spontan benutzt hatte, war aber nicht zu erkennen. Nach sechsjährigen Unterricht wandte Raymond demnach keine Gebärden spontan an (Kollinzas, 1984).

Es gibt stichhaltige Gründe für die Annahme, daß die mangelnden Fähigkeiten bei Raymond mit dem häufigen Schulwechsel und den damit verbundenen Unterbrechungen der Intervention zu tun haben. Kollinzas (1984) entwickelte für die Aufzeichnung von Kommunikationsfähigkeiten und Unterricht einen *Kommunikationsbericht*, der dazu dienen kann, solche Informationen weiterzugeben (Abb. 27). Der Bericht enthält die Informationen, die unbedingt erforderlich sind, wenn sich das Unterrichtsumfeld der betroffenen Person ändert: Er gibt Aufschluß über die verwendeten Systeme von Gebärden, graphischen und greifbaren Zeichen, über die Bedeutung der verwendeten oder unterrichteten Zeichen, über die im Art, wie die betroffene Person die Zeichen ausführt oder darauf zeigt, und über die Situationen, in denen die einzelnen Zeichen vorkommen.

Der Kommunikationsbericht trägt dazu bei, daß die Menschen in dem neuen Umfeld realistische Erwartungen an die betroffene Person stellen und die Situation so gut wie möglich organisieren können. Außerdem zeigt er, was die Menschen in dem neuen Umfeld lernen müssen. In der Regel ist es nützlich, wenn die professionellen Helfer, die vor dem Umzug mit der betroffenen Person gearbeitet haben, Richtlinien geben. Vielfach werden bei der Intervention mit Unterstützter Kommunikation auch äußere Berater und Lehrer hinzugezogen. Mit Hilfe des Kommunikationsberichts können die professionellen Helfer, die jetzt die Verantwortung übernehmen, besser abschätzen, ob es wünschenswert und möglich ist, sich auch für die Betreuung und den Unterricht in der neuen Umgebung der gleichen externen Berater zu bedienen.

 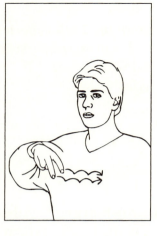 

Essen　　　　　　　　GEHEN　　　　　　　　TOILETTE

essen　　　　　　　　gehen　　　　　　　　Toilette

Manche Personen mit Kommunikationsstörungen, die sich bereits gewisse sprachliche Fähigkeiten angeeignet haben, können auch selbst dazu beitragen, daß ihr neues Umfeld und die Menschen, die sie neu kennenlernen, sich auf sie einstellen.

> Die dreizehnjährige Isabel hat ein Down-Syndrom. Sie benutzt spontan ungefähr 70 Gebärden, verfügt aber nicht über eine verständliche Lautsprache. Ihre Lehrerin hat ein Heft mit Zeichnungen aller Gebärden angefertigt, die Isabel benutzt; die Bedeutung der Gebärde ist jeweils über die Zeichnung geschrieben. Neue Gebärden werden hinzugefügt, wenn Isabel sie lernt. Dieses kleine Buch trägt das Mädchen immer bei sich. Erscheinen neue Betreuer oder Helfer auf der Bildfläche, setzt Isabel sich mit ihnen zusammen, und sie gehen gemeinsam das Buch durch. Sie zeigt, wie sie die Gebärden ausführt, und der neue Helfer bemüht sich, sie zu lernen. Einen solchen Rollentausch schätzt Isabel offenbar sehr (Steindal, persönliche Mitteilung, August 1990).

Kommunikationsbericht			
Name: Per Hansen	*Zeichensystem*	Abkürzung	
Alter: 13:7	Piktogramme	P	
Lehrer: Hans Larsen	Gebärden	G	
Ort: Vik-Schule			
Datum: 2.10.88			
Seite: 2 von 4			
Zeichen	**System**	**Ausführung**	**Anmerkungen zur Situation**
STUHL	G	normal	führt die Gebärde aus, wenn der Lehrer das Bild zeigt
TISCH	G	normal	führt die Gebärde aus, wenn der Lehrer das Bild zeigt
FUSSBALL	P		zeigt selbst, um daran im Sportunterricht teilzunehmen
PFERD	G	rechte Hand zwischen Mittel- und Ringfinger	Ausführung von selbst, wenn er weiß, daß er reiten soll
TOILETTE	G	normal	wendet die Gebärde manchmal spontan an, wenn er zur Toilette gehen möchte. Hände werden zur Gebärde angeleitet, wenn er zur Toilette geführt wird.
TÜR	G	normal	wendet die Gebärde spontan an, wenn er nach draußen gehen möchte.
FERNSEHEN	P		wendet das Zeichen spontan an, wenn er fernsehen möchte.
SCHUHE	G	unbestimmt	keine spontane Anwendung, Hände werden beim Anziehen zu der Gebärde geführt.
SCHAL	G	unbestimmt	keine spontane Anwendung, Hände werden beim Anziehen zu der Gebärde geführt.

Abb. 26 *Ein Kommunikationsbericht (aus Kollinzas, 1984).*

Das Gelernte nicht beizubehalten und darauf aufzubauen, ist einerseits unfair gegenüber dem behinderten Menschen und andererseits eine Vergeudung von Mitteln. Deshalb ist es von großer Bedeutung, daß Informationen weitergegeben werden, so daß die negativen Auswirkungen einer Veränderung im Unterrichts- und Lebensumfeld so gering wie möglich bleiben. Für diejenigen, die bisher für die Intervention verantwortlich waren, gehört das Anfertigen des Kommunikationsberichtes zur Planung des Umzugs. Und für die Helfer, die jetzt die Verantwortung übernehmen, ist er Bestandteil der Untersuchung der betroffenen Person.

 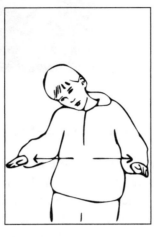 

STUHL   TISCH   PFERD

 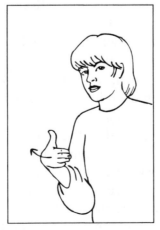 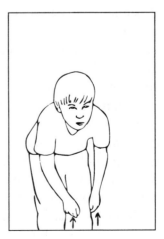

TOILETTE   TÜR   STIEFEL

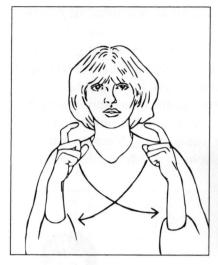  

SCHAL

Die Festlegung von Verantwortungsbereichen

Wie die Erfahrung in der Arbeit mit Behinderten gezeigt hat, ist die Qualität einzelner Maßnahmen in großem Umfang davon abhängig, daß auch andere Formen der Intervention angewandt werden und von guter Qualität sind. Weiter zeigt die Erfahrung auch, daß es unter Umständen schwierig ist, die Einheitlichkeit und Kontinuität der Interventionsmaßnahmen zu gewährleisten. Probleme bereiten dabei vor allem solche Maßnahmen, für die unterschiedliche Stellen verantwortlich sind, und zu Beginn ist oft nicht klar, wer für die einzelnen Bereiche zuständig ist. Wenn etwas schief geht und die betroffene Person nicht die erforderliche Intervention erhält, ist die Ursache erfahrungsgemäß häufig in unklaren Zuständigkeitsbereichen und mangelnder Koordination zu suchen. Noch deutlicher wird der Mangel an Koordination bei langfristigen Plänen für die Intervention. Je umfassender die Behinderung ist, desto größer ist auch die Notwendigkeit einer kurz- und langfristigen Planung, denn nur so kann sichergestellt werden, daß die angewandten Maßnahmen im richtigen Verhältnis zu den derzeitigen und zukünftigen Bedürfnissen der betroffenen Person stehen. Deshalb ist es von entscheidender Bedeutung, daß man jede Maßnahme unter dem Gesichtspunkt eines Gesamtziels betrachtet und für alle Maßnahmen einen umfassenden Plan entwirft, in dem die Verantwortungsbereiche für die Intervention als ganzes und für die einzelnen Maßnahmen klargestellt werden.

Man hat nach und nach erkannt, daß Koordination und Planung für die Betreuung behinderter Menschen von zentraler Bedeutung sind. Das bedeutet, daß die finanzielle Zuständigkeit ebenso geklärt sein muß wie die Verantwortung für die Koordination der einzelnen Elemente der Intervention, und ebenso muß gewährleistet sein, daß man sie unter dem Gesichtspunkt eines sinnvollen, langfristigen Plans betrachtet. Es sollte eine Person geben, die mit allen Maßnahmen vertraut ist und als Anlaufstelle dient, so daß Angehörige und professionelle Helfer sich an sie wenden können. Nützlich ist es auch, wenn es ein festes Verfahren für die Anwendung neuer Methoden gibt. Wenn etwas schief geht, liegt das oft daran, daß niemand sich verantwortlich fühlt, die Initiative zu ergreifen und notwendige Veränderungen vorzunehmen.

Um diesen Erfordernissen gerecht zu werden, haben sich im Laufe der Zeit *Fachteams* gebildet. Diese Gruppen sind interdisziplinär besetzt, und welche professionellen Helfer dazugehören, hängt von der jeweils erforderlichen Intervention ab. Die Eltern nehmen an den Besprechungen des Teams teil, und gemeinsam sollten alle Beteiligten einen vollständigen Überblick über die Intervention haben, so daß sie neue Maßnahmen in Gang setzen und die verschiedenen Aufgabenbereiche verteilen können.

6. Die Unterrichtssituation

Kinder und Erwachsene, die in Unterstützter Kommunikation unterrichtet werden, konnten unter normalen Umständen keine ausreichende Sprach- und Kommunikationsfähigkeit erwerben. Sie sind darauf angewiesen, daß ihr Umfeld gezielt für sie organisiert wird. Die Sprachintervention kann man sich so vorstellen, daß man Situationen konstruiert, die den Kindern den Erwerb von Sprachverständnis und Sprachgebrauch erleichtern. In den so geschaffenen Situationen werden die Kinder bestimmte Annahmen und Erwartungen im Hinblick auf Menschen, Tätigkeiten und Ereignisse haben, und sie werden darauf achten, wie lautsprachliche und sonstige Formen der Kommunikation von anderen benutzt werden und auch von ihnen selbst benutzt werden können. Kinder erlernen Sprache und Kommunikation, indem sie sich in solchen Situationen am zwischenmenschlichen Austausch beteiligen.

Für die Gruppen 2 und 3 besteht das vorrangige Ziel in der Schaffung von Kommunikationssituationen, die sich für den Unterricht in Unterstützter Kommunikation eignen, so daß die betroffene Person sie unter unterschiedlichen Voraussetzungen erlernen und gebrauchen kann. Die *Kommunikationssituation* kann man aus dem Blickwinkel der Intervention definieren als ein Umfeld, in dem mindestens ein Partner den Versuch unternehmen möchte, eine Information zu übermitteln oder an einem anderen Sprechakt teilzunehmen. Es müssen also nicht nur mindestens zwei Personen anwesend sein, sondern es muß auch die Möglichkeit bestehen, eine gemeinsamer Aufmerksamkeit oder Beteiligung für Gegenstände, Personen, Ereignisse, Themen usw. aufzubauen. Dabei können der ganze Ablauf und das physische Umfeld wichtige Hinweise darauf liefern, wie Lautsprache und sonstige sprachliche Formen von anderen benutzt werden, weil die Aufmerksamkeit der betroffenen Person unausgesprochen oder ausdrücklich auf bestimmte Aspekte der Situation gelenkt wird; damit ist gewährleistet, daß entscheidende, von den Menschen in der Umgebung stammende Mitteilungen aufgenommen werden. Das vermittelt der betroffenen Person einen Teil des notwendigen Wissens zum Aufbau eines begriffliche Rahmens oder Schemas, innerhalb dessen eine Äußerung verstanden werden kann.

Für die Gruppe 1 besteht nicht dieselbe Notwendigkeit des Sprachunterrichts wie für die beiden anderen Gruppen. Ist ein gutes Sprachverständnis vorhanden, ist es das wichtigste Ziel, das Umfeld so zu organisieren, daß es die Kommunikation sowie den natürlichen Spracherwerb und Sprachgebrauch erleichtert. In der Praxis bedeutet das, daß man eine Kommunikationshilfe und einen möglichst großen Wortschatz zur Verfügung stellt, der in allen Lebenslagen zugänglich ist, und daß man es außerdem anderen Personen erleichtert, die Äußerungen zu verstehen. Menschen aus der Gruppe 1 erleben an jedem ganz normalen Tag viele Situationen, in denen es ihnen nicht gelingt, mit anderen zu kommunizieren. Mit der Abwandlung eines möglichen Kommunikationsumfeldes verfolgt man das Ziel, diesen Zustand zu verbessern und der betroffenen Person die Erfahrung zu verschaffen, daß sie sich stärker an alltäglichen Aktivitäten beteiligen kann. Den intensivsten Unterricht erhalten in dieser Gruppe die kleinsten Kinder, aber auch ältere Kinder, die sich mit komplizierteren Kommunikationsaufgaben auseinandersetzen müssen, brauchen die Erklärung von Zeichen und Unterstützung zur Ausbildung höher entwickelter Strategien. Außerdem erfordert der Lese- und Schreibunterricht unter Umständen in der Schule und zu Hause für längere Zeit beträchtliche Anstrengungen.

Gemeinsame Aufmerksamkeit

Im Frühstadium des typischen wie auch des atypischen Spracherwerbs ist der erwachsene Partner derjenige, der *Episoden gemeinsamer Beteiligung* schafft und über die Bedeutung von Gegenständen, Personen und Handlungen bestimmt (Schaffer, 1989). Das erreicht er durch (Über)interpretation der spontanen Äußerungen des Kindes sowie mit Hilfe von Hinweisen aus dem unmittelbaren Umfeld und Kenntnissen über das Kind, aber auch indem das Kind in zwischenmenschliche Vorgänge einbezogen wird, in denen man sich der Sprache bedient. Erwachsene benennen ganz ausdrücklich Personen, Gegenstände und Tätigkeiten, die in der jeweiligen Kultur von Bedeutung sind, heben manche Sprachformen gegenüber anderen hervor und betten das Gespräch in einen nichtsprachlichen Zusammenhang ein, so daß die Aufmerksamkeit des Kindes unausgesprochen auf die entscheidenden Aspekte des Umfeldes gelenkt wird. Die Erwachsenen interpretieren alles, was das Kind in diesem Rahmen ausdrückt, so daß es ganz von selbst den Gebrauch der Sprachformen erlernt. Der Übergang zur Sprache vollzieht sich, wenn das Kind die Wörter oder Zeichen beherrscht, mit denen Erwachsene ihre Tätigkeiten begleiten oder Menschen, Gegenstände und Handlungen benennen. Als Voraussetzung für diese Beherrschung muß das Kind etwas Entscheidendes lernen: Es muß die Situation, in der die Wörter und Zeichen vorkommen, bis zu einem gewissen Grade ähnlich interpretieren wie der Erwachsene, das heißt, Kind und Erwachsener müssen zum Teil auf die gleichen Aspekte der Situation achten. Ein umfassendes Verständnis der gemeinsamen Aufmerksamkeit schließt also den begrifflichen Rahmen der Beteiligten ein, in dem sich ihr soziales und kulturelles Wissen widerspiegelt. Auch Kinder mit schweren Sprach- und Kommunikationsstörungen bringen in solche Episoden der gemeinsamen Beteiligung eigene Annahmen ein, die sich auf frühere sprachliche und nichtsprachliche Erlebnisse mit denselben oder ähnlichen Menschen, Tätigkeiten und Gegenständen gründen. Wenn ihre Kommunikations- und Sprachfähigkeiten wachsen, spielen diese Annahmen in den Wechselbeziehungen allmählich eine immer größere Rolle.

Aus dieser Sicht für den Vorgang des Spracherwerbs folgt, daß die Fähigkeit, gesprochene Wörter und Zeichen zu verstehen und zu benutzen, nicht nur darin besteht, neue oder bereits vorhandene Begriffe mit Etiketten zu versehen, sondern daß dies auch auf sinnvolle, dem Zusammenhang angemessene Weise geschehen muß. Das Wesentliche an der Sprache ist nicht der Zusammenhang zwischen bestimmten „Gegenständen" oder Kategorien und beispielsweise Gebärden oder graphischen Zeichen, sondern vielmehr die Tatsache, daß die Kenntnis solcher Zusammenhänge es ermöglicht, zu vielfältigen Zwecken über solche Gegenstände zu kommunizieren. Der Spracherwerb wird oft als ein Vorgang der Herauslösung aus dem Zusammenhang bezeichnet, aber sein Endergebnis besteht nicht darin, daß Kinder Sprache ohne Zusammenhang verstehen können, sondern sie werden in die Lage versetzt, die gleichen Wörter oder Zeichen in unterschiedlichen Zusammenhang zu verstehen und zu benutzen, ein Vorgang, den man besser als Neuschaffung von Zusammenhängen beschreibt (Goodwin und Duranti, 1992).

Die Gestaltung der Unterrichtssituation

In der Regel legen Lehrer und andere professionelle Helfer fest, welches Umfeld, welche Materialien und welche Aktivitäten in der Vorschule und Schule, aber auch zu Hause zur Förderung der Unterstützten Kommunikation von Bedeutung sind. Bei der Auswahl des Umfeldes für die Intervention sollte man berücksichtigen, inwieweit es die Schaffung gemeinsamer Aufmerksamkeit und spezifischer Kommunikationssituationen zuläßt, so daß verschiedene Arten von Sprachübungen möglich werden. Zur Schaffung gemeinsamer Aufmerksamkeit gehört, daß man das Wissen, die Interessen und Erwartungen der betroffenen Person in Rechnung stellt. Die Bedingungen können sehr unterschiedlich sein, und das Wissen darüber, wie verschiedene Aspekte der Situation vielfältige unterstützende Funktionen für das Erlernen von Sprache erfüllen können, sollte man bei der Planung der Intervention ebenfalls berücksichtigen. Ein besonderes Umfeld bietet der betroffenen Person Gelegenheiten, bestimmte Zeichen zu verwenden, und natürlich sprechende sprechende Menschen können sie systematisch interpretieren und den Menschen mit Behinderungen helfen, wenn diese sich nicht verständlich machen kann.

Für diejenigen, die über Lautsprache verfügen, sollte es deshalb möglich sein, die Aufmerksamkeit der betroffenen Personen auf die entscheidenden Merkmale der Situation zu lenken, und sie sollten auch selbst von den betroffenen Personen ausreichende Hinweise bekommen, so daß sie deren Ausdrucksweise auf einheitliche Weise interpretieren können und alle Beiträge anerkennen, die diese in die Kommunikationssituation einbringen.

In der Regel unterscheidet man zwischen *speziellen Trainigssituationen* und *natürlichen Lernanlässen*. In einer speziellen Trainingssituation ist die Person, die unterrichtet wird, aus ihrem normalen Umfeld herausgelöst. Man hat für solche Situationen eigene Vorgehensweisen und Ziele formuliert. Die Zeichen, die geübt werden sollen, Zeit und Ort des Unterrichts, anwesende Personen und das Material, das verwendet werden soll - alles wird im voraus geplant. Findet der Unterricht aufgrund eines natürlichen Lernanlasses statt, spielt er sich im normalen Umfeld der betroffenen Person ab, und das Erlernen bestimmter Zeichen ist oft an Situationen geknüpft, von denen man glaubt oder weiß, daß die betroffene Person eine Anwendungsmöglichkeit für das Zeichen hat.

Zwischen speziellen Trainingssituationen und natürlichen Lernanlässen gibt es keine scharfe Grenze. Auch wenn der Unterricht im normalen Umfeld der betroffenen Person stattfindet, kann er in sehr unterschiedliche Ausmaß organisiert sein. Deshalb ist es nützlich, wenn man in natürlichen Situationen zwischen *geplantem* und *spontanem* Unterricht unterscheidet. Beim geplanten Unterricht hat man sich immer im voraus für ein bestimmtes Unterrichtsziel entschieden. Die Zeichen oder Zeichenkonstruktionen, die gelehrt werden, sowie Zeit, Ort, verwendetes Material und die lehrende Person können unterschiedlich sein - aber zumindest einer dieser Faktoren wurde geplant. Ist alles im voraus festgelegt, besteht der einzige Unterschied zwischen geplantem Unterricht in natürlichen Situationen und speziellen Trainingssituationen darin, daß der Unterricht an einem Ort stattfindet, an dem sich die betroffene Person gewöhnlich aufhält. Außerdem kann man eine Unterrichtssituation, die so detailliert geplant ist, daß sie alle Gewohnheiten der betroffenen Person verändert, kaum als „natürlich" bezeichnen.

Spontane Unterrichtssituationen sind durch ein geringes Maß von Vorstrukturierung gekennzeichnet. Im allgemeinen geht es darum, daß man bemerkt, wenn die betroffene Person sich bestimmter Zeichen bedient, und vielleicht schafft man auch noch geeignete Gelegenheiten, wenn damit diese Zeichen angewandt werden können. In manchen Fällen entscheidet man sich von vornherein für ein bestimmtes Unterrichtsziel - es soll zum Beispiel der Gebrauch eines bestimmten Zeichens erlernt werden -, aber der Unterricht kann auch ohne eine solche Planung stattfinden, einfach weil sich plötzlich eine entsprechende Gelegenheit bietet.

Jack wird zu festgelegten Zeiten in seiner Sonderschule in ein Zimmer gebracht, das dem Einzelunterricht dient. Dort übt er APFEL, BANANE und ORANGE. Zwei Lehrerinnen unterrichten ihn abwechselnd. Hier liegt eine spezielle Trainingssituation vor.

Dreimal am Tag darf Jack zwischen Apfel und Banane oder zwischen Apfel und Orange wählen. Der Unterricht findet unmittelbar vor den normalen Mahlzeiten in dem Teil der Sonderschule statt, in dem die Kinder normalerweise essen. Er darf sich zehn kleine Stücke Obst aussuchen, so daß er vor dem Essen noch nicht allzu satt ist. Das ist genau geplanter Unterricht aufgrund eines natürlichen Lernanlasses.

Jeden Tag um 14 Uhr essen die Kinder in der Sonderschule Obst. Da Jack gerade lernt, zwischen Apfel, Banane und Orange zu wählen, haben seine Lehrerinnen dafür besorgt, daß die Obstschale nur zwei Sorten enthält, und zwar Äpfel sowie entweder Bananen oder Orangen. Hier kann man von Unterricht mit einem geringen Grad von Organisation oder von geringfügig geplantem spontanem Unterricht sprechen.

Nachmittags läßt das Personal der Sonderschule ein Tablett mit Äpfeln, Bananen und Orangen auf einem Tisch stehen. Sobald Jack ein Zeichen macht oder sich an jemanden wendet, um ein Stück Obst zu bekommen, wird die Situation genutzt, damit er die Zeichen anwenden kann. Hier handelt es sich um spontanes Lernen.

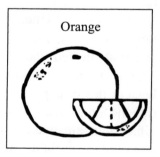

Zwischen dem Unterricht aufgrund natürlicher Lernanlässe und speziellen Trainingssituationen besteht kein Interessenkonflikt. Ob man den Unterricht in speziell geplante Situationen verlegt, in denen sich die betroffene Person ansonsten nicht befindet, hängt vom Unterrichtsziel ab. Entscheidend dafür und für die Frage, wie man es am einfachsten erreicht, ist die Beurteilung der Vorlieben, Bedürfnissen und Fähigkeiten der betroffenen Person. In der Regel finden Unterricht in speziellen Trainingssituationen und Unterricht aufgrund natürlicher Lernanlässe nebeneinander statt. Der geplante Unterricht im natürlichen Umfeld sollte ebenso gut vorbereitet sein wie eine spezielle Trainingssituation.

Das bedeutet unter anderem, daß man bestimmte Unterrichtziele formuliert und daß Motivation und Aufmerksamkeit der Person, die etwas lernen soll, gewährleistet sind. Gleichzeitig muß nachdrücklich darauf hingewiesen werden, daß Fähigkeiten nicht automatisch gut oder nützlich sind, nur weil der Unterricht in einem normalen Umfeld stattgefunden hat. Die Zeichen, die geübt werden, sollten für die betroffene Person selbst oder für ihr Umfeld einen offensichtlichen Nutzen haben.

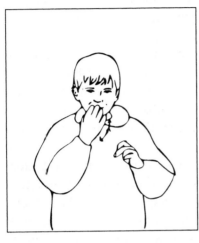
APFEL

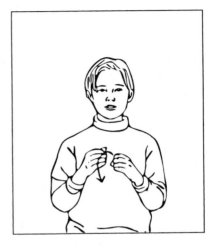
BANANE

Beukelman und Mirenda (1998) äußern in ihrem *Partizipationsmodell* Bedenken, was die Gelegenheit behinderter Menschen zur Teilnahme an verschiedenen zwischenmenschlichen Situationen angeht, und auch im Hinblick auf die Menschen in der Umgebung und ihre Einstellung, die es den Betroffenen möglicherweise verwehrt, ihre vorhandenen Fähigkeiten anzuwenden. Der Erwerb ist aber eigentlich kein Bestandteil des Partizipationmodells. Es konzentriert sich offenbar mehr auf die Frage, wie das Umfeld eine unterstützende Rolle für die Fähigkeiten der betroffenen Person spielen kann, indem der Kommunikationspartner sich des Ratens und anderer Gesprächsstrategien bedient, und weniger auf die Bedeutung des Unterrichtszusammenhanges für die Intervention. Schranken für den Zugang zu zwischenmenschlichen Situationen und die Beteiligung an ihnen gibt es, und es ist wichtig, daß man sie überwindet, aber die Beteiligung als solche bietet noch keine Gewähr für den optimalen Lernerfolg.

Planung mit dem Ziel der Generalisierung

Generalisierung bedeutet im Unterricht mit Gebärden und graphischen Zeichen, daß die betroffene Person die Zeichen *spontan* zur Beschreibung neuer Gegenstände und Vorgänge, in Kombination mit neuen

Wörtern oder Zeichen, in neuen Situationen oder neuen Menschen gegenüber benutzt. *Spontan* heißt, daß das Zeichen ohne besondere Aufforderung verwendet wird. Der spontane Gebrauch kann sowohl im Unterricht als auch in neuen Situationen vorkommen und ist ein wichtiges Ziel der Sprachintervention. Das wichtigste Ziel ist aber der gleichzeitig spontane und verallgemeinerte Gebrauch.

Es ist wichtig, zwischen Generalisierung und dem Lehren eines erweiterten Gebrauchs von Begriffen zu unterscheiden. Wenn die betroffene Person gelernt hat, ein Zeichen in einer bestimmten Situation zu verwenden, und dann mit Erfolg darin unterrichtet wird, das Zeichen auch im Zusammenhang mit neuen Gegenständen und Tätigkeiten sowie in neuen Kombinationen und Situationen oder mit neuen Menschen zu benutzen, spricht man von erweiterten Gebrauch. Der erweiterte Gebrauch als solcher ist kein Ausdruck der Generalisierung, aber er kann entscheidend dazu beitragen, die Grundlagen für die spätere Generalisierung zu schaffen.

Viele Menschen aus den Gruppen 2 und 3 können das in der Unterrichtssituation Erlernte nur schwer auf andere Situationen übertragen. Dies bezeichnet man oft als „Generalisierungsproblem". Autistische Kinder zum Beispiel, die in einer speziellen Trainingssituation gelernt haben, ein Zeichen zu gebrauchen, benutzen dieses nur selten aus eigenem Antrieb in neuen Situationen. Außerdem gibt es - insbesondere in der Gruppe 3 - viele Menschen, die zum Lernen sehr viel Zeit brauchen. Beide Faktoren verlangen, daß man den Unterricht in Situationen ansiedelt, in denen die erlernten Fähigkeiten genutzt werden können.

Bisher hat man der Generalisierung in der Sprachintervention ganz allgemein wenig Aufmerksamkeit geschenkt. Das Schwergewicht lag auf dem Erlernen der Form selbst, und man unterstellte, die Generalisierung werde mehr oder weniger von selbst eintreten, sobald die Ausführung des Zeichens erlernt wurde.

Findet der Sprachunterricht in einer speziellen Trainingssituation statt, sollte man in jedem Fall im voraus einen Plan haben, wie man das Problem der Übertragung neuer Fähigkeiten auf andere Situationen lösen will. Eine der häufigsten Methoden besteht darin, daß man Elemente aus solchen Situationen hinzunimmt, in denen die Kommunikation angewandt wird, das heißt, man sorgt dafür, daß die spezielle Trainingssituation stärker den natürlichen Verhältnissen ähnelt. Um das zu erreichen, muß man schon vor Beginn der Intervention genau über die Situationen Bescheid wissen, auf die man später die Fähigkeiten übertragen will. Bei der Planung spezieller Trainingssituationen zeigt sich häufig, daß es ebenso nützlich sein kann, ohne vorherigen speziellen Unterricht mit geplantem Unterricht in dem natürlichen Umfeld zu beginnen. Indem man die Übertragung von Fähigkeiten auf natürliche Situationen plant, stellt man also sicher, daß spezielle Trainingssituationen nur dann angewandt werden, wenn stichhaltige Argumente dafür sprechen.

Es muß aber nicht nur Strategien für die Übertragung spezieller Trainingssituationen auf natürliche Verhältnisse geben, sondern auch für eine Verringerung der Organisation geplanter Situationen. Wenn man solche Strategien plant, stellt sich häufig heraus, daß die natürlichen Situationen sich mit einem geringeren Maß an Organisation herstellen lassen, als man zunächst angenommen hatte.

TASSE

HALLO

Auch der Unterricht in erweitertem Gebrauch von Begriffen wurde dazu benutzt, die Generalisierung zu erleichtern. Ebenso kann eine geringere Einschränkung der Unterrichtssituation zu stärkerer Generalisierung führen. Um beispielsweise die Generalisierung auf neue Gegenstände zu erleichtern, sollte man einem Vorschlag zufolge mehrere unterschiedliche Exemplare der gleichen Gruppe von Gegenständen benutzen. Wenn man also das Zeichen TASSE übt, sollte man sich mehrerer Tassen mit unterschiedlicher Form, Größe und Farbe bedienen. Häufig werden auch Fähigkeiten, die ausschließlich mit einem Lehrer trainiert wurden, nicht auf andere Personen übertragen. Die Generalisierung auf neue Menschen wird erleichtert, wenn mehrere Personen den gleichen Unterricht durchführen. Manchmal reicht es aus, daß sich zwei Menschen diese Aufgabe teilen: Dann versteht die betroffene Person, daß die Fähigkeit in unterschiedlichen Situationen genutzt werden kann. Stokes, Baer und Jackson (1974) brachten beispielsweise geistig behinderten Kindern bei, *hallo* zu sagen, aber dann bemerkten sie, daß die Kinder nur zu der Lehrerin *hallo* sagten, die sie unterrichtet hatte. Nachdem zwei Lehrerinnen sich beim Unterricht abwechselten, sagten die Kinder zu dem ganzen zwanzigköpfigen Personal *hallo*.

Dauer und Ort der Unterrichtsstunden

Wenn Sprach- und Kommunikationsunterricht als unverzichtbarer Bestandteil in die normalen Tätigkeiten eingeflochten wird, ergibt sich die Dauer des Unterrichts von selbst. Sie kann bei geplantem Unterricht in natürlichen Situationen schwanken, aber die Unterrichtseinheiten sollten kurz sein - vorzugsweise fünf bis zehn Minuten - und mehrmals täglich wiederholt werden. Daß der Unterricht seine Funktion erfüllt, ist wichtiger als daß er vielfach wiederholt wird. Auch spezielle Trainingssituationen sollte man über den ganzen Tag verteilen. Hier dauern die einzelnen Unterrichtsstunden aus praktischen Gründen häufig länger, aber sie sollten nicht zu lang sein, damit die betroffene Person sich nicht langweilt oder ermüdet. Die Unterrichtszeiten kann man im Laufe der Zeit immer wieder ändern, so daß keine unnötige Abhängigkeit von bestimmten Zeitpunkten entsteht.

Manchmal sind die Arbeitszeiten der professionellen Helfer der Grund, daß die Unterrichtssituationen zu stark geplant oder organisiert sind.

> Kerry ist ein autistisches Mädchen von fünf Jahren. Sie wird immer von einer Sonderpädagogin in natürlichen Situationen unterrichtet. Der Unterricht findet aber zu festgelegten Zeiten statt, die sich nach dem Stundenplan der Lehrerin richten. Um diese Abhängigkeit zu vermindern, erhalten die Sonderschullehrerin und ihre Helfer Richtlinien, wie sie kurze Unterrichtseinheiten durchführen können. Daraufhin erhält Kerry mehr Unterricht, und der Unterricht ist

auch vielfältiger, was Zeitpunkte und Personen betrifft. Das wiederum fördert die Verallgemeinerung der Fähigkeiten, die sie erlernt.

Flexible Unterrichtsstrategien, die soweit wie möglich natürliche Situationen ausnutzen, stellen große Anforderungen an die Organisation des Unterrichts. Insbesondere professionelle Helfer, die in nicht unmittelbar zur Sonderschule, Schule oder Betreuungseinrichtung der betroffenen Person gehören, müssen dabei eher indirekt arbeiten, das heißt durch Beaufsichtigung und Unterrichtung derer, die im unmittelbaren Umfeld der betroffenen Person tätig sind.

Strukturierung

Die Begriffe „Struktur" und „ Strukturierung" werden unterschiedlich verwendet, und es gibt für sie keine allgemein anerkannte Definition. Man gebraucht sie häufig recht locker und will damit sagen, daß die Intervention, die für eine betroffene Person vorgesehen ist, geplant wurde und daß auch die Tätigkeiten, die sich im Laufe des Tages abspielen, zumindest bis zu einem Grade geplant sind. Die Strukturierung ist ein nützliches Hilfsmittel, wenn man sich einen Überblick über den Tagesablauf verschaffen und ihn organisieren will, so daß die Aktivitäten dazu beitragen, den Sprach- und Kommunikationsunterricht zu fördern. Damit man die Struktur eines Zeitraums von 24 Stunden analysieren kann, muß man zwischen den verschiedenen Ebenen der Strukturierung unterscheiden. Im folgenden wird eine Abgrenzung zwischen Tagesstruktur, situationsspezifischer Struktur und direkten Hinweisen vorgenommen.

Tagesstruktur

Die Tagesstruktur, auch Rahmenstruktur genannt, ist die Unterteilung der unterschiedlichen *Situationen*, das heißt der Routineabläufe, Ereignisse, Tätigkeiten und so weiter, die den Tagesablauf bilden. Ein Tag hat also immer eine Rahmenstruktur, ob geplant oder nicht. Sich einen Überblick über den normalen Tagesablauf des Lernenden zu verschaffen, heißt die Tagesstruktur zu untersuchen, die vor Beginn der Intervention vorhanden ist. Die Überprüfung der Tagesstruktur liefert eine einfache Übersicht darüber, wie die Tätigkeiten sich auf den Tag verteilen, wie lange die unterschiedlichen Tätigkeiten dauern, und welcher Anteil der wachen Tageszeit verplant ist. Eine solche Untersuchung liefert auch Aufschlüsse darüber, wie viele Tätigkeiten sich täglich wiederholen und wie streng der Tagesablauf festgelegt ist. Solche Informationen sind von grundlegender Bedeutung für die Beurteilung der gesamten Intervention und für die Planung des Sprach- und Kommunikationsunterrichts.

Die Wochentage sind meist mehr oder weniger ähnlich, und die Rahmenstruktur ist in unterschiedlichem Ausmaß ausgefüllt. Die Tagesstruktur schließt auch die gesamte Intervention ein. Die gesamte Lebenssituation sowie der Bedarf an Unterricht und die Zweckmäßigkeit sollten deshalb darüber bestimmen, was in Zukunft in die Tagesstruktur aufgenommen wird. Ein normaler Werktag sollte deshalb zukunftsorientierten Unterricht, zwischenmenschlichen Austausch, alltägliche Routinetätigkeiten, Freizeitgestaltung und Ruhephasen umfassen.

Eine geplante Rahmenstruktur unterscheidet sich von einer zufälligen im allgemeinen durch das Spektrum festgelegter Tätigkeiten in Situationen, die sich in bestimmten zeitlichen Abstände wiederholen. Man kann die Tagesstruktur dichter gestalten, wenn man Phasen, in denen nichts geschieht, mit neuen Tätigkeiten ausfüllt. Eine geplante, dichte Mitteilungen Tagesstruktur ist häufig ein nützliches Hilfsmittel für den Sprach- und Kommunikationsunterricht. Das gilt insbesondere für die Gruppe 3. Der Unterricht sollte bei Personen, denen eine solche dichte Rahmenstruktur besonders nützt, im Prinzip in Einheiten von 15 Minuten organisiert sein; manche Situationen können allerdings auch länger dauern. Das bedeutet, daß man für jede 15-Minuten-Phase des Tages festhalten sollte, was geschehen soll, und für jede dieser Tätigkeiten sollte man ein gesondertes Ziel formulieren. In der Praxis kann man sich nicht immer genau an die Tagesstruktur halten: Eine gewisse Flexibilität ist notwendig, damit unvorhergesehene Ereignisse und das Bedürfnis der Angehörigen nach Abwechslung berücksichtigt werden können.

In der Gruppe 1 dient die Untersuchung der Tagesstruktur in der Regel nicht der Unterrichtsplanung, sondern sie erfüllt eine andere Funktion. Das Leben der Menschen in dieser Gruppe besteht vorwiegend aus Routinetätigkeiten mit wenig Abwechslung und Flexibilität. Die täglichen Abläufe wie Morgentoilette und Frühstück können lange Zeit in Anspruch nehmen, und häufig umfaßt der Tagesablauf kaum etwas anderes als solche festgelegten Tätigkeiten. Es steht viel Freizeit zur Verfügung, und die betroffene Person kann nur in begrenztem Umfang darüber bestimmen, was geschehen soll. Viele Menschen mit motorischen Störungen verfügen nur über eine geringe Mobilität und sind auf ein Fahrzeug sowie auf einen Begleiter angewiesen, um sich fortzubewegen. Bei der Untersuchung der Tagesstruktur von Kindern im Schulalter zeigte sich in der Regel ein großer Bedarf für Hilfe außerhalb der Schulzeiten. Dieser Unterstützung bei der Freizeitgestaltung und dem zwischenmenschlichen Austausch mit Gleichaltrigen wird oft nur geringe Bedeutung beigemessen, und das hat zur Folge, daß die Kinder in ihrer Freizeit meist zu

Hause sind. Damit vermindern sich ihre Chancen, am sozialen Leben teilzunehmen und Selbständigkeit sowie ein positives Selbstwertgefühl zu entwickeln.

Wenn man die Rahmenstruktur für den Tagesablauf eines behinderten Kindes beurteilt, ist es häufig von Nutzen, wenn man eine entsprechende Untersuchung auch für den Tagesablauf eines normalen Kindes in ähnlichem Alter vornimmt, das in dem gleichen Umfeld lebt. Ein solcher Vergleich zeigt nicht nur die Unterschiede in der Lebensweise, sondern er liefert auch Ideen, welche Aktivitäten man für das behinderte Kind hinzunehmen kann.

Situationsspezifische Struktur

Die verschiedenen Situationen, aus denen die Tagesstruktur besteht, haben ihrerseits ebenfalls eine innere Struktur, die man als situationsspezifische Struktur bezeichnet. Da der Inhalt der Situationen in unterschiedlichem Ausmaß organisiert ist, kann man auch von einem unterschiedlichem Ausmaß an Strukturierung sprechen. In den am wenigsten strukturierten Situationen sind viele Fragen – zum Beispiel wo die betroffene Person sich aufhält, wer anwesend ist oder welche Tätigkeiten stattfinden – nicht entschieden. In Situationen mit der stärksten Strukturierung dagegen ist alles im voraus festgelegt, und es gibt ein genau abgegrenztes Unterrichtsziel.

Ein großes Ausmaß an Strukturierung vermittelt einen Überblick, anhand dessen man systematisch vorgehen kann. Den Unterrichtsverantwortlichen ermöglicht eine festgelegte, dichte situationsspezifische Struktur einen effektiven Unterricht. Die Strukturierung verfolgt das Ziel, daß man einfacher feststellen kann, was in der jeweiligen Situation zu tun ist, das heißt, wie man reagieren soll, wie man bei der betroffenen Person Erwartungen im Hinblick auf das nächste Ereignis weckt, wie man die Kommunikation organisiert und wie man Erweiterungen des Sprachunterrichts plant.

Situative Hinweise

Direkte Hinweise schaffen die Möglichkeit zu verstehen, was ein anderer mitteilt. Im Prinzip ist eine unendlich große Zahl solcher Hinweise möglich, denn Kommunikation kann auf viele unterschiedliche Arten und in verschiedenen Situationen stattfinden. In der Kommunikation mit nichtsprechenden Menschen kann es sich bei den direkten Hinweisen, die zum Verständnis beitragen, um Tätigkeiten, Gegenstände in der Umgebung, einen Vorgang in der betreffenden Situation, kulturellen Normen,

Kenntnisse über die Vorlieben und üblichen Tätigkeiten der betroffenen Person und ähnliches handeln.

> Die zwölfjährige Angela leidet am Rett-Syndrom. Als sie aus dem Nachbarzimmer die Stimme ihres Großvaters hörte, wandte sie ihren Blick auf ein Buch. Man verstand, was sie auf diese Weise mitteilen wollte: Sie wünschte sich, daß der Großvater ihr etwas vorlas - was häufig vorkam. Sowohl die Stimme des Großvaters als auch die Tatsache, daß das Mädchen das Buch ansah, dienten in dieser Situation als Hinweise, die eine solche Interpretation vernünftig erscheinen ließen.

Ganz allgemein kann man direkte Hinweise unter dem Gesichtspunkt beschreiben, daß Menschen auf Verhalten in der Regel so reagieren, als diene es der Kommunikation. Wegen der Hinweise reagieren die Menschen auf ein bestimmtes Verhalten so, als solle damit etwas mitgeteilt werden.

Hat man direkte Hinweise im voraus beschrieben oder geplant, sind sie ein Teil der situationsspezifischen Struktur. Die Beschreibung der Hinweise, die in einer Situation dem Verständnis dienen, kann man deshalb als dritte Ebene der Strukturierung betrachten. Wenn man untersucht, wie eine Person, die eine Form der Unterstützten Kommunikation erlernt, sich der Kommunikation bedient, handelt es sich im wesentlichen um eine Beurteilung direkter Hinweise. In der Sprach- und Kommunikationsintervention ist es häufig sehr nützlich, wenn man die Frage stellt, wie sich eine Unterrichtssituation durch Einbau direkter Hinweise strukturieren läßt. Das heißt, man lehrt beispielsweise nicht nur die einzelnen Gebärden, sondern man richtet die Situation außerdem so ein, daß sie Elemente enthält, welche die Kommunikation vernünftig und verständlich machen.

Der Beginn der Intervention

Für alle Kinder, die Unterstützte Kommunikation brauchen, ist es von großer Bedeutung, daß die Intervention so früh wie möglich beginnt. Dafür spricht vor allem das Argument, daß es offenbar eine entscheidende Phase des Spracherwerbs gibt; demnach ist das Erlernen einer Sprache für Kinder im Vorschulalter einfacher als für ältere Kinder und Erwachsene. Das gleiche gilt auch für die Unterstützte Kommunikation.

Daß es eine solche entscheidende Phase gibt, ist aus mehreren Gründen wahrscheinlich. Wie man aus der Beobachtung kleiner Kinder weiß, können diese eine Fremdsprache schnell ohne eine Spur eines Akzents erlernen, ältere Kinder und Erwachsene dagegen haben Schwierigkeiten, ihren Akzent abzulegen. Auch Gehirnschäden dürften sich bei Kindern und Erwachsenen unterschiedlich auf die Sprache auswirken (Taylor und Alden, 1997). Neugeborene Säuglinge zum Beispiel, denen die linke Gehirnhälfte entfernt wurde - beispielsweise weil es sich um siamesische Zwillinge handelte, die am Kopf verbunden waren - lernten ganz normal sprechen (Lenneberg, 1967). Und wenn stark hörgeschädigte Kinder mit einer Hörhilfe ausgestattet werden, so daß sie Sprachlaute wahrnehmen können, zeigen sich weniger Abweichungen von der normalen Lautsprache, wenn sie die Hörhilfe schon sehr frühzeitig benutzen (Fry, 1966). Es gibt für die entscheidende Phase des Spracherwerbs zwei wichtige Erklärungen: Die erste besagt, sie werde durch Entwicklungsfaktoren bestimmt, die als unabhängige Zeitgeber wirken (Lenneberg, 1967; Locke, 1993); nach der zweiten stört das frühzeitige Lernen spätere Lernvorgänge oder macht sie unmöglich (Elman et al., 1996).

Wie die Untersuchung von Menschen mit schlecht entwickelter Lautsprache gezeigt hat, gibt es anscheinend im Alter von vier bis fünf Jahren eine wichtige Grenzlinie für den Spracherwerb. Danach wächst der Anteil geistig behinderter Menschen, die sprechen lernen, offenbar kaum noch. Allgemein wird behauptet, Kinder hätten nur sehr schlechte Aussichten, eine Lautsprache zu entwickeln, wenn sie bis zu einem Alter von fünf Jahren noch nicht zu sprechen begonnen haben (Rutter, 1985). Es muß aber betont werden, daß es durchaus Menschen gibt, die auch später mit dem Sprechen angefangen haben und ohne Unterstützte Kommunikation eine Lautsprache entwickelten. Es gibt auch Beispiele für nichtsprechende Jugendliche und Erwachsene, die später, nachdem sie ein System der Unterstützten Kommunikation erlernt hatten, zu sprechen begannen.

Die Auswirkungen des Erlernens von Zeichen auf den Erwerb der Lautsprache

Der Unterricht mit Gebärden, graphischen und greifbaren Zeichen wird häufig zu spät begonnen. Das hat mehrere Gründe; einer der wichtigsten ist die Befürchtung, der Unterricht mit Unterstützter Kommunikation könne die Entwicklung der Lautsprache behindern. Diese Angst führte dazu, daß die Intervention mit Unterstützter Kommunikation hinausgeschoben wurde, bis sich der herkömmliche Sprechunterricht als Fehlschlag erwiesen hatte (z.B. Carr, 1988; Wells, 1981).

Die Diskussion über den Zusammenhang zwischen Zeichen und Lautsprache hat ihre Wurzeln in der Ausbildung gehörloser Menschen, und dort wurde die Debatte über zweihundert Jahre hinweg mit sehr emotionalen Untertönen geführt (vgl. Lane, 1984). Daß der Unterricht mit Zeichen die Entwicklung der Lautsprache behindern kann, ist ein hartnäckiger Mythos. Es gibt keine Forschungsergebnisse, wonach der Erwerb einer Zeichensprache sich negativ auf die Entwicklung der Lautsprache auswirkt. Im Gegenteil: In wissenschaftlichen Untersuchungen wurde ein positiver Effekt der Zeichen auf die Lautsprache nachgewiesen. So entwickeln beispielsweise die hörenden Kinder gehörloser Eltern sowohl die Gebärden- als auch die Lautsprache, das heißt, sie sind ganz und gar zweisprachig (Prinz und Prinz, 1971; 1981).

In mehreren Studien wurde ein positiver Zusammenhang zwischen der Intervention mit Gebärden oder graphischen Zeichen und der Lautsprache nachgewiesen. Launonen (1996) führte eine Längsschnittstudie an Kindern mit Down-Syndrom durch; dabei fand er bei Kindern, deren Intervention vom Säuglingsalter an auch Gebärdenunterricht umfaßte, signifikant mehr gesprochene Wörter als bei solchen, deren ansonsten gleiche Intervention keine Gebärden enthielt. Romski und Sevcik (1996) stellten nach der Einführung von Lexigrammen und Kommunikationshilfen mit künstlicher Sprachausgabe eine verbesserte Verständlichkeit der Lautsprache fest. Darüber hinaus haben viele Menschen mehrere Jahre lang Unterricht in Lautsprache erhalten, ohne daß dies zu nennenswerten Ergebnissen geführt hätte. Manche von ihnen begannen aber zu sprechen, nachdem sie zunächst Gebärden oder graphische Zeichen erlernt hatten (Casey, 1978; Romski et al., 1988). Das spricht für die Annahme, daß die Fertigkeiten in unterschiedlichen Kommunikationsformen einander beeinflussen und verstärken.

Aus der Tatsache, daß Lautsprache und unterstützte Formen der Kommunikation sich gegenseitig nützen, ergibt sich die Folgerung, daß man Unterstützte Kommunikation ohne Angst vor negativen Folgen schon frühzeitig unterrichten sollte. Die Intervention sollte also so früh wie möglich beginnen, das heißt, sobald sich die Probleme zeigen. Wenn man weiß, daß für ein Kind die Gefahr einer anormalen Entwicklung der Lautsprache besteht, sollte die Intervention sogar einsetzen, *bevor* die Schwierigkeiten deutlich werden, denn damit verhütet man die negativen Auswirkungen einer unzureichenden Kommunikation, und man unterstützt die Entwicklung der Kommunikationsfähigkeit.

7. Unterrichtsstrategien

Die Notwendigkeit, Interventionsmethoden an die Bedürfnisse der jeweiligen betroffenen Person anzupassen, ist allgemein anerkannt. Dennoch ist es vielfach üblich, daß Kinder und Erwachsene mit ganz unterschiedlichen Behinderungen den gleichen Unterricht erhalten. Daß eine Unterscheidung zwischen den Unterrichtszielen und -methoden für Personen mit unterschiedlichen Behinderungen fehlt, ist nach unserer Überzeugung eines der Hauptprobleme auf dem Gebiet der Unterstützten Kommunikation. Wir verfolgen mit diesem Buch nicht die Absicht, fertige „Patentrezepte" zu liefern, sondern wir wollen einen Überblick über die *Prinzipien* und Methoden des Unterrichts in Unterstützter Kommunikation geben. Manche dieser Prinzipien und Methoden basieren auf theoretischen Überlegungen, andere stützen sich auf Erfahrungen, wenn die wir selbst und andere gemacht haben. Ziele und Methoden des Unterrichts sollten von einer betroffenen Person zur anderen unterschiedlich sein, und ihre Auswahl sollte sich auf praktische 0Erwägungen gründen. Nach unserer Überzeugung sollten vielfältige Methoden angewandt werden, wobei sowohl prinzipielle Überlegungen als auch Erfahrungen als Leitlinie dienen; sie sollten an die jeweiligen praktischen Umstände angepaßt werden und mit der Gesamtintervention im Einklang stehen.

Es gibt eine ganze Reihe von Wegen, wie man den Gebrauch von Zeichen lehren kann. Die meisten derartigen Methoden sind allgemein anerkannt und werden schon seit langem benutzt. Von Zeit zu Zeit werden neue Abwandlungen der anerkannten Unterrichtsstrategien beschrieben, und das gibt dann Anlaß zur neuen Trends und zu ideologischen Auseinandersetzungen. In diesem Kapitel werden mehrere verschiedene Strategien dargestellt; manche davon sind einander sehr ähnlich, bei anderen sind die Unterschiede größer. Durch die Einteilung der Strategien soll deutlich werden, daß unterschiedliche Vorgehensweisen auch ein unterschiedliches Maß von Planung, Struktur und Kenntnissen über die lernende Person voraussetzen. Die Strategien schließen einander nicht aus und können oft parallel angewandt werden. Sie haben unterschiedliche Stärken und Schwächen, und deshalb nützen sie manchen Behinderten mehr als anderen.

Strukturierte Überinterpretation und totale Kommunikation

Strukturierte Überinterpretation und strukturierte totale Kommunikation sind zwei grundlegende Interventionsstrategien für Menschen mit begrenztem Sprachverständnis. Die Interventionsstrategie der Überinterpretation nutzt die Fähigkeiten der betroffenen Person aus und stützt sich auf deren vorhandene Verhaltensweisen und Signale. Sie verfolgt das Ziel, schwer geistig behinderten und autistischen Menschen mehr Einfluß auf ihre Umgebung zu verschaffen; dazu interpretieren andere ihre Verhaltensweisen, die auf Absichten im Zusammenhang mit Interessen, Bedürfnissen und Vorlieben hinzuweisen scheinen, *systematisch* als kommunikativ. Die strukturierte totale Kommunikation umfaßt die Anwendung externer Hilfsmittel in Form persönlicher oder allgemein üblicher Gebärden, greifbarer oder graphischer Zeichen.

Mit Hilfe der strukturierten Überinterpretation können Behinderte lernen, sich auszudrücken, wenn sie das Potential für die Entwicklung solcher Fähigkeiten besitzen. Bei manchen Menschen mit schweren Behinderungen jedoch, so bei vielen Mädchen und Frauen mit dem Rett-Syndrom, führen Überinterpretation und andere Formen der Intervention meist nicht zu spontaner, aus eigener Initiative erwachsender, selbständiger Kommunikation. Dennoch kann die systematische Überinterpretation sowohl für sie als auch für ihre Betreuer von Nutzen sein und eine Grundlage zum Aufbau einer eigenständigen Lebensweise bilden. Strukturierte Überinterpretation als *Lebensform* führt häufig zu einem besseren Überblick über das physische und soziale Umfeld und zu einem besseren Verständnis für das Geschehen. Die Menschen in der Umgebung können mit ihrer Hilfe Kenntnisse darüber sammeln, wie man die betroffenen Personen am besten interpretiert und sich in unterschiedlichen Situationen auf sie einstellt. Damit trägt sie zu einer aufgeschlossenen, vorhersagbaren Umgebung für die Behinderten bei, und gleichzeitig wird eine Reihe von Strategien festgelegt, deren sich alle bedeutsamen Menschen in ihrem Umfeld bedienen können.

Impliziter und expliziter Unterricht

Die Unterscheidung zwischen implizitem und explizitem Lernen ist für die Sprachintervention von grundlegender Bedeutung und steht in unmittelbaren Zusammenhang mit der Einteilung der Menschen, die Unterstützte Kommunikation brauchen, in drei Hauptgruppen (Martinsen und von Tetzchner, 1996). Implizites Lernen bedeutet, „daß jemand im typischen Fall die Struktur eines recht komplexen Reizumfeldes erlernt, ohne daß dies beabsichtigt ist, und zwar so, daß das daraus entstehende Wissen schwierig auszudrücken ist" (Berry und Dienes, 1993a, S. 2). Implizites Lernen will der betroffenen Person ihre eigenen Lernstrategien nicht bewußt machen. Beim explizitem Lernen dagegen ist die betroffene Person sich der Strategien bewußt, mit denen sie Kenntnisse oder Fähigkeiten erwirbt, und kann sie in Worte fassen. Zum explizitem Lernen gehört also, daß man einen übergeordneten Blickwinkel einnimmt. Deshalb liegen den beiden Formen des Lernens unterschiedliche Fähigkeiten zugrunde.

Die Unterschiede zwischen den Bedingungen beim explizitem und implizitem Lernen bilden offensichtlich eine Parallele zu den unterschiedlichen Strategien, die in der Regel beim Erlernen der ersten und weiterer Sprachen angewandt werden. Das Erlernen der Muttersprache läuft weitgehend implizit ab, bei weiteren Sprachen dagegen sind offenbar explizite Unterrichtsstrategien am besten geeignet (Berry und Dienes, 1993b; Dienes, 1993). In der Gruppe 1 (UK als Ausdrucksmittel) ähneln die Bedingungen häufig denen beim Erlernen einer zweiten Sprache: Das Schwergewicht der Intervention liegt auf der Beziehung zwischen der Lautsprache, die von den Kommunikationspartnern und ganz allgemein im Umfeld angewandt wird, und den Ausdrucksmitteln des behinderten Menschen. Da zwischen Verständnis- und Ausdrucksfähigkeit eine große Kluft besteht, kann man die Anwendung der unterstützten Kommunikationsformen mit gesprochenen Anweisungen erklären. Es handelt sich im wesentlichen um eine explizite Strategie, die allerdings häufig zu impliziter Sprachkenntnis führt, und die Anwendung des unterstützten Kommunikationssystems stellt selbst meist eine implizite Lernsituation dar. Mit den expliziten Strategien versucht man, das zwischen Kind und Lehrer bestehende Ungleichgewicht in den Kenntnissen über Lautsprache und unterstützte Sprachform auszunutzen. Das Wichtigste beim expliziten Lernen dürfte die Fähigkeit sein, Hypothesen aufzustellen und bestimmte Problemlösungsstrategien zu verfolgen.

Am anderen Ende des Spektrums steht die Gruppe 3 (UK als Ersatz für Lautsprache): Hier ist es das Ziel der Intervention, eine erste Sprache zu entwickeln, das heißt eine Muttersprache. Das erfordert implizite Strategien, mit denen die betroffenen Personen lernen, die Aufmerksamkeit äußeren Hinweisen entsprechend auf unterschiedliche Dinge zu richten und die Aufmerksamkeit anderer Menschen zu lenken. Beim Autismus sind die fehlende Aufmerksamkeit für andere Menschen und Schwierigkeiten im Zusammenhang mit der Lenkung der Aufmerksamkeit entscheidende Merkmale des Behinderungsbildes. Metaphorisch gesprochen, kann man das implizite Erlernen von Sprache als Erkundung von Neuland betrachten, bei der man nicht weiß, wohin die Reise geht. Impliziter Unterricht umfaßt Strategien zur Entwicklung von Fähigkeiten, deren Nützlichkeit wachsen kann und die - sofern die Kinder über ein gewisses Verständnis für Lautsprache verfügen - die Beziehung zwischen den Sprachformen (Lautsprache und Gebärden, greifbare oder graphische Zeichen) und ihre Verwendung deutlich machen. Das bedeutet, daß impliziter Unterricht funktionsbezogen sein muß. Einem Kind aus der Gruppe 1 kann man sagen, es solle auf ein graphisches Zeichen zeigen, das einem bestimmten gesprochenen Wort entspricht, eine Strategie, die für den Unterricht in einer zweiten Sprache typisch ist. Für Menschen, die eine gesprochene Anweisung nicht verstehen, hat eine solche Aufgabe wenig Sinn. Dennoch werden derartige Anweisungen auch in der Intervention für Menschen aus der Gruppe 3 ständig gegeben, obwohl ihre Befolgung unter Umständen Fähigkeiten voraussetzt, über die diese Menschen nicht verfügen. Wenn eine betroffene Person allerdings die Anwendung eines unterstützten Kommunikationssystem besser beherrscht, kann der Lehrer dieses System auch zum expliziten Unterricht ausnutzen.

Bei Kindern aus der Gruppe 2 kann das Schwergewicht auf expliziten oder implizitem Unterrichtsstrategien liegen, je nachdem, wie gut sie Lautsprache verstehen und welche Kommunikationsfunktionen erlernt werden sollen.

Verständnis und Gebrauch von Zeichen

Im folgenden wird zwischen dem Unterricht in Zeichengebrauch und Zeichenverständnis unterschieden. Im *Verständnisunterricht* wenden sich die Gesprächspartner an den Lernenden. Die betroffene Person muß lernen, Gebärden, greifbare oder graphische Zeichen zu verstehen und entweder auf eine Mitteilung zu antworten oder mit irgendeiner Tätigkeit zu zeigen, daß sie verstanden hat. Der Gesprächspartner zeigt dabei auf die Zeichen oder führt sie aus.

In den ersten Stadien des Verständnisunterrichts wird es sich bei den verwendeten Zeichen meist um Signale oder Anweisungen handeln. *Signalzeichen* weisen auf nachfolgende Tätigkeiten oder Ereignisse hin und werden vom Gesprächspartner angewandt, um dem Lernenden eine Information zu vermitteln. Handelt es sich bei den Signalzeichen um Gebärden, kann die Lehrerin sie entweder mit ihren eigenen Händen oder mit denen der betroffenen Person ausführen; auf graphische oder greifbare Zeichen kann sie deuten.

> Philip ist 23 Jahre alt und geistig behindert. Er lebt in einer Wohngemeinschaft, und dort besucht sein Vater ihn normalerweise am Samstag. Bevor sein Vater das Zimmer betritt, macht einer der Betreuer das Zeichen VATER und sagt gleichzeitig das Wort *Vater*.

Mit *Anweisungszeichen* kann der Gesprächspartner den Lernenden veranlassen, eine Tätigkeit auszuführen oder damit aufzuhören. Sie werden vom Gesprächspartner ausgeführt, oder er zeigt darauf. Ein besonders nützliches Anweisungszeichen ist WARTE.

PAPA WARTEN STOP

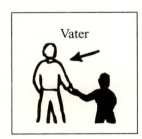

MUSIK

Der siebenjährige David ist Autist. Er steht manchmal lange Zeit da und schaltet das Licht ein und aus. Sein Lehrer setzt das Zeichen STOP ein und sagt gleichzeitig nachdrücklich *Stop*, um David von seiner Tätigkeit abzubringen.

Ausdruckszeichen sind Gebärden und graphische Zeichen, die von der betroffenen Personen benutzt werden, wenn diese sich an einen anderen wendet mit der Absicht, ein bestimmtes Ziel zu erreichen, eine Mitteilung über ein bestimmtes Ereignis zu machen, einen Kommentar zu einer Tätigkeit abzugeben, und so weiter. In Übungseinheiten wird der funktionsgerechte Einsatz des Zeichens gelehrt. Das Ziel des Unterrichts besteht darin, daß die betroffene Person von sich aus die Kommunikation mit dem Gesprächspartner in Gang setzt. Der Gesprächspartner muß die Zeichen verstehen und beantworten oder angemessen darauf reagieren. Während des Unterrichts muß man der betroffenen Person unter Umständen helfen, Gebärden auszuführen oder auf graphische und greifbare Zeichen zu zeigen, aber das sollte nur geschehen, wenn es notwendig ist.

> Mary ist 14 Jahre alt und geistig behindert. Sie hört gern Tanzmusik und lernt in einer speziellen Unterrichtssituation das Zeichen MUSIK. Sie hat zwei Lehrerinnen. Ein Kassettenrecorder wird außerhalb ihrer Reichweite auf den Tisch gestellt. Wenn sie heranzukommen versucht, nimmt eine Lehrerin ihre Hände und veranlaßt sie, die Gebärde MUSIK auszuführen. Die andere Lehrerin gibt ihr den Kassettenrecorder, und sie darf ein Stück Tanzmusik hören.

Verständnisunterricht

Natürliche Situationen

Viele Menschen mit besonders schweren Sprach- und Kommunikationsstörungen haben keinen Überblick, welche Tätigkeiten und Ereignisse ihr Tagesablauf enthält. Oft lassen sie sich passiv von einer Tätigkeit zur nächsten führen, ohne daß ihnen gesagt wird, was als nächstes geschehen soll. Sie ergreifen auch nicht die Initiative, um selbst mit einer Aktivität zu beginnen oder um zu zeigen, ob ihnen das, was man für sie geplant hat, gefällt oder nicht. Auf dieses Gefühl der Unsicherheit, was die Vorgänge um sie herum angeht, reagieren sie häufig mit Angst; sie werden teilnahmslos und inaktiv, oder sie widersetzen sich, wenn sie sich an einer neuen Aktivität beteiligen sollen.

> Der dreijährige Martin ist Autist. Jedesmal wenn er in seinem Kindergarten etwas Neues tun und in ein anderes Zimmer gehen soll, legt er sich auf den Fußboden, tritt um sich und weint. Ihn zu beruhigen, dauert lange. Sein Tagesablauf im Kindergarten ist durch solche Probleme gekennzeichnet (Steindal, persönliche Mitteilung, August 1990).

Bei Menschen, die nicht selbst entscheiden können, was sie tun wollen, besteht eines der wichtigsten Ziele der Kommunikationsintervention darin, ihnen zumindest mitzuteilen, *was* geschehen wird. Das kann man unter anderem dadurch erreichen, daß man eine strikte Rahmenstruktur aufbaut, so daß Tätigkeiten immer am gleichen Ort, zur gleichen Zeit und in der gleichen Reihenfolge stattfinden, wobei Routinetätigkeiten durch *Markierungen* angezeigt werden. Diese Methode kann man auch als *markierungsgesteuerte Bildung von Rahmenstrukturen* bezeichnen.

Die Markierung, die man wählt, sollte für die lernende Person einfach zu erkennen sein und unmittelbar vor Beginn der jeweiligen Tätigkeit gezeigt werden. Nützlich ist es auch, wenn man mit einer Markierung anzeigt, wann die Tätigkeit beendet ist. Bei einer solchen Markierung kann es sich im Prinzip um alles mögliche Handeln, beispielsweise um Gebärden, die mit den Händen der betroffenen Person ausgeführt werden, um graphische Zeichen, um Gegenstände, die bei der Tätigkeit verwendet werden, und so weiter. Die beste Strategie ist der Einsatz von Gebärden oder graphischen Zeichen, denn er führt gleichzeitig dazu, daß Sprache erlernt wird. Unabhängig davon, ob man Gebärden, Gegenstände oder irgend etwas anderes benutzt, ist die markierungsgesteuerte Bildung von Rahmenstrukturen eine Form des Verständnisunterrichts. Die betroffene Person soll dabei lernen, daß die Markierungen ganz bestimmten Tätigkeiten und Ereignissen vorausgehen, das heißt, daß sie als Signale dienen. Die Markierungen können dabei sowohl positive als auch negative Ereignisse anzeigen.

> Der zehnjährige, mehrfach behinderte John läßt sich gerne mit seinem Rollstuhl zu Spaziergängen ins Freie fahren. Bevor man ihn nach draußen bringt, wird er angeleitet, auf das PIC-Zeichen *SPAZIERGANG* zu zeigen.

> Marie ist 17 Jahre alt und geistig behindert. Sie hat sehr schlechte Zähne und muß oft zum Zahnarzt. Bevor sie den Zahnarzt aufsucht, der seine Praxis im Nachbarhaus hat, wird sie angeleitet, die Gebärde ZAHNARZT auszuführen.

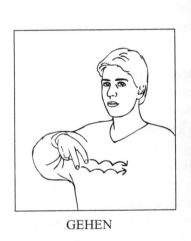

GEHEN

Wie so viele Menschen hat auch Marie Angst vor den Zahnarztbesuchen. Wenn man ihr jedesmal vorher mitteilt, daß sie den Zahnarzt aufsuchen soll, fürchtet sie sich nicht davor, in Richtung der Praxis zu gehen, wenn diesmal kein Zahnarztbesuch ansteht. Nachdem sie allmählich versteht, was die Gebärde anzeigt, protestiert sie jedesmal, wenn ein Betreuer die Gebärde ZAHNARZT ausführt, aber sie kommt dennoch mit - allerdings widerwillig.

Am deutlichsten zeigt sich, daß die Markierung eine Signalfunktion erlangt hat, wenn die betroffene Person voraussieht, was geschehen wird. Bei den am schwersten behinderten Menschen wird das unter Umständen dadurch deutlich, daß jemand sich streckt, aufgeregt wird oder die Muskelanspannung verstärkt, wenn die Markierung gezeigt wird. Nach und nach blickt die betroffene Person dann vielleicht in die Richtung des Ortes, wo die Tätigkeit stattfinden soll oder wo bestimmte Dinge aufbewahrt werden, oder sie bewegt sich dorthin. Diese Reaktionen sind nicht nur dann zu beobachten, wenn die Markierung absichtlich verwendet wurde, sondern sie sind auch ein Anzeichen, daß die betroffene Person natürliche Markierungen im alltäglichen Ablauf versteht.

Für den Unterricht mit den Markierungen ist es von entscheidender Bedeutung, daß sie unmittelbar vor den jeweiligen Aktivitäten gezeigt werden. Vergeht zwischen beiden Ereignissen zu viel Zeit, können andere, ablenkende Vorgänge dazwischenkommen, und dann kann die betroffene Person kaum noch den Zusammenhang zwischen den Markierungen und den von ihnen angezeigten Tätigkeiten verstehen.

> Hannah ist sieben Jahre alt und geistig behindert. Als Signal, daß sie schwimmen gehen soll, führt man ihre Hand so, daß sie ihren Badeanzug spüren kann. Dann wird sie angekleidet und zur Bushaltestelle gebracht; sie wartet 15 Minuten auf den Bus, fährt 20 Minuten, geht fünf Minuten zu Fuß, betritt den Umkleideraum, zieht sich aus, legt den Badeanzug an und geht dann endlich schwimmen.

Markierungen auf diese Weise zu verwenden, ist im Frühstadium der Intervention nicht angebracht. Unter Umständen ist nur schwer zu verstehen, daß der Badeanzug einen Besuch im Schwimmbad anzeigen soll und nicht eine der Tätigkeiten, die sich vorher jedesmal abspielen.

Wenn man die Bedeutung von Markierungen vermitteln will, ist es aber auch wichtig, daß sie nicht in einem zu späten Stadium gezeigt werden. Zum Beispiel ist es nicht angebracht, die betroffenen Personen mit dem Zeichen ESSEN zu informieren, daß sie jetzt essen sollen, wenn sie bereits am Tisch sitzen. Dann ist das Zeichen überflüssig und deshalb sinnlos, denn es kennzeichnet keine Veränderung der Situation mehr. Daß sie zum Essen gehen sollen, wurde bereits durch zahlreiche natürliche Markierungen vermittelt: Das Essen steht auf dem Tisch, es riecht nach Essen, sie haben Lätzchen umgebunden, und so weiter. Man sollte das Zeichen benutzen, bevor sie den Raum betreten oder zumindest bevor sie sich an den Tisch setzen.

Wurde das Signal erlernt, kann man den Zeitraum zwischen dem Zeichen und der zugehörigen Situation allmählich verlängern, so daß man schließlich auch über Tätigkeiten sprechen kann, die nicht sofort stattfinden. Damit schafft man auch eine Voraussetzung, daß die betroffene Person entweder um Dinge bitten kann, die nicht zu sehen sind, oder daß sie den Wunsch zur Teilnahme an Aktivitäten ausdrückt, die nicht zum Zeitpunkt der Frage stattfinden.

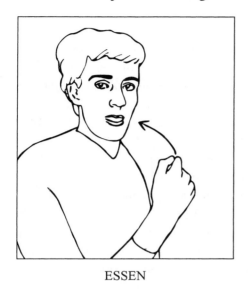

ESSEN

Die markierungsgesteuerte Bildung von Rahmenstrukturen läßt sich mit dem Einsatz eines Stundenplanes kombinieren, der Bilder oder PCS- bzw. Aladin-Zeichen enthält. Die entscheidenden Elemente der Intervention sind aber die Markierungen und die festgelegte Reihenfolge der verschiedenen Tätigkeiten. Diese müssen zunächst im Zusammenhang der jeweiligen Situation verstanden werden, bevor man sie unabhängig davon präsentieren kann. Faßt man alle Markierungen des Tages zusammen, bevor die betroffene Person eindeutig zeigt, daß sie ihre Bedeutung versteht, wird es unter Umständen schwieriger, die Signalfunktion der Markierungen zu erlernen.

Die Strukturierung ist ein Mittel zum Erlernen der Kommunikation, aber man sollte Kommunikation und Struktur nicht verwechseln. Der Einsatz von Markierungen, die den betroffenen Personen ein besseres Verständnis für ihr eigenes Umfeld verschaffen sollen, ist nicht von einer Tagesstruktur abhängig. Zeichen mit Signalfunktion und andere Markierungen können auch dann zur Kennzeichnung von Tätigkeiten und Ereignissen dienen, wenn diese nicht jeden Tag oder nicht immer zur gleichen Uhrzeit stattfinden. Man kann sie im Zusammenhang mit allen Tätigkeiten und Ereignissen verwenden, solange diese sich ausreichend oft wiederholen und man vernünftigerweise annehmen kann, daß die betroffene Person die Zeichen versteht. Bei den täglichen Routinetätigkeiten oder in anderen Situationen, in denen die gleichen Tätigkeiten und Ereignisse in der gleichen Reihenfolge ablaufen, sind die Signalzeichen besonders nützlich, weil die festgelegte Reihenfolge und die Verwendung der Signalzeichen sich gegenseitig verstärken. Das Signalzeichen erleichtert der betroffenen Person das Verständnis für die Situation, und das Verständnis für die Situation erleichtert seinerseits das Verständnis der Zeichen.

In einem Umfeld, in dem Anwendung und Verständnis von Gebärden gelehrt werden, bedient man sich der Signalzeichen in der Regel auch außerhalb der geplanten Situationen. Bei graphischen Zeichen ist das weniger üblich. Auch graphische Zeichen sollten aber so benutzt werden, daß die betroffene Person die Möglichkeit hat, aus nicht geplanten Erfahrungen zu lernen, wenn sie dazu in der Lage ist. Muß die betroffene Person lernen, daß ein Zeichen einem bestimmten gesprochenen Wort entspricht, sollte man die graphischen Zeichen immer, wenn es praktisch möglich ist, in Verbindung mit der Lautsprache anwenden. Auf diese Weise kann die betroffene Person das Verständnis (und möglicherweise auch die Anwendung) des Zeichens und des Wortes mit mehreren Situationen assoziieren. Für Menschen, die Lautsprache nur schlecht verstehen, wird es durch die gleichzeitige Anwendung von Zeichen und Lautsprache auch einfacher, die gesprochenen Worte zu begreifen.

Spezielle Trainingssituationen

Den Verständnisunterricht in speziellen Trainingssituationen kann man danach einteilen, wer das Zeichen ausführt - die betroffene Person oder der Lehrer. Wird das Verständnis von Gebärden gelehrt, zeigt der Lehrer in der Regel auf ein Bild, oder er deutet auf einen Gegenstand, und die betroffene Person muß dann die Gebärde ausführen, die diesem Bild oder Gegenstand entspricht. Geht es um das Verständnis für greifbare oder graphische Zeichen, muß die betroffene Person auf das Zeichen zeigen, was gleichbedeutend mit einer Benennung ist. Bei der häufigsten Form des Verständnisunterrichts jedoch führt der Lehrer eine Gebärde aus, oder er zeigt auf ein greifbares oder graphisches Zeichen. Der Schüler muß dann auf das zugehörige Objekt oder Bild deuten, danach greifen oder eine Tätigkeit ausführen. Der Lehrer zeigt auf das Zeichen oder führt es aus und sagt gleichzeitig das entsprechende Wort. Bei einem solchen Verständnisunterricht muß die betroffene Person im allgemeinen zwischen mehreren Gegenständen oder Bildern wählen. Die Bilder oder Gegenstände sollten dabei unterschiedlich angeordnet sein, so daß die betroffene Person nicht einfach nur lernt, einen Gegenstand von einer bestimmten Stelle in die Hand zunehmen oder auf ein solches Bild zu zeigen.

Der fünfzehnjährige Dan ist geistig behindert. Ein Ball und ein Löffel werden vor ihm auf den Tisch gelegt. Die Lehrerin sagt *Ball* und führt gleichzeitig das Zeichen BALL aus. Daraufhin gibt Dan der Lehrerin den Ball (Booth, 1978).

Daß der Lehrer im Rahmen des Verständnisunterrichts die Zeichen verwendet und die betroffene Person auf einen Gegenstand zeigt, ist beim Erlernen greifbarer und graphischer Zeichen weniger häufig als im Gebärdenunterricht. Das liegt unter anderem daran, daß Gebärden bei jedem Gebrauch neu ausgeführt werden müssen, während die anderen Zeichen ständig vorhanden sind. Der Lehrer gewöhnt sich an die Ausführung von Gebärden, nicht aber an das Zeigen auf greifbare oder graphische Zeichen. Der wichtigste Grund ist aber wahrscheinlich, daß es sich bei greifbaren Zeichen vielfach um Modelle von Gegenständen handelt und daß graphische Zeichen stilisierte Zeichnungen sind; deshalb geht der Lehrer anscheinend davon aus, daß die betroffene Person sie sofort versteht.

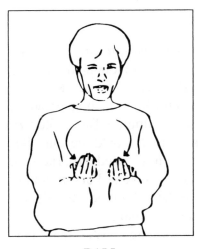

BALL

Ball

Offenbar gibt es - mit Ausnahme der Signalzeichen - keine Tradition des Verständnisunterrichts für graphische Zeichen. Das hat vermutlich damit zu tun, daß die Bliss-Symbole das erste graphische Zeichensystem waren, das man einführte. Viele Personen, denen man anfangs die Bliss-Symbole beibrachte, verfügten über ein gutes Verständnis für Lautsprache (vgl. Vanderheiden et al., 1975). Sie mußten lernen, welchem gesprochenen Wort ein bestimmtes Zeichen entspricht. Einer solchen Gruppe bringt man das Verständnis für Zeichen am einfachsten und wirksamsten dadurch bei, daß der Lehrer die Wörter ausspricht, ohne daß er Gegenstände oder Bilder finden müßte, zu deren Beschreibung die Zeichen dienen. Ein Verständnisunterricht, bei dem die lernende Person

Gegenstände in die Hand nehmen oder auf Bilder zeigen muß, eignet sich am besten für Personen aus den Gruppen 2 und 3. Für Schüler aus der Gruppe 1, die über eine gute Verständnisfähigkeit für Lautsprache verfügen, ist eher ein anderes Verfahren angebracht: Zunächst wird mit Lautsprache erklärt, welche Zeichen gelernt werden sollen; anschließend kann man unter Umständen die betroffenen Personen bitten, die vom Lehrer ausgesprochenen Wörter in graphische Zeichen oder Gebärden zu übersetzen, um zu überprüfen, ob sie sich die Zeichen gemerkt haben.

Unterricht in der Verwendung von Zeichen

Für den Unterricht in der Verwendung von Zeichen gibt es viele Methoden, die man nach unterschiedlichen Prinzipien einteilen kann. Die meisten lassen sich sowohl in speziellen Ttrainigssituationen als auch in einer natürlichen Umgebung einsetzen.

Beobachten, warten und reagieren

Diese Strategie ist ein Teil der *strukturierten Überinterpretation*. Sie hat das Ziel, zufällige Tätigkeiten der betroffenen Personen in Zeichen umzusetzen; dazu reagiert man so, als diene diese Tätigkeit der Kommunikation. Der Unterricht kann in unstrukturierten Situationen stattfinden, und man braucht nichts Besonderes zu tun, um bestimmte Tätigkeiten zu fördern. Man beobachtet die betroffene Person, und sobald sie eine Bewegung macht, die bei einer späteren Wiederholung wiederzuerkennen ist, reagiert der Lehrer darauf so, als habe die betroffene Person gezielt ein Zeichen ausgeführt. Am besten eignet sich diese Methode für Personen, die nur in geringem Umfang von selbst tätig werden.

Die Strategie hat mehrere positive Auswirkungen. Wie man beispielsweise mit gutem Grund annehmen kann, hat die charakteristische Passivität vieler Kinder mit schlechter Sprach- und Kommunikationsfähigkeit ihre Ursache darin, daß diese im Vergleich zu anderen Kindern in geringerem Ausmaß ein Verhalten zeigen, das bei anderen Reaktionen auslöst (Ryan, 1977). Durch die Strategie des Beobachtens, Wartens und Reagierens steigen die Chancen, daß die Tätigkeiten der betroffenen Person eine Reaktion zur Folge haben, und das regt vermutlich ihre Aktivität und Initiative in der Kommunikation an. Die ganze Strategie hat das Ziel, daß die Reaktionen des Lehrers auf die zufälligen Tätigkeiten der betroffenen Person eine Aufwärtsspirale in Gang setzen, das heißt, die Reaktionen sollen bei der betroffenen Person ihrerseits neue Aktivität in Gang setzen. Damit verbessern sich bei Personen mit stark behinderter

Kommunikationsfähigkeit die Gelegenheiten zum Lernen. Den neuen Aktivitäten kann man dann wiederum eine ähnliche Signalfunktion zuschreiben. Auf diese Weise entsteht in der Entwicklung eine Aufwärtsspirale. Damit das gelingt, sollte es sich bei den Tätigkeiten, auf die der Lehrer reagiert, anfangs am besten um Äußerungen handeln, die zeigen, daß die betroffene Person aufmerksam und motiviert ist. Damit steigen gleichzeitig auch die Aussichten, daß die betroffene Person den Zusammenhang zwischen den Vorgängen in der jeweiligen Situation, ihren eigenen Aktivitäten und den Reaktionen der Menschen in der Umgebung erkennt.

> Harold ist vier Jahre alt und geistig behindert. Er ist teilnahmslos und zeigt sehr wenig Eigeninitiative. Es gefällt ihm, wenn man ihn hochhebt und herumschwenkt. Manchmal klopft er sich an die Brust. Seine Eltern und die Betreuer im Kindergarten „interpretieren" das als „ich möchte spielen": Jedesmal wenn er sich an die Brust klopft, wird er hochgehoben, und man spielt mit ihm.

Die Strategie des Beobachtens, Wartens und Reagierens hat eindeutige Grenzen. Die für die Intervention verantwortliche Person kann kaum beeinflussen, wann eine bestimmte zufällige Tätigkeit stattfindet, und unter Umständen besteht die Gefahr, daß man sehr lange warten muß, bevor sie sich wiederholt. In jedem Fall muß die betroffene Personen aufmerksam sein, und die Reaktionen müssen ihr Interesse finden. Bis zu einem gewissen Grad kann man diese Voraussetzungen erfüllen, wenn man sich zunächst einer relativ häufig stattfindenden Tätigkeit bedient und sich mit dem „Inhalt" des Zeichens an den Interessen der lernenden Person orientiert.

Reaktionen auf gewohnheitsmäßiges Verhalten

Diese Strategie eignet sich am besten für Personen, die in gewissem Umfang von selbst Aktivität entfalten, ohne daß diese Aktivität jedoch funktionsfähig ist. Die Strategie, auf gewohnheitsmäßiges Verhalten zu reagieren, ist zum Beispiel für Kinder und Erwachsene nützlich, die, wenn man sie allein läßt, ziellos im Zimmer umhergehen, gegen Wände und Möbel treten, im Vorübergehen auf einen Tisch schlagen, oder Gegenstände aus Regalen ziehen. Die Strategie gründet sich darauf, daß man weiß, was die betreffende Person in einer bestimmten Situation tun wird und wofür sie sich interessiert, und man verfolgt damit das Ziel, eine funktionslose Aktivität in den Dienst der Kommunikation zu stellen und sozial hinnehmbar zu machen. Zu diesem Zweck muß man eine Interventionssituation herstellen, in der man die betreffende Tätigkeit auslösen und für den Unterricht nutzbar machen kann.

> Andrew ist acht Jahre alt und Autist. Er neigt dazu, alle Taschen auszuschütten, die er in die Hände bekommt. Man bringt ihn in ein Zimmer, in dem eine Person mit einer Tasche sitzt und in dem sonst nichts Beonderes geschieht. Er wandert in dem Zimmer umher, und die Lehrerin folgte ihm. Sobald er nach der Tasche greift, hält die Lehrerin ihn zurück und formt mit seinen Händen die Gebärde TASCHE. Anschließend gibt die sitzende Person ihm die Tasche.

Als Alternative hätte man Andrew auch eine allgemeine Gebärde wie BEKOMMEN oder GEBEN beibringen können, je nachdem, was der Lehrerin in dem jeweiligen Stadium der Intervention am nützlichsten erschienen wäre.

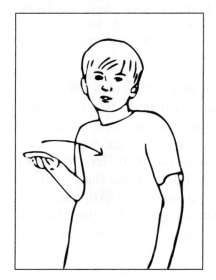

BEKOMMEN

Handtasche

geben

Mit dieser Strategie verfolgt man das Ziel, einem gewohnheitsmäßigen Verhalten, das zuvor keine Funktion erfüllte, die Funktion eines Zeichens zu verleihen, indem man auf dieses Verhalten systematisch so reagiert, als diene es der Kommunikation. Diese Vorgehensweise setzt voraus, daß die lernende Person ihre eigenen Tätigkeiten zu den Reaktionen des Kommunikationspartners in Beziehung setzt. Damit das gelingt, muß die betroffene Person also sowohl ihrem eigenen Verhalten als auch den Reaktionen des Lehrers Aufmerksamkeit schenken, so daß sie eine Wiederholung der Reaktion anstrebt.

Bei vielen Autisten und geistig Behinderten beobachtet man Verhaltensstörungen. Die Strategie, auf gewohnheitsmäßiges Verhalten zu reagieren, hat unter anderem den Vorteil, daß man ein allgemein als problematisch betrachtetes Verhalten als Ausgangspunkt nimmt und zum Vorteil der betroffenen Person ausnutzt. Da das Verhalten durch ein Zeichen ersetzt wird und damit eine positive Funktion erhält, führt das Erlernen der Zeichen zu einer Verminderung der Verhaltensstörungen. Ein weiterer Vorteil besteht darin, daß der Lehrer den Zeitpunkt des Unterrichtes bestimmen kann, in dem er eine Situation plant, in der in die betreffende Verhaltensweise gewohnheitsmäßig vorkommt. Das verschafft dem Lehrer die Kontrolle über den Unterricht, wodurch unter anderem eine ausreichende Zahl von Wiederholungen gewährleistet ist.

Ketten aufbauen und unterbrechen

Bei dieser Strategie konstruiert man zunächst eine Kette von Tätigkeiten, zu denen die betroffene Person motiviert ist, und dann unterbricht man die Kette, so daß sie ohne Hilfe nicht zu Ende gebracht werden kann. Zeigt die betroffene Person daraufhin Frustration, wird sie dazu angeleitet, eine Gebärde auszuführen oder auf ein greifbares oder graphisches Zeichen zu zeigen. Dann gibt der Lehrer der betroffenen Personen die Möglichkeit, die Kette der Verhaltensweisen fortzusetzen. Diese Strategie läßt sich bei Personen mit unterschiedlichen Aktivitätsniveau anwenden; besonders geeignet ist sie für Menschen, die lernen müssen, Dinge aus eigener Initiative zu tun.

Als Grundlage für diese Strategie des Aufbauens und Unterbrechens von Ketten kann man sowohl Ketten erlernter Tätigkeiten als auch natürlich vorkommenden Verhaltensketten (Routinetätigkeiten) verwenden, vorausgesetzt, die betroffene Personen ist in der jeweiligen Situation ausreichend motiviert. Die Ketten müssen nicht lang sein.

> Carl ist zehn Jahre alt und Autist. Er hat gelernt, ein einfaches Puzzlespiel zusammenzusetzen, wenn die Teile von links nach rechts vor ihm aufgereiht sind. Er hat gelernt, dann jeweils das richtige Stück zu nehmen. Die Kette wird unterbrochen, indem man die Stücke außerhalb seiner Reichweite plaziert, so daß Carl sie nur zu fassen bekommt, wenn man ihm hilft. Er hat zwei Lehrerinnen. Die eine steht hinter ihm und leistet Hilfe, die andere sitzt vor ihm und kümmert sich um die Puzzlesteine. Sobald Carl merkt, daß ihm eines der Teile fehlt (und zwar bevorzugt nicht das erste), greift er danach, ohne es aber zu fassen zu bekommen, und dann blickt er die vor ihm sitzende Lehrerin an. Die Helferin führt seine Hände so, daß sie die Gebärde STÜCK ausführen. Daraufhin gibt die andere Lehrerin ihm den Puzzlestein, den er braucht.

Entscheidend ist, daß die betroffene Person die Motivation zur Ausführung der Kette hat, bevor diese zu Unterrichtszwecken unterbrochen wird. Diese Anforderung ist nicht immer einfach zu erfüllen. Für die Motivation kann man unter anderem dadurch sorgen, daß man die Kette unterbricht, wenn ihr letztes Glied einer erwünschten Tätigkeit der betroffenen Person vorausgeht. Wenn jemand beispielsweise gern im Auto spazierenfährt, kann man die vorausgehende, festgelegte Tätigkeit des Ankleidens unterbrechen. Manchmal läßt sich eine solche Unterbrechung auch mit Humor und Überraschungseffekten erreichen.

STÜCK

ARBEITEN

Zur Strategie des Aufbauens und Unterbrechens von Ketten gehört, daß die lernende Person frustriert wird. Die Frustration erfüllt eine nützliche Funktion, weil ein Bedürfnis nach Kommunikation entsteht und weil die betroffene Person erkennt, daß der Gebrauch von Zeichen zweckdienlich sein kann. In jedem Fall muß es aber für die lernende Person so aussehen, als sei die Frustration, der sie ausgesetzt wird, eine Folge der Umstände in der jeweiligen Situation; es sollte nicht den Anschein haben, als gehe sie von dem Gesprächspartner aus, denn dieser sollte als Helfer tätig werden.

Reaktion auf von Markierungen ausgelöstes, vorausschauendes Verhalten

Die Strategie der Reaktionen auf von Markierungen ausgelöstes, vorausschauendes Verhalten geht davon aus, daß der Lehrer eine Tagesstruktur konstruiert hat, so daß bekannte Tätigkeiten oder Ereignisse in einer festgelegten Reihenfolge ablaufen, wobei diesen Tätigkeiten oder Ereignissen eine kennzeichnende Markierung vorausgeht. Sobald die betroffene Person zeigt, daß sie versteht, was gleich geschehen wird, kann man diese vorausschauende Reaktion nutzen, um Zeichen zu unterrichten. Handelt es sich um eine angemessene vorausschauende Reaktion, kann man sie selbst als Zeichen nutzen, oder man kann die Hände der betroffenen Person unmittelbar nach der vorausschauenden Reaktion so führen, daß sie eine Gebärde ausführen oder auf ein greifbares oder graphisches Zeichen zeigen.

Man geht bei dieser Strategie davon aus, daß die Tätigkeit oder das Ereignis, die von der betroffenen Person vorausgesehen wurden, nach einer entsprechenden Reaktion von selbst folgen. In der Praxis bedeutet das, daß man eine Kette aufbaut, indem man zwischen ihre Glieder ein Zeichen einfügt. Mit der von der Markierung angezeigten Tätigkeit endet die Kette.

> Elaine ist eine neunzehnjährige junge Frau mit Autismus. Sie hat großen Spaß am Flechten von Körben. Diese Tätigkeit wird mit ARBEITEN angezeigt. Sie ist mit der Situation sehr vertraut: Sobald die Lehrerin *Arbeit* sagt und die Gebärde ARBEIT ausführt, blickte sie in Richtung des Regals, wo das Material zum Körbeflechten aufbewahrt wird. Sobald Elaine das Regal anblickt, werden ihre Hände zu der Gebärde MATERIAL geformt, und dann holt man das Material, das sie braucht.

Dies ist ein Beispiel für die Nutzung einer Tagesstruktur: Ein Zeichen dient als Signal für eine Reihe von Tätigkeiten. Es kann sich dabei um verschiedene Tätigkeiten handeln, die mit Arbeit oder mit Gymnastik zu tun haben; oft eignen sie sich zur Herstellung einer Situation, in der die betroffene Person allmählich lernt, mit Hilfe von Zeichen zwischen verschiedenen Tätigkeiten zu wählen.

Zeigt eine betroffene Person das von Markierungen ausgelöste vorausschauende Verhalten, sind mehrere unentbehrliche Voraussetzungen für den Erfolg des Unterrichts bereits erfüllt. Die betroffene Person ist aufmerksam und motiviert, und sie versteht, was alles zu der Situation gehört. Das erleichtert es ihr, das Verständnis und den Gebrauch des Zeichens zu erlernen. Außerdem hat der Lehrer im voraus die Kontrolle über die nachfolgenden Vorgänge, und er kann die Strukturierung als Hilfsmittel benutzen, um bei einer betroffenen Person mit begrenztem Verhaltensrepertoire die Aktivität zu fördern.

Erfüllung von Wünschen

Diese Strategie wird am häufigsten angewandt. Sie läßt sich sowohl unter natürlichen Bedingungen als auch in speziellen Trainingssituationen und bei allen drei Gruppen von Betroffenen einsetzen. Für die Gruppen 2 und 3 ist sie ein Hilfsmittel, mit dem man den betroffenen Personen beibringt, daß sie durch den Gebrauch von Sprache etwas erreichen können. In der Gruppe 1 ist sie nützlich zum Verlernen der erlernten Hilflosigkeit, und sie zeigt den betroffenen Personen, daß sie durch den Gebrauch von Zeichen ein bestimmtes Ziel erreichen können. Die gleiche Strategie kann also verschiedenen Zwecken dienen.

AUTO

KAFFEE

Wenn man den Wunsch betroffener Personen nach der Ausführung einer bestimmten Tätigkeit erfüllt, sollte man ihre Vorlieben und Interessen kennen und als Ausgangspunkt benutzen. Der Lehrer sollte eine Situation schaffen, in der die betroffenen Personen die jeweilige Tätigkeit ausführen wollen; anschließend sollten ihre Hände so geführt werden, daß sie die Gebärde ausführen oder auf das graphische oder greifbare Zeichen zeigen, und dann sollte man sie die gewünschte Tätigkeit ausführen lassen. Ganz ähnlich erfüllt der Lehrer auch den Wunsch der betroffenen Person nach einem bestimmten Gegenstand, von dem er weiß, daß die betroffene Person ihn haben möchte. Es kann sich dabei um ein Objekt handeln, mit dem die betroffene Person gerne spielt, oder auch um etwas zu essen oder zu trinken, und so weiter. Der Lehrer wartet, bis die betroffene Person auf irgendeiner Weise zeigt, daß sie den betreffenden Gegenstand haben möchte, führt die Hände, so daß sie die Gebärde ausführen oder auf ein greifbares oder graphisches Zeichen zeigen, und gibt ihr dann den Gegenstand.

> Henry ist sieben Jahre alt und Autist. Er kurbelt gern die Leiter seines Spielzeug-Feuerwehrautos auf und ab. Die Lehrerin geht zusammen mit Henry im Zimmer hin und her und sorgt dafür, daß sie an dem Feuerwehrauto vorüberkommen. Sobald Henry eindeutig das Spielzeug anblickt, stehenbleibt oder danach greift, formt die Lehrerin seine Hände zu der Gebärde AUTO, und dann gibt sie Henry das Feuerwehrauto.

> Die dreiundvierzigjährige Elaine ist mehrfach behindert und auf einen Rollstuhl angewiesen. Sie mag gern Kaffee, den sie mit einem Strohhalm trinkt, aber von selbst ergreift sie nie die Initiative, um sich Kaffee zu verschaffen. Sie kann die Tasten einer Kommunikationshilfe mit digitalisierter Sprachausgabe betätigen. Die Lehrerin hat das Wort „Kaffee" in der Sprechhilfen einprogrammiert und auf der Taste, die Elaine betätigt, das PIC-Zeichen *KAFFEE* angebracht. Die Lehrerin sitzt mit zwei Tassen und einer Kaffeekanne neben Elaine. Sobald Elaine die Lehrerin anblickt, kommt diese zur ihr und hilft ihr, die Taste mit dem Zeichen *KAFFEE* zu betätigen. Der Apparat sagt *„Kaffee"*, und die Lehrerin schenkt Elaine eine Tasse ein.

Viele betroffene Personen mit begrenztem Verständnis für Lautsprache, denen Gebärden, graphische oder greifbare Zeichen beigebracht werden, führen zwar in der Regel nur wenige Tätigkeiten aus und haben offenbar auch nur wenige Vorlieben, aber das ist nicht der einzige Grund, warum diese wenigen Dinge und Tätigkeiten ständig wiederholt werden. Auch diejenigen, die den Unterricht planen, zeigen oft wenig Phantasie und Kreativität. Immerhin gibt es viele Bereiche, aus denen man wählen kann. Es gibt Spielzeug und Gesellschaftsspiele, wenn Gegenstände aus dem Haushalt, Lebensmittel, Süßigkeiten, Obst, Kleidung und Schuhe, Kassettenrecorder, Fernsehen und Radio, Zärtlichkeiten, Gymnastik, Tätigkeiten im Freien, und so weiter. Zu einer Bastelstunde gehören zum Beispiel ZEICHNEN, PAPIER, SCHNEIDEN und KLEBSTOFF. Körperliche Betätigung kann zum Beispiel im TANZEN bestehen. Es macht Spaß, sich eine ZEITSCHRIFT anzusehen. Im Norden Norwegens kann zum Beispiel RENTIER ein nützliches Zeichen für ein Tier sein. Leicht übersieht man auch, daß Vorlieben und Interessen sich ändern, wenn die betroffene Person älter wird und neue Fähigkeiten erwirbt.

Manchmal sind die Gegenstände, die von den erlernten Zeichen bezeichnet werden, in der Umgebung allzu einfach zu beschaffen. Dem kann man beispielsweise mit einem offenen Regal entgegenwirken, das hoch oben an einer Wand angebracht ist. Da es offen ist, sind alle dort untergebrachten Gegenstände sichtbar, und das kann der betroffenen

Person helfen, sich daran zu erinnern und den Wunsch zu haben, eines davon in die Hand zu bekommen. Da das Regal sich aber hoch oben an der Wand befindet, kann die betroffene Person den Gegenstand allein nicht erreichen, und das schafft die Gelegenheit, daß eine andere Person hinzukommt und hilft.

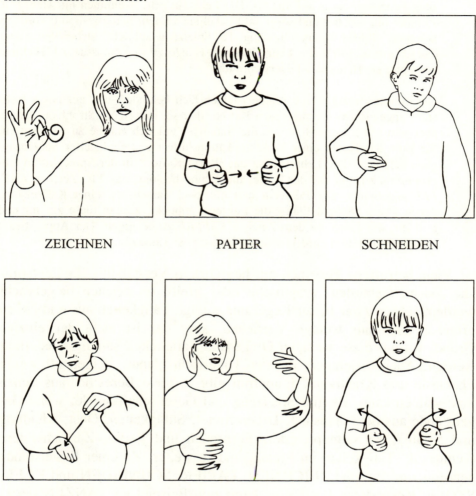

ZEICHNEN   PAPIER   SCHNEIDEN

KLEBEN   TANZEN   ZEITSCHRIFT

Zu den ersten Zeichen, die man für Gegenstände auswählt, gehören häufig solche für Lebensmittel und Getränke, denn was Menschen gerne essen und trinken, ist allgemein bekannt. Zeichen wie MILCH, KEKS, SAFT und WÜRSTCHEN sind außerdem während des Unterrichts leicht anzuwenden. Nicht immer ist es aber ratsam, Zeichen für Lebensmittel von Anfang an zu den Essenszeiten zu lehren. Dabei nimmt man den betroffenen Personen nur allzu leicht Kommunikationsfähigkeiten, über die sie bereits verfügen, und gleichzeitig macht man unter Umständen eine angenehme Situation zunichte. Der Unterricht mit den Zeichen kann statt dessen an dem Ort stattfinden, an dem gewöhnlich auch die Mahlzeiten eingenommen werden, aber das sollte kurze Zeit vor dem Beginn der Mahlzeit geschehen. Werden die Zeichen in dieser Situation beherrscht, kann man sie behutsam auch zu den Essenszeiten einführen. Zu diesem Zweck kann man zum Beispiel etwas, das die betroffene Person gern mag, auf den Tisch zu stellen „vergessen", und mit diesem Kunstgriff bringt man ihr dann bei, daß Zeichen ein Hilfsmittel sein können, mit dem man sich etwas nicht Vorhandenes beschaffen und damit die Situation verbessern kann.

HIRSCH

Entscheidend ist, daß die Anwendung der Zeichen nicht zu einem Ritual wird, sondern für die betroffene Person tatsächlich zu einer verbesserten Situation führt. Die Zeichen für Lebensmittel und Getränke sind zwar für das erste Stadium eines solchen Unterrichts häufig gut geeignet, gelegentlich aber verwendet man sie besser nicht, weil sie nicht zu einer besser funktionierenden Kommunikation führen. Wenn ein Junge bereits über die Mittel verfügt, um den Menschen um sich herum eindeutig mitzuteilen, daß er Orangensaft möchte, beispielsweise indem er mit den Lippen schmatzt und dann erwartet, daß man ihn den Saft gibt, ist ihm unter Umständen nicht klar, warum er ein herkömmliches Zeichen zu dem gleichen Zweck verwenden soll. Bevor man ihm beibringen könnte, das Zeichen SAFT zu benutzen, hätte er lernen müssen, nicht mit den Lippen zu schmatzen. In solchen Fällen, wenn die betroffene Person Dinge bereits auf andere Weise mitteilen kann und dann Zeichen lernen soll, entsteht unter Umständen Verwirrung über ihren Zweck; dann ist es nützlicher, wenn man zunächst andere Zeichen lehrt.

Manche motorisch gestörten Kinder haben Schwierigkeiten mit dem Kauen und Schlucken, und deshalb essen sie nur widerwillig. In solchen Fällen ist die Auswahl zwischen verschiedenen Lebensmitteln keine geeignete Strategie. Andererseits kann es für solche Personen aber auch von Vorteil sein, wenn sie bessere Kontrolle über das Essen erlangen und wissen, wann sie den nächsten Bissen zu sich nehmen oder wann sie trinken möchten (Morris, 1982).

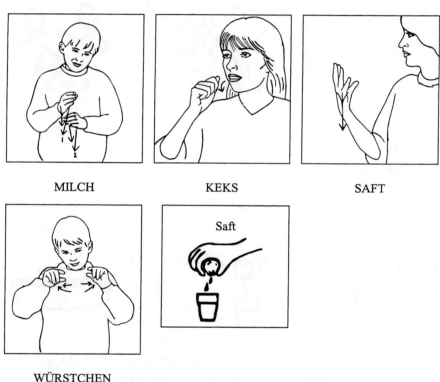

MILCH   KEKS   SAFT

WÜRSTCHEN

Gelegenheitsunterricht

Als Gelegenheitsunterricht bezeichnet man eine Situation, in der man weder den Unterricht noch sein Thema im voraus festgelegt hat. Das bedeutet aber nicht, daß die Situation nicht geplant ist. Der Lehrer weiß in der Regel, daß die betroffene Person sich für eine bestimmte Aktivität interessiert, und hat geplant, daß sie das Zeichen für diese Tätigkeit erlernen soll, ohne aber den Zeitpunkt des Unterrichtes festzulegen. Manchmal kann Gelegenheitsunterricht auch stattfinden, ohne daß der

Lehrer weiß, wofür die betroffene Person sich interessiert. Hat man eine Situation geschaffen, in der die betroffene Person mit großer Wahrscheinlichkeit etwas anstreben wird, kann der Lehrer in einer unstrukturierten Situation auf einen Ausdruck des Interesses warten; dann entspricht der Gelegenheitsunterricht der Strategie des Beobachtens, Wartens und Reagierens.

Eric, sechs Jahre alt, ist Autist. Er steht vor einem Schrank und führt alle Gebärden aus, die er kennt. Sobald der Schrank geöffnet wird, greift er nach einem Modellflugzeug, das sich darin befindet. Jetzt wird seine Hand schnell zu der Gebärde FLUGZEUG angeleitet, und Eric bekommt das Modell.

Die zwölfjährige Claire ist geistig behindert. Sie steht mit einem Buch in der Hand da und blickt ihre Lehrerin an. Ihre Hand wird so geführt, daß sie die Gebärde LESEN ausführt. Dann darf Claire sich auf den Schoß der Lehrerin setzen, und die Lehrerin liest ihr vor.

Betty ist acht Jahre alt und mehrfach behindert. Sie sitzt im Rollstuhl. Bei der morgendlichen Versammlung im Kindergarten blickt sie aufmerksam auf die Seiten des großen Kalenders, den eines der Kinder abreißen darf. Die Helferin holt das PIC-Zeichen *REISSEN*, legt es zu den anderen PIC-Zeichen auf das Brett, das an dem Rollstuhl befestigt ist, und leitet Betty an, darauf zu zeigen. Der Kalender wird zu Betty gebracht, und Mit Hilfe der Assistentin reißt sie die Seite ab.

FLUGZEUG

Gelegenheitsunterricht hat den Vorteil, daß sich mehr Unterrichtssituationen bieten und daß der Unterricht stattfindet, wenn die betroffene Person motiviert ist und eine Verwendung für das Zeichen hat. Im Rahmen des Gelegenheitsunterrichts können je nach der Situation sowohl neue Zeichen erlernt als auch bekannte Zeichen geübt werden. Voraussetzung ist allerdings, daß die Zeichen leicht verfügbar sind, das heißt, die für den Gelegenheitsunterricht verantwortliche Person muß die erforderlichen Gebärden kennen, und greifbare oder graphische Zeichen müssen jederzeit zur Verfügung stehen.

 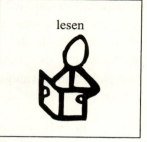 

LESEN

Professionelle Helfer haben oft Vorbehalte gegen das Lehren von Zeichen, die nicht zu einem geplanten Programm gehören. Sie fürchten, die Situation könne für die betroffenen Personen zu schwierig werden, so daß sie nichts mehr begreifen und verwirrt werden. Auch die Kenntnisse des Lehrers selbst über das Kommunikationssystem können eine Einschränkung darstellen, allerdings ist dies in der Regel nicht die Ursache des Problems. Es dauert nicht sehr lange, jemandem einige neue Gebärden beizubringen oder eine Reihe greifbarer oder graphischer Zeichen so anzuordnen, daß sie leicht zugänglich sind.

Es gibt auch Fälle, in denen zuvor keine neuen Zeichen mehr erlernt wurden, so daß der Gelegenheitsunterricht dann die gleichen Auswirkungen hatte wie das Aufdrehen eines Wasserhahns. Das *könnte* daran liegen, daß die Zeichen anfangs in einer zu stark eingeschränkten Situation unterrichtet wurden, so daß die betroffene Person den Unterschied zwischen ihnen nicht verstand; erst der Gelegenheitsunterricht hätte demnach eine ausreichende Situationsvielfalt geschaffen. Möglicherweise war auch die Unterrichtssituation selbst zu monoton und ritualisiert, so daß sie nicht mehr zum Erlernen neuer Zeichen beitrug. Unerwarteter Ereignisse haben nachweislich positive Auswirkungen auf die Kommunikationsversuche von Kindern (McClenny, Roberts und Layton, 1992).

Diese Darstellung des Gelegenheitsunterrichts weicht teilweise von Beschreibungen ab, die in anderem Zusammenhang gegeben wurden (Carr, 1985; Oliver und Halle, 1982). Vor allem - und dies ist für uns der wichtigste Unterschied - hat der Gelegenheitsunterricht das Ziel, *daß die Kommunikation gelingen soll*. In großen Teilen der Literatur dagegen wird der Gelegenheitsunterricht als *Gelegenheit zur Herstellung einer Unterrichtssituation* betrachtet. Obwohl der Unterricht mit der Initiative der betroffenen Person zur Kommunikation beginnt, wird über die sprachlichen Ziele im voraus entschieden (Hamilton und Snell, 1993; Warren und Kaiser, 1986). Der Lehrer benutzt auch Methoden, die in speziellen Trainigssituationen angewandt werden, wie Aufforderung, Nachahmung und so weiter, und damit unterbricht er die Kommunikation. Diese Vorgehensweise stützt sich anscheinend vor allem auf die Funktion der Umgebung im Hinblick auf die verfügbaren Personen, die Kindern Belohnungen und Rückmeldung geben, wenn diese nachahmen und andere Formen des strukturierten Unterricht ausführen, und die außerdem die nichtstimmlichen Äußerungen der Kinder interpretieren und in Lautsprache formulieren. Grundmechanismen des Lernens, beispielsweise die klassische und operante Konditionierung, sind zwar wichtige Bestandteile, wenn man die Sprachintervention für Menschen mit schweren geistigen und sprachlichen Behinderungen plant, aber wenn man die theoretischen Grundlagen der Intervention ausschließlich auf diese Verfahren einengt, werden die professionellen Helfer daran gehindert, den Beitrag anderer Elemente aus dem Zusammenhang des Lernens von Sprache auszunutzen. Und für weniger stark kognitiv und geistig behinderte Menschen dürfte Konditionierung nicht den Mittelpunkt der Interventionsstrategien darstellen.

Strukturiertes Warten

Um behinderten Menschen das Leben zu erleichtern, sehen viele Eltern und professionelle Helfer ihre Bedürfnisse voraus und geben ihnen, was sie brauchen. Das bedeutet aber gleichzeitig, daß sie die Situation eines Aspekts berauben, der Kommunikation zu etwas Nützlichem macht. Die Folge ist häufig, daß die betroffene Person keine Gelegenheit hat, die Initiative zu ergreifen, und das in Situationen, in denen es ansonsten ganz natürlich wäre. Auf diese Weise schafft man eine Form der erlernten Passivität. Man kann aber die Chance zu verbessern, daß die betroffene Person selbst die Kommunikation in Gang setzt; dazu führt man in natürlichen Unterrichtssituationen oder wenn man während des Gelegenheitsunterrichts glaubt, die betroffene Person werde ein *bekanntes* Zeichen verwenden, das strukturierte Warten ein. Das bedeutet: Man wartet kurze Zeit, bevor man ein Stichwort oder Hilfe zur Ausführung eines Zeichens gibt. Gewöhnlich beginnt man dabei mit einer sehr kurzen Wartezeit, und später steigert man sie allmählich bis auf ungefähr zehn Sekunden. Man kann auch noch länger warten, aber das führt bei Menschen ohne motorische Behinderung nur selten dazu, daß sie selbst die Initiative ergreifen (Foxx et al., 1988; Oliver und Halle, 1982). Bei motorisch behinderten Menschen, die nur schwer zeigen oder Gebärden ausführen können, muß man unter Umständen länger warten (vgl. Light, 1985).

> Jay ist ein siebenjähriger, geistig behinderter Junge. Vor dem Turnen brachte man ihn in den Umkleideraum, wo er sich umziehen sollte. Er brauchte Hilfe, um den Knopf an seiner Hose zu öffnen. Die Lehrerin legte den Finger auf den Knopf, wartete zehn Sekunden und half Jay dann, wenn es in der jeweiligen Situation notwendig war, die Gebärde HILFE auszuführen.
>
> Um seine Armmuskeln zu trainieren, schob Jay zusammen mit seiner Physiotherapeutin einen Roller. Die Physiotherapeutin hielt inne und wartete zehn Sekunden, ob Jay die Gebärde SCHIEBEN ausführte; erst dann half sie ihm, die Gebärde hervorzubringen (Oliver und Halle, 1982).

Durch das Warten steigen die Chancen, daß die betroffene Person in einer Kommunikationssituation selbst die Initiative ergreift. Auf diese Weise wird sie aktiver, und ihre erlernte Passivität nimmt ab. Wie man ebenfalls nachweisen konnte, verringert sich die Zeit zum Erlernen neuer Zeichen, wenn das Verzögern der Hilfe ein Teil der Unterrichtsstrategie ist (Bennet et al., 1986).

HELFEN

Für motorisch behinderte Menschen, die zur Gruppe 1 gehören, kann das strukturierte Warten sehr wichtig sein. Wegen ihrer motorischen Behinderung brauchen sie länger, um Antworten zu geben und die Initiative zu ergreifen. Wenn sie nicht nur reagieren, sondern selbst aktiv werden sollen, muß der Kommunikationspartner ihnen dazu ausreichend Zeit lassen. Auch geistig Behinderte aus den beiden anderen Gruppen sind mit ihren Reaktionen oft langsam und brauchen Zeit, um Initiative zu zeigen. Das strukturierte Warten hat also eine Doppelfunktion. Es schafft einen Bedarf für Kommunikation und erlegt dem Kommunikationspartner Beschränkungen auf: Dieser bemerkt, daß er keine Hilfe leisten sollte, solange es nicht absolut notwendig ist. Das absichtliche Verzögern der Hilfe kann man sogar bei Kleinkindern anwenden (vgl. Light, 1985).

SCHIEBEN

Benennung

Das Benennen umfaßt Elemente des Zeichenverständnisses und des Zeichengebrauchs. Gegenständen und Ereignissen einen Namen zu geben, ist ein normaler sprachlicher Vorgang, der bereits in einem sehr frühen Stadium des Spracherwerbs stattfindet, und zwar häufig in Situationen, in denen Kinder und Erwachsene sich gemeinsam ein Buch oder Spielzeug ansehen. Bei der Intervention mit Systemen der Unterstützten Kommunikation dient die Benennung in der Regel dazu, der betroffenen Person die Namen von Gegenständen oder Bildern beizubringen, und nicht zur ihrer Benutzung. Das Ganze spielt sich meist in speziellen Trainingssituationen ab. Die Schüler müssen auf ein graphisches Zeichen zeigen oder eine Gebärde ausführen; sie lernen nicht, die Gebärde oder das graphische Zeichen auf neue Art zu benutzen, sondern sie sollen nur auf Fragen antworten, wenn der Gegenstand vorhanden ist oder wenn man ihnen ein Bild eines Gegenstandes oder eines Ereignisses zeigt (vgl. Fischer, 1994).

> Peter ist vier Jahre alt. Er leidet an einer motorischen Behinderung, zeigt aber ein gutes Sprachverständnis und bedient sich der Bliss-Symbole. Er sitzt im Kindergarten bei seiner Lehrerin. Sie hat um sich herum verschiedene Gegenstände aufgebaut und zeigt auf einen davon oder auf ein Bild eines bestimmten Gegenstandes, und gleichzeitig spricht sie das Wort aus, das dem zugehörigen Bliss-Symbol entspricht. Während die Lehrerin die Wörter sagt, zeigt Peter auf die Bliss-Symbole auf seiner Tafel.

Kate ist ein vierzehnjähriges, autistisches Mädchen. Sie bedient sich einer Reihe von Zeichen und weniger gesprochener Wörter. Sie sitzt bei ihrer Lehrerin; diese zeigt auf verschiedene Gegenstände und sagt: *Was ist das?* Gleichzeitig führt sie die Gebärde WAS aus. Kate machte dann ebenfalls die richtige Gebärde, wobei ihr, wenn nötig, geholfen wird.

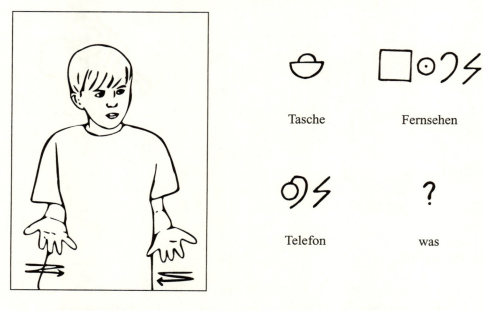

WAS

Die Benennung kann eine geeignete Methode zum Erlernen neuer Namen sein, aber sie setzt voraus, daß die betroffene Person bereits eine Reihe von Zeichen gelernt hat, um sich Gegenstände verschaffen und an Aktivitäten teilnehmen zu können. Es ist nützlich, wenn sie auf Fragen antworten kann, aber das ist anfangs kein Ziel der Intervention. Für Kinder und Erwachsene mit guter Sprachfähigkeit, bei denen man damit rechnen kann, daß sie ihre Verständnisfähigkeit nutzbringend verwenden, ist die Benennung eine gute Methode zum Erwerb neuer Zeichen.

Strukturierte und unstrukturierte Situationen

Die Strukturierung der Unterrichtssituation ist eines der besten Hilfsmittel, die in der Sprach- und Kommunikationsintervention zur Verfügung stehen. Insbesondere die bewußte Strukturierung eignet sich gut für den Unterricht von Personen, die über die schlechtesten Voraussetzungen für den Spracherwerb verfügen. Je weniger Eigeninitiative eine betroffene Person entfaltet, desto größer ist die Notwendigkeit einer strikten Strukturierung. Eine feste Struktur bietet die besten Aussichten, bei Personen mit geringen Fähigkeiten für mehr Antrieb zu eigenen Aktivitäten zu sorgen und ihre Passivität zu durchbrechen. Ein weiteres Ziel besteht darin, daß auch Menschen mit umfassenden Behinderungen soweit wie möglich selbst darüber bestimmen sollten, was mit ihnen geschieht; sie sollten in der Lage sein, im alltäglichen Leben die Initiative zu ergreifen und selbst zu entscheiden, was sie tun wollen. Das erreicht man am einfachsten dadurch, daß man eine strukturierte Unterrichtssituation schafft.

Man hat behauptet, die Strukturierung eines Umfeldes und die Förderung von Eigeninitiative und Entscheidungsfreiheit schlössen einander aus, aber nach unserer Ansicht stimmt das nicht. Im Gegenteil: Eine geplante Strukturierung kann die Aktivität steigern und den betroffenen Personen eine Grundlage für größere Entscheidungsfreiheit bieten. Mehrere Strategien, die man bei dieser Form des Unterrichts einsetzt, bedienen sich der Strukturierung zur Unterstützung von Kommunikation und Initiative. In der Strategie des Bauens und Unterbrechens von Ketten bedient man sich der Situationsstruktur, um einen Bedarf für Kommunikation zu schaffen. Auf ähnliche Weise nutzt man auch bei den Reaktionen auf von Erkennungszeichen ausgelöstes vorausschauendes Verhalten die Rahmenstruktur. Außerdem eignet sich die Tagesstruktur, wenn man eine Wahlmöglichkeit zwischen mehreren Tätigkeiten schaffen will.

Die Strukturierung ist zwar eines der nützlichsten Hilfsmittel, um situationsbedingt Verständnisfähigkeit und Kommunikation weiterzuentwickeln, aber man muß sich auch bewußt sein, daß die Struktur eine *unterstützende* Funktion hat und kein eigenständiges Ziel darstellt. Die meisten Menschen führen ein relativ stark strukturiertes Leben: Sie stehen morgens auf, frühstücken, gehen zur Schule oder zur Arbeit, nehmen das Abendessen ein, sehen fern, und so weiter. Die Struktur ist aber recht flexibel: An die Stelle des Fernsehens kann ein Kinobesuch, ein Abend mit Kartenspielen, ein Treffen mit Freunden und ähnliches treten. Eine entsprechend flexible Struktur ist auch das Idealziel für Menschen, die strukturierten Unterricht erhalten. Die Strukturierung soll also die Basis für die Entwicklung flexibler Verhaltensmuster und der Entscheidungsfähigkeit bilden. Das bedeutet, daß man die Struktur verändert, sobald es dafür eine Grundlage gibt.

Sobald die Einrichtung einer Tagesstruktur gelungen ist, das heißt, wenn die täglichen Aktivitäten anscheinend verstanden wurden und gut genug ausgeführt werden, ist es an der Zeit, mit der Auflösung der Struktur zu beginnen. Die Lebenssituation der betroffenen Personen ist in vielen Fällen so stark strukturiert, mit so wenigen Komplikationen verbunden und seit so langer Zeit gleich geblieben, daß in dem üblichen Tagesablauf keine natürlichen Notwendigkeit für Kommunikation mehr besteht. Die Erkennungszeichen sind zu Ritualen geworden und tragen nicht mehr dazu bei, ein neues Verständnis für die Umgebung aufzubauen. Unter Umständen ist die betroffene Person so stark an die Rahmenstruktur und die Erkennungszeichen gebunden, daß diese jetzt die Entwicklung neuer Fähigkeiten und Wahlmöglichkeiten verhindern, anstatt sie zu fördern. Dies kann man als *erlernte Abhängigkeit* bezeichnen.

Auch nachdem eine übermäßig ritualisierte Struktur aufgelöst wurde, braucht die betroffene Person wahrscheinlich eine *zeitliche Hilfe*. Dabei kann es sich um einen Kalender handeln, mit dessen Hilfe die betroffene Person den Unterschied zwischen Wochentagen und Feiertagen, freien Tagen und Arbeitstagen versteht.

> Der achtzehnjährige Autist Edward versteht ein wenig Lautsprache. Als sein üblicher Tagesablauf durch Feiertage unterbrochen wurde, hatte er gewalttätige Temperamentsausbrüche. Ihn zu beruhigen war schwierig, und man mußte ihn festhalten, damit er nicht sich selbst oder andere verletzte. Daraufhin zeichnete Edwards Mutter ihm einen Kalender und nahm darin Dinge auf, von denen sie wußte, daß er sie mochte (Abb. 28). Für die Tage, an denen er zur Schule ging, zeichnete sie einen Bus, denn auf das Busfahren freut er sich jedesmal. An schulfreien Tagen darf er manchmal den Traktor seines Onkels fahren, und samstags wird immer der Fußboden gewischt. Sonntags gibt es ein Ei zum Frühstück. Die Weihnachtseinkäufe, die Weihnachtsferien und der Silvesterabend sind durch Zeichnungen dargestellt, die er leicht versteht. Der Kalender hängt an einer bestimmten Stelle in der Küche. Jeden Morgen sieht Edward nach, was der heutige Tag bringen wird. Abends streicht er den vergangenen Tag durch. Seit Edward den Kalender hat, verlaufen die Feiertage viel friedlicher. Offenbar war es für ihn wichtig zu wissen, daß er wieder zur Schule gehen würde und daß dieser Teil seines Lebens trotz langer Ferien nicht vorüber war (Steindal, persönliche Mitteilung, August 1990).

Auch andere Fallberichte legen die Vermutung nahe, daß ein Kalender zu einem unverzichtbaren Bestandteil im Unterricht der Unterstützten Kommunikation werden sollte, sobald die betroffene Person Erwartungen im Hinblick auf Ereignisse hat, die außerhalb des unmittelbaren Zeitrahmen liegen (z.B. Møller und von Tetzchner, 1996).

Viele Menschen mit eingeschränkter Kommunikationsfähigkeit reagieren negativ, wenn eine Routinetätigkeit ausgelassen oder verändert wird. Solche Verhaltensstörungen lassen sich verhüten oder beträchtlich vermindern, wenn die betreffende Tätigkeit immer durch eine andere ersetzt wird und wenn man die behinderten Menschen auf eine Weise, die sie verstehen können, über die Veränderung in Kenntnis setzt. Zu diesem Zweck kann man die vorgesehenen Veränderungen in einem Kalender einzeichnen, der die Tätigkeiten des Tages oder der Woche enthält. In den Kalender werden beide Tätigkeiten eingetragen. Das graphische Zeichen für diejenige, die eingestellt werden soll, wird mit *NEIN*

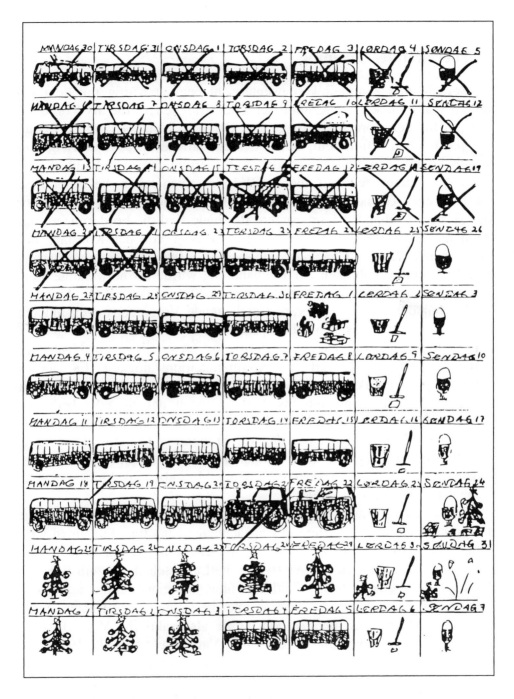

Abb. 27 *Kalender eines achtzehnjährigen autistischen jungen Mannes.*

gekennzeichnet (beispielsweise indem man sie rot durchstreicht), und ein grüner Pfeil zeigt von dieser Tätigkeit auf das Zeichen für diejenige, die an ihre Stelle tritt (Hawkes, 1998).

Vorbereitendes Training

Sprach- und Kommunikationsunterricht beginnt häufig mit dem Erlernen von Fähigkeiten, Kenntnissen oder Tätigkeiten, die als Vorbedingungen für den Spracherwerb gelten. Oft wird behauptet, diese Bedingungen müßten erfüllt sein, bevor der eigentliche Sprachunterricht einsetzen könne. Ein Beispiel ist die Anforderung, das Kind müsse „im Besitz" von Begriffen sein, die den Wörtern entsprechen, bevor es diese lernen könne; Grundlage ist dabei die Theorie, die Begriffe müßten vor der Sprache vorhanden sein. Andere Beispiele sind die Forderungen, das Kind müsse eine Vorstellung von Mengen oder von der Konstanz der Gegenstände haben (Chapman und Miller, 1980; Shane und Bashir, 1981). Auch die Fähigkeit zur Nachahmung wurde als notwendige Vorstufe des Spracherwerbs genannt (Piaget und Inhelder, 1969; Skinner, 1957). Für die Annahme, derart grundlegende Voraussetzungen müßten erfüllt sein, damit das Kind die Sprache erwerben könne, gibt es aber kaum empirische Grundlagen; sie führte oft zu ineffizientem Unterricht und behinderte den Erwerb der Kommunikationsfähigkeit. Es gibt es viele Beispiele für Personen, die Piagets sensorisch-motorisches Stadium V oder VI nicht erreichten und sich dennoch der Sprache bedienen konnten (Bonvillian, Orlansky und Novack, 1981; Reichle und Karlan, 1985). Als wichtige Voraussetzung für graphische Kommunikation galt die Zuordnungsfähigkeit, aber sie scheint nicht unbedingt notwendig, sondern nur nützlich zu sein (Franklin, Mirenda und Philips, 1996; Stephenson und Linfoot, 1996).

Eine andere Voraussetzung, auf die häufig hingewiesen wird, hat mit der praktischen Durchführung des Sprachunterrichts tun. Für einen wirkungsvollen Sprachunterricht werden manche Fähigkeiten oder Tätigkeiten als notwendig oder äußerst vorteilhaft angesehen, so zum Beispiel die Fähigkeit, eine gewisse Zeitlang ruhig auf einem Stuhl an einem Tisch zu sitzen, aufmerksam zu sein und die Lehrerin anzusehen. Auch die Motivation zur Kommunikation wurde als praktische Vorbedingungen genannt (vgl. Bryen und Joyce, 1985; Vanderheiden et al., 1975).

Ein Unterricht in den verschiedenen Fähigkeiten und Tätigkeiten, die in einem späteren Stadium zu einem effizientere Erlernen der Sprache führen, ist nützlich und steht im Einklang mit der Notwendigkeit, verschiedene Interventionsmaßnahmen unter dem Gesichtspunkt der allmählich wachsenden Fähigkeiten zu betrachten. Aber das Erlernen solcher

Fähigkeiten sollten nicht auf Kosten des Kommunikationsunterrichts gehen. Die genannten Fertigkeiten und Aktivitäten sind Teil der gesamten Intervention und keine notwendige Voraussetzung für den Beginn des Kommunikationsunterrichts. Sie sollten parallel zu der Sprache erlernt werden und nicht zu einem Zeitverlust führen.

Es gibt eine ganze Reihe theoretischer und praktische Bedingungen, denen man besondere Aufmerksamkeit gewidmet hat. Dazu gehören *Blickkontakt*, *Blickrichtung*, *Aufmerksamkeit*, *Stillsitzen*, *Verhaltensabläufe*, *Nachahmung* und *motorische Fähigkeiten*.

Blickkontakt

In der Intervention bei Autisten gilt die Herstellung des Blickkontaktes häufig als besonders wichtig und als vorrangiges Ziel, das dem Sprachunterricht vorausgehen muß. Das liegt daran, daß der fehlende Blickkontakt als Zeichen einer Kontaktschwäche gedeutet wurde. Es gibt aber keine Begründung für die Theorie, die Herstellung des Blickkontaktes sei eine notwendige Voraussetzung für den Spracherwerb. Außerdem ist es schwierig, einem anderen Menschen in die Augen zu blicken und gleichzeitig die eigenen oder von dem anderen ausgeführten Gebärden zu sehen oder auf die graphischen Zeichen einer Kommunikationshilfe zu achten.

Blickrichtung und Aufmerksamkeit

Insbesondere Autisten und geistig Behinderte hat man im Hinblick auf Blickrichtung und Aufmerksamkeit unterrichtet, aber auch vielen Personen aus der Gruppe 1 hat man beigebracht, ihren Blick auf Gegenstände zu richten, bevor man mit dem Unterrichten graphischer Zeichensysteme begann.

Daß auf das Erlernen der Blickrichtung soviel Wert gelegt wurde, hat man mit zwei verschiedenartigen Argumenten gerechtfertigt. Das erste lautet: Für das Erlernen von Sprache ist absichtliche Kommunikation unentbehrlich, weil sie in der normalen Entwicklung den Wörtern vorausgeht. Ein Wechsel der Blickrichtung, durch den das Kind abwechselnd einen Gegenstand und den Erwachsenen ansieht, wurde als Maßstab für die absichtliche Kommunikation angesehen (Bates, 1979). Das Einüben der Blickrichtung galt also als Einüben absichtlicher Kommunikation.

Die zweite Rechtfertigung ist eher praktischer Natur. Die Blickrichtung gilt als Ausdruck der Aufmerksamkeit, und wenn man dem Kind beibringt, seinen Blick auf eine Person oder einen Gegenstand zu richten, handelt es sich um eine Form des Aufmerksamkeitstrainings.

Die gemeinsame Aufmerksamkeit ist eine grundlegende Vorbedingung für einen erfolgreichen Sprachunterricht, und die Herstellung des Kontakts zu einem anderen Menschen dürfte eine Voraussetzung dafür sein, daß Gebärden graphische oder greifbare Zeichen als Kommunikation begriffen werden. Autisten zum Beispiel blicken oft nicht in die Richtung, in der sie zeigen, und deshalb wird das Zeigen nicht als Kommunikation angesehen (Sarriá, Goméz und Tamarit, 1996). Die Kommunikationsversuche von Menschen mit umfangreichen motorischen Behinderungen werden oft nicht bemerkt, weil der Zuhörer nicht wahrnimmt, daß sie aufmerksam sind. Sie sind unter Umständen nicht in der Lage, den Kopf aufrecht zu halten, oder sie wechseln die Blickrichtung, und so weiter. Diese Fähigkeiten im voraus zu üben, ist aber nicht besonders produktiv. Daß solche Menschen verstehen, wie man Kontakt aufnimmt und die Aufmerksamkeit einer anderen Person auf sich zieht, kann man nur in einem Funktionszusammenhang erwarten. Entsprechend kann es auch nutzlos sein, wenn man einer betroffenen Person beibringt, den Blick auf einen anderen Menschen zu richten, solange nicht geklärt ist, welchem Zweck das dient. Die Verstärkung solcher Verhaltensweisen, beispielsweise mit Süßigkeiten als Belohnung, führt nur zu noch größerer Verwirrung. Aufmerksamkeit und Kontaktaufnahme lassen sich in einer echten Kommunikationssituation eher zuwege bringen als durch spezielle Trainigssituationen.

Den Gegenstand anzusehen, um den es bei der Kommunikation geht, gehört oft zum eigentlichen Unterricht mit Zeichen; dem Lehrer dient es beispielsweise als erstes Anzeichen, daß die betroffene Person etwas ausgewählt hat oder aufmerksam ist. Das wiederum ist eine Grundlage dafür, daß man der betroffenen Person helfen kann, die Gebärde auszuführen. Im Unterricht mit graphischen Zeichen zeigt der Lehrer häufig zuerst auf den Gegenstand, um den Blick der betroffenen Person dorthin zu lenken, und dann bewegt sich der Blick weiter zu einem graphischen Zeichen (Berg, 1998). Lernt die betroffene Person, mit den Augen zu zeigen, ist die Blickrichtung der eigentliche Ausdruck der Kommunikation, und man sollte ihn in einem funktionsfähigen Kommunikationsumfeld lehren.

Stillsitzen

Sehr häufig wird für den Unterricht in Unterstützter Kommunikation die Forderung erhoben, die betroffene Person müsse längere Zeit still an einem Tisch sitzen. Das Stillsitzen wird insbesondere Menschen mit geistigen Behinderungen und Autisten beigebracht, aber das gleiche gilt auch für einige besonders unruhige Kinder mit weniger umfassenden Behinderungen, die zur Gruppe 2 gehören.

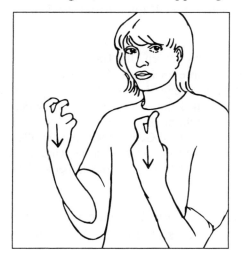

SITZEN

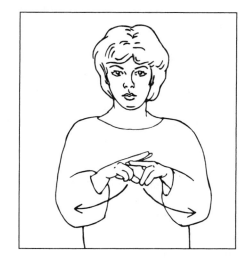

RUHE

sitzen

leise

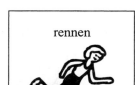

rennen

Es kann durchaus nützlich sein, wenn die betroffenen Personen lernen, still an einem Tisch zu sitzen, denn es erleichtert zahlreiche Tätigkeiten, die normalerweise am Tisch ausgeführt werden: Malen, Bauen mit Lego-Steinen, Zusammensetzen von Puzzles, und so weiter. Solche Tätigkeiten haben ihren eigenen Wert, und man kann sie auch für die Kommunikationsintervention nutzbar machen. Das Stillsitzen zu üben, ist also nicht nur aus Gründen des Kommunikationsunterrichts gerechtfertigt, sondern auch im Hinblick auf das Ziel, daß die betroffenen Personen an Tätigkeiten, die am Tisch ausgeführt werden, teilnehmen sollen. Wenn man ihnen das Stillsitzen beibringt, indem man beispielsweise als Anweisung die Zeichen SITZEN und STILL benutzt und sie dies dann wieder verlernen läßt, so daß sie zu einer Tätigkeit (Zeigen oder Ausführung eines Zeichens) in der Lage sind, erfordert dies eine ganze Menge zusätzliche Arbeit und Zeit. Zu Beginn des Kommunikationsunterrichts sind die betroffenen Personen unter Umständen ängstlich und unruhig, weil die Situation neu ist, weil sie kaum begreifen, was eigentlich vorgeht, und weil sie nicht wissen, was von ihnen verlangt wird. Wenn sie sich allmählich mit der Situation vertraut machen, entwickeln sie Erwartungen an diese Situation, und sie verstehen, was von ihnen erwartet wird. Die Ängstlichkeit verschwindet (Schaeffer, Raphael und Kollinzas, 1994).

> Tracy ist ein autistisches Mädchen von sechs Jahren. Ihr Hauptinteresse bestand darin, in der Schule durch die Korridore zu laufen. Das erste, was sie lernte, war deshalb die Gebärde LAUFEN. Wenn sie zur Tür rannte, um in den Korridor hinauszulaufen, wurde sie aufgehalten und angeleitet, vor dem Verlassen des Zimmers die Gebärde auszuführen. Es boten sich viele Gelegenheiten, diesen Vorgang zu wiederholen, und die Gebärde wurde vom allerersten Tag an spontan angewandt. In der Turnhalle setzte sich der Unterricht mit den Gebärden SPRINGEN und KLETTERN fort (Steindal, persönliche Mitteilung, August 1990).

Wie man an diesem Beispiel erkennt, ist Unruhe unter Umständen auch der Ausdruck eines Interesses, das man sich für die Intervention zunutze machen kann.

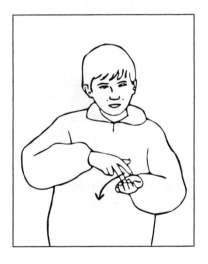

SPRINGEN

Verhaltensabläufe

Eine Grundlage für jeden Sprachunterricht sind Fähigkeiten und Tätigkeiten, die ein Gesprächsthema bieten. Bei autistischen und geistig behinderten Menschen stellen die Lehrer zu Beginn der Sprachintervention häufig fest, daß solche Fähigkeiten und Tätigkeiten kaum vorhanden sind. Das kann bedeuten, daß man den betroffenen Personen zunächst Verhaltensabläufe beibringen muß, das heißt mehrere Tätigkeiten, die nacheinander ausgeführt werden müssen. Ein solcher einfacher Verhaltensablauf kann beispielsweise daraus bestehen, daß Bausteine geholt und zu einem kleinen Turm zusammengesetzt werden. Zum Erlernen des Fahrradfahrens gehört eine ganze Reihe höher entwickelter motorischer Fähigkeiten.

Die Entwicklung von Verhaltensabläufe spielt sich zur gleichen Zeit ab wie der Sprachunterricht, und oft werden dabei Zeichen als Signale verwendet. Mit dem Aufbau von Verhaltensabläufen verfolgt man vor allem den Zweck, daß die betroffene Person selbständiger wird und ihre Umwelt besser versteht, aber man kann die Verhaltensabläufe auch für den Sprachunterricht nutzbar machen. Bei Personen mit sehr geringen Fähigkeiten lassen sich nicht alle Verhaltensabläufe mit graphischen Zeichen oder Gebärden identifizieren, aber auch solche, die ohne Zeichen entwickelt wurden, kann man bei einer Ausweitung des Lernens von Zeichen praktisch nutzen.

Nachahmung

Es wurde behauptet, das Üben von Nachahmung sei sowohl eine Voraussetzung für andere Lernvorgänge als auch eine Fähigkeit, die als solche eine nützliche Funktion habe. Wegen dieser Ansicht, es handele sich um eine notwendige Vorbedingung für das Lernen, legte man das Schwergewicht auf das Erlernen von Nachahmung als „Metafähigkeit", das heißt als allgemeine Fähigkeit, der Anweisung *Mach es genauso wie ich* zu folgen. Solche Metafähigkeiten tauchen aber in der Regel erst spät in der Entwicklung auf, und als erstes ahmen Kinder Tätigkeiten nach, *die sie bereits beherrschen*. Einjährige Kinder können jemanden nachahmen, der sich die Haare mit einem Kamm kämmt, aber sie weigern sich, sich mit einem Spielzeugauto zu kämmen. Selbst erheblich ältere Kinder wirken unter Umständen recht frustriert, wenn sie beispielsweise das gleiche tun sollen wie ein anderer, der gerade seine Hand auf den Kopf legt (Guillaume, 1971). Daraus kann man folgern, daß Nachahmung keine geeignete Strategie ist, um Kindern im Frühstadium der Entwicklung neue Fähigkeiten beizubringen.

In den ersten Stadien des Nachahmungsunterrichts hilft man den Kindern häufig bei der Ausführung der Tätigkeit, die sie nachahmen sollen. Sind sie später allein dazu in der Lage, ist darin unter Umständen nur ein Hinweis zu sehen, daß die *Tätigkeit* gelernt wurde, nicht aber daß sie die Nachahmung als allgemeines Prinzip erlernt haben. Obwohl also die Nachahmung scheinbar erfolgreich beigebracht wurde, weil die betroffene Person bestimmte Tätigkeiten oder Geräusche imitiert, bedeutet das nicht unbedingt, daß die Fähigkeit verallgemeinert werden kann, das heißt, daß die betroffene Person nun leichter Zeichen oder Wörter nachahmt, die andere Menschen benutzen.

Daß Nachahmung keine Voraussetzung für den Spracherwerb ist, wurde bei Kindern und Erwachsenen mit umfassenden motorischen Störungen überzeugend nachgewiesen. Viele Menschen, die kaum in der Lage sind, irgendwelche Tätigkeiten nachzuahmen, entwickeln dennoch die Fähigkeit, Probleme zu lösen, Sprache gut zu verstehen und sich durch Schrift oder graphische Zeichen der Sprache zu bedienen. Auch geistig schwer behinderten Menschen, die das Nachahmen nicht erlernten, konnte man den Gebrauch von graphischen Zeichen und Gebärden beibringen.

TRINKEN

Mehrere Studien haben gezeigt, daß die Nachahmung im Vergleich zu anderen Strategien des Sprachunterrichts nur von begrenzter Wirksamkeit ist (Gibbon unbd Grundwell, 1990; Nelson et al., 1996). Die Nachahmung und das Führen der Hände im Gebärdenunterricht wurden nur in wenigen Studien verglichen. Iacono und Parsons (1986) bedienten sich dieser beiden Strategien bei der Intervention mit drei stark geistig behinderten Jugendlichen im Alter zwischen 11 und 15 Jahren. Zwei von ihnen hatten noch nie Gebärdenunterricht erhalten. Dem dritten Jugendlichen hatte man mehrere Jahre zuvor die Gebärde TRINKEN beigebracht, aber er hatte sie nie spontan benutzt. In einer Untersuchung der Nachahmungsfähigkeit gelang es einem der Jugendlichen (F.L.), sechs von zehn Gebärden zu imitieren, die beiden anderen schafften es bei keiner einzigen.

Der Unterricht war so angelegt, daß man zuerst versuchte, mit Hilfe der Nachahmung die Gebärden KEKS und TRINKEN oder KEKS und LUTSCHER zu lehren. Dann versuchte man, eine Gebärde durch Nachahmung und die andere durch Führen der Hände beizubringen. Zuletzt wurden beide Gebärden durch Führen der Hände geübt. Die Ergebnisse zeigen eindeutig, daß das Nachahmen bei diesen Personen keine gute

Unterrichtsstrategien war (Abb. 28). Selbst F.L., dem es gelungen war, Gebärden nachzuahmen, zog aus dem Unterricht mit der Nachahmung keinen Nutzen.

KEKS

Die Forderung, es müsse aus praktischen Gründen eine Fähigkeit zur Nachahmung vorhanden sein, ist in erheblichem Umfang ein Vermächtnis des traditionellen Sprechunterrichts, in dem die Nachahmung von Geräuschen ein wichtiges Element darstellt. Sprechunterricht ist ohne die Nachahmung von Geräuschen schwer durchzuführen, denn Lippen, Zunge und andere Teile des Artikulationsapparats lassen sich nicht ohne weiteres so führen, daß ein bestimmtes Wort ausgesprochen wird. Einer der großen Vorteile Unterstützter Kommunikationssysteme besteht darin, daß keine Nachahmung erforderlich ist, weil die Hilfe und Anleitung beim Zeigen auf Zeichen und ihrer Ausführung auf andere Weise gegeben werden können. Nachahmung *kann* eine nützliche Strategie sein, vorausgesetzt, die betroffene Person versteht, worum es dabei geht, das heißt, sie muß die Nachahmung als Metafähigkeit erworben haben.

Motorische Fähigkeiten

In der Intervention mit motorisch gestörten Personen wurde besonderes Schwergewicht auf ein vorbereitendes motorisches Training gelegt. Zur Bedienung einer Kommunikationshilfe sind bestimmte motorische Fähigkeiten notwendig, aber oft dient die Beherrschung einer ganz bestimmten Form der Benutzung als Grundlage für die Entscheidung, ob man der betroffenen Person den Gebrauch einer solchen Hilfe erlaubt. Obwohl die Betroffenen in der Regel über ihren Kopf die beste motorische Kontrolle haben, lehrt man sie gewöhnlich zuerst, Schalter mit den Händen zu bedienen.

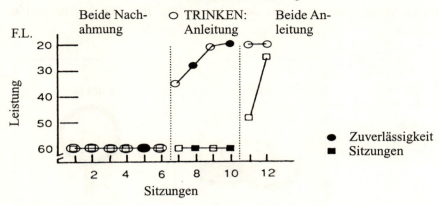
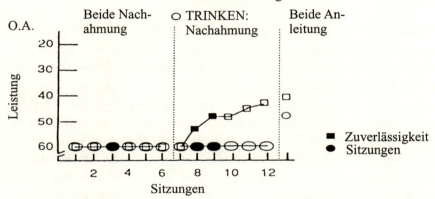
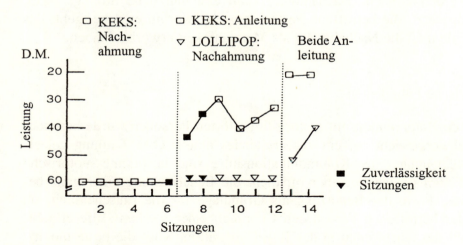

Abb. 28 *Lernkurven bei Nachahmung und Anleitung (Iacono und Parsons, 1986. Der niedrigste mögliche Wert ist 60, der höchste 20.*

Das Training der motorischen Fähigkeiten, die zur Benutzung einer Kommunikationshilfe notwendig sind, sollte zur gleichen Zeit stattfinden wie der Unterricht in der Benutzung der Hilfe selbst; muß die kognitive Belastung gering gehalten werden, sollte man allerdings nicht beides in einer Tätigkeit vereinigen. Zu diesem Zweck läßt man die betroffene Person beispielsweise ein Spiel spielen, Einfluß auf die Umwelt ausüben oder andere Tätigkeiten ausführen, die sich der gleichen Bewegung bedienen. Gleichzeitig kann man das Zeichensystem auf helferabhängige Weise benutzen, so daß die betroffene Person mit seiner Funktion vertraut wird. Gibt man ihr beispielsweise eine Kommunikationshilfe, die sich des automatischen Scanning bedient, bedient man sich dieser zunächst in Form des Partnerscannings: Der Gesprächspartner zeigt, und die betroffene Person gibt zu verstehen, wann der andere auf die richtige Spalte und das richtige Wort deutet. Später kann die betroffene Person unter Umständen auch das unabhängige Scanning erlernen.

Gestützte Kommunikation (*facilitated communication*)

Gestützte Methoden haben in den letzten Jahren beträchtliche Aufmerksamkeit auf sich gezogen, und ihr Einsatz ist sehr umstritten. Zunächst benutzte man sie Ende der sechziger und Anfang der siebziger Jahre in Dänemark und in einem gewissen Umfang auch in den USA zum Nachweis „versteckter Fähigkeiten", in jüngster Zeit gewannen sie aber durch Einflüsse aus Australien insgesamt an Popularität (von Tetzchner, 1997c). Sie bestehen darin, daß man einer in ihrer Kommunikation behinderten Person in irgendeiner Weise körperlich hilft, auf eine herkömmliche Kommunikationstafel mit Buchstaben, Bildern oder graphischen Zeichen zu zeigen, oder mit einer elektronischen Kommunikationshilfe oder einem Computer zu schreiben. Der *Stützer*, das heißt die Person, die dem behinderten Menschen hilft, bietet unter Umständen „handgreifliche" Unterstützung: Sie hält die Hand der behinderten Person und spreizt in der Regel den Zeigefinger von den anderen Fingern ab, um Zeigebewegungen zu erleichtern; allerdings besitzen viele Menschen mit beeinträchtigter Kommunikation die mechanisch-motorischen Fähigkeiten, die für selbständiges Zeigen notwendig sind, und nutzen sie bei anderen Gelegenheiten auch. Der Stützer kann auch den Arm oder den Ärmel festhalten oder einer Hand auf die Schulter, das Bein oder eine andere Körperstelle der behinderten Person legen. Das führt dazu, daß die behinderte Person ihre Bewegungen verlangsamt oder die Hand von der Tafel zurückzieht und offenkundige Fehler vermeidet. Außerdem kann der Stützer verbale Auslöser und Ermutigung liefern (Crossley, 1994).

> Eine Wiederbelebung der „versteckten Fähigkeiten" gab es 1986 in Dänemark: Eine Gruppe schwerbehinderter Jugendlicher in einem Heim für geistig Behinderte war angeblich in der Lage, Buchstabentafeln zu benutzen, wenn man ihnen beim Zeigen half. Sie konnten weder sprechen noch eine Gebärdensprache benutzen, und sie waren auch nicht in der Lage, allein auf die Buchstaben auf der Tafel zu zeigen. Die Behauptung lautete: Wenn man ihnen hilft, können sie nicht nur ihren Bedürfnissen Ausdruck verleihen, sondern anderen Heimbewohnern, Angehörigen und Mitglieder des Personals auch kompliziertere Gedanken und Gefühle mitteilen (Bo-enheden M-huset, 1986; Johnson, 1989).

GUTE MENSCHEN SIND IMMER GLÜCKLICH *Karina*	JESPER DER FEIGLING MACHT KÖRPER UND SEINE SEELE ZU KANN SIE NICHT AUFMACHEN NICHT MAL MIT HILFE UND EINES TAGES WÄHLE ICH MEIN EIGENES LEBEN *Jesper*	ICH WILL NICHT STERILISIERT WERDEN, DENN DAS HEISST OPERATION. ICH HABE VORHER DIE PILLE GENOMMEN, UND ICH WÜRDE SIE GERN WIEDER NEHMEN. *Maja*
JETZT HAST DU DEINE ZWEIFEL *Karsten*	ICH SCHLAFE DEN GANZEN TAG AUF DEM SOFA MIT BOHNEN IM BAUCH *Karl*	UNSERE FREUNDSCHAFT IST GUT. KARIN IST AUCH MEINE FREUNDIN. *Leo*
LIEBE ZWISCHEN FREUNDEN IST ETWAS ANDERES. ICH KANN ES NICHT ERKLÄREN. LIEBE ZWISCHEN ERWACHSENEN IST GRÖSSER ALS VERLIEBTHEIT. *Pernille*		

Das wichtigste Thema in der Diskussion über gestützte Methoden ist die Frage, wie die Mitteilungen erzeugt werden. von Tetzchner (1996a) unterscheidet zwischen gestützter, falscher und automatischer Kommunikation. Bei der *gestützten Kommunikation* haben die Mitteilungen ihren Ursprung im Geist der in ihrer Kommunikation behinderten Person.

Manchmal (aber nicht immer) weisen sie auf ein Verständnis für Sprache und Kommunikation hin, das sich nur dann zeigt, wenn die betreffende Person von einem Stützer behutsam angeleitet wird. Bei der *automatischen Kommunikation* werden die Mitteilungen von den Stützern erzeugt, ohne daß diese sich dessen bewußt wären. *Falsche Kommunikation* schließlich besteht aus Nachrichten, welche die Stützer bewußt produzieren, weil es in irgendeiner Form ihren eigenen Zwecken dient.

Daß manche in ihrer Kommunikation behinderten Menschen sich mit Hilfe gestützter Methoden ausdrücken können, steht nicht zur Diskussion. Aber selbst wenn diese Art der Kommunikation tatsächlich eine echte Erleichterung darstellt, ist sie nur von geringem Interesse, wenn der behinderte Mensch mit anderen Mitteln ebensogut oder besser kommunizieren kann. Die eigentliche Frage lautet: Kommuniziert die betroffene Person bei Anwendung gestützter Methoden besser, als wenn sie sich selbständig der Kommunikation bedient? Viele in ihrer Kommunikation behinderte Menschen zeigen angeblich mit nur geringer oder gar keiner Anleitung unentdeckte Kommunikations- und Buchstabierfähigkeiten (z.B. Biklen, 1990; Crossley und Remington-Gurney, 1992; Johnson, 1989; Sellin, 1992). Diese Behauptung ist das Kernthema und der Mittelpunkt empirischer Studien.

Es wurde eine ganze Reihe von Studien geplant, mit denen man die gestützte Methoden „validieren" wollte, das heißt man wollte zeigen, ob es sich bei Mitteilungen, die bei der kommunikationsbehinderten Person auf eine unerwartet hohe Sprachfähigkeit schließen lassen, um echte gestützte Kommunikation handelt. Wegen dieses Ziels können Validierungsstudien grundsätzlich recht einfach angelegt sein; es herrscht Einigkeit darüber, daß eine echte Kommunikationssituation notwendig ist, das heißt, der behinderte Mensch muß in der Situation Informationen an einen Kommunikationspartner übermitteln, die der Stützer nicht kennen oder erraten kann. Beträchtliche Meinungsverschiedenheiten bestehen aber in der Frage, was für Situationen man zu diesem Zweck nutzen kann und wie man die Ergebnisse der gestützten Methoden beurteilen soll. Die meisten Befürworter der gestützten Kommunikation, das heißt jene, nach deren Behauptung sich auf diese Weise tatsächlich unerwartete Fähigkeiten zeigen, bevorzugen anscheinend „qualitative Belege". Andere behaupten, es seien kontrollierte Studien erforderlich, die entweder ähnlich angelegt sind wie Labor- oder Freilandexperimente oder aber die aus schriftlichen Dialogen bestehen, so daß der Stützer die Äußerungen des Kommunikationspartners nicht sieht. Die dabei angewandten Methoden sind grundsätzlich ähnlich, unterscheiden sich aber ein wenig in den Bedingungen für die jeweiligen Kontrolle. In manchen Studien benutzte man Kopfhörer zur akustischen Abschirmung, so daß nur der behinderte Mensch selbst die gesprochenen Fragen oder Anweisungen hörte. In anderen Untersuchungen schirmte man Karten mit Wörtern oder Sätzen sowie Bilder oder Gegenstände vor den Blicken des Stützers ab, oder dieser mußte einfach in eine andere Richtung blicken. In manchen Studien schließlich tat die behinderte Person etwas, oder man sagte ihr etwas, oder man zeigte ihr einen Gegenstand oder einen Videofilm, ohne daß der Stützer anwesend war, und dann sollte sie die betreffenden Informationen mit Hilfe der gestützten Kommunikation weitergeben.

Der Hintergrund dieser experimentellen Methoden ist die Notwendigkeit, daß der Stützer die durch die gestützte Methode vermittelte Information nicht kennen oder erraten darf, so daß er nicht ihre Quelle sein kann. Die verfügbaren Belege zeigen eindeutig, daß gestützte Kommunikation in der Regel zu automatischem Schreiben führen, so daß die Gedanken und Einstellungen des Stützers offengelegt werden. Wie man an den kontrollierten Studien erkennt, schreiben die Stützer der betroffenen Person häufig Fähigkeiten zu, die sie nicht besitzt. Was die in ihrer Kommunikation behinderte Person angeht, sind gestützte Methoden häufig eher eine Anweisung denn eine Unterstützung, und der „unerwartete" Einfluß des Stützers ist anscheinend wesentlich einfacher nachzuweisen als die Fähigkeiten der Person, mit der die gestützte Kommunikation angewandt wird. (Zusammenfassende Darstellungen aus unterschiedlichen Blickwinkeln finden sich bei Biklen, 1993; Crossley und Remington-Gurney, 1992; Green, 1994; Haskew und Donnellan, 1992; Klewe et al., 1994; von Tetzchner, 1996a.)

8. Die Auswahl der ersten Zeichen

Die ersten Zeichen, die eine betroffene Person lernt, sind von besonderer Bedeutung: Auf ihrer Grundlage bildet sich das Verständnis dafür, wie Zeichen sich einsetzen lassen. Sie sind auch die Zeichen, deren Unterricht am schwierigsten ist und die meiste Zeit in Anspruch nimmt; später ist zum Erlernen von Zeichen im allgemeinen weniger Zeit erforderlich. Deshalb ist die Auswahl der ersten Zeichen besonders wichtig. Wenn man hier die "richtige" Wahl trifft, kann das den Unterrichtsprozeß erleichtern. Dieses Kapitel behandelt die ersten zehn bis 20 Zeichen. Es verfolgt *nicht* das Ziel, eine Liste bestimmter Zeichen zu empfehlen, sondern sein Gegenstand sind die Prinzipien, nach denen man sich für die ersten Zeichen entscheiden sollte.

Die Zeichen sollten auf der Grundlage ihrer allgemeinen Nützlichkeit ausgewählt werden. Die wichtigsten Kriterien sind dabei die Bedürfnisse, Interessen und Wünsche der Person, die sie benutzen soll. Deshalb sollte man es sich zur Regel machen, zu Beginn diejenigen Zeichen zu unterrichten, von denen der Lehrer weiß - oder mit gutem Grund annehmen kann -, daß die betroffene Person sie gern benutzen würde. Auf diese Weise sorgt man für Motivation und Aufmerksamkeit, und der Zweck der Verwendung von Zeichen ist einfacher zu verstehen. Die Bedeutung dieser Vorteile kann man gar nicht hoch genug einschätzen. Motivation, Aufmerksamkeit und das Verständnis für die Nützlichkeit der Kommunikation sind Voraussetzungen, die in der Ausbildung von Personen mit umfassenden Sprach- und Kommunikationsstörungen häufig fehlen.

Darüber, daß man Zeichen anhand ihrer Nützlichkeit auswählen sollte, besteht allgemein Einigkeit; weniger einhellig sind jedoch die Ansichten darüber, was nützlich ist. Häufig mißt man den Nutzen für das Umfeld der betroffenen Person einen höheren Stellenwert bei als den Vorteilen für die Person selbst. Nutzen bedeutet: Die betroffene Person kann sich verständlich machen, und zwar so, daß sie aus eigener Initiative an Aktivitäten teilnehmen und sich erwünschte Gegenstände verschaffen kann. Besonders wichtig ist eine solche Nützlichkeit für Personen aus der Gruppe 3 (UK als Ersatz für Lautsprache), aber auch bei Personen aus den beiden anderen Gruppen bildet sie die Grundlage für die Auswahl der Zeichen.

Personen aus der Gruppe 2 (UK zur Unterstützung der Lautsprache) haben häufig Schwierigkeiten, nach bestimmten Gegenständen oder Tätigkeiten zu fragen, oder sie können sich in manchen Situationen nur schwer verständlich machen. Kommt es häufig zu Diskussionen um Spielzeug, können MEIN, DEIN und SEIN/IHR nützlich seien. ZUERST kann in dem Sinn „ich hatte es zuerst" verwendet werden. In anderen Fällen haben sich auch Zeichen für Gefühle wie ÄRGERLICH und WEINEN („traurig") bei Kindern mit schwierigen Temperament als nützlich erwiesen. Es muß aber betont werden, daß solche Wörter unter Umständen schwierig zu unterrichten sind, und wenn sie als erste Zeichen eingesetzt werden, sollten die betreffenden Kinder über ein gutes Verständnis für Lautsprache verfügen.

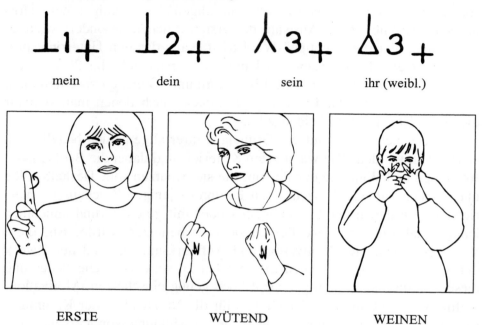

mein   dein   sein   ihr (weibl.)

ERSTE   WÜTEND   WEINEN

Viele Personen aus der Gruppe 1 verstehen Lautsprache relativ gut. Dann verfolgt man mit den ersten Zeichen nicht den Zweck, ihnen die Zeichenbenutzung beizubringen, sondern man möchte in ihnen das Gefühl wecken, daß die Zeichen nützlich sind. In der spontanen Kommunikation werden häufig keine Kommunikationstafel verwendet (Glennen und Calculator, 1985; Harris, 1982), und viele Zeichen, die typischerweise auf solchen Tafeln angebracht werden, ermutigen nicht dazu, sie zu benutzen (Abb. 29). Die ersten Zeichen sollten der betroffenen Person besseren Zugang zu den von ihr gewünschten Tätigkeiten und Gegenständen verschaffen, und sie sollten ihr bessere Möglichkeiten bieten, die Aufmerksamkeit der Kommunikationspartner auf Themen zu lenken, für die sie sich interessieren.

Auch andere Menschen haben einen Bedarf für ein oder mehrere ganz bestimmte Zeichen. Angehörige und andere, die mit der betroffenen Person engen Kontakt haben, müssen sich verständlich machen können, und die Nützlichkeit der Zeichen sollte man auch unter dem Gesichtspunkt dieser Notwendigkeit betrachten. Eltern und andere bedeutsame Menschen im Umfeld eines Kindes müssen zu Erziehungszwecken in der Lage sein zu erklären, was das Kind darf, was gefährlich ist und wie es sich benehmen soll. Außerdem müssen sie mitteilen können, was als nächstes geschehen wird, denn Verhaltensstörungen und Ängste haben bei sprachbehinderten Personen häufig damit zu tun, daß sie nicht verstehen, was andere von ihnen wollen (Frith, 1989). Deshalb sollte man den betroffenen Personen beibringen, Signale und Zeichen für Anweisungen zu verstehen, denn sie machen das Leben einfacher und beseitigen Mißverständnisse sowie Konflikte.

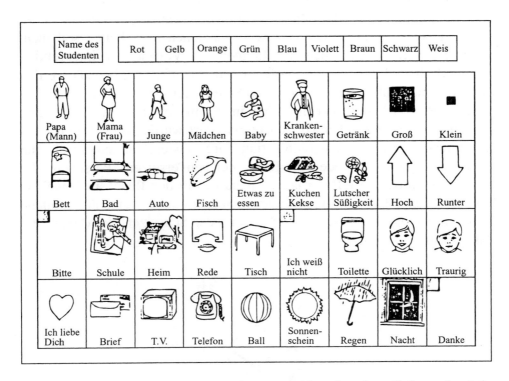

Abb. 29 *Beispiele für Kommunikationstafeln, die den Gebrauch nicht fördern. (Feallock, 1958; McDonald und Schultz, 1973).*

Vorhandene Kommunikationsfähigkeiten

Nur in seltenen Fällen verfügt eine betroffene Person zu Beginn des Kommunikationsunterrichts über keinerlei Kommunikationsfähigkeiten. Bei der Auswahl der Zeichen sollte man die vorhandenen Fähigkeiten berücksichtigen. Sie haben sich in der Regel durch die Interaktion zwischen der betroffenen Person und ihren Angehörigen entwickelt, und unter Umständen hat es Jahre gedauert, bis Angehörige und andere gute Bekannte bestimmte Geräusche, Gesten, Gesichtsausdrücke und so weiter verstehen konnten. Wichtig ist auch, daß man diese „private" Kommunikation nicht als Ausgangspunkt benutzt, das heißt, es sollte nicht darum gehen, daß die betroffene Person Dinge, die sie bereits mitteilen kann, auf neue Art ausdrückt. Wenn beispielsweise ein Junge mit den Lippen schmatzt und auf diese Weise ausdrückt, daß er gern ein paar Rosinen hätte, sollte ROSINEN nicht zu den ersten Zeichen gehören, die er lernt. Würde der Lehrer sich entschließen, dem Jungen die Gebärde oder das graphische Zeichen ROSINEN beizubringen, müßte dieser etwas bereits Bekanntes verlernen, das heißt, man würde ihn eines Teils der Kommunikationsfähigkeiten berauben, über die er bereits verfügt. Die Intervention hat das Ziel, mehr Kommunikationsfähigkeiten zu schaffen, aber die Form der bereits vorhandenen Fähigkeiten soll nicht verändert werden. Ein wichtiges Element im Vorfeld der Intervention besteht deshalb darin, daß die professionellen Helfer sich bewußt werden und verstehen, über welche kommunikativen Ausdrucksformen die betroffene Person bereits verfügt. Erst in einem späteren Stadium, wenn der herkömmliche Zeichenwortschatz erweitert wurde, kann man die ursprüngliche Form der Kommunikation durch andere, allgemein übliche Gebärden, graphische oder greifbare Zeichen ersetzen. Personen, die eine Kommunikationshilfe erhalten, benutzen in der Regel auch weiterhin Geräusche, Gesten, Blicke und so weiter, auch wenn ihre übliche Kommunikation über graphische Zeichen oder Schrift erfolgt (Heim und Baker-Mills, 1996; Light, 1985).

Ausdrücken und Verstehen

Der Unterricht in Unterstützter Kommunikation verfolgt das Ziel, den betroffenen Personen ein besseres Mittel zur Verfügung zu stellen, mit dem sie sich ausdrücken und die Mitteilungen anderer Menschen verstehen können. Im Ausdrucksunterricht lernen sie, sich selbst anderen gegenüber auszudrücken. Beim Verständnistraining dagegen bringt man ihnen bei zu verstehen, was andere ihnen mitteilen wollen.

In der Praxis besteht Sprach- und Kommunikationsintervention in der Regel sowohl aus Verständnis- als auch aus Ausdrucksunterricht. Sowohl theoretische als auch praktische Erwägungen sprechen aber dafür, in den ersten Unterrichtsstadien entweder dem einen oder dem anderen den Vorrang einzuräumen. Die theoretischen Argumente erwachsen unter anderem aus unterschiedlichen Ansichten über die Beziehung zwischen Sprache und Kognition in der Entwicklung des Menschen. Diejenigen, die das Verständnistraining in den Vordergrund stellen, stützen ihrer Argumente auf die Theorie, Kinder müßten zunächst Begriffe erwerben, bevor sie Wörter oder Zeichen lernen können. Nach dieser Ansicht ist es ganz natürlich, daß man mit dem Lehren von Begriffen beginnt und dann davon ausgeht, daß Zeichen benutzt werden, sobald die Begriffe verstanden wurden. Allgemein wurde unterstellt, das Verstehen müsse in der Sprachentwicklung immer der Benutzung vorausgehen; heute hat sich jedoch stärker die Meinung durchgesetzt, daß Benutzung und Verständnis von Ausdrücken sich gleichzeitig entwickeln und einander ergänzen. Manchmal ist die Benutzung eines Zeichens oder Wortes durch eine Person weiter entwickelt als ihr Verständnis für das gleiche Zeichen oder Wort, ein anderes Mal wird zuerst die Verständnisfähigkeit erworben (Clark, 1982). Begriffe und Wörter können sich also in unterschiedlicher Reihenfolge entwickeln, und Kinder können Begriffe lernen, indem sie Wörter oder Zeichen benutzen.

Wenn die Notwendigkeit besteht, der einen oder anderen Form des Unterrichts den Vorrang einzuräumen, ist es nach unserer Ansicht am produktivsten, wenn man das Schwergewicht auf den Ausdrucksunterricht legt. Dafür gibt es mehrere Gründe. Zwischen dem Verständnis dafür, wie andere Menschen ein Zeichen benutzen, und dem Beginn der Benutzung dieses Zeichens durch die betroffene Person selbst besteht kein eindeutiger Zusammenhang. Andererseits schließt die Benutzung eines Zeichens ein, daß man seine Bedeutung erlernt. Andere Menschen reagieren auf die Art, wie die betroffene Personen die Zeichen benutzt, und diese Reaktionen machen es ihr im Laufe der Zeit möglich zu verstehen, wie die Zeichen benutzt werden. Die Wahrscheinlichkeit, daß Ausdrucksunterricht auch zum Verständnis führt, ist deshalb größer als die Aussicht, durch Verständnistraining zur ausdrucksorientierten Zeichenverwendung zu gelangen.

Im herkömmlichen Unterricht für Kinder mit verzögerter Sprachentwicklung führt Verständnistraining nicht zur Sprachbenutzung (Leonard, 1981). Autistische Kinder, denen man beigebracht hatte, sich auszudrükken, konnten Gebärden besser verstehen und benutzen als solche, die das Verständnis gelernt hatten (Watters, Wheeler und Watters, 1981).

In einer Studie an Kindern mit Down-Syndrom stellten Romski und Ruder (1984) fest, daß die gleichzeitige Anwendung von Gebärden und Lautsprache nicht zu besseren Ergebnissen führte als ein Unterricht, der sich ausschließlich der Lautsprache bediente. Das ist ein ziemlich einzigartiger Befund, denn im allgemeinen führte der unterstützende Einsatz von Zeichen bei dieser Gruppe zu sehr guten Ergebnissen (vgl. z.B. Johansson, 1987; Kotkin, Simpson und Desanto, 1978; Launonen, 1996, 1998; le Prevost, 1983). Der methodische Unterschied zwischen dieser Studie und anderen bestand darin, daß *die Kinder selbst die Zeichen nicht benutzten*. Statt dessen bedienten sich die Lehrer selbst entweder der Zeichen und der Lautsprache gleichzeitig oder nur der Lautsprache. Diese Studie spricht für die Annahme, daß motorische Leistungsfähigkeit für das Erlernen von Gebärden von Bedeutung ist, und sie zeigt sehr nachdrücklich, wie wichtig es ist, daß die betroffenen Personen selbst die Zeichen erzeugen.

Ein anderer wichtiger Grund, warum man das Schwergewicht bei der Intervention nicht auf das Verständnis, sondern auf die Ausdrucksfähigkeit legen sollte, ist die Tatsache, daß die betroffenen Personen durch den Ausdrucksunterricht unmittelbar lernen, Einfluß auf ihr Umgebung zu nehmen. Beim Verständnistraining ergreift der Lehrer die Initiative, während die sprachbehinderte Person Antworten liefert oder Anweisungen ausführt. Im Ausdruckstraining verschiebt sich die Kommunikationsinitiative zu der betroffenen Person. Mangelnde Kommunikationsinitiative ist aber eines der grundlegenden Probleme bei Personen mit umfangreichen Sprachbehinderungen. Bringt man solchen Personen bei, sich auszudrücken, besteht mehr Grund zu der Hoffnung, daß auch ihre Initiative im Bereich der Kommunikation gefördert wird.

Daß man dem Ausdrucksunterricht den Vorrang einräumt, bedeutet aber nicht, daß das Verständnistraining in der Intervention keinen Platz hätte. Insbesondere wenn bereits eine ganze Reihe von Zeichen erlernt wurde, dürfte es sehr nützlich sein, wenn man Ausdruck und Verständnis der gleichen Zeichen parallel unterrichtet.

Für manche Gruppen von Behinderten sollte das Schwergewicht auf dem Verständnisunterricht liegen. Das gilt insbesondere für Mädchen und Frauen mit dem Rett-Syndrom - hier ist das charakteristische Merkmal die Apraxie, das heißt die Unfähigkeit, willkürliche Handlungen auszuführen. Die Betroffenen sind fast überhaupt nicht in der Lage, sich auszudrücken, und der Unterricht sollte deshalb vor allem das Ziel verfolgen, das Verständnis für Sprache und alltägliche Tätigkeiten zu verbessern (von Tetzchner, 1997b).

Aus der besonderen Betonung des Ausdrucksunterrichts folgt auch nicht, daß die Verständnisfähigkeit für die Auswahl der Zeichen bedeutungslos wäre. Zeichen, die bekannten Wörtern der Lautsprache entsprechen, lernen die betroffenen Personen schneller als solche, die zu unbekannten Wörtern gehören (Clarke, Remmington und Light, 1986). Auch ein Verständnis für die Situation dürfte das Erlernen der Zeichen erleichtern. Eine ganze Reihe von Beispielen zeigen, daß Kinder in den ersten Stadien der normalen Sprachentwicklung die Wörter in Situationen verwenden, mit denen sie vertraut sind. Blooms Tochter zum Beispiel bediente sich des Wortes *Auto* nur im Zusammenhang mit den Autos, die sie vom Fenster aus sah (Bloom, 1973). Entsprechend ist es auch im Unterricht mit Zeichen oder Lautsprache am einfachsten, mit dem Erlernen von Zeichen oder Wörtern in vertrauten Situationen zu beginnen, in denen die Funktion der Zeichen oder Wörter bekannt ist.

Allgemeine und spezifische Zeichen

Nach unserer Ansicht sollten die ersten Ausdruckszeichen *spezifisch* sein, das heißt, sie sollten im Zusammenhang mit engen oder grundlegenden Kategorien von Gegenständen und Tätigkeiten stehen. Die Alternative bestünde darin, die Zeichen mit allgemeineren oder weiter gefaßten Klassen von Gegenständen, Tätigkeiten oder Ereignissen in Verbindung zu bringen. KAFFEE, SAFT, FLECHTEN und NÄHEN kann man als spezifische Zeichen betrachten, TRINKEN und ARBEITEN dagegen sind allgemein. ARBEITEN zum Beispiel kann sowohl Nähen als auch Flechten oder Rasenmähen bezeichnen.

Daß man keine allgemeinen, sondern spezifische Zeichen wählt, sofern es praktisch möglich ist, hat einen einfachen Grund: Man vermeidet damit Probleme, die beim Erlernen neuer Zeichen auftreten können. Hat die betroffene Person beispielsweise gelernt, die Gebärde TRINKEN in einer Situation anzuwenden, in der sie jedesmal Saft erhält, ist es später unter Umständen schwierig, ihr das Zeichen SAFT beizubringen. Zu diesem Zweck muß der Lehrer dann entweder TRINKEN und SAFT zu einem Satz aus Gebärden zusammenfügen, oder er muß vielleicht eine Übung einführen, bei der die betroffene Person zunächst TRINKEN verwendet, der Lehrer dann WAS fragt und die betroffene Person mit SAFT antwortet. Ein solcher Unterricht wird mühsam und bietet eine

Fülle von Gelegenheiten für Mißverständnisse. Zum Erlernen eines spezifischen Zeichens kann auch gehören, daß das allgemeine Zeichen verlernt wird, insbesondere wenn die betroffene Person das allgemeine Zeichen spezifischer deutet, als der Lehrer beabsichtigt hatte, das heißt, wenn es auf eine Weise interpretiert wird, die teilweise oder völlig dem Gebrauch des spezifischen Zeichens entspricht. Jemand kann beispielsweise TRINKEN in der Bedeutung von „Saft" auffassen. Dabei besteht eine große Gefahr, daß die betroffene Person etwas mißversteht, denn sie interpretiert ein allgemeine Zeichen unter Umständen schnell als spezifisch, wenn es dazu dient, ein interessantes Objekt oder eine interessante Tätigkeit zu kennzeichnen.

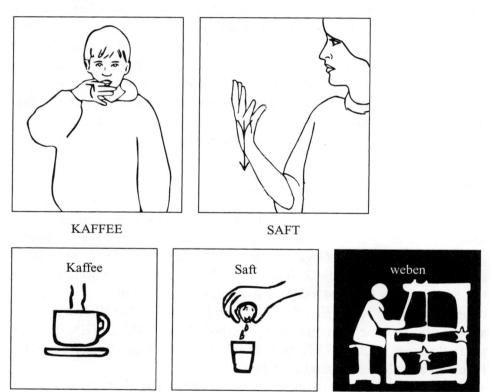

Signalzeichen können sowohl spezifisch als auch allgemein sein, aber im Gegensatz zu Ausdruckszeichen kennzeichnen die ersten Signalzeichen häufig eine allgemeine Situation, wie beispielsweise ESSEN vor einer Mahlzeit, SPORT vor körperlicher Betätigung oder MUSIK vor der Musiktherapie und anderen musikalischen Aktivitäten.

Durch den Ausdrucksunterricht mit der Verwendung von Gebärden, greifbaren und graphischen Zeichen soll die betroffene Person in die Lage versetzt werden, Wünschen und Gedanken Ausdruck zu verleihen und auf ihre Umgebung auf eine gesellschaftlich anerkannte Weise Ein

NÄHEN

TRINKEN　　　　　　　　ARBEITEN

fluß zu nehmen. Sie muß lernen, welche Folgen die Verwendung eines Zeichens haben kann. Jedes Zeichen sollte zu anderen Konsequenzen führen, so daß sie nicht alle als Variationen eines allgemeinen Zeichens gedeutet werden. Wenn eine Person die Zeichen BALL, BOOT und SCHERE ausführt, während diese Gegenstände in der Nähe sind, und daraufhin jedesmal ein Stück Schokolade erhält, wird sie lernen, daß

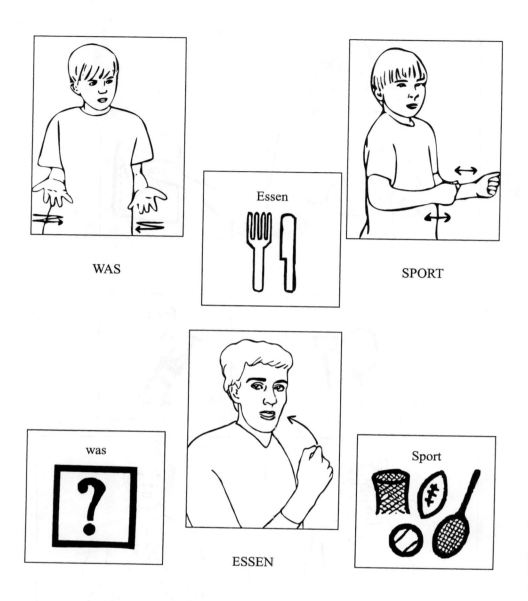

BALL „Schokolade" bedeutet, wenn ein Ball auf den Tisch gelegt wurde; BOOT heißt „Schokolade", wenn sich ein Boot auf dem Tisch befindet, und SCHERE bedeutet „Schokolade", wenn eine Schere auf den Tisch liegt. Die Schokolade erschwert also das Verständnis für den Zusammenhang zwischen BALL und der Tätigkeit, einen Ball zu rollen oder zu werfen, zwischen BOOT und dem Spielen mit dem Boot in der Badewanne, und zwischen SCHERE und der Tätigkeit des Schneidens von Papier.

Ein vorrangiges Ziel für Personen aus der Gruppe 1 besteht darin, daß sie in der Lage sein sollen, von sich aus Gespräche und andere Formen der Interaktion in Gang zu setzen. Außerdem sollten die Zeichen, die sie lernen, vielfältige Situationen und Themen abdecken. Als erste allgemeine Zeichen dürften beispielsweise KOMMEN, SCHAUEN, SPIELEN und REDEN nützlich sein. Bei solchen allgemeinen Ausdrükken besteht aber immer noch die Gefahr, daß die betroffene Person passiv bleibt und daß vorwiegend andere darüber bestimmen, an welchen Tätigkeiten sie teilnimmt. Zur Forderung der Selbständigkeit muß sie in der Lage sein, bei der Entscheidung über Tätigkeiten selbst die Initiative zu ergreifen; deshalb sind auch spezifische Zeichen wie BUCH, COMPUTER, PUPPE und AUTO als erste Zeichen für diese Gruppe nützlich.

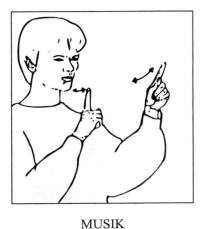

MUSIK

Wiederholungen

Für alle drei Gruppen ist es von entscheidender Bedeutung, daß die ausgewählten Zeichen recht häufig benutzt werden können. In den Gruppen 2 und 3 ist außerdem wichtig, daß der potentielle Kommunikationszusammenhang, den man wählt, häufig vorkommt; die Zeichen sollten so oft wiederholt werden, daß sie erlernt werden können. So eigenem sich beispielsweise die Zeichen SCHWIMMEN und REITEN in den ersten Stadien des Ausdrucksunterrichts nicht besonders gut, weil diese Aktivitäten nur einmal in der Woche oder noch seltener ausgeführt werden. Findet der Unterricht im natürlichen Umfeld der betroffenen Person statt, besteht die beste Strategie in der Verwendung von Zeichen, die sich in Verbindung mit täglichen Routinetätigkeiten und anderen häufig wiederholten Aktivitäten einsetzen lassen. Bei den ersten Zeichen handelt es sich üblicherweise um die Namen von Lebensmitteln oder anderen Gegenständen und Tätigkeiten, die normalerweise nicht sonderlich häufig erwähnt werden. In speziellen und geplanten Trainingssituationen hat der Lehrer größeren Einfluß darauf, die oft die Zeichen benutzt werden, und es kann sich als vorteilhaft erweisen, wenn man der betroffenen Person

durch die Gestaltung der Situation die Möglichkeit gibt, solche Zeichen durch intensives oder sehr häufiges Üben zu lernen - allerdings unter der Bedingung, daß sie sich nicht langweilen darf. Tätigkeiten, die der betroffenen Person Spaß machen, lassen sich im natürlichen Umfeld leichter wiederholen.

Wie Forschungsarbeiten in neuester Zeit gezeigt haben, ist die häufige Benutzung durch Erwachsene für den Erwerb der allerersten lexikalischen Formen sehr wichtig (Harris, 1992). Auch greifbare und graphische Zeichen sowie Gebärden sollten von den Menschen im Umfeld der betroffenen Personen häufig genug benutzt werden, damit der strukturierte Unterricht unterstützt wird.

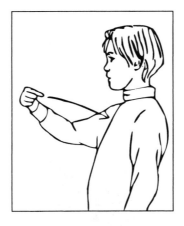

KOMMEN

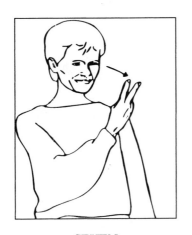

SEHEN

SPIELEN

217

BUCH

PUPPE

Buch

Computer

Puppe

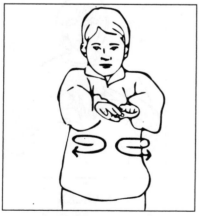
SCHWIMMEN

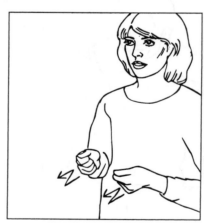
REITEN

schwimmen

reiten

Lastwagen

Motorische Fähigkeiten

Die Schüler müssen das Zeichen so ausführen können, daß es leicht zu verstehen ist. Gebärden stellen die größten Anforderungen an die motorischen Fähigkeiten und sollten nicht eingesetzt werden, wenn motorische Störungen ihrer Ausführung behindern. Die betroffenen Personen sollten bei der Ausführung der Zeichen keine allzu großen Schwierigkeiten haben, denn sonst konzentriert sich ihre Aufmerksamkeit auf die Artikulation, so daß sie den Blick für die Funktion der Zeichen verlieren.

Viele Menschen, die Unterstützte Kommunikation brauchen, sind unbeholfen, und die von ihnen ausgeführten Gebärden sind unter Umständen schwer zu erkennen. Führt eine betroffene Personen die Zeichen auf kindliche oder schwerfällige Weise aus, kann der Gesprächspartner beispielsweise Zeichen wie ESSEN und TRINKEN verwechseln. Häufig steht man dem Problem gegenüber, daß die betroffene Person ihre Hand nicht in unterschiedliche Formen bringen kann; das hat zur Folge, daß die Hand sowohl für ESSEN als auch für TRINKEN einfach zum Hund geführt wird, ohne daß sie aber die erforderliche Form einnimmt. Deshalb ist es praktischer, wenn man statt TRINKEN zuerst DURSTIG benutzt, denn bei der Gebärde DURSTIG befinden sich die Hände relativ zum Körper in einer anderen Position. Auf diese Weise können beide Zeichen benutzt werden, ohne daß man für ihre Artikulation zuviel Aufwand treiben muß. Das Schwergewicht sollte nicht auf der Artikulation, sondern auf der Funktion der Zeichen liegen, insbesondere wenn man der betroffenen Person die ersten Zeichen beibringt. Zwei andere Zeichen, die häufig eingesetzt werden und sich nur schwer unterscheiden lassen, sind AUTO und MILCH. Anstelle von AUTO verwendet man besser das Zeichen FAHREN, denn seine Artikulation ist von der für MILCH leichter zu unterscheiden.

Findet man in einer Situation keine Gebärden, die leicht auszuführen sind, besteht eine andere Strategie darin, die Zeichen zu vereinfachen. Allerdings - und dessen muß man sich in jedem Fall bewußt sein - führt eine Vereinfachung der Artikulation von Zeichen nicht *immer* dazu, daß sie einfacher zu erlernen sind. Viele Menschen mit umfangreichen Kommunikationsstörungen lernen Gebärden leichter als graphische Zeichen, obwohl diese immer einfacher auszuführen sind. Offensichtlich hilft die eigentliche motorischen Erzeugung von Gebärden - die für jede Gebärde anders aussieht -, die einzelnen Zeichen zu unterscheiden. Auch das erfordert, daß die Zeichen im Hinblick auf ihre motorische Artikulation unterschiedlich sind.

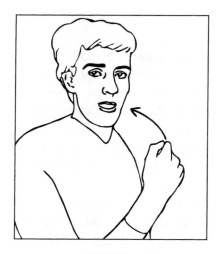
ESSEN

TRINKEN

DURST

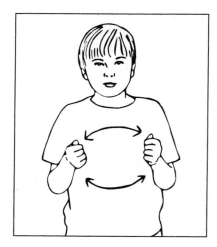
AUTO

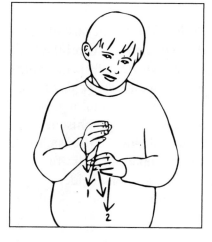
MILCH

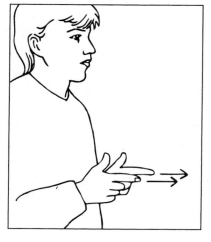
FAHREN

Für die Beantwortung der Frage, wodurch sich einfach und schwierig zu erlernende Gebärden unterscheiden, gibt es keine festen Regeln; Studien liefern aber Hinweise darauf, was für Vereinfachungen man vornehmen sollte. Die Handform sollte einfach sein, und es sollte nicht notwendig sein, die Finger in eine ungewöhnliche Haltung zu bringen. Beidhändige Zeichen sind einfacher zu erlernen als solche, die mit einer Hand ausgeführt werden. Auch symmetrische Zeichen, bei denen beide Hände die gleiche Bewegung ausführen, werden einfacher erlernt als asymmetrische, bei denen die Hände unterschiedliche Funktionen haben. Ein gutes Hilfsmittel für das Erlernen und die Ausführung von Zeichen sind offensichtlich Berührungen. Gebärden, bei denen die Hände den Körper berühren, sind einfacher zu erlernen als Zeichen, die keinen Kontakt zwischen Händen und Körper erfordern. Wie vielleicht nicht anders zu erwarten, sind auch komplexe Zeichen schwieriger zu erlernen als solche mit nur einer Bewegung (Dennis, Reichle, Williams und Vogelsberg, 1982; Grove, 1990). Bevor man genau weiß, wie man Zeichen am besten vereinfachen sollte, sind weitere Erkenntnisse erforderlich, und man sollte dabei auch individuelle Unterschiede in Rechnung stellen. Solche Umstände in Betracht zu ziehen, ist sowohl bei der Auswahl als auch bei der Vereinfachung von Gebärden äußerst sinnvoll.

Die wichtigste motorische Fähigkeit, die zur Ausführung graphischer Zeichen benötigt wird, ist die Fähigkeit zum Zeigen. Die Genauigkeit der Bewegungen bestimmt über die Größe der Zeichen und die Abstände zwischen ihnen, und von ihr hängt es deshalb auch ab, wie viele graphische Zeichen auf der Kommunikationstafel Platz haben. Wichtig ist auch die Stellung auf der Kommunikationstafel; manchmal kann man nur manche Bereiche der Tafel nutzen (Abb. 30). Wenn die betroffenen Personen mit dem Erlernen graphischer Zeichen beginnen, ist es unbedingt erforderlich, daß das Zeigen so wenig Schwierigkeiten wie möglich bereitet, damit sie sofort Erfolgserlebnisse haben. Auch die Menschen im Umfeld der betroffenen Personen sind es nicht gewohnt, sich graphischer Zeichen zu bedienen. Kann die betroffene Person ausreichend schnell zeigen, trägt das auch dazu bei, daß die Gesprächspartner frühere Kommunikationsgewohnheiten durchbrechen, bei denen sie die Kommunikationssituation völlig beherrschten.

Wahrnehmung

Von entscheidender Bedeutung für die Auswahl eines Zeichensystems und einzelner Zeichen ist die Fähigkeit der betroffenen Person, Sinneseindrücke wahrzunehmen. Ein Sehbehinderter kann unter Umständen nur schwer zwischen den Gebärden anderer unterscheiden und sie identifizieren, es sei denn, sie werden nach Art der Blinden und Gehörlosen angewandt, das heißt, die Hände werden vom Kommunikationspartner im Sinne der Zeichen bewegt. Auch beim Erlernen von Ausdruckszeichen ist das Sehvermögen eine Hilfe. Gebärden, welche die betroffene Person bei der Ausführung selbst sehen kann, sind meist leichter zu Erlernen als andere (Luftig, 1984). Die Sehschärfe bestimmt über die Größe graphischer Zeichen und über ihre Auswahl. Bei verminderter Sehschärfe fällt es der betroffenen Person unter Umständen schwer, zwischen ähnlichen graphischen Zeichen zu unterscheiden. Wenn die Betroffenen nur über einen Teil des Sehfeldes verfügen oder auf einem Auge blind sind, kann man unter Umständen nur einen Teil der Kommunikationstafel nutzen. Bei schwerer Sehbehinderung verwendet man meist Kommunikationshilfen mit künstlicher Sprachausgabe. Solche Geräte bedienen sich meist mehrerer Schalter oder eines Concept Keyboard, bei dem jedes Feld eine andere Oberflächenbeschaffenheit hat (Mathy-Laikko et al., 1989).

Abb. 30 *Die Tafeln können je nach den Einschränkungen in Motorik und Wahrnehmungsfähigkeit des Nutzers ungewöhnlich gestaltet sein.*

Graphische Systeme wurden in einem gewissen Umfang für Sehbehinderte wahrnehmbar oder fühlbar gemacht. So hat man beispielsweise räumlich ausgeformte PIC-Zeichen hergestellt, die durch Tasten mit den Fingern wahrgenommen werden können. Sie sind besonders für Menschen mit teilweise gestörtem Sehvermögen nützlich, die den Tastsinn als Ergänzung zum Sehen benutzen. Ist die betroffene Person dagegen völlig darauf angewiesen, die Unterschiede zwischen den Zeichen durch Berührung wahrzunehmen, eignen sich derartige PIC-Zeichen nicht besonders gut. Formen mit den Fingern zu fühlen, ist schwierig. Viele gut sichtbare Unterschiede sind durch Tasten nicht ohne weiteres wahrzunehmen. Besser bedient man sich eines Systems greifbarer Zeichen, welches die durch die Sehbehinderung vorgegebenen Möglichkeiten und Grenzen in Rechnung stellt. So bestehen beispielsweise die Premack-Wortbausteine aus leicht erkennbaren Formen, die man handhaben und weiter untersuchen kann.

Für die visuelle Wahrnehmung optischer Eindrücke spielen nicht nur die Sehbehinderungen im üblichen Sinn eine Rolle. Auch Gehirnschäden erschweren manchmal in die Weiterverarbeitung und Interpretation visueller Eindrücke, ja sogar das Erkennen allgemein bekannter Gegenstände (Humphreys und Riddoch, 1987). Auch übermäßige Reizselektion macht die Unterscheidung zwischen graphischen Zeichen manchmal schwieriger. Übermäßige Reizselektion bedeutet, daß die betroffene Person zur Identifizierung eines Gegenstandes nur einen der verfügbaren Hinweise oder einige wenige verwendet (Løvaas, Koegel und Schreibman, 1979). Ändert man die Eigenschaften, die der betroffenen Person als Hinweise für die Erkennung eines bestimmten Objektes dienen, wird dieses Objekt nicht mehr erkannt. Übermäßige Reizselektion kommt häufig bei Menschen mit starken geistigen Behinderungen vor. Hat man einen entsprechenden Verdacht, sollte man graphische Zeichen wählen, die nur wenige gemeinsame Eigenschaften haben, so daß die Wahrscheinlichkeit einer Verwechslung geringer ist.

Hat die betroffene Person Schwierigkeiten, die Unterschiede zwischen PIC-Zeichen oder den Zeichen eines anderen graphischen Systems zu sehen, ist es unter Umständen notwendig, die Form der Zeichen zu vereinfachen oder zu ändern. Dies kann man mit einem schwarzen Filzschreiber tun.

Verfügt die betroffene Person über eine gewisse Verständnisfähigkeit für Lautsprache, ist es sehr wichtig, daß man diese Fähigkeit nutzt. Menschen mit entwicklungsbedingter Dysphasie haben beispielsweise häufig Schwierigkeiten, zwischen ähnlich klingenden Wörtern (Homonymen) zu unterscheiden. Man sollte deshalb sorgfältig darauf achten, daß man keine Zeichen auswählt, die solchen Wörtern mit ähnlichem Klang entsprechen.

Ikonizität

Ikonizität gilt als Bedingung, die den Erwerb der Gebärden wie auch der graphischen Zeichen erleichtert.

Ikonizität bedeutet, daß zwischen der Ausführung oder dem Aussehen eines Zeichens und leicht erkennbaren Merkmalen des bezeichneten Gegenstandes oder der entsprechenden Tätigkeit eine Ähnlichkeit besteht. Die Ikonizität wird mit den Begriffen der Transparenz und Transluzenz gemessen.

Als *Transparenz* bezeichnet man die Leichtigkeit, mit der Personen, die das Zeichen nicht kennen, seine Bedeutung erraten können. Die Transparenz, manchmal auch „Erratbarkeit" genannt, ist das Merkmal, das man gewöhnlich mit der Ikonizität in Verbindung bringt.

Transluzenz besagt, wie leicht man einen Zusammenhang zwischen Bedeutung und Aussehen eines Zeichens herstellen kann, wenn seine Wortbedeutung mitgeteilt wird.

Opazität bedeutet, daß zwischen der Bedeutung eines Zeichens und seinem Aussehen oder seiner Ausführung auch dann kein Zusammenhang zu erkennen ist, wenn man die Wortbedeutung kennt.

MÄDCHEN (amerikanische Gebärdensprache)

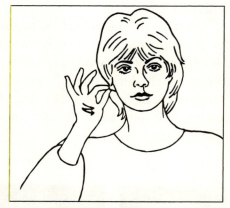

MÄDCHEN (deutsche Gebärdensprache)

Ein Zeichen kann auch dann transluzent sein, wenn es sich bei dem wahrgenommenen Zusammenhang nicht um die wirkliche Verbindung zwischen Bedeutung und Form des Zeichens handelt. In der amerikanischen Gebärdensprache ist MÄDCHEN zum Beispiel sehr transluzent: Viele Menschen erkennen einen Zusammenhang zwischen seiner Ausführung - man streicht mit dem Daumen quer über die Wange - und der Tatsache, daß Mädchen häufig weiche Wangen haben. In Wirklichkeit hat die Gebärde ihren Ursprung aber darin, daß die Mädchen in der Vereinigten Staaten im 19. Jahrhundert Hauben trugen, die mit einem unter dem Kinn geknoteten Band befestigt waren. Die streichende Bewegung quer über die Wange soll das Band andeuten (Klima und Bellugi, 1979).

Gebärden

Welcher Zusammenhang zwischen der Ikonizität und dem Erlernen von Gebärden besteht, hängt einerseits von der jeweils untersuchten Gruppe ab und andererseits davon, ob Transparenz oder Transluzenz als Maß für die Ikonizität dient (Doherty, 1985).

Zwischen den beiden Fragen, wie einfach Erwachsene die Bedeutung einer Gebärde erraten können und wie leicht sie die Gebärde erlernen, besteht kein eindeutiger Zusammenhang. Die Transparenz einer Gebärde, gemessen daran, wie Erwachsene ihren Sinn erraten, ist nicht unbedingt von Bedeutung dafür, wie einfach sie sich diese Gebärde aneignen können. Gehörlose Kinder lernen in ihrer Frühentwicklung nicht mehr ikonische Gebärden, als man es aufgrund der Gemeinsamkeiten der Gebärden in der amerikanischen Gebärdensprache erwarten würde (Bonvillian et al., 1981). Brown (1977) stellte fest, daß Kinder transparente Gebärden schneller erkennen lernen als nicht transparente; anderen Autoren gelang es weniger gut, bei geistig Behinderten einen solchen Zusammenhang zwischen Transparenz und Erkennung (Miller, 1987) oder Transparenz und Produktion (Trasher und Bray, 1984) nachzuweisen. Wie Goosens (1983) jedoch feststellte, besteht ein Zusammenhang zwischen der Transparenz und der Erkennung von Gebärden, wenn geistig Behinderte es gewohnt sind, gleichzeitig auch die Transparenz der Zeichen festzustellen. Daß die Transparenz für die Erkennung erlernter und dann wieder vergessener Zeichen eine Rolle spielt, ist nicht verwunderlich, denn die Fähigkeit, die Bedeutung der Zeichen zu erraten, ergibt sich aus der Definition der Transparenz. Da man vergessene Zeichen erraten kann, erzielt man mit transparenten Zeichen in dieser Hinsicht immer eine höhere Wiedererkennungsquote als mit opaken Zeichen, deren Bedeutungen weniger leicht zu erraten sind. Aber auch Zeichen, die für manche Menschen - beispielsweise Universitätsstudenten - transparent sind, haben diese Eigenschaft für andere – zum Beispiel geistig behinderte Kinder in einer Sonderschule - nicht unbedingt. MILCH war im 19. Jahrhundert wahrscheinlich für Kinder recht transparent, weil viele von ihnen schon einmal gesehen hatten, wie eine Kuh von Hand gemolken wird. Heute würden die wenigsten Kinder die Gebärde mit dem Melken in Verbindung bringen.

Welche Unterschiede es in der Wahrnehmung der Transluzenz gibt, zeigt sich sehr deutlich in einer Studie an 100 amerikanischen Gebärden für Namen von Gegenständen, die im Unterricht geistig behinderter Menschen häufig eingesetzt werden. Eine Gruppe normal entwickelter Sechsjähriger stufte nur eine Gebärde (nämlich TELEFON) als stark transluzent ein. Hörende und gehörlose Schüler bezeichneten 26 Zeichen als transluzent. Von den Kindern erhielten 55 und von den hörenden Schülern 48 Gebärden die Einstufung einer geringen Transluzenz, die gehörlosen Schüler dagegen stuften nur 16 Zeichen als gering transluzent ein (Griffith und Robinson, 1981).

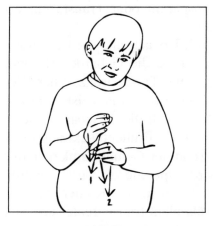

MILCH

TELEFON (amerikaische Gebärdensprache)

Was die Anwendung der Gebärden betrifft, spielt eine starke oder schwache Transluzenz den Forschungsergebnissen zufolge eine Rolle dafür, wie leicht geistig Behinderte die Zeichen lernen (Kohl, 1981). Im Zusammenhang mit dem Erkennen der Gebärden stellte sich heraus, daß Zeichen mit einer hoch eingestuften Transluzenz besser in Erinnerung bleiben als solche mit geringer Transluzenz (Griffith und Robinson, 1980). Das ist auch nicht anders zu erwarten, denn viele stark transluzente Zeichen sind auch sehr transparent.

Daß Universitätsstudenten von der Transluzenz profitieren, wenn sie sich an die Gebärden erinnern, ist nicht verwunderlich. Die Wahrnehmung eines Zusammenhanges erleichtert ihnen die Erinnerung an ein bestimmtes Zeichen, und die Herstellung solcher Verbindungen ist eine häufig angewandte Gedächtnistechnik (vgl. Klima und Bellugi, 1979; Luria, 1969). Für normale Dreijährige dagegen ist die Ikonizität anscheinend keine Hilfe bei der Erkennung von Gebärden (Miller, 1987). Wenn geistig Behinderte transluzente Gebärden nicht schneller erlernen als solche, die nicht transluzent sind, dann vermutlich deshalb, weil ihnen die Fähigkeiten zur Nutzung solcher Ähnlichkeiten fehlen, das heißt, sie sind nicht in der Lage, den Zusammenhang zwischen der gerade ausgeführten Gebärde und einem bestimmten Aspekt des dargestellten Gegenstandes oder der dargestellten Tätigkeit zu erkennen.

Für die Theorie, daß Ikonizität kleinen Kindern und geistig Behinderten den Erwerb der ersten Gebärden erleichtert, gibt es also wenig oder gar keine Belege. Bei anderen Erwachsenen jedoch macht sie die Erkennung und Erzeugung von Gebärden einfacher. Die Auswahl ikonischer Gebärden dürfte Erwachsenen also dabei helfen, sich an die Bedeutung der Zeichen zu erinnern, und das schafft ein aufgeschlosseneres Sprachumfeld, weil bessere Aussichten bestehen, daß das Zeichen erkannt wird. Aus diesem Grund sollte man ikonische Zeichen wählen, wenn man die Wahl zwischen Gebärden hat, die ansonsten in ihrer Funktion gleichwertig zu sein scheinen und einfach zu erlernen sind.

Graphische Zeichen

Bei der Beurteilung der Ikonizität in graphischen Zeichensystemen ist die bildliche Ähnlichkeit deutlicher zu erkennen. Viele derartige Systeme bestehen aus mehr oder weniger stark stilisierten Zeichnungen, und man hat sogar Zeichnungen, die zu keinem Zeichensystem gehören, als ikonisch bezeichnet (vgl. Hurlbut et al., 1982). Zeichen dieses Typs nennt man auch *Piktogramme*. Eine ganze Reihe graphischer Zeichen sind keine Piktogramme im strengen Wortsinn, aber sie bilden Gegenstände oder Tätigkeiten ab, die man in der Regel mit dem, was das Zeichen bezeichnet, in Verbindung bringt. Solche Zeichen nennt man häufig auch *Ideogramme*. Viele Ideogramme ergeben sich als ganz natürliche Folge aus der Tatsache, daß nicht alle Wörter sich ohne weiteres bildlich darstellen lassen. Es gibt aber auch graphische Zeichensysteme mit geringer oder gar keiner Ikonizität, wie beispielsweise die Lexigramme.

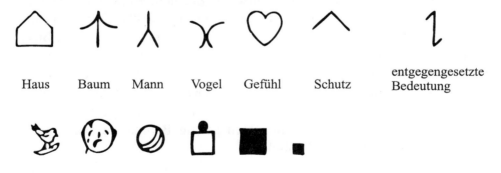

Grob gesagt, sind die als Piktogramme bezeichneten Bliss-Symbole und Rebuszeichen transparent, als Ideogramme bezeichnete Zeichen dagegen sind transluzent. Die Bliss-Symbole *HAUS*, *BAUM*, *MANN* und

VOGEL gelten als Piktogramme, und das gleiche gilt auch für die Rebus-Zeichen *VOGEL*, *WEINEN* und *BALL*. Dagegen handelt es sich bei den Bliss-Symbolen *GEFÜHL*, *SCHUTZ* und *GEGENÜBER* um Ideogramme, und das gleiche gilt auch für die Rebuszeichen *AUF*, *GROSS* und *KLEIN*. Das PCS-Zeichen *HILFE* ist ein typisches Ideogramm. Das gleiche gilt auch für *HEIM* und *FREUNDE*, die meisten anderen PIC-Zeichen sind jedoch Piktogramme. Es besteht - auch wenn die Frage noch nicht wissenschaftlich untersucht wurde - Grund zu der Annahme, daß ikonische graphische Zeichen, die den Namen von Gegenständen entsprechen, transparent sind, während solche, die Verben oder anderen Wortarten entsprechen, eher transluzent sind. Höchstwahrscheinlich gibt es unter den Zeichen für Gegenstände auch mehr ikonische Zeichen als in anderen Zeichengruppen (Abb. 31).

Es gibt nur wenige vergleichende Untersuchungen der Zeichen eines einzigen Systems. Fuller (1997) stellte mit einer einfachen Assoziationsaufgabe fest, daß die Wortbedeutungen transluzenter Bliss-Symbole einfacher in Erinnerung zu behalten waren als solche, die weniger transluzent waren. Versuche, die Bedeutung der Ikonizität mit Sicherheit nachzuweisen, konzentrierten sich auf den Vergleich unterschiedlicher Systeme. Die Ergebnisse der meisten derartigen Studien zeigen, daß Systeme mit einem größeren Abteil ikonischer Zeichen leichter zu erlernen sind als solche mit vielen nicht-ikonischen Zeichen. Bliss-Symbole werden im allgemeinen leichter erlernt als Premack-Wortbausteine (in ihrer visuellen Form), und Rebuszeichen sind einfacher zu lernen als Bliss-Symbole. Die Unterschiede, über die in diesem Zusammenhang berichtet wurde, ergaben sich in Studien mit assoziativem Lernen und Zeichenerkennung, in denen die Versuchspersonen sich erinnern mußten, welche Zeichen bestimmten Wörtern entsprechen. Wie Hurlbut und seine Kollegen (1982) jedoch feststellten, benutzen geistig Behinderte auch Zeichnungen spontaner als Bliss-Symbole.

Aufgrund solcher Vergleiche zwischen den Systemen scheint es, als sollte man ikonische graphische Zeichen als Ausgangspunkt wählen. Für eine solche Schlußfolgerung gibt es aber keine gesicherte Begründung. Menschen mit schweren geistigen Behinderungen können nicht immer wahrnehmen, was ein Bild darstellen soll. Das kann unter Umständen

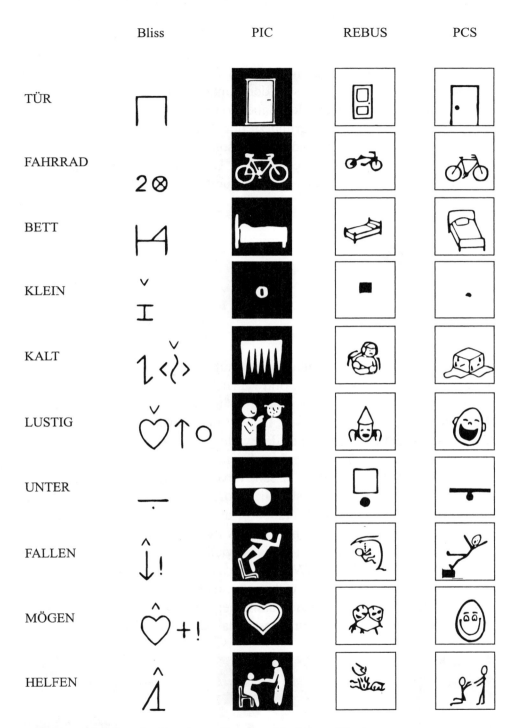

Abb. 31 *Graphische Zeichen, die verschiedenen Wortgruppen entsprechen.*

bedeuten, daß bildliche Unterschiede, die den meisten Menschen als groß erscheinen, weil sie unterschiedliche Bedeutungen wiedergeben, für die betroffene Person durchaus nicht so deutlich zu erkennen sind, weil diese den Bildinhalt nicht wahrnimmt. So erkennen manche Menschen zum Beispiel kaum einen Unterschied zwischen den PIC-Zeichen für *GABEL* und *ZAHNBÜRSTE*, weil sie sich der Funktion dieser Gegenstände nicht bewußt sind und die Zinken der Gabel sowie die Borsten der Zahnbürste nicht bemerken. Es besteht Grund zu der Annahme, daß viele Menschen mit schweren geistigen Behinderungen solche Unterschiede kaum wahrnehmen können, vielleicht wegen einer Überselektion von Reizen oder wegen einer schlechten Strategie des visuellen Scannings (vgl. Lyon und Ross, 1984).

Das Erkennen von Gegenständen auf Bildern ist nur ein kleiner Schritt in der Entwicklung der Bildwahrnehmung. Auf Bildern Tätigkeiten wahrzunehmen, wird in einem späteren Stadium erlernt als die Wahrnehmung von Objekten (de Loache und Burns, 1994; Kose et al., 1983). Angesichts der Tatsache, daß viele geistig Behinderte nur schwer Gegenstände auf Bildern erkennen können (Dixon, 1981), sollte man noch größere Vorsicht walten lassen, bevor man die Wahrnehmung anderer Bildinhalte als selbstverständlich voraussetzt. Tätigkeiten, Präpositionen und so weiter im Bild eindeutig auszudrücken, ist nicht einfach. Wenn der Schüler nicht versteht, daß das Zeichen eine Tätigkeit darstellt oder signalisieren soll, erkennt er darin vielleicht einen Gegenstand. Die PIC-Zeichen *LAUFEN*, *SPRINGEN* und *STEHEN* werden ebenso leicht als „Mann" oder „Mensch" wahrgenommen. Ähnliche bildliche Darstellungen lassen nur die Zeichen ähnlicher erscheinen, und das führt bei den Lernenden eher zur Verwirrung als daß es ihnen hilft.

Diese Erörterung soll kein Argument gegen die Verwendung ikonischer Zeichen in den ersten Unterrichtsstadien sein. Es gibt gute Gründe für die Annahme, daß solche Zeichen den Lernprozeß vereinfachen, wenn die betroffenen Personen die erforderliche Verständnisfähigkeit für Bilder erworben haben. Bei vielen Menschen mit geistigen Behinderungen ist das aber nicht der Fall. Wenn jemand offensichtlich nicht in der Lage ist, den figürlichen Bildinhalt wahrzunehmen, auf den man in der Auswahl der Zeichen das Schwergewicht gelegt hat, handelt es sich für diese Person nicht um ikonische Zeichen, und dann können sie das Lernen auch nicht vereinfachen. Es wird immer wichtiger dafür zu sorgen, daß die betroffenen Personen zwischen den Zeichen, die verwendet werden sollen, unterscheiden können. Zu diesem Zweck kann man die Unterscheidungsfähigkeit mit herkömmlichen Methoden trainieren. Kann eine betroffene Person ikonische graphische Zeichen auseinanderhalten, ist es von Vorteil, wenn man solche Zeichen benutzt, denn das kann dazu beitragen, daß die Menschen in ihrem Umfeld angemessen auf die Verständnis- und Ausdrucksfähigkeit reagieren.

Das Bestreben, die Bedeutung der Zeichen zu erläutern und deutlich zu machen, kann manchmal unglückselige Folgen haben. *JA* und *NEIN* werden zum Beispiel meist durch ein lächelndes und ein trauriges Gesicht dargestellt. Das entspricht aber keineswegs genau dem Gebrauch der beiden Wörter. Die Gesichter sind mit Sicherheit irreführend, wenn man sie in Fragen anwendet wie *Bist du traurig? Bist du wütend? Ist er weggegangen? Regnet es?* Oder *Ist es kaputt?* Das kann zur Folge haben, daß die betroffene Person ganz allgemein das Zeichen *NEIN* als negativ und das Zeichen *JA* als positiv interpretiert. Außerdem besteht Grund zu der Annahme, daß die Gesprächspartner der betroffenen Person die Zeichnungen selbst für bare Münze nehmen und darin einen Hinweis sehen, ob die betroffene Person glücklich oder traurig ist.

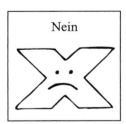

Greifbare Zeichen

Die Transparenz oder Transluzenz greifbarer Zeichen wurde bisher nicht wissenschaftlich untersucht. In der Literatur über Ikonizität wurden die Premack-Wortbausteine als visuelle Formen behandelt. Für Personen, die sehen können oder früher sehen konnten und deshalb in der Lage sind, aufgrund visueller Eigenschaften geistige Bilder aufzubauen, dürften Transparenz und Transluzenz ähnlich aussehen wie bei graphischen Zeichen. Blinde jedoch, die bei der Identifizierung ausschließlich auf Tasteindrücke angewiesen sind, bedienen sich unter Umständen anderer Erkennungsmerkmale als bei der visuellen Erkennung, und damit werden Tastzeichen auch durch andere Merkmale transparent oder transluzent (siehe von Tetzchner und Martinsen, 1980; Warren, 1994). Oft dienen Modelle wirklicher Gegenstände als greifbare Zeichen. Sehbehinderte können aber solche Modelle unter Umständen nicht sofort erkennen, sondern sie sind darauf angewiesen, ihre Bedeutung zu erlernen; demnach sind die Zeichen nicht transparent, sondern transluzent.

Einfache und zusammengesetzte Begriffe

Wenn man bei Personen, die in ihrer Kommunikation stark behindert sind, mit dem Sprachunterricht beginnt, muß man in Rechnung stellen, was die Schüler an den Zeichen verstehen können. Welche Begriffe in dieser Hinsicht einfach oder schwierig sind, ist aber nicht unter allen Umständen geklärt. „Mama" und „Papa" zum Beispiel sind wohl kaum als schwierige Begriffe anzusehen, aber unter Umständen ist es dennoch nicht einfach, das Verständnis für die Zeichen MAMA und PAPA sowie ihre Verwendung als Ausdrucksmittel zu lehren.

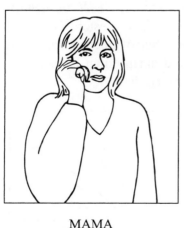

MAMA

PAPA

Statt von einfachen und schwierigen Begriffen zu sprechen, sollte man das Schwergewicht lieber auf die Umstände legen, derentwegen die Begriffe einfach oder schwierig zu lehren sind. Lahey und Bloom (1977) legen großen Wert auf die „Einfachheit der Demonstration" bei der Auswahl der ersten Zeichen und nennen als Beispiel die Schwierigkeiten, den inneren Zustand einer Person deutlich zu machen; dies ist für sie ein Argument, bei der Zusammenstellung des ersten Wortschatzes für sprachbehinderte Kinder auf Zeichen zum Ausdruck von Gefühlen zu verzichten.

Als Lahey und Bloom ihre Richtlinien formulierten, dachten sie vermutlich an Kinder mit verzögerter Sprachentwicklung und weniger umfassenden Behinderungen. Sie nehmen offenbar an, ein Kind mit einer Kommunikationsstörung werde in der Lage sein, aus der Beobachtung anderer Menschen zu lernen, so daß man die Einfachheit der Demonstration in einem recht buchstäblichen Sinn interpretieren könne. Das stimmt für viele Personen aus der Gruppe 1, aber für Menschen mit umfangreicheren Sprachstörungen geht es bei der „Einfachheit der Demonstration" der ersten Zeichen um die Herstellung impliziter Unterrichtssituationen, das heißt, die Situation muß den Zusammenhang zwischen dem Zeichen und den Veränderungen der Situation so deutlich wie möglich machen. Für den Unterricht von Signalzeichen bedeutet das, daß Gegenstände und Tätigkeiten sich in Funktion und Anlage von einer Gelegenheit zur nächsten in vernünftigem Maße ähneln sollten, so daß sie bei jeder Verwendung wiederzuerkennen sind.

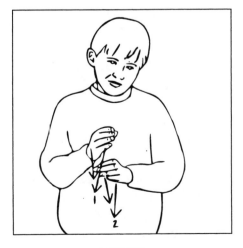

MILCH

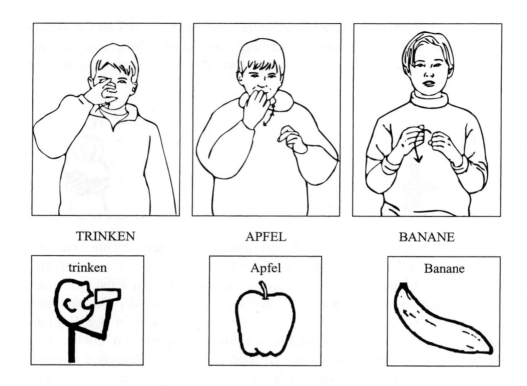

Sehr wichtig ist auch, daß sich die ersten Zeichen in ihrem Inhalt nicht zu stark ähneln, damit sie keine Verwirrung erzeugen. Festzustellen, ob Zeichen sich in ihrem Inhalt ähnlich sind, ist jedoch keine einfache Aufgabe. Ähnlichkeit kann bedeuten, daß beide Zeichen in dieselbe Kategorie gehören oder daß eines eine Untergruppe des anderen darstellt. So sind beispielsweise sowohl SAFT als auch MILCH eine Form von GETRÄNK. APFEL und BANANE sind OBST, KARTOFFEL und WÜRSTCHEN sind ABENDESSEN. Und alle sind ESSEN. Es ist üblich, in einer bestimmten Situation zwei oder drei Dinge aus derselben Kategorie einzusetzen, aber man sollte möglichst keine Zeichen verwenden, bei denen eines ein Teil eines anderen ist. ESSEN und TRINKEN dienen häufig als Signalzeichen, wenn man andere Wörter für Lebensmittel übt, aber die beiden Zeichen werden nicht so benutzt, daß die Zeichen für andere Lebensmittel die Funktion von Unterkategorien haben. Die Bedeutung von ESSEN kann man ebenso gut als „Du kannst jetzt etwas zu essen haben" beschreiben. Entsprechend signalisiert TRINKEN „Du kannst jetzt etwas zu trinken haben". Zeichen dieses Typs benennen also *Bereiche*, in denen meist unterschiedliche Zeichen benutzt werden.

Wenn man mit dem Unterrichten der Zeichen beginnt, lernen die betroffenen Personen keinen allgemeinen Wortgebrauch, wie man ihn bei sprachkompetenten Menschen findet. Diese bedienen sich eines Wortes

FRUCHT

KARTOFFEL

WÜRSTCHEN

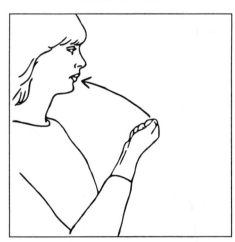
MITTAGESSEN

ESSEN

Hot Dog

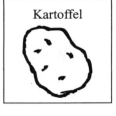
Kartoffel

essen

wie *Wurst* in den unterschiedlichsten Kombinationen: zum Beispiel als *geräucherte Wurst, Wurstbrötchen, Leberwurst* und so weiter. Personen mit Kommunikatiosstörungen dagegen erlernen zunächst einen *begrenzten* Gebrauch der Zeichen. WURST übersetzt man zum Beispiel am besten mit dem Satz „ich möchte eine heiße Wurst". Mit WURST zu sagen „da ist eine Wurst" oder mit WURST ROT „ich möchte eine Krakauer" ist eine Fähigkeit, die erst in einem späteren Stadium erlernt wird, denn dazu muß das Zeichen WURST in verschiedenen Situationen unterschiedliche Funktionen erfüllt haben. Verwechselt eine betroffene Person die Zeichen HOSE und HEMD, nachdem beide in einer einzigen Situation geübt wurden (Doherty, 1985), besteht Grund zu der Annahme, daß die beiden Kleidungsstücke nicht systematisch mit den getrennten Tätigkeiten des Anlegens von Hose oder Hemd identifiziert werden. Die Situation, in der das Ankleiden stattfand, enthielt keine ausreichenden Hinweise, anhand derer die betroffene Person zwischen ihnen unterscheiden kann.

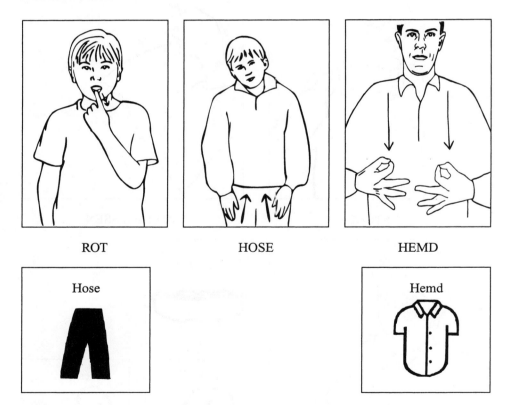

ROT   HOSE   HEMD

Hose   Hemd

Ein weiterer Weg, um Wörter mit einem Begriffsinhalt zu finden, der für die betroffene Person einfach zu erlernen ist, bestand darin, daß man die Wörter festhielt, die Kinder während des Sprechenlernens benutzen. Dahinter stand die Annahme, diese Wörter müßten Begriffen entsprechen, über die auch Menschen mit schlechter Kommunikationsfähigkeit verfügen oder die solche Menschen gerade lernen; demnach, so glaubte man, müßten sie die geeignetsten Wörter sein, die man als erste lehren soll, sowohl bei normalen Kleinkindern in den ersten Entwicklungsstadien als auch bei Personen mit umfassende Kommunikationsstörungen, die erst später eine Sprache erwerben. Lahey und Bloom (1977) nennen aufgrund ihrer Annahmen darüber, was Kinder im Frühstadium der Sprachentwicklung ausdrücken, sechs Regeln zur Auswahl der ersten Wörter:

> *Wörter für Objekte* (Gegenstände, Menschen und Orte) kann man je nach der Situation, in der die betroffene Person sich gerade befindet, relativ frei auswählen.
>
> *Beziehungswörter* (Verben, Adjektive, Präpositionen und so weiter) sollte man so wählen, daß sie sich zusammen mit allen oder vielen Objekten verwenden lassen.
>
> Zu vermeiden sind *Wörter für innere Gefühle*, denn diese sind schwierig zu zeigen und damit auch schwierig zu lehren.
>
> Zu vermeiden sind *Ja* und *Nein* als Ausdruck für Bestätigung und Verneinung. Nein kann man benutzen, um andere wichtige Bedingungen auszudrücken.
>
> Zu vermeiden sind Pronomen, denn diese werden in der Regel in einem späteren Stadium erworben. Statt dessen sollte man *Mama* und *Papa* sowie die Namen von Menschen benutzen.
>
> Zu vermeiden sind Farben und Gegensätze (*groß - klein*). Man sollte jeweils nur ein Element eines solchen Paares verwenden, denn Gegensätze werden erst in einem späteren Stadium erlernt und können das Kind unter Umständen verwirren. Statt dessen verwendet man besser das Wort *nicht*: Man sagt zum Beispiel nicht *klein*, sondern *nicht-groß*.

Viele dieser Aussagen sind durchaus sinnvoll. Man sollte aber den Unterschied zwischen Wörtern für Gegenstände und Beziehungswörtern nicht an die Wortarten koppeln. Eine Wortart ist nur aufgrund der Funktion definiert, welche die betreffenden Wörter in einem Satz erfüllen. Solange eine betroffene Person die Wörter nicht zu Sätzen verbindet, hat die Aussage, ein Zeichen gehöre zu einer bestimmten Wortart, kaum einen Sinn. Man kann also SPRINGEN und GEHEN nicht so betrachten, als gehörten sie zu einer anderen Wortart als EISCREME und SAFT, es sei denn, sie drückten in Äußerungen aus mehreren Zeichen unterschiedliche Funktionen aus.

Daß auf das Wort NEIN zum Ausdruck von Ablehnung oder Verweigerung, Nichtvorhandensein, Beendigung oder Verbot einer bestimmten

 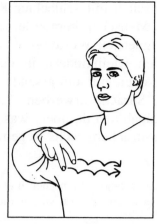 

SPRINGEN   GEHEN   EIS

 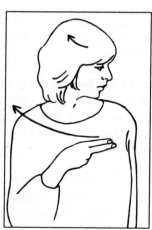 

WEINTRAUBEN   NEIN   SCHOKOLADE

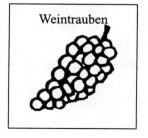 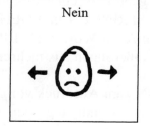 

Tätigkeit soviel Wert gelegt wird, scheint akademische Beweggründe zu haben. Im Frühstadium des Unterrichts mit Zeichen sollte man NEIN als Ausdruck des Nichtvorhandensein vermeiden, denn Erwachsene sollten dieses Zeichen benutzen können, um der betroffenen Person eine Tätigkeit oder einen Gegenstand unmißverständlich zu verwehren. Sagt die betroffene Person beispielsweise SCHOKOLADE, und der Lehrer sagt NEIN, könnte dies so interpretiert werden, als sei keine Schokolade vorhanden. Wenn gleichzeitig eine Schokoladentafel auf dem Tisch liegt oder wenn die betroffene Person gesehen hat, daß der Lehrer eine Schokoladentafel in den Schrank gelegt hat, vermutete sie dann unter Umständen, sie sei nicht verstanden worden, und wiederholt das Zeichen SCHOKOLADE. Da betroffene Personen es gewohnt sind, mißverstanden zu werden, ist dies aus ihrer Sicht eine vernünftige Annahme.

ALLE (ZU ENDE)

Das Nichtvorhandensein eines Gegenstandes ausdrücken zu können, ist nützlich, insbesondere wenn die betroffene Person feststellt, daß ein bestimmtes Objekt fehlt. Dazu dürfte aber das Zeichen FORT besser geeignet sein als NEIN. Es ist jedoch fraglich, ob FORT anders verwendet wird als die Wörter BEKOMMEN, GEBEN oder HILFE. Auch diese Zeichen können dazu dienen, etwas zu beschaffen, was in einer bestimmten Situation nicht vorhanden ist. Man muß herausfinden, welches Zeichen am einfachsten zu lehren ist, und hier kann sich FORT durchaus als geeignet erweisen.

Womit kann man rechnen?

Der Lehrer wird im ersten Stadium des Unterrichts mit Zeichen unterschiedliche Erwartungen haben, je nachdem, welche der drei Gruppen unterrichtet wird und welche Ziele für den Unterricht festgelegt wurden.

Viele Personen aus der Gruppe 1 (UK als Ausdrucksmittel) verstehen Lautsprache schon zu Beginn des Unterrichts so gut, daß begründete Aussichten auf einen schnellen Lernerfolg bestehen. Allerdings dauert es unter Umständen lange, bevor die Zeichen spontan angewandt werden, was längerfristig das Unterrichtsziel darstellt. Auch bei der Gruppe 2 (UK zur Unterstützung der Lautsprache) kann man mit schnellen Fortschritten rechnen, denn viele Angehörige dieser Gruppe können einige Wörter der Lautsprache benutzen und verfügen über ein gewisses Maß an Sprachverständnis. Die größten Schwierigkeiten bestehen bei den Angehörigen der Gruppe 3 (UK als Ersatz für die Lautsprache), und hier findet man auch die größte Unsicherheit, was den Lernfortschritt angeht. Zwar hat es den Anschein, als ob die meisten betroffenen Personen durch den Unterricht mit graphischen Zeichen oder Gebärden eine gewisse Kommunikationsfähigkeit erwerben, aber es gibt große Schwankungen. Wills (1981) faßt 17 Studien zusammen, in denen Gebärden bei 118 Menschen angewandt wurden. Neun Personen lernten keine Gebärden, die höchste Zahl der erworbene Gebärden je Unterrichtsmonat lag bei 24. Im Durchschnitt lernten die betroffenen Personen in jedem Monat des Unterrichts drei neue Zeichen.

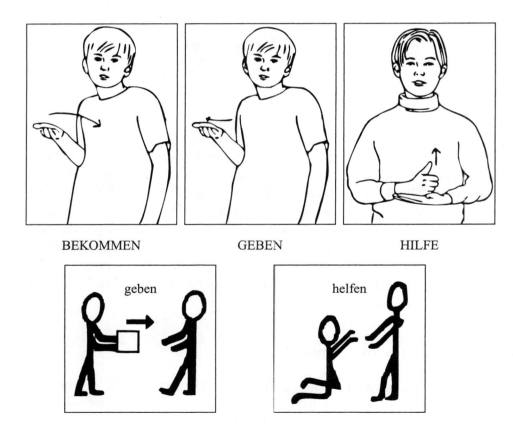

Auch wenn der Unterricht funktionsgerecht ist und in dem natürlichen Umfeld der betroffenen Person stattfindet, dauert es manchmal mehrere Monate, bevor die Zeichen spontan verwendet werden. Bei älteren Menschen mit Kommunikationsstörungen wirkt eine lange Vergangenheit mit erlernter Abhängigkeit, Hilflosigkeit und Passivität sich häufig stark auf den Erwerb der Zeichen aus. Bei Menschen mit schwerwiegenden Störungen ist es wichtig, daß der Unterricht lange genug fortgesetzt wird, damit der betroffenen Person ausreichend Zeit zum Lernen bleibt. Wenn die Intervention Erfolg hat und die betroffene Person zu sprechen beginnt, ist es außerdem von großer Bedeutung, daß der Unterricht mit dem Zeichen nicht aufgegeben wird. Wie zahllose Beispiele belegen, helfen die Zeichen autistischen und geistig behinderten Kindern, das Wort zu finden, daß sie sagen wollen; wird der Unterricht mit den Zeichen zu früh abgebrochen, kann das zu einer Verschlechterung der Kommunikation führen.

9. Die weitere Entwicklung

Sobald eine betroffene Person 10 bis 20 Zeichen sowohl spontan als auch in Unterrichtssituationen zuverlässig anwenden kann, ändert sich der Charakter der Intervention. Für viele Personen aus der Gruppe 3 (UK als Ersatz für Lautsprache) dient der erste Unterricht als eine Art Probezeit, da man den weiteren Verlauf der Entwicklung unmöglich mit Sicherheit voraussagen kann. Sobald die ersten Zeichen erlernt wurden, kann der Unterricht vielseitiger werden. Ein größeres Repertoire führt zu mehr Wahlmöglichkeiten zwischen den verschiedenen Unterrichtsmethoden und ermöglicht mehr Abwechslung. Daraus erwachsen auch neue Anforderungen für die Lehrer. Besonders wichtig ist, daß man langfristige Ziele hat und Interventionsstrategien verfolgt, die auch in Zukunft zu einem nachhaltigen Erwerb von Sprachfähigkeit führen.

Diese Fortsetzung der Entwicklung hat für alle drei Gruppen die gleichen Ziele: Es sollen neue Zeichen erlernt werden, und man will die Grundlagen für Zeichenkombinationen legen, so daß die betroffenen Personen Sätze hervorbringen und sich besser an Gesprächen beteiligen können (siehe Kapitel 10 und 11). Allerdings wird man diesen drei Zielen unterschiedliches Gewicht beimessen, je nachdem, welche Gruppe man unterrichtet. Der größte Unterschied besteht zwischen der Gruppe 1 (UK als expressives Hilfsmittel) und den beiden anderen Gruppen.

Die Gruppen 2 und 3

Aufbau eines Wortschatzes

Ein wichtiges Kriterium für die Auswahl neuer Zeichen besteht darin, daß die betroffenen Personen in möglichst vielen Situationen zur Kommunikation in der Lage sein sollen. Die Zeichen sollten in neue Situationen einbezogen werden, damit während des ganzen Tages Zeichen verwendet werden. Diese Art der Intervention kann man als *oberflächenorientiert* bezeichnen. Ein anderes Verfahren besteht darin, den betroffenen Personen neue Zeichen im Zusammenhang mit Situationen beizubringen, die ohnehin bereits zum Unterricht mit Zeichen benutzt werden. Dann lernen die betroffenen Personen, innerhalb desselben Themas oder Bereiches mehrere Zeichen zu verwenden. Diese Methode kann man *bereichsorientiert* nennen. Eine bereichsorientierte Erweiterung des Zeichenwortschatzes hat semantische Grundlagen und liefert die Basis für umfassendere Kenntnisse als eine oberflächenorientierte Erweiterung. Außerdem dürften sich durch eine bereichsorientierte Intervention auch die Gesprächsfähigkeiten verbessern, weil sie den Schülern die Gelegenheit gibt, mehr über das gleiche Thema zu sagen.

> Jack ist 36 Jahre alt und geistig behindert. Er interessiert sich für Vögel, insbesondere für die im Park, und hat die Gebärde VOGEL erlernt. Der Bereich „Vögel" wird mit ENTE, FLÜGEL, SCHNABEL und FLIEGEN erweitert.

Einer der besten Wege zur Vergrößerung des Zeichenwortschatzes besteht darin, daß man das Erlernen neuer Zeichen mit dem Erlernen neuer Fähigkeiten und Tätigkeiten kombiniert. Das Verständnis für neue Zeichen kann man lehren, indem man neue Zeichen bei neuen Tätigkeiten einführt und mit den Zeichen neue Tätigkeiten kennzeichnet.

> Der fünfjährige Paul leidet an einer Sprachentwicklungsstörung. Es macht ihm Spaß, einen Ball zu werfen, und auch bei Schnipp-Schnapp und anderen Spielen macht er gerne mit. Besonders eifrig spielt er eine Abwandlung des Wurfringspiels, aber dabei ärgert er die anderen Kinder, weil er ihnen die Ringe wegnehmen will, wenn sie an der Reihe sind. Wenn er dran ist, wird er angeleitet, die Gebärde RING auszuführen, und erst dann bekommt er die Ringe.

Die Verständniszeichen sind von Natur aus eine Mischung aus Signalzeichen und Anweisungen. Manche Anweisungen sind Kommandozeichen, aber allmählich werden *Bitten um Handlungen* häufiger, denn mit den Anweisungen will man vor allem erreichen, daß problematische Verhaltensweisen nicht mehr kontrolliert werden müssen. Auch die Benennung und Beschreibung von Gegenständen und Tätigkeiten wird allmählich immer häufiger.

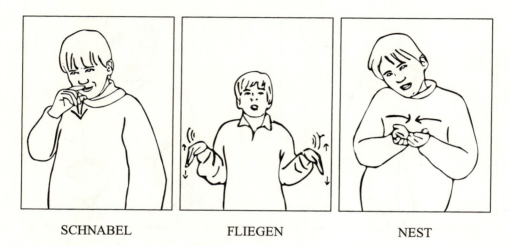

SCHNABEL FLIEGEN NEST

Wenn man Zeichen während festgelegter Routinetätigkeiten lehrt, erleichtert das einerseits die Einführung dieser Tätigkeiten, und andererseits wird es für die betroffene Person auch einfacher, die Zeichen zu verstehen, weil sie weiß, welche Tätigkeit darauf folgt.

> Die zwanzigjährige Carol ist geistig behindert. Sie hilft meistens, den Tisch zu decken, und diese Tätigkeit wird mit der Gebärde TISCH-DECKEN angezeigt. Dann werden Teller, Gläser und Besteck auf dem Tisch plaziert. Carol bringt sie Stück für Stück und immer in der gleichen Reihenfolge auf den Tisch: Teller, Gläser, Gabel, Messer und Löffel. Jedesmal, wenn man ihr einen dieser Gegenstände gibt, wird sie angeleitet, die entsprechende Gebärde auszuführen.

Man kann Signalzeichen auch anwenden, ohne daß der Schüler gleichzeitig einer Tätigkeit ausführt. Handelt es sich um vertraute, häufig wiederholte Tätigkeiten, bieten sie geeignete Situationen für den Unterricht mit Zeichen.

Neben anderen Strategien eignet sich auch die Reaktion auf von Markierungen ausgelöstes, vorausschauendes Verhalten als Hilfsmittel, um die Zahl der Ausdruckszeichen zu steigern. Der Lehrer kann ein Signalzeichen zur Kennzeichnung eines Bereichs verwenden und so der betroffenen Person die Wahl zwischen mindestens zwei Tätigkeiten lassen. Die Entscheidung wird getroffen, indem man Ausdruckszeichen übt. Diese Art der bereichsorientierten Intervention kann man nicht nur in Situationen anwenden, in denen die betroffene Person einen Gegenstand haben oder etwas tun will, sondern auch in Verbindung mit der Benennung.

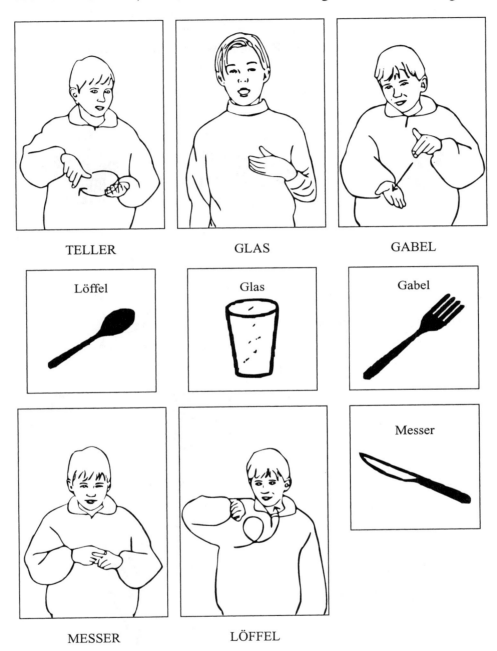

Irene ist 15 Jahre alt und Autistin. Sie macht gern Handarbeiten, und man bringt ihr das Sticken und Stricken bei. Ihr Handarbeitsunterricht wird mit dem Zeichen ARBEIT angekündigt. Wenn die Lehrerin das Material aus einem Korb holt, wird Irene vor die Wahl zwischen NÄHEN und STRICKEN gestellt.

Ein wichtiger Aspekt des bereichsorientierten Unterrichts ist die Tatsache, daß mehrere Zeichen mit derselben allgemeinen Situation in Verbindung stehen, so daß eine relativ eng gefaßte Anwendung jedes Zeichens gefördert wird. Das trägt dazu bei, daß die Länge der sozialen Wechselbeziehungen in einem Rahmen, welcher der betroffenen Person vertraut ist, zunehmen kann.

Ein geeigneter Weg, um sowohl im Ausdrucks- als auch im Verständnisunterricht mit der Erweiterung des Zeichenwortschatzes zu beginnen, ist die Verwendung von Zeichen, durch die sich mehrere Tätigkeiten mit mindestens einer gemeinsamen Eigenschaft darstellen lassen.

DRAUSSEN kann zum Beispiel dazu dienen, alle möglichen Aktivitäten im Freien zu bezeichnen. Wichtig ist jedoch, daß dieses Zeichen nicht das Erlernen anderer Zeichen für einzelne Tätigkeiten im Freien beeinträchtigt, an denen die betroffene Person Spaß hat. Beispiele für solche einzelnen Aktivitäten im Freien sind SCHAUKELN und RUTSCHEN. Deshalb sollte DRAUSSEN zunächst in Situationen erlernt werden, in denen die anderen, spezifischen Zeichen nicht verwendet werden. Am besten schafft man zu diesem Zweck eine Situation, in der DRAUSSEN von der betroffenen Person verlangt, daß sie zwischen zwei verschiedenen Tätigkeiten im Freien wählt, denn dann wird DRAUSSEN nicht mit Zeichen verwechselt, die zur Darstellung einzelner Aktivitäten dienen. Demnach sollte der Lehrer also der betroffenen Person zunächst beibringen, sich zwischen zwei Tätigkeiten im Freien zu entscheiden, und dann sollte DRAUSSEN als Zeichen für den Bereich benutzt werden. Nach dem DRAUSSEN eingeführt ist, kann seine Anwendung auf weitere Aktivitäten erweitert werden.

Unterschiede zwischen Zeichen

Wenn Kinder normal sprechen lernen, unterstellen sie offenbar automatisch, daß unterschiedliche Wörter auch unterschiedlich verwendet werden (Clark, 1982). Daraus sollte man aber nicht sofort schließen, daß auch Personen mit schweren Kommunikationsstörungen automatisch annehmen, die Zeichen, die man ihnen beibringt, würden unterschiedlich benutzt. Dennoch erwuchs aus dieser Vorstellung eine Ausschlußstrategie als Mittel, um im Verständnisunterricht bei Menschen mit tiefgreifenden geistigen Behinderungen neue Zeichen einzuführen. Die Lehrmethode besteht darin, daß man der betroffenen Person ein bestimmtes Lebensmittel gibt, wenn eine Gebärde ausgeführt wird. Sobald die betroffene Person gelernt hat, auf dieses Zeichen hin das Lebensmittel zu nehmen, zeigt man ihr ein neues Lebensmittel zusammen mit dem, das sie bereits kennengelernt hat. Anschließend wird die Gebärde für das neue Lebensmittel vorgeführt. Die betroffene Person reagiert auf das neue Zeichen, indem sie das neue Lebensmittel nimmt, weil sie das andere, dessen zugehöriges Zeichen sie bereits kennt, ausschließt. So führt man beispielsweise *FLEISCH* zusammen mit der bereits bekannten Gebärde *GETRÄNK* ein, *KARTOFFELCHIPS* zusammen mit *KEKS*, und *TOAST* zusammen mit *EI* (McIlvane et al., 1984). Diese Methode eignet sich offenbar am besten für den Verständnisunterricht, aber mit einigen Abwandlungen läßt sie sich auch im Ausdrucksunterricht anwenden. Eine nützliche Strategie dürfte das Ausschlußverfahren auch sein, wenn man HILFE oder WAS lehrt und zu diesem Zweck neue, attraktive Gegenstände zusammen mit solchen Objekten zeigt, mit denen die betrof-

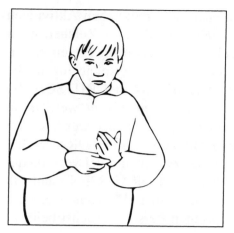
FLEISCH

TRINKEN

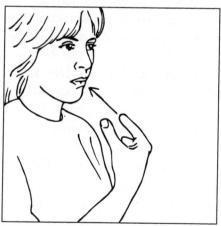
KUCHEN

EI

fene Person bereits vertraut ist (damit sie besser versteht, daß Zeichen benutzt werden sollen).

Wenn es sich bei der Neigung, Unterschiede zwischen den Zeichen wahrzunehmen, um ein allgemein verbreitetes Phänomen handelt, ist das von großer praktischer und theoretischer Bedeutung. Eine Folgerung würde beispielsweise lauten: Wenn eine betroffene Person offenbar nicht in der Lage ist, zwischen der Verwendung zweier Zeichen zu unterscheiden, liegt das nicht daran, daß diese Zeichen als „synonym" – das heißt als bedeutungsgleich – wahrgenommen werden, sondern an der Unfähigkeit, inzwischen ihrer Produktion unterscheiden, oder an der Tatsache, daß die von den Zeichen bezeichneten Kategorien nicht eindeutig genug sind. Man könnte sich auch vorstellen, daß früherer Unterricht, in dem Lob und andere allgemeine Formen der Belohnung mit vielen verschiedenen Zeichen dargestellt wurden, zum Verlernen einer „natürlichen" Neigung geführt haben, Zeichen unterschiedlich wahrzunehmen und zu verwenden.

HELFEN

Zeichen für Eigennamen

Eine Umgebung besteht nicht nur aus Gegenständen, Tätigkeiten und Ereignissen, sondern auch aus Menschen. Angehörige und andere Personen spielen in allen Lebensbereichen der betroffenen Person eine wichtige Rolle, und selbst Menschen mit schweren geistigen Behinderungen oder Autismus zeigen eine Vorliebe für bestimmte Personen. Mit Hilfe von Zeichen für Eigennamen kann man die semantischen Bedeutung des Handelnden ausdrücken, und deshalb sind sie von großer Bedeutung, wenn man die Konstruktion von Sätzen aus Zeichen fördern will (siehe Kapitel 10). Oft findet man aber nur schwerer einen guten Weg, um Eigennamen zu lehren, denn der Gebrauch solcher Zeichen als solcher hat kaum unmittelbare Folgen. Außerdem versteht die betroffene Person unter Umständen nur schwer, was die Zeichen bedeuten.

Eine Lösung kann darin bestehen, daß man Eigennamen zunächst als Signalzeichen benutzt. In Tagesstätten, Schulen, Behinderteneinrichtungen und beschützten Werkstätten sind personelle Veränderungen bei den Betreuern oft wichtige Ereignisse. Die betroffene Person hat in der Regel besonderer Lieblinge, Menschen, an denen sie besonders hängt. Wegen des Schichtbetriebs in den Behinderteneinrichtungen kann man sich oft nur schwer einen Überblick über personelle Veränderungen verschaffen, und häufig können die betroffenen Personen kaum wissen, wer vom Personal gerade anwesend ist. Der Wechsel der Betreuer findet häufig ohne Wissen der Behinderten statt, so daß sie die Situation nur schwer in vollem Umfang begreifen können; das verstärkt ihr Gefühl der Unsicherheit und Verwirrung. Fehlt beispielsweise eine bestimmte Betreuerin, mit der die betroffene Person gerechnet hat, wird dies unter Umständen als Bestrafung empfunden, weil der Eindruck entsteht, die Ursache des Fehlens sei ein Ereignis, das zuvor stattgefunden hat. Bei vielen Autisten führt die Unfähigkeit, Ereignisse vorauszusehen und sich einen Eindruck von den Geschehnissen zu verschaffen, zu Panikreaktionen. Mit den Namen der Menschen als Signalzeichen kann man dafür sorgen, daß Personen mit Kommunikationsstörungen immer darüber Bescheid wissen, welche Betreuer gerade anwesend sind. Damit steigt auch die Wahrscheinlichkeit, daß von der betroffenen Person die Initiative zur Kommunikation ausgeht.

In der Praxis kann das dadurch geschehen, daß jedes Mitglied des Personals jede betroffene Person informiert, wenn sie eingetroffen ist. Bedient sich die betroffene Person der Gebärden, führt der Betreuer zu diesem Zweck die Hände der betroffenen Person so, daß sie den Namen anzeigen. Jeder Angehörige des Personals sollte ihr eigenes Zeichen haben. Als Zeichen für den Namen eignet sich der erste Buchstabe des Namens der jeweiligen Person, wenn das Fingeralphabet verwendet wird, wie man es üblicherweise tut, wenn man sich einem gehörlosen Menschen vorstellt, der sich der Gebärdensprache bedient. Es kann sich aber auch um ein konstruiertes Zeichen handeln. Benutzt man graphische Zeichen, kann der Name beispielsweise durch eine Zeichnung oder ein Foto der betreffenden Person dargestellt werden, und die betroffene Person wird dann angeleitet, darauf zu zeigen. Als greifbare Zeichen eignen sich beispielsweise besondere Formen aus Holz oder ein Modell eines Gegenstandes, der mit der betreffenden Person zu tun hat. Bei Personen mit etwas weiter entwickelter Sprachfähigkeit reicht es unter Umständen aus, wenn man ihnen das Bild zeigt oder die Gebärde ausführt. In einem späteren Stadium können Gebärden, greifbare und graphische Zeichen dazu dienen, über andere Menschen zu sprechen.

> Bodil ist Frau von 43 Jahren mit schwerer geistiger Behinderung. Ihr graphischer Wortschatz besteht zu einem Drittel aus 50 Personennamen in Form von Fotos. Während der Intervention hat sie durch ihre Kommunikation gezeigt, daß andere Menschen ihr wichtigstes Interessengebiet sind; sie hat ein echtes Bedürfnis danach, Erfahrungen mit anderen auszutauschen, ihre eigenen, emotional positiven und negativen Begegnungen mit anderen in Worte zu fassen und solche Begegnungen selbst zu beeinflussen (Møller und von Tetzchner, 1996).

Unabhängig davon, welche Art von Zeichen man für die allgemeine Kommunikation benutzt, dürfte es im Umfeld professioneller Einrichtungen nützlich sein, wenn auf einer Wandtafel angezeigt wird, wer anwesend ist und wer nicht.

Erweiterung des Zeichengebrauchs

Die Erweiterung des Zeichengebrauchs ist in vielerlei Hinsicht ebenso wichtig wie die Erweiterung des Zeichenwortschatzes. „Erweiterung des Zeichengebrauchs" bedeutet: Ein bestimmtes Zeichen wird zur Kommunikation über mehrere verschiedene Exemplare des gleichen Gegenstandes, über mehrere Ausführungen der gleichen Tätigkeit, in mehreren verschiedenen Situationen und in Verbindung mit unterschiedlichen anderen Zeichen benutzt. Lehrt man den erweiterten Zeichengebrauch, wandelt man den Gegenstand oder die Tätigkeit systematisch ab. So kann man mit TELLER große und kleine oder verschiedenfarbige Teller bezeichnen. Übt man das Zeichen SAFT, kann man die Situation mit unterschiedlichen Gläsern und Tassen verändern.

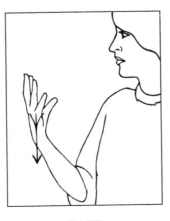
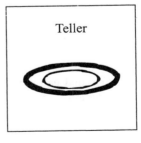

TELLER SAFT

Ein wichtiges Merkmal des erweiterten Zeichengebrauchs ist die Tatsache, daß die Zeichen auf neue Art und Weise benutzt werden. Sobald die betroffene Person offensichtlich verstanden hat, wie sie sich etwas mit Hilfe eines Zeichens verschaffen kann, sollte man die Benennung einführen. Um das Benennen zu üben, verbindet man es oft mit der Beantwortung des Zeichens WAS, das hier „was ist das?" bedeutet. Diese Fähigkeit als solche ist nicht besonders zweckmäßig, aber das Ziel besteht darin, dem Benennen eine soziale Funktion zu verleihen. Eine Meinung über etwas abzugeben, oder etwas zu verlangen, ist eine recht hochentwickelte Kommunikationsfähigkeit, aber den betroffenen Personen und ihren Bekannten macht es unter Umständen Spaß, zusammenzusitzen und Gegenstände, Tätigkeiten oder Bilder zu benennen. Die Situation so zu gestalten, daß sie sich für Kommentare eignet, ist manchmal schwierig; besonders geeignet sind zu diesem Zweck ungewöhnliche und lustige Gelegenheiten.

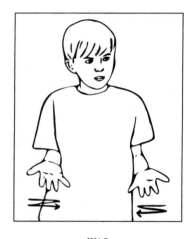

WAS

Der dreijährige Bill ist schwer behindert. Man hat versucht, ihm das Benennen eines Balles beizubringen, aber er zeigte kein Interesse für diese Aufgabe. Eines Tages schlich sich eine Helferin hinter die Lehrerin, die Billy gegenübersaß, hielt einen großen Ball über den Kopf der Lehrerin und tat so, als wolle sie ihn fallenlassen. Als Billy das sah, zeigte er aufgeregt auf die Lehrerin und gab einen Laut von sich, der wie „Ball" klang (Halle, Alpert und Anderson, 1984).

Wenn man die Benennung lehrt, besteht eines der Hauptziele darin, daß die betroffene Person außerhalb spezieller Trainingssituationen eine größere Zahl von Zeichen verwendet, um sich etwas zu beschaffen. Die Benennung ist also eine ökonomischere Methode, um neue Zeichen zu lehren. Diese Erkenntnis und die Forderung, Ereignisse mit Hilfe der Benennung zu kommentieren, bedeuten aber auch, daß die Benennung nicht ausschließlich an das WAS des Gesprächspartners gebunden sein sollte. Es sollte vielmehr die Möglichkeit bestehen, mit Hilfe der Zeichen auf unterschiedliche Kommunikationsansätze zu reagieren. Das Zeichen WAS ist auch deshalb nützlich, weil die betroffene Person mit seiner Hilfe den Namen eines Gegenstandes oder einer Aktivität lernen kann und Kommentare zu den gerade laufenden Tätigkeiten erhält. Deshalb ist es äußerst wichtig, daß der Lehrer und die betroffene Person in der Unterrichtssituation abwechselnd Benennungen vornehmen und Fragen stellen.

> Andrew geht mit seiner Lehrerin spazieren. Über ihnen fliegt ein Hubschrauber. Andrew zeigt darauf und macht das Zeichen WAS. Daraufhin zeigt ihm die Lehrerin, wie man die Gebärde HUBSCHRAUBER ausführt.

Situationen, die von seiten der betroffenen Person mit dem Zeichen WAS beginnen, bieten im allgemeinen gute Voraussetzungen für den Unterricht. Die betroffene Person hat aufgrund ihres Wunsches, etwas über einen Gegenstand, ein Ereignis oder Aktivität zu erfahren, selbst die Initiative ergriffen. Sowohl die betroffene Person als auch der Gesprächspartner konzentrieren sich auf denselben Gegenstand oder dasselbe Ereignis, und die betroffene Person ist interessiert und motiviert, neue Zeichen zu erlernen. Mit Hilfe des Zeichens WAS kann die betroffene Person sich auch Informationen über *neue* Interessen verschaffen. Deshalb führt die Verwendung des Zeichens WAS zu einer Erweiterung des Zeichenwortschatzes, die allmählich immer stärker von der betroffenen Person selbst gesteuert wird. Fragt die betroffene Person gelegentlich nach dem Namen neuer Gegenstände oder Tätigkeiten, ist es nützlich, wenn so oft wie möglich ein Gebärdenwörterbuch zur Verfügung steht (z. B. Maisch und Wisch, 1987). Entsprechend sollte man auch versuchen, jederzeit so viele graphische oder greifbare Zeichen verfügbar zu halten, wie es praktisch möglich ist.

Das Zeichenwörterbuch

Sobald man damit beginnt, Zeichen zu lehren, sollte man für die betroffene Person ein individuelles Zeichenwörterbuch anlegen. Darin sollten die Übersetzungen oder Bedeutungen aller Zeichen alphabetisch aufgeführt werden, und man sollte festhalten, welche Zeichen unterrichtet und/oder benutzt bzw. verstanden wurden. Außerdem sollte in dem Buch beschrieben oder durch Zeichnungen dargestellt werden, wie die Gebärden normalerweise ausgeführt werden und wie die betroffene Person sie ausführt. Geht es um graphische Zeichen, sollte das Wörterbuch außer dem Zeichen selbst auch Angaben darüber enthalten, wie die betroffene Person zeigt, und ob sie mit Hilfe von Zeichenkombinationen auch Wörterbucheinträge ausdrückt, die sich nicht auf der Kommunikationstafel befinden. Auch greifbare Zeichen und die Art, wie sie ausgewählt werden, sollten durch Zeichnungen dargestellt werden. Mit Hilfe des Zeichenwörterbuches kann sich jeder, der mit der betroffenen Person in Berührung kommt, sehr schnell einen Eindruck davon verschaffen, welche Zeichen sie benutzt und versteht. Wächst der Zeichenwortschatz und die Zahl der Zeichenkombinationen stark an, ist das Zeichenwörterbuch auch eine Hilfe, um sich über die bereits erlernten Zeichen auf dem laufenden zu halten.

Das Zeichenwörterbuch eröffnet einen Weg, um auf neue Ideen für die Erweiterung des Zeichengebrauchs zu kommen. Man kann sich in dem Wörterbuch beispielsweise die Zeichen für Tätigkeiten ansehen und dann durch Betrachten der Zeichen für Gegenstände diejenigen Tätigkeiten zu finden, bei denen man solche Zeichen für Gegenstände verwenden kann. Beide Ansätze sind Beispiele für bereichsorientierte Strategien. Außerdem kann man mit Hilfe des Wörterbuches leichter feststellen, ob die betroffene Person vielleicht irgendetwas braucht und das Zeichen dafür nicht kennt.

Das Zeichenwörterbuch ist nicht nur für diejenigen nützlich, die mit der betroffenen Person in Kontakt kommen. Auch die betroffene Person selbst kann daraus Nutzen ziehen, und wenn es möglich ist, sollte man es immer mit dieser zusammen erstellen. Es kann in Bereiche aufgeteilt oder nach einem anderen System gegliedert sein, so daß auch jemand, der nicht lesen kann, bestimmte Zeichen leicht findet. Das Zeichenwörterbuch wird auf diese Weise zu einer Art Lesebuch, auf das die betroffene Person stolz sein kann. Da zusammen mit den Zeichen die Wortbedeutungen schriftlich aufgeführt sind, ist es auch dann ein praktisches Hilfsmittel, wenn eine auf Gebärden angewiesene Person mit Menschen zusammentrifft, die der Gebärdensprache nicht mächtig sind.

Die Gruppe 1 (UK als expressives Hilfsmittel)

Die Gruppe 1 ist sehr uneinheitlich. Besteht das Hauptproblem in fehlenden Ausdrucksmitteln, muß man unter Umständen einige der zuvor erörterten Interventionsmethoden anwenden. Andere Personen in dieser Gruppe verfügen über normale intellektuelle Fähigkeiten oder sind mäßig stark geistig behindert. Aber Lernschwierigkeiten behindern in der Gruppe 1 nicht zwangsläufig die Fähigkeit der betroffenen Person, eine effektive Kommunikation zu erlernen. Die Einschränkungen liegen im Fehlen der Lautsprache und in vielen Fällen auch in den Anforderungen, welche die Kommunikationshilfe an die motorischen Funktionen stellt.

Hier geht es vor allem um Personen, die über ein gutes Verständnis für Lautsprache und einen beträchtlichen Wortschatz verfügen. Was „beträchtlich" in diesem Zusammenhang bedeutet, ist schwer zu sagen, aber ungefähr 1000 Zeichen oder mehr sind eine vernünftige Schätzung. Ein so großes Repertoire von Ausdrucksmitteln findet man allerdings bei den Nutzern von Kommunikationshilfen, die nicht schreiben gelernt haben, nur selten. Bei graphischen Zeichen besteht der durchschnittliche Wortschatz fünf- bis zehnjähriger Kinder mit gutem Verständnis für Lautsprache aus ungefähr 300 Zeichen (von Tetzchner, 1997a). Auch der Wortschatz eines Zweijährigen mit normaler Sprachentwicklung besteht aus etwa 300 Wörtern. Sechsjährige Kinder verfügen im Durchschnitt über 14000 Wörter (Bates, Dale und Thal, 1995; Carey, 1978).

Einbeziehung der Nutzer

Wenn Menschen mit gutem Sprachverständnis lernen, sich mit Hilfe graphischer Zeichen auszudrücken, stellt die Tatsache, daß ein Zeichen auf Kosten eines anderen ausgewählt wird, ein beträchtliches Hindernis für die Teilnahme an zwischenmenschlichen Beziehungen dar. Der Zeichenwortschatz bestimmt darüber, welche Themen man diskutieren kann und welche Gesprächen möglich sind. Heute hört man ständig, die Zeichen auf einer Kommunikationstafel sollten danach ausgewählt werden, was für die Nutzer in ihrem jeweiligen Umfeld zweckmäßig ist. In vielen Fällen liegt jedoch ein zu großes Schwergewicht auf den Zeichen für Pflege, Betreuung und so weiter, obwohl die betroffene Person selbst nur selten über Pflege, Betreuung oder ähnliche Situationen spricht (Beukelman und Yorkston, 1984). Die betroffenen Personen brauchen Zeichen, die sie in sehr vielfältigen Situationen einsetzen können, die ihre Interessen widerspiegeln und die es ihnen ermöglichen, sich über zahlreiche Themen zu unterhalten.

In der Regel entscheiden die professionellen Helfer darüber, welche Zeichen sich auf der Kommunikationstafel befinden. Um zu gewährleisten, daß die Zeichen nützlich sind, müssen die Nutzer bei der Auswahl der Zeichen unbedingt soweit wie möglich einbezogen werden. Besonders wichtig ist das bei älteren Kindern, Jugendlichen und Erwachsenen, aber man sollte den Versuch unternehmen, die Nutzer so früh wie möglich zu beteiligen. Zu diesem Zweck kann man beispielsweise untersuchen, an welchen Situationen ein Kind gewöhnlich beteiligt ist oder sich gerne beteiligen würde, oder man befaßt sich mit Radio- und Fernsehsendungen, dem Wörterbuch des jeweils verwendeten graphischen Zeichensystems, anderen Listen mit Zeichen, normalen Wörterbüchern, oder Büchern, die dem Kind kürzlich vorgelesen wurden. Danach können das Kind und seine e4rwachsenen Helfer sowohl über die Wörter und die zugehörigen graphischen Zeichen sprechen als auch über die Situationen, in denen sich die graphischen Zeichen einsetzen lassen. Solche Gespräche verschaffen auch dem Lehrer beträchtliche Aufschlüsse über das Verständnis des Kindes für Lautsprache und seine Lebenssituation, und sie liefern Hinweise, wie man die Bedingungen für das Kind günstiger gestalten könnte. Soweit wie möglich sollte man dem Kind gestatten, die Zeichen selbst auszuwählen. Sind bestimmte graphische Zeichen nach Ansicht des Erwachsenen für das Kind wichtig, kann man diese bei einer anderen Gelegenheit anbieten, vielleicht zusammen mit dem Satz: *Ich habe ein nützliches Zeichen für dich.*

Erweiterung des situativen Kontextes

Viele Personen aus der Gruppe 1 sind motorisch stark behindert. Ihre Mobilität ist eingeschränkt, und das Spektrum der Erfahrungen, die sie machen können, ist deshalb enger als bei ihren Altersgenossen. Um den Gebrauch der Zeichen auszuweiten, muß man ihnen die Gelegenheit geben, an einer Vielzahl unterschiedlicher Situationen teilzunehmen. Kindergarten und Schule sind für alle Kinder ein äußerst wichtiger Teil des Umfeldes, in dem sie aufwachsen, aber für motorisch behinderte Kinder und Jugendliche, die in geringerem Umfang an Freizeitbeschäftigungen und Aktivitäten im Freien teilnehmen können, sind sie vielleicht von noch größerer Bedeutung. Der Kommunikationsunterricht ist oft schulmäßig und wird im Hinblick auf die Notwendigkeiten von Kindergarten und Schule geplant. Die professionellen Helfer sollten sich von diesen Beschränkungen freimachen und das Spektrum der Situationen für die betroffenen Personen erweitern. Das ist keine einfache Aufgabe, und es stellt für die eigene Neuerungsbereitschaft und Phantasie eine erhebliche Herausforderung dar. Jüngere Helfer, Geschwister und Altersgenossen können erheblich dazu beitragen, daß die betroffene Person an unterschiedlichen Situationen teilnimmt, aber sie müssen dazu angeleitet werden, die Bedingungen für diesen Zweck günstig zu gestalten.

Damit ein erweitertes Umfeld zu einem erweiterten Verständnis und Gebrauch der Zeichen führt, muß den betroffenen Personen ihr Kommunikationsmittel bei Bedarf immer zur Verfügung stehen. Jede Beschränkung der Verfügbarkeit bedeutet verminderte Kommunikation. Der Zugang zu Kommunikationshilfen ist außerhalb der Schule und der speziellen Trainingssituationen oftmals schlecht. Wenn Kinder und Jugendliche im Rollstuhl sitzen, liegt die Kommunikationstafel häufig hinter ihnen in einem Korb. Das bedeutet, daß die Erwachsenen es in der Hand haben, wann ein Gespräch stattfindet. Unter Umständen nehmen sie die Kommunikationstafel heraus, wenn sie selbst etwas mitteilen wollen oder wenn sie glauben, das Kind bzw. der Jugendliche habe etwas zu sagen.

Beim Gebrauch von Kommunikationshilfen ergibt sich unter anderem die Schwierigkeit, daß man in Situationen, in denen sonst in erhebliche Umfang Kommunikation stattfinden könnte, nicht immer ohne weiteres auf graphische Zeichen deuten kann. Das gilt zum Beispiel beim Waschen, beim Essen, bei Waldspaziergängen, im Auto oder im Bett – alles Situationen, die häufig als gute Gelegenheiten für Kommunikation gelten (von Tetzchner, 1996b). Eine Alternative ist manchmal das Zeigen mit den Augen, aber dann müssen die Abstände zwischen den einzelnen graphischen Zeichen groß genug sein, und die Zeichen müssen so angebracht werden, daß man der Blickrichtung der betroffenen Person folgen kann, ohne daß es zu Mißverständnissen kommt. Manchmal kann man das dadurch erreichen, daß der Gesprächspartner eine Kommunikationsschürze trägt, auf der die graphischen Zeichen zu sehen sind, so daß die betroffene Personen in Form des Partnerscannings mit den Augen zeigen oder Zeichen auswählen kann, das heißt, der Gesprächspartner zeigt auf die Zeichen, und die betroffene Person bestätigt, wann das richtige Zeichen ausgewählt wurde (Abb. 32). Soweit es möglich ist, sollten Kommunikationstafeln aber fest angebracht sein und sich nicht mit dem Gesprächspartner bewegen.

Abb. 32 *Auch eine Weste kann als Kommunikationstafel dienen.*

Mahlzeiten und Betreuung

Auch Personen mit situationsorientierten Kommunikationstafeln sind in der Regel nicht in der Lage, im Badezimmer, auf der Toilette, während des Essens (mit Ausnahme der Auswahl zwischen den Lebensmitteln), im Bett und so weiter zu kommunizieren. Es ist von großer Bedeutung, daß die betroffenen Personen auch in diesen Situationen zur Kommunikation in der Lage sind, denn Mahlzeiten und Körperpflege nehmen bei motorisch behinderten Menschen meist lange Zeit in Anspruch. Außerdem werden Gespräche während der Mahlzeiten schnell sinnlos, wenn sie ausschließlich vom Essen handeln, das heißt davon, was die betroffene Personen essen oder trinken möchte. Darüber gibt es gewöhnlich wenig zu sagen, denn während einer normalen Mahlzeit müssen nur wenige Entscheidungen getroffen werden. Hier besteht ein beträchtlicher Unterschied zu den Unterhaltungen anderer Menschen. Andere Kinder und Erwachsener sprechen meist darüber, was sie getan haben oder tun wollen, und über eine ganze Reihe anderer Themen. Dem Essen widmen sie in ihren Gesprächen sehr wenig Zeit (Balandin und Iacono, 1998). Um die Gespräche während der Mahlzeiten zu erleichtern, kann man an der Stelle, wo das Kind normalerweise sitzt, eine Reihe von Zeichen anbringen, die zu diesem Zweck nützlich sind; sie sollten so befestigt sein, daß sie später nicht unter dem Teller verschwinden oder aus anderen Gründen nicht mehr zu sehen sind. Nützlich ist es auch, wenn mehrere Tafeln mit Zeichen für Bereiche schnell verfügbar sind, wenn das Gespräch auf speziellere Themen kommt.

Eine Kommunikationstafel mit ins Badezimmer zu nehmen, ist nicht einfach, aber man kann an der Badezimmerwand Aladin-Zeichen, Bliss-Symbole oder geschriebene Wörter anbringen. Darunter sollten Zeichen sein, die mit dieser besonderen Situation zu tun haben und dafür wichtig sind. Bei sehr kleinen Kindern kann es sich beispielsweise um das Bild eines Badewannenspielzeugs handeln, das sie gern mögen; für etwas ältere Kinder und Erwachsene sind die Zeichen HEISS, KALT, MEHR und DUSCHE wichtig, damit sie sagen können, wie sie die Situation erleben und ob man daran etwas ändern soll. In dieser Situation ist es ebenfalls nützlich, wenn man auch über etwas anderes sprechen kann, insbesondere wenn die betroffene Person gern und oft badet. Körperpflege erfordert viel Zeit, und es ist von Vorteil, wenn die betroffene Personen dabei kommunizieren kann, selbst wenn das bedeutet, daß die Tätigkeit noch länger dauert.

Menschen mit umfangreichen motorischen Behinderungen empfinden es auch oft als sehr nützlich, wenn sie Zugang zu Zeichen haben, mit denen sie anzeigen können, wie andere mit ihnen umgehen sollen. Mit solchen Zeichen können sie den Menschen, die sie weniger gut kennen,

Anweisungen geben. Stehen der betroffenen Personen Zeichen zur Verfügung, mit deren Hilfe andere sich leichter auf sie einstellen können, kommt diese Anpassung ganz von selbst, weil die Helfer aufmerksamer werden und mit Anweisungen rechnen. Das wiederum trägt allgemein zur Verbesserung der Situation bei (vgl. Dalhoff, 1986; Hagen, Porter und Brink, 1973). Ganz ähnlich kann auch eine Tafel für den Bereich der Zahnarztpraxis wichtig sein, damit Kinder und Erwachsene ohne verständliche Lautsprache die Situationen besser steuern können und die Möglichkeit haben, Schmerzen und Unwohlsein auszudrücken oder mitzuteilen, wenn der Zahnarzt seine Sache aus Sicht des Patienten gut macht (Sheehy et al., 1993).

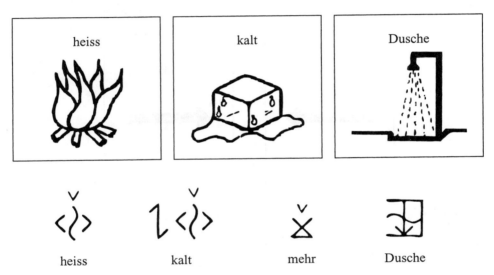

Im Auto

Im Auto ist die Kommunikation oftmals schwierig, weil der Fahrer den Blick auf die Straße richten muß; außerdem wird das Zeigen durch Holpern und Erschütterungen ungenau. Gleichzeitig gibt es aber viel zu sehen, und es bieten sich zahlreiche Situationen für Kommentare an. Nummernschilder, rücksichtslose Fahrer und Verkehrsrowdys sind für Kinder häufig Gegenstand der Aufmerksamkeit. Einer betroffenen Person hier Zugang zu einem großen Wortschatz zu verschaffen, ist nicht einfach, aber man kann die Situation beträchtlich *aktiver* und interessanter gestalten, wenn neben den Gebärden ein paar graphische Zeichen zur Verfügung stehen und wenn die betroffene Person über eine gewisse motorische Fähigkeit verfügt. Der Nutzer der Kommunikationshilfe kann sich als „Steuermann" betätigen und an Kreuzungen *RECHTS*, *LINKS* und *GERADEAUS* sagen, wenn es sich um eine bereits bekannte Fahrtroute handelt. Mit *RECHTS*, *LINKS*, *HINTEN* und *VORN* kann auf inter

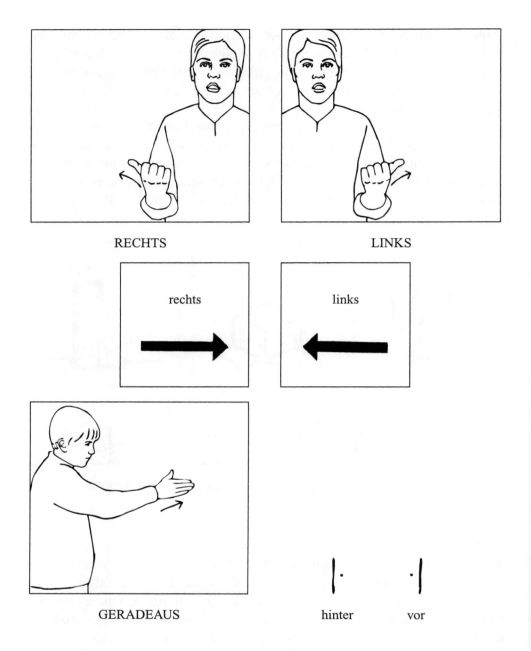

essante Stellen hingewiesen werden. Teilweise lassen sich die Kommunikationsprobleme mit synthetischer oder digitalisierter Sprache vermindern. (Technische Hilfsmittel kann man im Auto an den Zigarettenanzünder anschließen.) Befinden sich mehrere Personen im Wagen, kann man sich auch des Partnerscannings bedienen, beispielsweise durch lautes Vorlesen (akustisches Scanning), wenn die Kommunikationstafel wegen der Sitzordnung nur schwer zu sehen ist. Wenn man ein bestimmtes Ziel hat oder wenn der Weg an besonders interessanten Orten vorüberführt, ist das unter Umständen eine gute Gelegenheit zur Einführung neuer graphischer Zeichen, mit denen der Erwachsene dann den eigenen Kommentaren Nachdruck verleiht. Man kann auch von Zeit zu Zeit anhalten, wenn man irgend etwas anschauen der über etwas reden sollte. Sind mehrere Kinder mit Kommunikationshilfen gemeinsam unterwegs, kann der Erwachsene in ihrer Unterhaltung vermitteln.

Im Bett und in der Nacht

Viele Menschen mit Behinderungen brauchen Hilfe, um zu Bett zu gehen und aufzustehen. Außerdem sind sie häufig krank, so daß sie im Bett bleiben müssen. Deshalb ist es wichtig, daß sie auch im Schlafzimmer die Gelegenheit zur Kommunikation haben. Darüber hinaus ist das Schlafzimmer ist häufig der Ort, wo Kinder liebkost werden und kleine Unterhaltungen führen. Man kann Märchen vorlesen, und der Betreuer kann mit dem Kind darüber reden, was in den Geschichten geschieht. Solche und andere Gespräche tragen dazu bei, auch behinderten Kindern jenen kulturellen Hintergrund zu vermitteln, der die Grundlage vieler anderer kindlicher Tätigkeiten bildet.

Gelegentlich kann es für Kinder auch sehr wichtig sein, daß sie nachts kommunizieren können. Wenn ein Kind weint oder unruhig ist, liegt das unter Umständen einfach daran, daß es Durst hat; wenn es das mitteilen kann und etwas zu trinken bekommt, können alle ruhig schlafen. Möglicherweise weint das Kind aber auch wegen eines Alptraums oder einer Krankheit. Die Eltern finden unter Umständen erst nach langer Zeit heraus, was nicht stimmt; das führt zu Schlafmangel und möglicherweise am nächsten Morgen zu Reizbarkeit. Ein paar graphische Zeichen an der Wand oder auf einem Ständer neben dem Bett können dazu beitragen, daß es weniger schlaflose Nächte gibt und daß das Kind sich geborgener fühlt.

Verbesserter Zugriff auf Zeichen

Wie man die Kommunikationstafel im einzelnen gestaltet und wieviele graphische Zeichen sie enthalten kann, hängt von der Methode des Zeigens oder des Scannings sowie von den motorischen Fähigkeiten des Nutzers ab. Bedient man sich der direkten Selektion, ist es wichtig, daß die Zeichen nicht zu klein sind, denn sonst mißversteht man leicht, auf welches Zeichen der Nutzer zeigt. Da sich auf einer bestimmten Fläche nur eine begrenzte Zahl von Zeichen unterbringen läßt, sollte der Wortschatz immer so gut wie möglich an den Nutzer angepaßt sein. Daraus folgt unter anderem, daß Lehrer und Betreuer unter Umständen Zeichen austauschen müssen, anstatt einfach neue hinzuzufügen, und daß möglicherweise mehrere Tafeln notwendig sind.

Die Frage, wie sich unterschiedliche Wortschätze auswirken können, ist praktisch nicht erforscht. Carlson (1981) erwähnt ein Kind, das anfangs die Kommunikationstafel nicht benutzte, sich ihrer aber nach einem Wechsel des Wortschatzes bediente. Abgesehen von der Tatsache, daß der Wortschatz „nützlich" sein sollte, ist aber kaum etwas darüber bekannt, wie man ihn am besten aufbauen sollte, um die Entwicklung von Kommunikationsfähigkeit und Kompetenz zu fördern. Vieles spricht aber für die Annahme, daß die Betonung eines allgemeinen Wortschatzes, das heißt eine *oberflächenorientierte* Erweiterung, den Mangel an Kommunikationsinitiative und die Beschränkungen der Gesprächsfähigkeit verstärkt. Eine *bereichsorientierte* Strategie bei der Entwicklung des Wortschatzes erleichtert es den betroffenen Personen, etwas Neues zu sagen, und damit hilft sie ihnen, eigene Beiträge zum Gespräch zu leisten und es so fortzusetzen, daß der Gesprächspartner das Interesse nicht verliert.

In der Erörterung der Kommunikationstafel wird oft nachdrücklich darauf hingewiesen, daß eine geringe Zahl von Wörtern einen großen Teil des Gesagten ausmacht. Aufgrund dieser Tatsache wurde argumentiert, man könne mit wenigen Wörtern wirksam kommunizieren; das stimmt, solange das Gespräch auf einer sehr oberflächlichen Ebene bleibt. Gleichzeitig hat man sich stark auf Zeichen konzentriert, die den betroffenen Personen die Gelegenheit verschaffen, grundlegenden Bedürfnissen des Alltagslebens Ausdruck zu verleihen. Sollen die betroffenen Personen aber die Möglichkeit haben, sich nicht nur auf einer oberflächlichen Ebene zu unterhalten und etwas anderes als ihre Grundbedürfnisse auszudrücken, muß der Wortschatz so abgewandelt werden, daß er zu der jeweiligen Situation paßt. Die Vergrößerung des Wortschatzes allein ist keine geeignete Methode zur Entwicklung der Gesprächsfähigkeit, denn der Nutzer wird dabei mit der Formulierung von Fragen und Kommentaren fast sofort vom Gesprächspartner abhängig.

Es gibt mehrere Gründe, warum die Neuorganisation des Wortschatzes einer betroffenen Person den Austausch der graphischen Zeichen erfordert. Würde man ständig neue Zeichen hinzufügen, wäre der Wortschatz schon bald zu groß, selbst wenn einige Zeichen auf andere Tafeln übertragen werden. Außerdem ist der Wortschatz, den der Gesprächspartner sieht, von großer Bedeutung dafür, wie die betroffene Person eingeschätzt wird, und er bestimmt darüber, über welche Themen man spricht und wie das Gespräch beginnt. Gesprächspartner behandeln die Nutzer von Kommunikationshilfen häufig so, als seien sie jünger, als es tatsächlich der Fall ist (Shane und Cohen, 1981). Diese Tendenz wird verstärkt, wenn die Kommunikationstafel kindliche Zeichen enthält. Zeichen, die zu kindlich sind, sollte man austauschen. So sollte beispielsweise das Bild eines Teddybären von der Kommunikationstafel verschwinden, wenn das Kind älter wird.

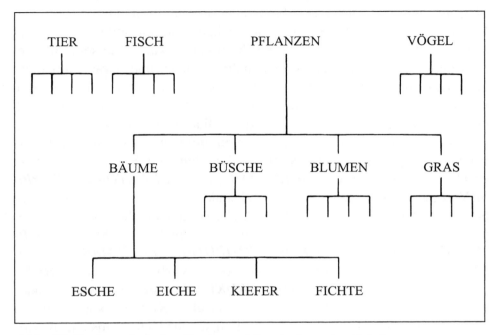

Abb. 33 *Suchstruktur für die Auswahl zwischen vier Zeichen.*

Auch wenn der Nutzer über mehrere Kommunikationstafeln verfügt, gibt es für die Größe des Wortschatzes klare Beschränkungen. Eine Haupt-Kommunikationstafel, ihre Untertafeln und eventuell noch Unter-Untertafeln bilden im Prinzip eine Baumstruktur. Durch Gebrauch mehrerer Tafeln wird es schwierig, über den Wortschatz Buch zu führen, und irgendwann ist es nicht mehr praktikabel. Eine Verbesserung stellen in dieser Hinsicht computergestützte Kommunikationshilfen dar, denn ihre Kommunikationstafeln nehmen weniger Platz in Anspruch. Ist eine betroffene Person in der Lage, auf drei Unterebenen zwischen jeweils vier graphischen Zeichen zu unterscheiden, ergibt sich ein Wortschatz von 64 Zeichen (Abb. 33). Drei Ebenen mit jeweils 16 Zeichen verschaffen der betroffenen Person Zugang zu 4096 Zeichen (16 x 16 x 16). Eine einigermaßen geschickte betroffene Person sollte in der Lage sein, jedes dieser Zeichen schnell zu erreichen; bei einer umfangreicheren motorischen Behinderung kann dies allerdings erheblich länger dauern. Das Hauptproblem besteht aber darin, die Zeichen so zu organisieren, daß die betroffene Person sich jederzeit an ihre Stellung erinnern kann, und das mit dem Anblick der Kommunikationstafel auf dem Bildschirm als einziger visueller Unterstützung. Eine Suchstruktur mit drei Ebenen zu jeweils 16 Zeichen besteht aus insgesamt 256 (16 x 16) verschiedenen Bildschirmansichten.

Der Aufbau des Wortschatzes in Kommunikationshilfen ist ein Gebiet, auf dem es bisher kaum Forschungsarbeiten gibt. Die Struktur der Zeichen in einer technischen Kommunikationshilfen sollte so angelegt sein, daß die betroffene Person mit ihr wachsen kann. Sie sollte die bereits entwickelten Fähigkeiten beibehalten können und darauf aufbauen. Der Baum ist nicht die einzige Form einer Suchstruktur, die man sich vorstellen kann. Man kann sich auch einer Technologie wie Minspeak bedienen. Im Zusammenhang mit der Alltagssituation der betroffenen Person sollte der Lehrer nach zentralen *Bereichen* suchen, die tiefergehende Gespräche fördern können. Bei kleineren Kindern kann man Zeichen für Bereiche wie *LADEN, BABY, AUTO, DOKTOR* und *PUPPE* in Verbindung mit Rollenspielen und anderen spielerischen Tätigkeiten benutzen. Ältere Kinder und Jugendliche sollten Zeichen benutzen, die mit besonderen Interessen zu tun haben, beispielsweise *SPORT, POPMUSIK, FILMSTARS, TIERE, COMPUTER, BRIEFMARKEN* und *BÜCHER*, oder auch einen Wortschatz in Verbindung mit *SCHULE* (*GESCHICHTE, MATHEMATIK, ERDKUNDE*, und so weiter) oder *ARBEIT*. Ganz allgemein kann man einzelne Kommunikationstafelnn auch jeweils an ein besonderes Umfeld anpassen. Unter Umständen wird zu Hause, in der Schule, im Jugendclub, auf der Straße und so weiter jeweils ein etwas anderer Wortschatz verwendet. Bei der Herstellung solcher bereichs- und situationsspezifischen Tafeln wird man sowohl solche Zeichen aufnehmen, die der betroffenen Person bekannt sind, als auch solche, die sie noch nicht kennt, so daß die Tafel dazu beiträgt, den Wortschatz der betroffenen Person weiterzuentwickeln. Man sollte die Tafeln systematisch überprüfen und regelmäßig – beispielsweise viermal im Jahr – umgestalten, so daß die betroffene Person durch den vorhandenen Wortschatz nicht unnötig eingeschränkt wird.

Die Einführung bereichsorientierter Tafeln kann sich auch auf das Umfeld und die professionellen Helfer positiv auswirken, denn diese werden gezwungen, Situationen herzustellen, die zu dem jeweiligen Wortschatz passen. Auf diese Weise besteht eine größere Wahrscheinlichkeit, daß die betroffene Person vielfältigere sprachliche Erfahrungen macht. Erwachsene, aber auch andere Kinder und Jugendliche, die die neue Kommunikationstafel sehen, sprechen dann in der Unterhaltung mit dem Nutzer der Kommunikationshilfen schneller über neue Themen. Eine Tafel für ein interessantes Gebiet dürfte mehr Menschen veranlassen, die Initiative zum Gespräch zu ergreifen.

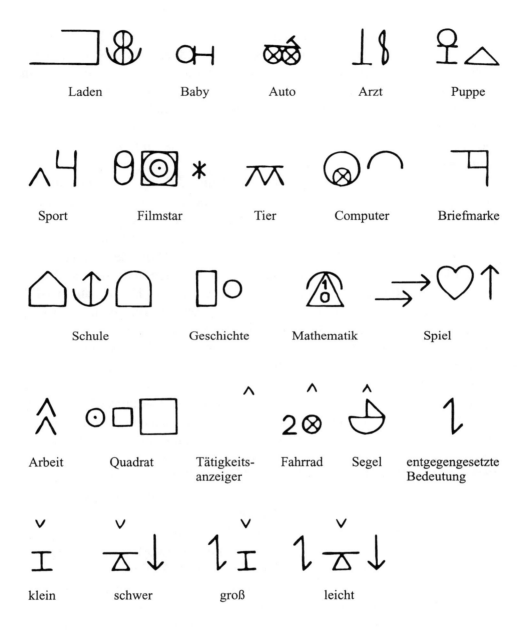

Erweiterung des Wortschatzes durch Zeichenkombinationen

In der graphischen Kommunikation dienen manchmal Kombinationen aus zwei oder mehr Zeichen zur Bezeichnung von etwas, das man in der Lautsprache mit einem einzigen Wort ausdrücken würde. In der Regel geschieht das dann, wenn eine Kommunikationshilfe nur einen begrenzten Wortschatz enthält, so daß dem Nutzer für das, was er sagen möchte, kein Zeichen zur Verfügung steht; in einem solchen Fall muß er einen anderen Weg finden, um es auszudrücken. (Das gleiche kommt auch mit Gebärden vor.) Um zum Beispiel etwas über Schach mitzuteilen, kann die betroffene Person die Zeichen *SPIELEN* und *QUADRAT* benutzen. Diese Kombination kann aber ebenso gut auch als „Kartenspiel", „Mensch ärgere dich nicht" oder „Dame" interpretiert werden, wenn auch alle diese Zeichen nicht auf der Kommunikationstafel vorhanden sind; dann muß die betroffene Person unter Umständen mehrere weitere Hinweise geben, bevor der Gesprächspartner versteht, was sie sagen möchte. Kombinationen dieses Typs kann man als *Umschreibung durch Analogie* bezeichnen.

Die Funktion der Bliss-Symbole, die heute das am höchsten entwikkelte graphische System darstellen, gründet sich auf Analogien. *TIER+LANG+NASE* kann zum Beispiel „Elefant" oder „Ameisenbär" bedeuten. Im Prinzip kann der Nutzer aus den grundlegenden Bliss-Symbolen nach Belieben die Entsprechung zu jedem Wort der Lautsprache konstruieren, aber das Internationale Bliss-Komitee hat für die Bliss-Symbole eine Reihe üblicher Bedeutungen festgelegt. Da sowohl Analogien als auch grammatikalische Erkennungszeichen verwendet werden, läßt sich die wirkliche Größe eines Ausdruckswortschatzes, der sich auf Bliss-Symbole oder ein anderes System mit kombinierbaren Zeichen gründet, manchmal nur schwer abschätzen. Im System der Bliss-Symbole verwandeln sich Substantive durch die Kombinationen mit *HANDLUNG* in Verben. *HANDLUNG+FAHRRAD* wird zu „radfahren", *HANDLUNG+SEGELBOOT* bedeutet „segeln". Kombiniert man ein Zeichen mit *ENTGEGENGESETZTE-BEDEUTUNG*, entsteht das Gegenteil. *ENTGEGENGESETZTE-BEDEUTUNG+GROSS* heißt also „klein", *ENTGEGENGESETZTE-BEDEUTUNG+SCHWER* bedeutet „leicht". Solche Ausdrücke kommen aber auch in der normalen Lautsprache von Kindern vor, ohne daß man die Kombinationen als Wörter betrachtet. Untersucht man Kleinkinder mit dem ITPA, erhält man auf die Frage *Blei ist schwer, Federn sind...?* nicht selten die Antwort *Nicht schwer*.

In der Unterstützten Kommunikation kommen Analogien vorwiegend im Zusammenhang mit den Bliss-Symbolen vor, denn in diesem System bilden Analogien ausdrücklich die Grundlage. Man findet sie aber auch häufig im Rebus-System (Abb. 34), und in Prinzip lassen sich die Zeichen aller graphischen Systeme zu neuen Bedeutungen kombinieren. Das gilt auch für die Schriftsprache, wenn der Nutzer über eine begrenzte Fähigkeit zum Buchstabieren verfügt oder wenn die Verwendung einer Wortkombination als Analogie schneller geht als das Buchstabieren eines langen Wortes. Die PIC-Zeichen *HAUS+SPORT* können „Turnhalle" bedeuten, und die Rebuszeichen *MANN+LICHT* können den „Elektriker" bezeichnen, wenn es keine anderen Zeichen gibt, mit denen sich diese Begriffe ausdrücken lassen (Abb. 35). Auch in Kommunikationshilfen, die sich auf Informationstechnologie stützen, werden Analogien benutzt. Ein Beispiel ist die *Word Strategy*, die im Zusammenhang mit Minspeak angewandt wird (Braun und Stuckenschneider-Braun, 1990): Hier werden mehrere graphische Zeichen assoziativ verbunden und mit Hilfe einer elektronischen Kommunikationshilfe in Lautsprache umgesetzt.

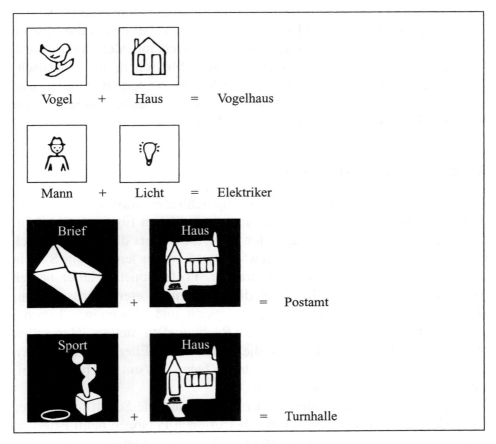

Abb. 34 *Kombinationen aus Rebus- und PIC-Zeichen.*

Die Verwendung von Analogien erfordert beträchtliche kognitive Fähigkeiten (Vance und Wells, 1994) und stellt sowohl an den Nutzer als auch an den Zuhörer erhebliche Anforderungen. Der Nutzer der Kommunikationshilfe muß eine Vorstellung davon haben, was sein Gesprächspartner verstehen kann, und der Partner muß sowohl über viel Phantasie als auch über ein beträchtliches Einfühlungsvermögen verfügen, um zu verstehen, was der Nutzer sagen will. Selbst relativ unkomplizierte Aussagen lassen sich manchmal nur schwer mitteilen. Die Benutzung von Analogien setzt deshalb voraus, daß diejenigen, die graphische Systeme benutzen und verstehen, einen geeigneten Unterricht erhalten. In letzter Zeit wurde im Unterricht ein zu großes Schwergewicht auf vorgefertigte Zeichenkombinationen und Kombinationen mit grammatikalische Zeichen wie *ENTGEGENGESETZT*, *PLURAL* und *HANDLUNG* gelegt. Die Nutzer sollten lernen, das System so anzuwenden, daß die Gesprächspartner keine Vorkenntnisse über die Konstruktion des Systems besitzen müssen, um das Gesagte zu verstehen. Das erreicht man vermutlich am besten durch technische Kommunikationshilfen mit der größtmöglichen Zahl von Kombinationen, bei denen das gesprochene Wort entweder auf dem Bildschirm erscheint oder durch künstliche Sprache artikuliert wird. Die meisten Menschen, die graphische Zeichen anwenden und einen umfangreichen Wortschatz benötigen, sind stark motorisch behindert, und deshalb ist es vielfach möglich, die Kommunikationshilfe am Rollstuhl zu befestigen.

Vorgefertigte Wortschätze

Eines der Hauptprobleme bei der Sprachintervention besteht darin, daß betroffenen Personen mit ganz unterschiedlichen Eigenschaften häufig die gleiche Intervention angeboten wird. Besonders deutlich zeigt sich das an dem Wortschatz, der ausgewählt wird, wenn jemand ein System der Unterstützten Kommunikation braucht. Professionelle Helfer neigen dazu, unterschiedlichen Menschen die gleichen Wörter vorzuschlagen, ohne die Unterschiede von Alter, Interessen und allgemeiner Lebenssituation der betroffenen Personen in Rechnung zu stellen. Nur selten nehmen professionelle Helfer sich die Zeit, um mit Eltern, Geschwistern und anderen guten Bekannten der betroffenen Person zu besprechen, welche Zeichen man auswählen soll.

Beträchtliche Anstrengungen hat man auch auf die Schaffung fertiger Wortschätze verwendet, die von den betroffenen Personen beim Erlernen unterstützter Kommunikationssysteme oder bei anderen Formen des Sprachtrainings benutzt werden können (zum Beispiel Fried-Oken und More, 1992; Fristoe und Lloyd, 1980; Walker, 1976). Man versucht eine beschränkte Anzahl von Wörtern zu finden, deren Inhalt die meisten Menschen brauchen, und geht davon aus, daß sie erlernt werden, wenn man sie dem Nutzer auf geeignete Weise darbietet. Diese Vorgehensweise stützt sich offenbar auf die Annahme, daß alle Kinder annähernd die gleichen Wörter in mehr oder weniger ähnlicher Reihenfolge erlernen.

Solche vorgefertigten Wortschätze sind unterschiedlich groß. Manche von ihnen sollen ausdrücklich mit einem ganz bestimmten Zeichensystem verwendet werden, andere sind als allgemeine Richtlinien gedacht und unabhängig davon, ob die betroffene Person in Laut- oder Schriftsprache

Tabelle 4 *Die von Fristoe und Lloyd 1980 (F&L) vorgeschlagenen Wörter und die beiden ersten Stadien des norwegischen Makaton (Walker und Ekeland, 1985, W&E).*

Substantive	W&E	F&L		W&E	F&L	Beziehungs-wörter	W&E	F&L
APFEL		x	TÖPFCHEN		x	AUF WIEDERSEHEN	x	
AUTO	x	x	SCHULE		x	AUFSTEHEN	x	
BABY		x	HEMD		x	BADEN	x	
BADEZIMMER		x	SCHUHE		x	BEKOMMEN		x
BALL	x	x	SCHWESTER	x		DANKE	x	
BETT	x		SOCKEN		x	DIESE/DIESES		x
BLUME	x		LÖFFEL	x	x	DORT	x	
BONBON		x	LEHRER	x		DUSCHEN	x	
BROT	x		SÜSSES	x		ESSEN	x	x
BRUDER	x		ZUCKER	x		FALLEN		x
BUCH	x	x	TISCH	x	x	FORT		x
BUTTER	x		TEDDY	x		GEBEN	x	x
DAME	x		FERNSEHEN	x	x	GEHEN		x
EI	x		TOILETTE	x	x	GLÜCKLICH		x
EISKREM	x		BAUM	x		GROSS		x
ESSEN	x	x	HOSE		x	GUT	x	x
FEUER (HEIZUNG)	x		WASSER		x	GUTEN MORGEN	x	
GABEL	x		FENSTER	x	x	HALT		x
GETRÄNK		x	DU	x	x	HEISS	x	x
HAUS	x	x				HELFEN		x
HEIM	x					HIER	x	
HUND	x	x				HINAUF		x
HUT		x				HINUNTER		x
ICH	x					JA	x	
JUNGE	x					KALT	x	
KAFFEE	x					KAPUTT		x
KAMM		x				KOMMEN	x	
KÄSE	x					KÜSSEN		x
KASSETTEN-REKORDER	x	x				LAUFEN		x
KATZE	x	x				MACHEN		x
KEKS	x					MEHR		x
KUCHEN	x	x				NEIN	x	x
LAMPE	x					NICHT	x	
LICHT	x					OFFEN		x
MÄDCHEN	x	x				SAUBER	x	
MAMA/MUTTER	x	x				SCHLAFEN	x	
MANN	x					SCHLECHT	x	x
MANTEL		x				SCHWER		x
MARMELADE	x					SCMUTZIG	x	x
MESSER	x					SEHEN/ BEOBACHTEN	x	x
PAPA	x					SICH HINLEGEN		x
PUPPE	x					SITZEN		x
STUHL	x	x				SPIELEN		x
TASSE	x	x				STEHEN		x
TELLER	x					TRINKEN	x	x
TÜR	x	x				UND		x
VATER		x				WAS		x
VOGEL	x	x				WASCHEN	x	x
ZIEGEL	x					WEGGEHEN	x	
						WERFEN		x
						WO		x

Gebärden oder einem graphischen Zeichensystem unterrichtet wird. Zwei Wortschätze, die sich angeblich für Kinder eigenen und in der Literatur eine zentrale Stellung einnehmen, sind in Tabelle 4 dargestellt. Jeder umfaßt ungefähr 80 Wörter, die als *erste Wörter* der betroffenen Personen dienen sollen. Makaton (Walker und Ekeland, 1985) besteht aus neun Stadien. Hier sind nur die ersten beiden gezeigt, denn sie enthalten ungefähr die gleiche Anzahl von Wörtern wie der Wortschatz, den Fristoe und Lloyd (1980) vorschlagen. Makaton ist ganz gezielt für die Anwendung bei Kleinkindern gedacht und stützt sich unter anderem auf Untersuchungen der frühen Sprachentwicklung. Der zweite Wortschatz richtet sich speziell an Kinder im Schulalter (Fristoe und Lloyd, 1980). In einigen Fällen wurden die Listen auch bei Kindern und Erwachsenen mit gut entwickelter Verständnisfähigkeit angewandt. Zwischen den Zeichen, die im Verständnistraining und im Ausdruckstraining angewandt werden, machen die Wortschätze keinen Unterschied.

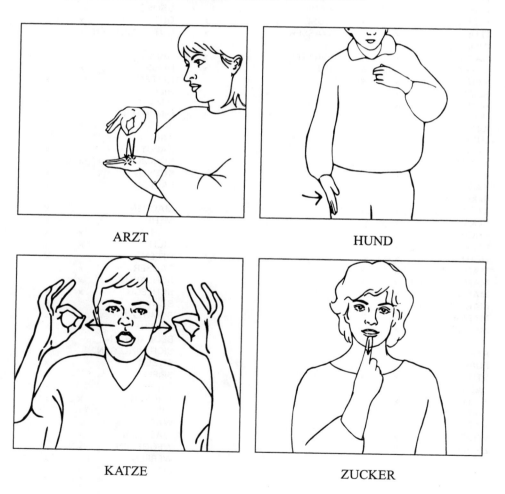

Da die Listen allgemein gehalten sind, lassen sich die Besonderheiten jedes einzelnen Kindes unmöglich berücksichtigen. Fristoe und Lloyd sind vorsichtig und sagen, der Wortschatz eigne sich nicht für jeden, aber er werde sich für viele betroffene Personen als nützlich erweisen. Walker (1976) behauptet, der Makaton-Wortschatz solle von allen erlernt werden, man könne allerdings auch andere Zeichen hinzunehmen. Ihre Auswahl der mit Zeichen versehenen Wörter sowie die Stadien und Unterrichtsmethoden des Makaton-Wortschatzes wurden zum Gegenstand heftiger Kritik (Byler, 1985; Kiernan et al., 1982).

Ein Überblick über die beiden Wortschätze zeigt, wie schwierig die Gestaltung eines ersten Wortschatzes ist, der sich für viele betroffene Personen als nützlich erweist; gleichzeitig wird dabei aber auch deutlich, nach welchen Kriterien die Auswahl vorgenommen wurde. Es fehlen viele Wörter, die Kinder durchaus gebrauchen könnten. Andererseits finden sich in den Listen zahlreiche Wörter, die mit Sauberkeit und Selbsthilfe zu tun haben und an deren Benutzung Kinder nur eingeschränktes Interesse haben dürften. Auch ältere Kinder, Jugendliche und Erwachsene bedienen sich solcher Zeichen nicht sonderlich oft, höchstwahrscheinlich weil Körperpflege und Waschen gewöhnlich zu festgelegten Zeiten stattfinden, ohne daß die betroffenen Personen auf die jeweilige Situation besonders großen Einfluß hätten.

Entsprechend den Vorschlägen von Lahey und Bloom (1977) unter teilt man die Wortschätze in *Gegenstandswörter* und *Beziehungswörter*. Die Gegenstandswörter dienen zur Benennung von Menschen, Orten oder Gegenständen. Beziehungswörter dagegen bezeichnen von Beziehungen zwischen Gegenständen; hierher gehören Wortarten wie Verben, Adjektive und Präpositionen.

Obwohl die Wortschätze mit dem Gedanken an Kinder gestaltet wurden, enthalten sie nur wenige Wörter für Spielzeug. Zeichen für Tiere dürften für Kinder nützlich sein, die sich für Tiere interessieren oder Haustiere haben. Mit PFERD kann man das Reiten ankündigen, eine Tätigkeit, die vielen Menschen mit Behinderungen Spaß macht.

In einer strukturierten Situation des Ankleidens kann man Zeichen für Kleidungsstücke benutzen. Walker und Ekeland berücksichtigen erstaunlicherweise keinerlei Zeichen für Kleidung, die Liste von Fristoe und Lloyd dagegen enthält die gebräuchlichsten. LÄTZCHEN fehlt ebenso wie ANZUG. Zu den Zeichen, die als erste gelehrt werden, gehören solche für Lebensmittel, Obst und Süßigkeiten, denn was die betroffene Person gern ißt, ist in der Regel bekannt. Walker und Ekeland nehmen in ihre Liste kein Obst auf; ein wenig verwunderlich ist, daß sie sich für BUTTER entschieden haben. Fristoe und Lloyd nennen APFEL, aber für andere Obstsorten und sonstige Lebensmittel gibt es bei ihnen keine Zeichen. Keiner der beiden Wortschätze enthält LIMONADE oder ORANGENSAFT, zwei beliebte Getränke. Auch SCHOKOLADE fehlt.

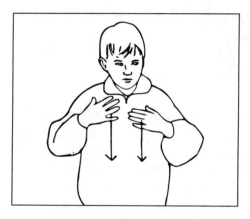 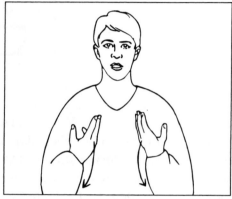

KLEIDUNG   KLEID

Viele Bezeichnungen gibt es auch für Eßutensilien und Haushaltswaren. Besonders nützlich dürften die Namen der beim Essen verwendeten Gegenstände sein. Walker und Ekeland führen MESSER, GABEL und LÖFFEL auf; Fristoe und Lloyd nennen nur LÖFFEL, lassen aber TASSE und GLAS weg. Manche Zeichen für Haushaltswaren können zur Benennung verwendet werden, ohne daß für ihre Funktion ein klares Ziel besteht. FERNSEHEN ist ein gutes Ausdruckszeichen. Als Signalzeichen eignen sich am besten BETT und TOILETTE.

Häufig findet man nur schwer ein gutes Umfeld, um Zeichen für Personen (Namen) zu lehren, außer als semantisch Handelnde in Sätzen (siehe Kapitel 10). Eine Möglichkeit besteht darin, daß man sie als Signalzeichen einsetzt. ICH, MICH und DU erscheinen recht ungeeignet, da sie oft implizit in der Äußerung enthalten sind.

Beziehungswörter werden so ausgewählt, daß sie im Zusammenhang mit vielen Gegenständen verwendet werden können; sie sind nicht so stark von Interessen und Umfeld der betroffenen Person abhängig wie

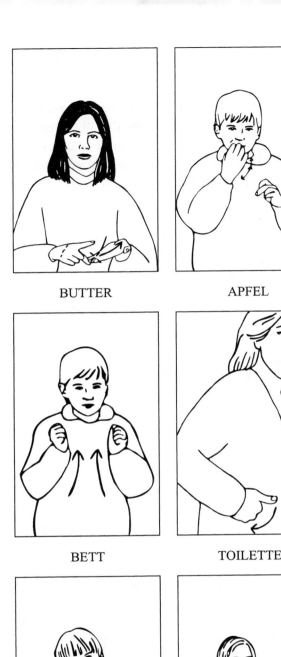		
BUTTER	APFEL	LAMPE
BETT	TOILETTE	SCHLAFEN
	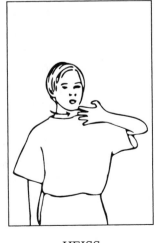	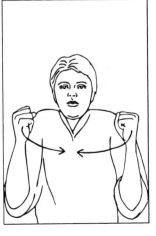
SAUBER	HEISS	KALT

viele andere Wörter. BEKOMMEN, SEHEN, SPIELEN und HELFEN lassen sich in Verbindung mit vielen Objekten und Tätigkeiten einsetzen, und ihre Benutzung kann den Erwerb neuer Zeichen erleichtern. Zeichen für besondere Tätigkeiten fehlen. Viele dieser Zeichen dürften praktisch von Nutzen sein, wenn man die Fähigkeit zur Selbsthilfe übt, und deshalb eignen sie sich als Signalzeichen. Manche Zeichen erscheinen aber auch für einen ersten zweckmäßigen Wortschatz recht ungeeignet (zum Beispiel SAUBER, SCHMUTZIG, HIER, HEISS, KALT, BÖSE, SCHWER, OBEN, UNTEN, UND und WO).

HIER

Walker und Ekeland nehmen auch JA und NEIN in ihre Liste auf. Diese Zeichen zur Beantwortung von Fragen zu benutzen, ist nur dann sinnvoll, wenn die betroffene Person Ja-Nein-Fragen verstehen kann. Diese Voraussetzung ist bei vielen Menschen, die in Unterstützter Kommunikation unterrichtet werden, nicht erfüllt. Außerdem sind JA und NEIN von der Initiative anderer Menschen abhängig. Fristoe und Lloyd verwenden NEIN nicht als Antwort auf Fragen, schließen sich aber den Argumenten von Bloom und Lahey an, wonach man mit NEIN Ablehnung, Nichtvorhandensein und die Beendigung einer Tätigkeit ausdrükken oder einem anderen eine Tätigkeit verwehren kann, das heißt, man kann es als Signalzeichen gebrauchen (siehe Kapitel 10). Für Ablehnung verfügt die Mehrzahl derer, die mit dem Unterricht in Unterstützter Kommunikation beginnen, bereits über einen Ausdruck, und demnach sollte es nicht nötig sein, ihnen dies beizubringen. Als Bezeichnung für das Nichtvorhandensein ist das Wort WEG geeigneter, denn das Zeichen NEIN dient anderen als Mittel, um der betroffenen Person eine Tätigkeit zu verbieten. Will man ausdrücken, daß eine Tätigkeit beendet werden soll, eignet sich HALT besser als NEIN. Auch wie man gute Unterrichtssituationen für Ablehnung und Nichtvorhandensein gestalten soll, ist nicht ohne weiteres zu erkennen. Im allgemeinen sind JA und NEIN für das erste Stadium der Intervention nicht geeignet.

Welche Schwierigkeiten auftreten können, wenn man in einem vorgefertigten Wortschatz die richtigen Wörter sucht, statt von der tatsächlichen Situation der betroffenen Person auszugehen, zeigt sich in folgendem Beispiel (Yorkston, Honsinger, Dowden und Mariner, 1989):

> G. T. war eine Frau von 36 Jahren mit Zerebralparese, die weder lesen noch schreiben konnte. Vor kurzem hatte man ihr eine Tafel mit 24 Bliss-Symbolen gegeben. Die Tafel war eigentlich ihr erster Ausdruckswortschatz, aber ihre Verständnisfähigkeit legte die Vermutung nahe, daß sie einen weitaus größeren Wortschatz brauchte. Deshalb erhielt sie eine Kommunikationshilfe mit synthetischer Sprache, und den Wortschatz wählte sie selbst zusammen mit dem Betreuerteam aus. Nachdem sie einige Worte benutzte, stellte das Team eine Beschreibung ihres Umfeldes und ein Kommunikationstagebuch zusammen. Außerdem sah sich G.T. zusammen mit ihren professionellen Helfern vier Standard-Wortschätze an.

Insgesamt befanden sich 240 Wörter auf G.T.s Kommunikationstafel. Die meisten davon waren allgemeiner Natur, und man hatte sie aufgrund der angenommenen Häufigkeit ihrer Benutzung ausgewählt. Wörter, die nur selten vorkamen, wurden vermieden. Die Wortauswahl stand also im Einklang mit den Bedürfnissen, die ein Standard-Wortschatz angeblich erfüllen solle. Ein Vergleich mit elf Standard-Wortschätzen zeigte jedoch, daß keiner davon alle 240 Wörter auf ihrer Tafel enthielt, obwohl es sich in einigen Fällen um recht umfangreiche Wortschätze handelte. Die meisten von ihnen deckten weit weniger als 50 Prozent ihrer Wörter ab (Abb. 35). Nicht einmal alle Wortschätze zusammen – insgesamt 2327 verschiedene Wörter – deckten ihren gesamten Bedarf.

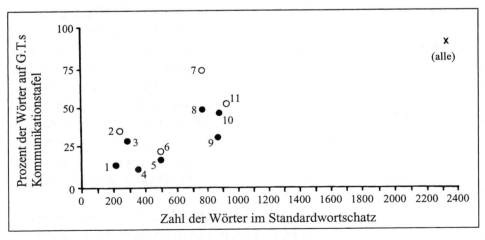

Abb. 35 *Anteil der verschiedenen Wortschätze, die eine 36jährige Frau mit Zerebralparese für ihre Kommunikationstafel wählte. Die Tafel enthielt 240 Zeichen (Yorkston et al., 1989).*

In der Forschung hat man viel Zeit auf den Versuch verwendet, allgemeine Wortschätze zu finden, die sich für den Unterricht mit unterstützten Kommunikationssystemen eignen. Offenbar ist das eine unlösbare Aufgabe. Zusammen mit anderen Wortlisten können diese Wortschätze aber einen Teil des Materials darstellen, mit dessen Hilfe man sich Ideen für die Zusammenstellung eines geeigneten Wortschatzes für eine Person verschafft, die Unterstützte Kommunikation benötigt.

Von graphischen Zeichen zur Schriftsprache

Für betroffene Personen, die im weiteren Verlauf die Schriftsprache lernen, sind die meisten Probleme im Zusammenhang mit dem Wortschatz gelöst. Der Schreib- und Leseunterricht sollte deshalb immer Teil der Intervention sein, wenn auch nur eine geringfügige Aussicht besteht, daß er Erfolg hat. In der Gruppe 3 (UK als Ersatzsprache) erlangen allerdings nur die wenigsten betroffenen Personen die Fähigkeit zum Lesen und Schreiben, und auch viele Angehörige der Gruppe 2 (UK als Unterstützung der Lautsprache) haben in dieser Hinsicht Schwierigkeiten. Auch viele motorisch behinderte Menschen aus der Gruppe 1 (UK als expressives Hilfsmittel) mit einem großen Ausdruckswortschatz aus Bliss-Symbolen und anderen graphischen Zeichen erlangen nie eine funktionierende Lesefähigkeit, oder sie lernen erst relativ spät lesen und brauchen graphische Zeichen mindestens bis zu einem Alter von sieben oder acht Jahren. Manchmal wird die Lesefähigkeit auch erst im Teenageralter erlangt (McNaughton, 1998; Sandberg, 1996; von Tetzchner, 1997a). Sowohl für diejenigen, die lesen lernen, als auch für die anderen ist es wichtig, daß ihnen schon frühzeitig Zeichen zur Verfügung stehen, die möglichst vielen von ihnen benötigten Wörtern entsprechen. Der Wortschatz sollte so stark wie möglich erweitert werden, ähnlich wie es auch in der normalen Sprachentwicklung geschieht. Für diejenigen, die nicht oder erst in einem späteren Stadium lesen lernen, ist es von entscheidender Bedeutung, daß sie auf andere Weise als durch das Lesen Zugang zu Kenntnissen erhalten, so daß sie in Bereichen, in denen sie über gute allgemeine Grundlagen verfügen, nicht unnötig behindert werden. Viele Arten des Austausches von Mitteilungen – sogar e-Mail – sind mit graphischen Zeichen zu bewerkstelligen (Detheridge und Detheridge, 1997; McNaughton et al., 1996).

Es besteht ein enger Zusammenhang zwischen Artikulationsschwierigkeiten und den Störungen beim Lesen und Schreiben. Probleme beim Lesen und Schreiben treten oft bei Menschen auf, die an einer Lähmung von Mund, Rachen und Kehlkopf leiden. Eine Feststellung ist dabei allerdings wichtig: Der Zusammenhang zwischen beeinträchtigter Artikulation und Störungen beim Lesen und Schreiben bedeutet nicht, daß derartige Störungen beim Fehlen von Lautsprache immer auftreten müssen; eine schlechte Artikulationsfähigkeit macht die betroffene Person für solche Störungen lediglich anfälliger. Wodurch sich Menschen mit guter und schlechter Lesefähigkeit unterscheiden, ist nicht bekannt, aber es besteht Grund zu der Annahme, daß hier sowohl individuelle Unterschiede als auch die Methode des Leseunterrichts von Bedeutung sind (McNaughton und Lindsay, 1995; Morley, 1972; Sandberg, 1996; Smith et al., 1989).

Kinder, die nur über wenig oder gar keine Lautsprache verfügen, brauchen in der Regel Hilfe, um phonologisches und graphemisches Bewußtsein zu entwickeln (Blischak, 1994; von Tetzchner et al., 1997). Durch Anwendung graphischer Kommunikationssysteme ist wahrscheinlich leichter zu verstehen, daß Gedrucktes einen Sinn vermittelt, aber sie schafft kein Bewußtsein für die Tatsache, daß es aus Buchstaben zusammengesetzt ist. Dies muß eigens gelehrt werden (Bishop et al., 1994; Rankin et al., 1994). Man sollte auch festhalten, daß das geschriebene Wort unter dem graphischen Zeichen allein nicht ausreicht, damit eine betroffene Person lesen lernt (Blischak und McDaniel, 1995). So ist eine betroffene Person beispielsweise meist nicht in der Lage, Bliss-Symbole und Buchstaben gleichzeitig als Hinweise zu nutzen, es sei denn, man bringt es ihr ausdrücklich bei.

> Rudi und die Sonderschullehrerin klebten Karten mit Bliss-Symbolen und Buchstaben an die Türen der Klassenzimmer. Die Lehrerin zeigte Rudi auf einer Liste das richtige Bliss-Symbol, und er mußte dann die zugehörige Karte finden. Er machte es richtig, und zwar auch mit komplizierten Bliss-Symbolen sowie mit solchen, die er noch nicht erlernt hatte. Plötzlich wählte er *SCHULHOF* anstelle von *SCHAUKEL*. Die Lehrerin veranlaßte ihn, sich anders zu entscheiden, aber er war sehr sicher, daß er recht hatte, und zeigte dazu auf das Wort, das auf der Karte aufgedruckt war. Beide Wörter begannen mit Sch, und nur auf diese drei Buchstaben hatte Rudi geachtet (Gangkofer und von Tetzchner, 1996, S. 300).

Der Übergang von den graphischen Zeichen zur Schrift findet also in der Regel nicht automatisch statt, sondern er muß durch den Unterricht gezielt gefördert werden.

Um das phonologische Bewußtsein spielerisch zu fördern, sollten Kinder, die nicht sprechen, aber eine normale Tastatur oder ein Concept Keyboard benutzen können, schon frühzeitig Zugang zu *synthetischer* Sprache haben, so daß sie schon vor Beginn des herkömmlichen Unterricht die Gelegenheit haben, „sprechen" zu lernen. Sie können den Apparat benutzen, um zu „plappern" und Wörter zu finden. Das Gerät sollte ständig zur Verfügung stehen, so daß die Kinder den Umgang mit Wörtern und das Erzählen genauso üben können wie ihre normal sprechenden Altersgenossen (vgl. Nelson, 1989; Weir, 1966).

Ein ähnliches Verfahren dürfte auch eine gute Alternative zum herkömmlichen Leseunterricht sein. Die Kinder lernen nicht lesen, sondern schreiben. Ein Computer spricht mit Hilfe synthetischer Sprache aus, was sie geschrieben haben. In der Regel haben Kinder mit Lese- und Schreibstörungen keine größeren Schwierigkeiten, gesprochene Wörter zu erkennen. Der Computer führt also das aus, was für Menschen mit Sprechbehinderungen am schwierigsten ist: Er artikuliert Wörter oder Buchstabenfolgen. Die betroffenen Personen können schreiben lernen, weil die Rückkopplung durch die Sprache des Computers eine Grundlage für die Korrektur von Schreibfehlern bildet und die richtige Schreibung sicherstellt. Dieses technische Verfahren kann man mit Programmen zur Rechtschreibprüfung kombinieren, damit Wörter wie *Vater* und *hier* nicht als F-a-t-e-r und h-i-h-r geschrieben werden.

Zum Einsatz synthetischer Sprache im Leseunterricht gibt es bisher kaum systematische Forschungsarbeiten. Einige Studien weisen jedoch darauf hin, daß man mit einer solchen Vorgehensweise positive Ergebnisse erzielen kann (Elbro et al., 1996; Koke und Neilson, 1987). Sie dürfte sogar das wirksamste Mittel zur Verhütung von Lesestörungen darstellen. Nach Befunden von Hjelmquist und Sandberg (persönliche Mitteilung, Oktober 1994) hatten die meisten schwer motorisch behinderten Kinder in Schweden, die gut lesen und schreiben können, während des Lesenlernens Zugang zu Computern mit synthetischer Sprache. Für Kinder, in die beim Lesenlernen Schwierigkeiten haben, dürften auch *Voraussagesysteme* (siehe Seite...) – sowohl allein als auch in Kombination mit synthetischer Sprache – ein nützliches Hilfsmittel sein (Newell et al., 1991; von Tetzchner et al., 1997).

Es gibt auch Beispiele von Kindern, die lesen konnten und eine Tafel mit Bliss-Symbolen bekamen; bei ihnen wurde der Unterricht in der Anwendung der Bliss-Symbole gegenüber dem Leseunterricht bevorzugt (Smith et al., 1989). Der Grund: Viele professionelle Helfer nehmen offensichtlich an, daß graphische Zeichen – beispielsweise die Bliss-Symbole – mehr ausdrücken als nur ihre Wortbedeutung. Nach ihrer Auffassung ist es also sinnvoller, *TIER+LANG+NASE* zu ELEFANT zu kombinieren als Tier+lang+Nase zu der Bedeutung „Elefant" zusammenzusetzen. Das stimmt natürlich nicht. Man kann mit Schrift ebensogut Analogien bilden wie mit Bliss-Symbolen. Die Person, die eine mit Bliss-Symbolen gemachte Äußerung interpretiert, kombiniert ohnehin die Wortbedeutungen, die unter dem graphischen Zeichen geschrieben stehen. Kinder, die nicht sprechen können, lernen Bliss-Symbole zwar leichter als normale Schrift, aber wenn sie das Buchstabieren erst einmal beherrschen, ist Schrift für sie leichter zu lesen als Bliss-Symbole.

Elefant   Katze

Sowohl bei den Bliss-Symbolen als auch bei den Rebuszeichen bilden die Buchstaben einen unverzichtbaren Teil des Systems. Einzelne Buchstaben dienen dazu, den Zeichen wie in dem Beispiel mit *KATZE* unterschiedliche Bedeutungen zu verleihen. Es gibt aber keine fertigen Vorgehensweisen oder Unterrichtsstrategien, die sich mit dem Übergang von den Bliss-Symbolen zur Schrift befassen. Das ist ein schwerwiegender Mangel, denn viele betroffene Personen bedienen sich der Bliss-Symbole, wenn sie mit dem Lesenlernen beginnen. Es bedeutet auch, daß die Bliss-Symbole nicht auf die bestmögliche Weise zur Entwicklung der Sprachfähigkeit genutzt werden. Der Erwerb der Lesefähigkeit kann sich durch das Fehlen solcher Strategien verzögern. Das Rebussystem umfaßt Strategien, die besonders auf die Förderung der Lesefähigkeit abzielen (siehe Seite...). Es dürfte sehr nützlich sein, einige dieser Strategien zu übernehmen und in Verbindung mit den Bliss-Symbolen einzusetzen. Die Methoden, die man herkömmlicherweise mit den Bliss-Symbolen verwendet, dürften für Personen, die schreiben können, nicht die wirksamsten sein.

> Der zwanzigjährige Alan ist motorisch behindert. Er versteht Lautsprache gut und kann auch gut schreiben. Er bedient sich einer Kommunikationstafel, die sowohl Bliss-Symbole als auch Buchstaben enthält. Wenn er „Kuh" sagen möchte, zeigt er zuerst auf *TIER* und buchstabiert dann das Wort K-u-h.

Menschen, die sich der normalen Schrift mit ihrer großen Freiheit des Ausdrucks als wichtigster Kommunikationsform bedienen können, müssen sich diejenigen Strategien aneignen, die sich für die von ihnen verwendete Kommunikationsform am besten eignen, anstatt weiterhin nach den Methoden vorzugehen, die im Zusammenhang mit den Bliss-Symbolen angewandt werden. Viele Bliss-Symbole haben eine kurze Wortbedeutung. Für jemanden, der buchstabieren kann, ist es unter Umständen nützlich, wenn einige fertige Wörter und Sätze zur Verfügung stehen, so daß die Kommunikation weniger Zeit erfordert. Dabei müssen nicht die kurzen Wörter durch Analogien ersetzt werden, sondern eher längere, die aber relativ häufig gebraucht werden. In der Frage, welche

Wörter das sind, muß man eine Entscheidung treffen; klar ist aber, daß es nicht auf alle Bliss-Symbole zutrifft, die man in der Regel auf Kommunikationstafeln findet.

Und schließlich wird mit dem Lese- und Schreibunterricht häufig zu spät begonnen, und er macht nur langsame Fortschritte. Viele Kinder haben wegen ihrer motorischen Behinderung nur in begrenztem Umfang selbständig Zugang zu Büchern und Zeitschriften. Trotz der Probleme bei der Schulbildung verbringen viele motorisch behinderte Kinder mit dem eigentlichen Leseunterricht in der Klasse weniger Zeit als ihre Altersgenossen. Sie machen weniger Erfahrungen mit Geschriebenem – beispielsweise durch Vorlesen und durch Gespräche mit den Eltern über den Text –, und in solchen Situationen wird ihnen auch eine weniger aktive Rolle zugewiesen. In der Gruppe der Kinder mit eingeschränkter Lautsprache hat man ähnliche Unterschiede zwischen guten und schlechten Lesern nicht gefunden. Dennoch wird nach wie vor die Vermutung geäußert, eine qualitative und quantitativen Zunahme der Erfahrungen mit Gedrucktem und Lesen unterstütze die Entwicklung der Schreib- und Lesefähigkeit (Koppenhaver und Yoder, 1993; Light et al., 1994; McNaughton, 1998; Sandberg, 1996).

10. Äußerungen aus mehreren Zeichen

Der Übergang von Äußerungen aus einem zu solchen aus mehreren Wörtern, Gebärden oder graphischen Zeichen ist ein wichtiger Meilenstein im Spracherwerb eines Kindes. Mit Hilfe solcher Äußerungen können Kinder komplexere Bedeutungen mitteilen und damit ihre Ausdrucksmöglichkeiten semantisch und pragmatisch um ein Vielfaches erweitern. Die Sprachstruktur kann insbesondere den Erwerb von Wörtern oder Zeichen, die keine physischen Gegenstände, sondern andere Kategorien bezeichnen, in Gang setzen oder erleichtern. In diesem Kapitel werden Strategien erörtert, die den Erwerb der Sprachstruktur fördern können, so daß Äußerungen aus mehreren Gebärden, graphischen oder greifbaren Zeichen verwendet werden.

In der normalen Entwicklung dauert der Erwerb der ersten 10 bis 50 Wörter mehrere Monate (Bates, Bretherton und Snyder, 1988; Harris, 1992). Auch der Übergang von Äußerungen aus einem Wort zu solchen mit zwei Wörtern erfolgt allmählich. Bevor ein Kind beginnt, Wörter zu Sätzen zusammenzufügen, hatte es in der Regel 15 bis 50 Wörter gelernt. Außerdem muß es seine Kognition und Sprachproduktion soweit unter Kontrolle haben, daß es zwei Einheiten innerhalb derselben Äußerung planen und artikulieren kann (Peters, 1986). Manche Kinder bilden schon mit 15 Monaten syntaktische Konstruktionen, bei anderen, die sich ebenfalls normal entwickeln, fehlen sie noch im Alter von zwei Jahren. Nach den Feststellungen von Ramer (1976) schwankt der Zeitraum von der ersten Äußerung mit zwei Wörtern bis zu der Phase, in der 20 Prozent der Äußerungen aus zwei oder mehr Wörtern bestehen, zwischen eineinhalb und neun Monaten. Gehörlose Kinder, die sich der Gebärdensprache bedienen, gebrauchen die ersten Sätze im gleichen Alter wie Kinder, die sprechen können (Meier, 1991).

Die ersten gesprochenen Äußerungen bestehen vorwiegend aus nicht gebeugten Wörtern, die Inhalte bezeichnen, wie zum Beispiel: *Puppe sitzen*, *sitzen Stuhl*, *da Teddy*, *Teddy weg* und *Katze Ohr*. Sie enthalten eine geringe Zahl semantischer Beziehungen - in der Regel Handlung und Handelnde - in denen sich unterschiedlicher Aspekte der Umgebung und der Ereignisse widerspiegeln, das heißt, sie lassen die Interessenschwerpunkte des Kindes und seine Interpretation der Situation erkennen. Tabelle 5 zeigt typische semantische Beziehungen in der Sprache kleiner Kinder. Beispiele für semantische Funktionen in den ersten Äußerungen aus zwei Wörtern sind in Tabelle 6 aufgeführt.

Viele Menschen mit Autismus und geistigen Behinderungen, die sich eines unterstützten Kommunikationssystems bedienen, vollziehen den Übergang zu Äußerungen aus mehreren Zeichen offenbar nicht, und es

Tabelle 5 Typische Beziehungen in frühen Äußerungen aus einem oder zwei Wörtern (nach Bloom und Lahey, 1978).

1. Existenz: Die Äußerung bezieht sich auf einen Gegenstand in der jeweiligen Situation; das Kind sieht ihn an, berührt ihn oder hebt ihn auf und sagt *Ball, da, da, Ball, das da* o.ä.
2. Nichtexistenz: Ein Gegenstand ist gerade nicht vorhanden, oder das Kind sieht ihn nicht, hat aber Grund, damit zu rechnen. Das Kind sagt *nein* oder *weg*, oder es nennt den Namen des Gegenstandes mit fragendem Tonfall und sucht danach.
3. Erneutes Auftauchen: Ein gleicher oder ähnlicher, verschwundener Gegenstand taucht wieder auf, und ein ähnlicher Gegenstand wird mit dem ersten inBeziehung gebracht. Das Kind sagt z.B. *mehr*, oder *anderer*.
4. Verschwinden: Ein Gegenstand war vorhanden und ist dann nicht mehr da. Er ist plötzlich nicht mehr zu sehen oder wie von selbst verschwunden. Die Kinder sagen vielleicht *alles weg* oder *tschüß*. Ein Mädchen zeigte auf die Sonne, die hinter Wolken verschwand, und sagte *weg*.
5. Handlung: Die Äußerung bezieht sich auf eine Handlung, die nicht das Ziel hat, den Ort von Gegenständen oder Personen zu verändern. Marte sieht die belegten Brötchen an: *Schmeckt! Essen!*
6. Besitz: Die Äußerung bezieht sich auf ein Besitzverhältnis zwischen einer Person und einem Gegenstand. John nimmt den Ball: *Meiner!*
7. Attribut: Die Äußerung bezieht sich auf eine Eigenschaft oder ein charakteristisches Merkmal des Gegenstandes. Marte zeigt auf die Marmelade: *Erdbeer. Rot.*
8. Verneinung: Das Kind leugnet eine Identität, einen Umstand oder ein Ereignis, von dem in der Äußerung einer anderen Person oder in der vorigen Äußerung des Kindes selbst die Rede war. Mama bietet Anders ein Glas Milch an und sagt: *Möchtest du Milch?* Anders schüttelt den Kopf und sagt *Nein*.
9. Ablehnung: Die Äußerung drückt aus, daß das Kind eine Handlung oder einen Gegenstand ablehnt. Mama sagt: *Du möchtest keine Milch?* Anders schiebt das Glas weg: *Nein*.
10. Ortsbezogene Handlungen: Die Äußerung bezieht sich auf eine Handlung, durch die der Ort von Personen oder Gegenständen verändert werden soll. Anders setzt eine Puppe auf den Stuhl: *Sitz!*

Tabelle 6 *Typische semantische Rollen in frühen Äußerungen aus zwei Wörtern.*

Handelnder	Derjenige, der die Handlung ausführt
Handlung	Die Handlung selbst
Handlung Erleidender	Derjenige, an dem die Handlung vorgenommen wird
Ort	Wo die Handlung stattfindet oder etwas bewegt wird
Besitzer	Derjenige, dem etwas gehört
Besitz	Das, was jemandem gehört
Gebilde	Gegenstand oder Person mit eigenständigem Dasein
Attribut	Eigenschaft eines Gebildes
Zeigender	Derjenige, der auf etwas zeigt oder hinweist

Handelnder + Handlung	*Baby weint*
Handlung + Handlung Erleidender	*zieht Wagen*
Handelnder + Handlung Erleidender	*Baby Essen*
Handlung + Ort	*Stuhl sitzen*
Gebilde + Ort	*Stuhl Keller*
Besitzer + Besitz	
Gebilde + Attribut	
Zeigender + Gebilde	
Handelnder + Ort + Zeit	
Handelnder + Handlung + Handlung Erleidender	
Handelnder + Handlung +Ort	*Mann sitzt Auto*
Handlung + Attribut + Gebilde	
Zeigender + Besitz + Besitzer	*Da Schere Mama*

dürfte mehrere Gründe dafür geben, warum sie auf der Ebene der Äußerungen mit einem Zeichen stehenbleiben. Bis zu einem gewissen Grade verhindern wahrscheinlich neurologische Schäden den Erwerb der erforderlichen kognitiven und sprachlichen Fähigkeiten, aber man sollte festhalten, daß auch Menschen mit schweren, umfassenden kognitiven Behinderungen sich gesprochener Sätze bedienen (Rosenberg und Abbeduto, 1993). Außerdem neigen auch Kinder aus der Gruppe 1 (UK als expressives Hilfsmittel), die über ein gutes Verständnis für Lautsprache verfügen, zur Produktion kurzer graphischer Sätze, die vorwiegend nur aus einem Zeichen bestehen (Light, 1985; Udwin und Yule, 1990; von Tetzchner und Martinsen, 1996). In dieser Gruppe und vermutlich auch bei den meisten anderen sprachbehinderten Kindern sind es nicht kognitive und sprachliche Beeinträchtigungen allein, die der Entwicklung von Äußerungen mit mehreren Zeichen entgegenstehen. Wären sie nicht motorisch behindert, hätten sie vermutlich gesprochene Sätze hervorgebracht. Auch Faktoren, die mit anderen Aspekten der Kommunikation zu tun haben, beispielsweise die Sprachformen selbst und die Gesetzmäßigkeiten der Interaktionen im Dialog zwischen natürlichen und unterstützten Sprechern, dürften also bis zu einem gewissen Grade mit über die Struktur der Äußerungen bestimmen, die vom Nutzer einer Kommunikationshilfe hervorgebracht werden.

Große Bedeutung hat in diesem Zusammenhang wahrscheinlich die Tatsache, daß viele Kinder, die sich einer unterstützten Form der Sprache bedienen, keine geeigneten Gelegenheiten zum Lernen erhalten haben. Dem Unterricht und Einsatz von Äußerungen mit mehreren Zeichen hat man nur begrenzte Aufmerksamkeit geschenkt, und deshalb mangelt es an Interventionsstrategien für die syntaktische Entwicklung, welche die Möglichkeiten und Grenzen nichtsprechender Kinder in Rechnung stellen. Die Sprachstruktur der graphischen Kommunikation wurde vorwiegend im Zusammenhang mit der Ausdruckssprache motorisch behinderter Kinder erörtert, die Lautsprache gut verstehen, und in der Regel bezog man sich dabei auf die Syntax der normalen Schriftsprache. Tatsächlich berichten nur wenige Studien über Äußerungen aus mehreren graphischen Zeichen oder Gebärden, die von Autisten oder geistig behinderten Menschen hervorgebracht wurden (z. B. Bonvillian und Blackburn, 1991; Fulwiler und Fouts, 1976; Grove, Dockrell und Woll, 1996; Wilkinson, Romski und Sevcik, 1994). Diese Untersuchungen weisen jedoch darauf hin, daß die semantischen Beziehungen in der Ausdruckssprache der Kinder dieser Gruppe mit denen in der Lautsprache kleiner, sich normal entwickelnder Kinder durchaus vergleichbar sind (siehe Tab. 6 und 7).

Dieser Mangel an geeigneten Strategien in der Fachliteratur hat unter anderem zur Folge, daß die für die Intervention Verantwortlichen häufig nicht wissen, wie sie weiter vorgehen sollen, wenn das Kind sich einen ersten Wortschatz aus Gebärden und/oder graphischen Zeichen angeeignet hat; deshalb wird häufig weiterhin die gleiche Interventionsstrategie angewandt, die auf den Unterricht einzelner Zeichen abzielt. Selbst wenn es mit einer solchen Strategie gelungen ist, bei dem Kind den Erwerb der ersten Gebärden und graphischen Zeichen zu fördern, eignet sie sich wahrscheinlich nicht optimal dazu, komplexere Äußerungen zu lehren. Außerdem ist der graphische Ausdruck verschiedenen Hinweisen zufolge auch bei nichtsprechenden Kindern, die über ein gutes Verständnis für Lautsprache verfügen, keine einfache Neucodierung der „inneren Lautsprache" (Smith, 1996; Sutton und Morford, im Druck). Erschwerend kommt noch hinzu, daß Sprachmodelle der Erwachsenen für diese Kinder kaum eine Hilfe sind. Normal sprechende Menschen verwenden in ihrem Umfeld nur selten zwei (oder mehr) syntaktische verbundene Zeichen, wenn sie sich der Gebärden gleichzeitig mit der Lautsprache bedienen (Grove et al., 1996). Graphische Zeichen werden von den Kommunikationspartner nur selten gleichzeitig mit Lautsprache angewandt, und das vorwiegend während des Unterrichts (Bruno und Bryen, 1986; Romski und Sevcik, 1996; Udwin und Yule, 1991).

Wortschatz

Zwischen der Auswahl der Zeichen und der Förderung von Äußerungen aus mehreren Zeichen bei den betroffenen Personen besteht ein enger Zusammenhang. Ein ausreichender, angemessener Wortschatz ist eine Voraussetzung für die Bildung von Sätzen. In der normalen Entwicklung haben die Kinder in der Regel 15 bis 50 Wörter gelernt, wenn sie die ersten Sätze hervorbringen, und in einem ähnlichen Stadium sollte man auch Kinder, die sich einer anderen als der Lautsprache bedienen, zur Verwendung von Sätzen ermutigen. Viele geistig behinderte Kinder bleiben länger in der Ein-Wort-Phase als solche, die sich normal entwickeln, und haben dann bereits einen größeren gesprochenen Wortschatz erworben, wenn sie mit der Produktion von Sätzen beginnen. Diese Entwicklung läßt sich aber wahrscheinlich nicht unmittelbar auf die Nutzer von Kommunikationshilfen übertragen, denn sie verfügen in der Regel über einen vergleichsweise kleineren Ausdruckswortschatz.

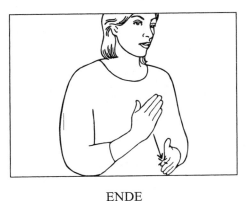
ENDE

ARBEITEN

Für die Erweiterung des Zeichenwortschatzes einer betroffenen Person eignen sich vor allem Zeichen, die sich mit den Zeichen für mehrere Tätigkeiten oder Gegenstände kombinieren lassen. So kann man beispielsweise ZU ENDE und BALL ohne weiteres mit Zeichen für Tätig-

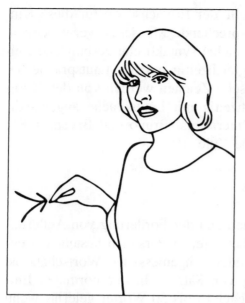 NEHMEN 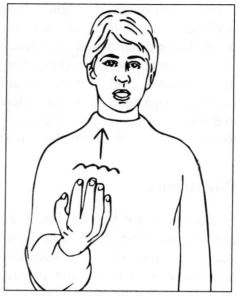 LIMONADE

 ZUG 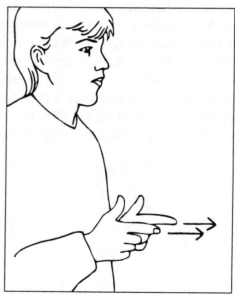 SCHIENEN

 Zug  Limonade  arbeiten

keiten kombinieren, zum Beispiel in ARBEIT ZU ENDE, SPRINGEN ZU ENDE, BALL TRETEN und BALL WERFEN. TRAGEN und SITZEN lassen sich zusammen mit vielen Zeichen für Gegenstände verwenden, so zum Beispiel TRAGEN MILCH, TRAGEN SACK, SITZEN STUHL und SITZEN BODEN. Auch Aufforderungszeichen lassen sich in Sätzen verwenden, beispielsweise HOLE KASSETTE, HOLE MINERALWASSER. Mit ein wenig Phantasie und Kenntnissen über die Interessen und Vorlieben der betroffenen Person läßt sich dieses Verfahren im Ausdrucksunterricht anwenden. Die Lehrerin und die betroffene Person können abwechselnd Anweisungen geben, so daß manchmal die Lehrerin das Mineralwasser oder die Kassette holen muß. Solche Äußerungen können auch als Hilfsmittel dienen, um sich über Ereignisse zu unterhalten, oft in Verbindung mit dem Namen einer Person aus dem Personal oder eines anderen Betroffenen: PETER BEKOMMT EISENBAHN SCHIENEN, MARIA MINERALWASSER ZU ENDE.

pivots

Der Wortschatz, den Eltern und professionelle Helfer für ein Kind ausgewählt haben, kann den Gebrauch von Äußerungen aus mehreren Zeichen fördern oder auch nicht. Manche Zeichen eignen sich zur Bildung solcher Äußerungen besser als andere, und diese Zeichen können dem Nutzer helfen, sowohl neue Zeichen zu erwerben als auch Zeichen zu Sätzen zu kombinieren. In den ersten Stadien der normalen Sprachentwicklung werden manche Wörter häufiger verwendet als andere, und diese werden auch oft mit anderen Wörtern kombiniert. Die Wörter dieser Gruppe wurden als *pivots* oder begrenzte Klasse bezeichnet (Braine, 1963). Der übrige Wortschatz des Kindes, das heißt der größte Teil seiner Wörter, gehört zur offenen Klasse.

    In *Milch weg, Katze weg* und *Kuchen weg* ist *weg* ein *pivot*.
    In *ich unten, Puppe unten* und *Schuh unten* ist *unten* ein *pivot*.

Pivots haben keine allgemein festgelegte Stellung, werden aber von dem einzelnen Kind immer in der gleichen Stellung verwendet. Manche tauchen immer am Anfang, andere immer am Ende der Äußerungen eines bestimmten Kindes auf. Ein Wort, das manche Kinder als *pivot* am Anfang benutzen, kann bei anderen als *pivot* am Ende des Satzes stehen.
    Nicht alle frühen Äußerungen aus zwei Wörtern enthalten einen *pivot*. Vielfach handelt es sich auch um Kombinationen aus Wörtern aus der offenen Klasse. Dennoch hat man den *pivots* in der Erforschung der kindlichen Sprache besondere Aufmerksamkeit geschenkt, denn ihre

festgelegte Position gilt als Anfang der Syntax. Wenn man also die Entwicklung einer Struktur für die Ausdruckssprache erleichtern will, dürfte das Erkennen von Zeichen, die als *pivots* fungieren können, eine nützliche Strategie sein. Man kann *pivots* beispielsweise in Form von Zeichen für Tätigkeiten einführen, die sich mit mehreren Gegenständen kombinieren lassen wie beispielsweise *ESSEN APFEL*, *ESSEN BANANE* und *ESSEN BROT*, oder aber in Form von Zeichen für Gegenständen, die sich mit den Zeichen für verschiedene Tätigkeiten verwenden lassen wie *BALL BEKOMMEN*, *BALL WERFEN*, *BALL ROLLEN* und *BALL TRETEN*. Zeichen wie *ZU ENDE*, *BEKOMMEN*, *FORT*, *HABEN* und *GEBEN* dürften sich ebenfalls als Kernpunkte eignen. Wilkinson und Mitarbeiter (1994) nennen *WOLLEN*, *BITTE*, *MEHR*, *DURCH*, *HILFE*, *JAHR* und *NEIN* als Kernpunkte, aber diese wurden nicht von allen Kindern in einer festgelegten Satzstellung verwendet und zeigen demnach nicht die gleichbleibende Verteilung, die den Kernpunkten ihre syntaktische Qualität verleiht.

In der Intervention, die sich auf *pivots* stützt, gibt es zwei Aspekte. Erstens hat sie zur Folge, daß man bei der Auswahl denjenigen Zeichen den Vorzug gibt, die sich leicht mit anderen Teilen des kindlichen Ausdruckswortschatzes kombinieren lassen. Und zweitens wird man bei der Auswahl neuer Zeichen aus der offenen Klasse ebenfalls ein gewisses Schwergewicht auf diejenigen liegen, die sich mit den *pivots* des Kindes kombinieren lassen. Eines sollte man dabei aber festhalten: Wenn man sich bei der Auswahl des Wortschatzes an den *pivots* orientiert, bedeutet das nur, daß das Bewußtsein für ihre Funktion als Kernpunkte den Leitfaden für die Auswahl der Zeichen bildet, so daß das Kind Zeichen kennenlernt, die als *pivots* fungieren *könnten*. Ob ein bestimmtes Zeichen diese Funktion tatsächlich übernimmt, hängt davon ab, wie das Kind es wirklich gebraucht. Auch Zeichen aus der offenen Klasse lassen sich kombinieren, aber da die Kernpunkte eine syntaktische Qualität haben und oft sowie im Zusammenhang mit unterschiedlichen Zeichen gebraucht werden, dürften sie zum Erlernen neuer Zeichen beitragen, weil sie den Prototyp einer Sprachstruktur darstellen (siehe unten).

Neue Zeichenkategorien

Wenn sich der Zeichenwortschatz erweitert, lassen sich allmählich immer mehr Zeichen kombinieren. Umfaßt der Wortschatz anfangs vorwiegend Gegenstände und Tätigkeiten, haben die Kinder später zunehmend das Bedürfnis, Eigenschaften wie *GROSS*, *KLEIN* und *ROT* oder räumliche Beziehungen wie *AUF*, *IN*, *ÜBER* und *UNTER* zu bezeichnen. Menschen nehmen im Umfeld des Kindes in der Regel eine zentrale

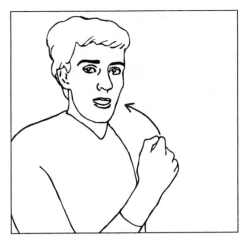 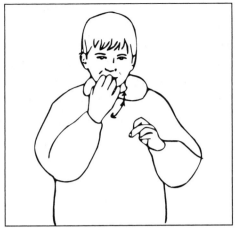

ESSEN | APFEL

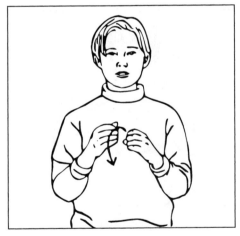 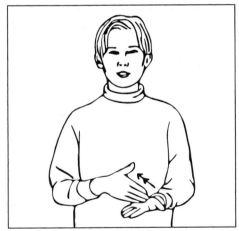

BANANE | BROT

 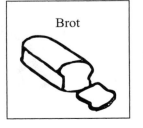

Stellung ein, und deshalb werden auch Eigennamen zu einem wichtigen Teil des Wortschatzes. Ob Zeichen aus diesen Kategorien gelernt werden können, dürfte bis zu einem gewissen Grade von der Sprachstruktur abhängen. Aber auch wenn das Kind bereits eine relativ weit entwickelte Sprachkompetenz erreicht hat, sollte man bei der Auswahl neuer Zeichen überlegen, welche Zeichen am stärksten zur Verbesserung der sozialen Fähigkeiten und der Gesamtsituation beitragen.

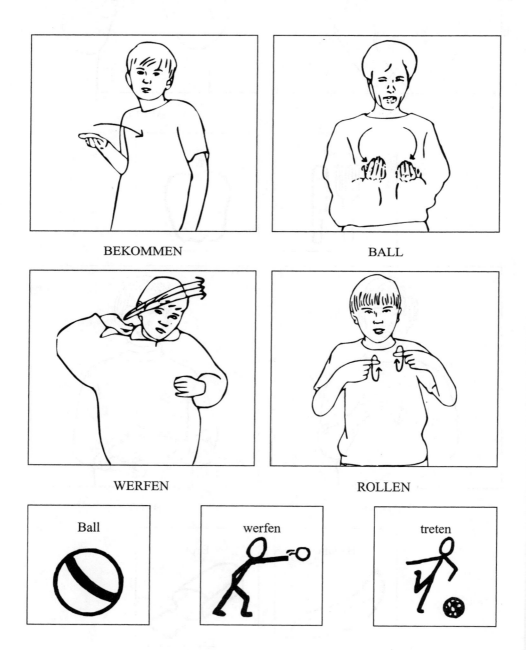

GEBEN

Sätze

Sätze sollen Beziehungen zwischen zwei oder mehr Elementen innerhalb eines bestimmten Zusammenhanges ausdrücken. Die Aussage *Papa Auto* hat eine ganz andere Qualität, als wenn *Papa* und *Auto* getrennt hervorgebracht werden. In dem zweiten Fall können der Vater und das Auto in einer Beziehung zueinander stehen oder auch nicht. *Papa Auto* dagegen drückt eindeutig eine Beziehung zwischen dem Vater und dem Auto aus, auch wenn sie je nach dem Zusammenhang unterschiedlich geartet sein kann. Es kann bedeuten, daß der Vater ein Auto besitzt, daß der Vater neben dem Auto steht, daß er mit dem Auto kommt oder wegfährt, daß er im Auto sitzt, und so weiter. Sätze enthalten also in der Regel eine genauere Aussage als Einzelwörter oder Zeichen und spiegeln deshalb mehr Elemente des gemeinsamen Themas der Kommunikationspartner wieder (s. von Tetzchner, 1996b).

Horizontale und vertikalen Strukturen

Bevor Kinder echte Äußerungen aus zwei Wörtern hervorbringen, produzieren sie Äußerungen aus einem Wort, die aufeinander folgen und mit demselben Ereignis zu tun haben, wie in dem folgenden Beispiel aus Bloom (1973). Die 1 1/2jährige Allison gibt dem Vater einen Pfirsich und einen Löffel:

Papa.
Pfirsich.
Schneiden.

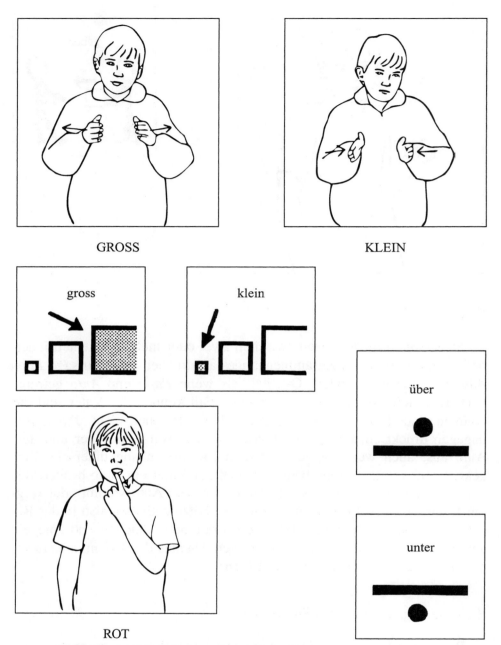

Von „echten" Äußerungen aus mehreren Wörtern unterscheiden sich solche aufeinanderfolgenden Äußerungen mit jeweils einem Wort dadurch, daß sie nicht innerhalb derselben Satzkontur ausgedrückt werden (Crystal, 1986). Scollon (1976) bezeichnet die Beziehung zwischen solchen Äußerungen als *vertikale Strukturen*. Brenda (ein Jahr sieben Monate alt) hält Scollon einen Schuh entgegen und macht folgende Äußerungen:

Mama
Mama
Mam
s
das
su?
Sus

Brendas vertikal strukturierte Äußerung kann man interpretieren als: „(Das ist) Mama(s) Schuh." Eine ähnliche Äußerung mit *horizontaler Struktur* wäre *Mama Schuh*. Die Elemente vertikaler Strukturen sind zeitlich und manchmal auch durch Äußerungen des Gesprächspartners, die eine ganz andere Bedeutung haben, voneinander getrennt.

Der Gebrauch von Wörtern, die zueinander der in Beziehung stehen und durch Pausen unterbrochen werden, das heißt die aufeinanderfolgenden Äußerungen der vertikalen Strukturen, stellen ein Übergangsstadium zwischen Äußerungen aus einem und zwei Wörtern dar. Äußerungen mit vertikaler Struktur sind für die Entwicklung wichtig, denn sie zeigen, daß Kinder die Wörter in eine sinnvolle Beziehung zueinander ersetzen können, bevor sie gelernt haben, sie innerhalb einer einzigen Intonation auszudrücken. Solche Äußerungen findet man häufig in der Lautsprache von Kindern während der ersten Hälfte des zweiten Lebensjahres. Wenn das Kind klein ist, sagen die Erwachsenen häufig etwas zwischen seinen Ein-Wort-Äußerungen. Scollon weist nach, daß die Äußerungen des Kindes selbst dann in einer thematischen Beziehung stehen können, wenn das bei den vom Erwachsenen eingeschobenen Äußerungen nicht der Fall ist.

Auch Äußerungen von Kindern, die sich einer graphischen Sprache bedienen, kann man so betrachten, als hätten sie eine vertikale Struktur, denn sie sind in der Regel zwischen die Interpretationen des Gesprächspartners eingestreut, wie in dem folgenden Beispiel aus von Tetzchner und Martinsen (1996, S. 78):

Henry und sein Vater unterhalten sich unter Verwendung der Kommunikationshilfe.
V: *Möchtest du mir noch etwas über diese Seite sagen?*
H: *BALL.*
V: *Ja, Ball, ja. Was möchtest somit dem Ball tun, Henry. Wir wollen mal sehen, ob wir hier etwas finden, daß wir dazu benutzen können (blättert). Benutzen wir den Ball für irgend etwas davon? Wozu können wir den Ball gebrauchen?*
H: *FUSS.*
(Verstrichene Zeit: 0:25)

FUSS hat mit *BALL* zu tun; Henrys Äußerung kann man zum Beispiel als „Fußball" (eine seiner Lieblingsbeschäftigungen) oder als „tritt den Ball" interpretieren. Aus der Sicht der Intervention mit Unterstützter Kommunikation zeigen Äußerungen mit einer vertikalen Struktur, wie Eltern und anderer Erwachsene die Struktur sprachlicher Beziehungen vereinfachen können, indem sie dem Kind beim Hervorbringen solcher Äußerungen helfen. Aus ihnen ergibt sich eine Möglichkeit, zwei oder mehr Zeichen zueinander in Beziehung zu setzen, selbst wenn sie nicht als zusammenhängende Äußerung hervorgebracht werden. Zusammenhängende Äußerungen sind für Kinder, die sich einer Kommunikationshilfe bedienen, häufig schwierig zu produzieren. Aber die Ein-Zeichen-Äußerungen von Kindern, die Kommunikationshilfen benutzen, stehen in der Regel in einer zeitlich bestimmten Erzählungsstruktur und nicht in einer Beziehungsstruktur; Beispiele finden sich in den Gesprächen, von denen im nächsten Kapitel die Rede sein wird.

Thema-Kommentar

Das Prinzip „Thema-Kommentar" gilt oft als grundlegende Satzkonstruktion: Es gibt ein Thema, über das man kommunizieren möchte, und der Kommentar enthält das, was man über das Thema sagen will. In *Ball fort* zum Beispiel ist *Ball* das Thema und *fort* der Kommentar. Eine ähnliche Unterscheidung ist die zwischen Gegebenem und Neuem. Das Gegebene ist das gemeinsame Thema, das als bekannt vorausgesetzt wird, und das Neue ist der Kommentar, das heißt der besondere Aspekt des Bekannten, auf den sich die Aufmerksamkeit richten soll. Im nächsten Beispiel wiederholt das Kind das Thema *guck* (womit es die Aufmerksamkeit der Mutter auf ein Ereignis richtet, das sie sehen soll), bis die Mutter den gemeinsamen Mittelpunkt der Aufmerksamkeit zur Kenntnis nimmt; anschließend äußert das Kind den Kommentar *Oy* (Martinsen und von Tetzchner, 1989, S. 62).

Kind: *Guck!*
Guck!
Mutter: *Ja, guck dort.*
Kind: *Oy* (Ausdruck der Erregung).

Das Prinzip von Thema und Kommentar oder Gegebenem und Neuem kann als Schema für die Erzeugung von Äußerungen aus mehreren Zeichen mit vertikaler oder horizontaler Struktur dienen. Diese Vorgehensweise besteht auch in Verbindung mit Relevanz, Aufmerksamkeit, gemeinsamem Aufmerksamkeitsmittelpunkt und Kontext (von Tetzchner, 1996b). Sie bedeutet, daß man die Aufmerksamkeit zunächst auf das

Thema oder den Bereich der Unterhaltung lenkt und dann, wie in dem zuvor genannten Beispiel, eine Aussage über die Situation macht. Ein Kind zeigt unter Umständen *BALL* an, damit der Erwachsene sich darauf konzentriert, und dann zeigt es *TRETEN*, damit der Erwachsene gegen den Ball tritt. Häufig ist das die wirksamere Kommunikationsstruktur, obwohl *Ball treten* im Umfeld des Kindes die richtige Syntax der Lautsprache ist (von Tetzchner, 1985).

Um eine Gesprächs- oder Unterrichtssituation im Hinblick auf Relevanz und Aufmerksamkeit zu analysieren, kann man versuchen, die entscheidenden Aspekte der Kommunikationssituation zu identifizieren. Bjerkan (1975) definiert *entscheidend* in einer Erörterung des Stotterns folgendermaßen: „In einer Situation mit einem vorgegebenen Thema ist das *entscheidende* Wort dasjenige, das für die Kommunikation über dieses Thema notwendig ist" (S. 108-109). Die Vorstellung von einem entscheidenden Wort oder Aspekt der Aussage macht also deutlich, was wahrgenommen und begriffen werden muß, damit eine komplexe Aussage verstanden wird, und welche Elemente eine Äußerung enthalten muß, damit sie für andere verständlich wird. Um eine Übereinkunft über das Thema zu erzielen, muß man unter Umständen abhandeln oder klären, welches die entscheidende Information in der Mitteilung ist. Das Erlernen einer Sprache bedeutet also, daß man zu verstehen lernt, was ein anderer für entscheidend hält, und daß man ihm dann die eigene Sichtweise mitteilt.

Interventionsstrategien, die sich auf die Vorstellung von kritischen Wörtern oder Informationen stützen, können dem Kind und seinen Betreuern bei der Auswahl von Wörtern helfen, durch die das Kind mit der größtmögliche Wahrscheinlichkeit verstanden wird. Dazu können auch Abwandlungen der Situation gehören, durch die dem Kind deutlich wird, was die entscheidende Information ist.

Semantische Rollen

Die ersten semantischen Rollen sind meist die des Handelnden und die Handlung (siehe Tab. 6). Wenn man die Äußerungen junger, unterstützter Sprecher interpretiert, geht man aber häufig ganz selbstverständlich davon aus, daß das Kind der Handelnde ist. Über die Handlungen anderer Menschen wird weniger gesprochen. Da die Rolle des Handelnden implizit ist, kann man dem Kind nur schwer die Möglichkeiten bewußt machen, sie zu verändern. Ganz ähnlich sind die Verhältnisse, wenn in der Kommunikationshilfe Fotos angewandt werden: Oft ist das Kind auf den Bildern zu sehen, und das macht es schwierig, den Handelnden von der Handlung, dem Ort oder irgendeiner anderen semantischen Information zu unterscheiden, die das Foto übermitteln soll. Um dieses Problem zu vermeiden und das Kind zu veranlassen, Handelnde in seine Äußerungen aufzunehmen und sich ihrer bewußt zu werden, kann man ein getrenntes Foto des Kindes zusammen mit einem oder mehreren Bildern oder Zeichen eines graphischen Zeichensystems verwenden, die andere semantische Rollen bezeichnen.

Diese Strategie wurde kürzlich bei zwei autistischen Kindern im Vorschulalter angewandt, die sich graphischer Zeichen (Fotos und PIC) als Mittel der Unterstützten Kommunikation bedienten (von Tetzchner et al., 1998). Eines der Kinder, ein Junge namens „Robert", besaß ein Kommunikationsheft mit einer kleinen „Gesprächsseite" zum Ausklappen, auf der er und seine Gesprächspartner die jeweils gewählten graphischen Zeichen anbringen konnten. Das andere Kind, ein Mädchen, das „Mari" genannt wurde, hatte einen Puppenkoffer, der Pappstreifen mit vier Fotos und PIC-Zeichen enthielt. Der Deckel des Koffers diente als Ort der „Gespräche", das heißt, dort wurden die ausgewählten Zeichen untergebracht. Die graphischen Zeichen beider Kinder trugen auf der Rückseite ein Klettband. Zu Beginn wurde immer ein Foto des Kindes an den Anfang der graphischen Äußerungen gesetzt, so daß das Kind (unausgesprochen) zum Handelnden wurde. Vermutlich fungiert ein solches Foto aber erst dann als semantisch Handelnder, wenn aufgrund des Wortschatzes und der Kommunikationssituation verschiedene Handelnde möglich sind. Ab und zu wurden die Bilder der Kinder durch Fotos anderer Personen ersetzt, was den Wechsel des Handelnden anzeigte und ihnen die Information bewußt machte, die durch ihre eigenen Fotos vermittelt werden sollte.

Robert verstand sehr schnell den Bedeutungswechsel, der mit dem Austausch des Fotos verbunden war, und wandte dieses Wissen produktiv an. In dem folgenden Beispiel nutzte die Lehrerin (Kari) die Tatsache, daß Robert gern mit dem Flip-Flop spielte, einem „Blasrohr", mit dem man einen Tischtennisball in die Luft blasen konnte; er selbst war jedoch nicht in der Lage, den Ball zu Blasen. Deshalb bot diese Beschäftigung die Gelegenheit, *KARI* (ein Foto der Lehrerin) als Handelnden anstelle von *ROBERT* einzuführen.

> Robert setzte *FLIP-FLOP* hinter *ROBERT*, das wie üblich an der ersten Stelle auf der Gesprächsseite stand. Die Lehrerin legte den Tischtennisball auf das Blasrohr und steckte es Robert in den Mund. Er versuchte zu blasen, hatte dabei aber nur geringen Erfolg, und gab das Blasrohr dann der Lehrerin. Sie ersetzte *ROBERT* durch *KARI* und sagte gleichzeitig *Kari bläst jetzt*; dann blies sie in das Rohr, so daß der Ball darüber in der Luft tanzte. Anschließend tauschte sie die Namen wiederum aus und gab das Blasrohr an Robert zurück.

Eines der ersten klaren Anzeichen, daß Robert die semantische Rolle des Handelnden in der Äußerung auf der Gesprächsseite verstanden hatte, wurde in folgender Situation erkennbar:

> Nach einer Unterrichtsstunde, in der abwechselnd die Pfeife und die Namen auf der Gesprächsseite ausgetauscht worden waren, steckte Robert *FLIP-FLOP* zurück in das Kommunikationsheft; er nahm *TÄTIGKEITSTAFEL* heraus und brachte es rechts neben *KARI* an, daß sich zufällig auf der Gesprächsseite befand, als das Spiel mit der Pfeife zu Ende war. Jetzt spielte Kari mit der Tätigkeitstafel; Robert beobachtete sie eine Zeitlang und sah dabei verblüfft aus, aber er lächelte. Dann nahm er *KARI* von der Gesprächsseite weg und brachte statt dessen *ROBERT* an, aber Kari legte als Antwort *NEIN* (eine rote Karte mit einem schwarzen Kreuz) über *ROBERT*. Anschließend steckte sie *ROBERT* wieder in das Heft, brachte erneut *KARI* auf der Gesprächsseite an und setzte das Spiel mit der Tätigkeitstafel noch einige Zeit fort. Dann nahm Robert *TÄTIGKEITSTAFEL* weg und ersetzte es durch *TONNE* (ein Spielzeug, das er sehr mochte). Kari zeigte sich begeistert, machte eine Menge Lärm, öffnete die Tonne und schloß sie wieder. Robert sah zu, wobei er lächelte und lachte.

Mari hat zu der Zeit, da dieses Buch geschrieben wird, ihr eigenes Foto noch nicht durch ein anderes ersetzt, um einen anderen Handelnden zu bezeichnen, und sie zeigt auch durch ihre Reaktionen auf solche Veränderungen, die von der Lehrerin vorgenommen werden, kein Verständnis. Aber - das sollte man festhalten - dieses Projekt ging ausdrücklich von der Annahme aus, daß es die Entwicklung von Äußerungen aus mehreren Zeichen fördern würde, wenn man Fotos von Personen zur Bezeichnung des Handelnden verwendete, bevor dies wirklich verstanden wurde. Manche kommunikativen Episoden weisen auch darauf hin, daß Mari durchaus auf dem Weg zur Beherrschung von Ausdrücken aus mehreren Zeichen war. In der im folgenden beschriebenen Situation brachte sie eine Äußerung aus zwei Zeichen mit vertikaler Struktur hervor:

> Beim Mittagessen wählte Mari das Foto *BRAUNER KÄSE* (ein in Norwegen beliebter Ziegenkäse). Die Lehrerin schnitt mit dem Käsemesser eine Scheibe ab und hielt es ihr hin, ohne ihr Brot dazuzugeben; gleichzeitig sagte sie: *Mari möchte braunen Käse*. Mari sah das Stück über eine Minute lang an (brauner Käse allein schmeckt nicht gut), suchte dann in ihren Fotos und wählte *BROT*; sie stellte also eine Verbindung zwischen zwei verwandten Gegenständen her und sagte so etwas wie „(ich möchte) Brot mit braunem Käse".

Man kann Kindern mit verschiedenen Strategien helfen, unterschiedlich komplexe Sätze hervorzubringen, die verschiedene semantischen Rollen enthalten. Ein Weg, um die Rolle des Handelnden in einem natürlichen Umfeld deutlich zu machen, ist die Interaktion mit mehreren

Personen nacheinander. Das erfordert die Kommunikation über Tätigkeiten, die von mehreren Personen, er mit mehreren Gegenständen und auf mehrere Arten ausgeführt werden können wie beispielsweise *PETER SPRINGT*, *LEHRERIN SPRINGT*, *PETER RUTSCHT*, *OLA RUTSCHT*, *AUTO ZIEHEN* und *PFERD ZIEHEN*.

Der Handelnde wird in der Regel an den Anfang des Satzes gestellt, so daß er leicht von der semantischen Rolle des Erleidenden zu unterscheiden ist. Vergnügliche Tätigkeiten können *FINDEN* und *VERSTECKEN* sein, wenn ein Kind oder Erwachsener die anderen sucht. Solche Aktivitäten schaffen auch Möglichkeiten, Begriffe für räumliche Verhältnisse zu üben wie in *JOHN UNTER TISCH* und *JOHN IN SCHRANK*.

Die ersten Ausdrücke der Kinder werden häufig durch Verneinung abgewandelt (Bloom, 1998). In der Intervention ist es häufig von Nutzen, wenn man Verneinungen einführt, die nicht den Wunsch des Kindes widerspiegeln, denn es verfügt gewöhnlich über nichtverbale Mittel, um „ich will nicht" auszudrücken, und solche Verneinungsformen lassen sich vielfach nur schwer lehren, weil man dabei zumindest eine Zeitlang häufig etwas nennen muß, was das Kind nicht mag. Ist die Verneinung dagegen nicht nur an die Tätigkeiten des Kindes gebunden, wird es einfacher, die Verwendung mehrerer Handelnder zu fördern. Solche Verneinungen, die sich lehren lassen, sind „weg" und „tu das nicht". Ein Beispiel wurde im Zusammenhang mit Robert genannt: Kari führte *NEIN* ein (eine rote Karte mit einem schwarzen Kreuz), und das bedeutete so etwas wie „Nein" oder „nicht". Robert verstand und akzeptierte NEIN offenbar viel besser als das gesprochene *Nein*, und kurz darauf benutzte er es auch selbst. Das führte dazu, daß er Sätze aus drei Elementen zusammenfügte, beispielsweise *KARI NEIN ESSEN*, wobei das *NEIN* über *ESSEN* gelegt wurde. So wie Robert das *NEIN* benutzte, diente es häufig zur Flexion, denn es wurde über ein anderes graphisches Zeichen gelegt und wandelte dieses ab; darüber hinaus wurde *NEIN* aber auch allein benutzt.

Besonders nützlich für die Intervention, die sich auf semantische Rollen stützt, dürfte eine Strategie des Lückenfüllens sein, denn sie macht die semantischen Rollen der Zeichen deutlich. Robert und Mari verwendeten „Gesprächsorte", an denen die Elemente des jeweiligen Satzes plaziert wurden - im einen Fall eine Seite zum Ausklappen, im anderen einen Kofferdeckel. Dies dürfte eine Voraussetzung sein, damit man die Strategie des Lückenfüllens in einem natürlichen, nicht unterrichtsbezogenen Umfeld anwenden kann, in dem die Kommunikation (geplant oder nicht geplant) zustandekommt, beispielsweise weil ein beliebtes Spielzeug oder eine Lieblingsspeise sich außerhalb der Reichweite des Kindes befindet. Man kann dann an dem „Gesprächsort" (Seite oder Deckel) unvollständige Sätze anbringen, wobei das Kind sich beteiligt oder zusieht; anschließend fordert man das Kind auf, die Information zu vervollständigen, beispielsweise so:

OLA ESSEN ?
? ESSEN MÖHRE
? ESSEN SCHOKOLADE
OLA PUZZLE ?
PUPPE ? ROT
? MÜTZE

Das Kind wählt vorzugsweise ein Zeichen aus seinem Gesamtwortschatz (der jederzeit zur Verfügung stehen sollte). Wenn das Kind nicht reagiert oder ratlos erscheint, kann der Gesprächspartner helfen, indem er ihm zwei oder drei vorhandene graphische Zeichen zur Auswahl vorlegt; gelingt das nicht, kann er selbst die Wahl treffen und dabei die Funktion des ausgeführten Zeichens so deutlich wie möglich demonstrieren. Damit man eine solche Strategie anwenden kann, muß das Kind bereits gezeigt haben, daß es über entsprechende Fähigkeiten verfügt und in einem stärker strukturierten Umfeld ähnliche Konstruktionen selbst vornehmen kann. Wichtig ist auch, daß das Kind die Bereitstellung eines „fehlenden" Zeichens in der Äußerung als kommunikativen Akt erlebt, der seinen Ursprung in den eigenen Bedürfnissen des Kindes hat, und nicht als eine Art Spiel, das nur zum Vergnügen des Lehrers gespielt wird. Vervollständigungsaufgaben kann man auf die umgekehrte Weise auch zum Verständnistraining benutzen (siehe unten).

Kettenbildung

Verhaltensweisen, Handlungen, Ereignisse und die zugehörigen Zeichen können durch Kettenbildung verbunden werden. Solche Ketten können sowohl eine handlungsorientierte (zeitliche) als auch eine beziehungsorientierte (begriffliche) Grundlage haben. Sätze lassen sich zum Beispiel produzieren, indem Zeichen für spezifische Ausdrücke mit solchen von eher allgemeiner Bedeutung verkettet werden. So kann man zum Beispiel *DRAUSSEN* als Signalzeichen lehren (das heißt zur Bezeichnung einer Tätigkeit, die in Kürze stattfinden wird), *SCHAUKELN* und *GEHEN* dagegen als Ausdruckszeichen. Anschließend kann man sie kombinieren und den Kind durch *DRAUSSEN GEHEN* oder *DRAUSSEN SCHAUKELN* mitteilen, daß es nach draußen gehen und entweder gehen oder schaukeln wird. Das Kind kann seinerseits sagen, ob es solche Dinge tun möchte. Später kann man mit *DRAUSSEN* auch *DRAUSSEN*

  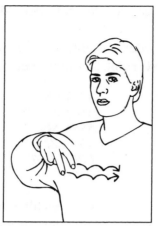

RAUSGEHEN SCHAUKELN GEHEN

AUTO SPIELEN

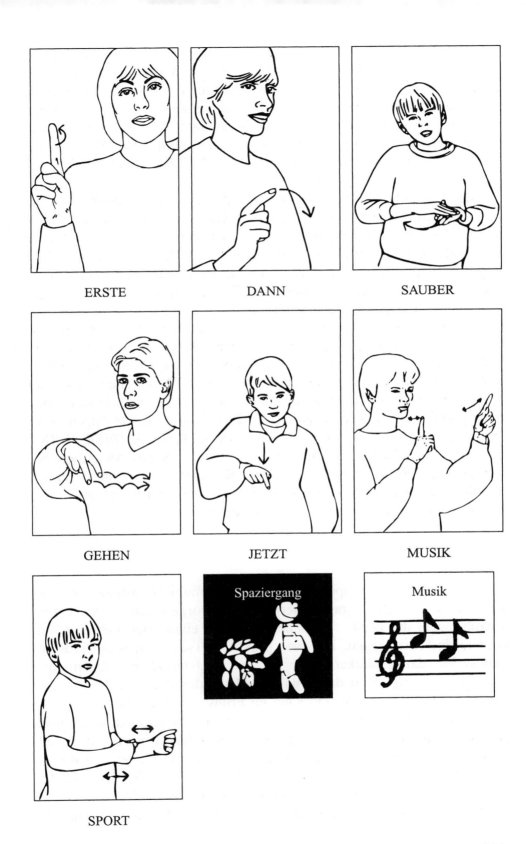

LADEN, DRAUSSEN BESUCH und andere Kombinationen konstruieren. Da ein allgemeines Zeichen gewöhnlich vor dem spezifischeren produziert wird, können solche Ketten zur Schaffung einer Struktur beitragen, in der ein Thema kommentiert wird, und sie können sich einer Kernstruktur annähern. Durch weitere Verknüpfungen lassen sich die Äußerungen auch über zwei Zeichen hinaus erweitern, zum Beispiel mit *DRAUSSEN AUTO LADEN, DRAUSSEN SPIELEN SCHAUKELN* und *DRAUSSEN BESUCHEN GROSSMUTTER*.

Mit dem Gebrauch von Sätzen verfolgt man unter anderem das Ziel, daß die betroffenen Personen auch über Handlungsabläufe, über Tätigkeiten, die nicht zum Zeitpunkt des Gespräch stattfinden, oder über nicht sichtbare Gegenstände kommunizieren können. Das versetzt sie in die Lage, sich Objekte zu verschaffen, die in der jeweiligen Situation nicht vorhanden sind; außerdem können sie Tätigkeiten vorschlagen, die zur Zeit nicht stattfinden, sie können genauer mitteilen, was sie wollen, und sie begreifen besser, was als nächstes geschehen wird. Geistig Behinderte und Autisten können unter Umständen nur schwer verstehen, in welcher Reihenfolge Ereignisse sich abspielen werden, oder sie sind so ungeduldig, daß sie nicht warten können. In solchen Fällen kann man versuchen, ihnen in einem Zusammenhang, der sich auf die Kettenbildung gründet, die Satzkonstruktion *ZUERST - DANN* beizubringen. Man sagt der betroffenen Person zum Beispiel *ZUERST SAUBER, DANN GEHEN* oder *ZUERST MUSIK, DANN SPORT*. Selbst Menschen mit starken Behinderungen in Sprache und Kognition lassen meist schnell erkennen, daß sie so etwas verstehen, und sie sind eher bereit zu warten, wenn sie wissen, wie sie es ausdrücken können.

Fertige Sätze

Die modernen, computergestützten Kommunikationshilfen ermöglichen es dem Nutzer graphischer Zeichen, vorgespeicherte Sätze hervorzubringen, das heißt, sie können mit Hilfe eines oder mehrerer Zeichen fertige Sätze sagen. Das mag praktisch erscheinen, weil die Kommunikation damit stärker einer normalen Unterhaltung ähnelt, und scheinbar beseitigt man damit das Problem, das durch fehlende Sätze entsteht. Solange sich aber ein Kind im Frühstadium der Sprachentwicklung befindet, kann die Kommunikation durch fertige Sätze sogar noch stereotyper werden, weil die Sätze nicht konstruiert, sondern nur ausgewählt werden. Einzelne Wörter lassen sich vielfältiger interpretieren als ein Satz und machen die Kommunikation deshalb vielseitiger. *BUCH* kann zum Beispiel „gib mir das Buch", „da ist das Buch" oder „nimm das Buch weg" bedeuten. „*Gib mir das Buch*" hat dagegen nur eine Bedeutung. Auch Strategien, mit denen man Zeichen zu Sätzen kombiniert, basieren auf einzelnen Wörtern; fertige Sätze können zu einer Gestalt-Strategie führen und hindern das Kind möglicherweise daran, den Prozeß der Satzerzeugung zu lernen. Vorgefertigte Sätze können die sprachliche Kreativität und Sprachproduktion behindern; unter Umständen dienen sie als „Formeln", das heißt, sie haben immer die gleiche festgelegte Funktion und lassen sich nur in sehr beschränktem Umfang an die Situation anpassen.

BUCH

Kognitive Anforderungen

Verschiedenen Vermutungen zufolge könnten mehrere Faktoren dazu beitragen, daß sowohl Kinder, die Lautsprache gut verstehen (Gruppe 1) als auch solche mit begrenztem Sprachverständnis (Gruppe 2 und 3) einen derart großen Anteil von Äußerungen mit jeweils einem Wort hervorbringen. Unter anderem wurden die Strategie des Gesprächspartners, die Gesprächsstruktur und die Interventionsstrategie genannt. Oft unterstellt man, Kinder besäßen eine umfassendere Kenntnis der semantisch-syntaktischen Beziehungen, als es in ihren Sätzen tatsächlich zum Ausdruck kommt, weil an die Kognitionsfähigkeit eines Kleinkindes bei der Produktion der Äußerungen erhebliche Ansprüche gestellt werden. Ein zusätzlicher Faktor könnte also die Tatsache sein, daß Sätze aus graphischen Zeichen schwieriger hervorzubringen sind, weil sie mehr bewußte kognitive Anforderungen erfordern (von Tetzchner et al., 1998).

In der Entwicklung scheint es ganz allgemein einen „Tauschhandel" zwischen verschiedenen Aspekten der Produktion von Äußerungen zu geben. Eine Mitteilungsabsicht im Kopf zu behalten und eine längere Äußerung zu konstruieren, dürfte erhebliche Fähigkeiten erfordern, und gleichzeitig muß man sich unter Umständen noch an eine Frage oder einen Gesprächsbeitrag des anderen erinnern. Kindern, die an ihrer Artikulation arbeiten, stehen wahrscheinlich weniger Ressourcen für Inhalte zur Verfügung und umgekehrt. Normal sprechende Kinder, die vertraute - und deshalb vermutlich stärker automatisierte -Wörter benutzen, bilden in der Regel längere Sätze als wenn sie sich eines erst kürzlich erworbene Wortschatzes bedienen. Das dürfte daran liegen, daß die kognitive Verarbeitungskapazität begrenzt ist oder daß unterschiedliche Aufgaben sich gegenseitig beeinträchtigen; es besagt aber nicht, daß die unterschiedlichen Aspekte der Sprachproduktion getrennt ablaufen (Bloom, 1998; Crystal, 1987; Masterson, 1997). Dagegen läuft bei Menschen, die sich graphischer Zeichen bedienen, der physische Produktionsprozeß als solcher anscheinend eher unabhängig ab, und er erfordert offenbar mehr kognitive Ressourcen als bei normal sprechenden Personen. Ein graphisches Zeichen auszuwählen, dauert länger als die Artikulation des entsprechenden Wortes. Hat das Kind ein graphisches Zeichen benannt, muß es dieses im Gedächtnis behalten, während es nach dem nächsten sucht. Diese Suche ist nicht wie bei der Lautsprache automatisiert und dürfte deshalb einen beträchtlichen Anteil der gesamten kognitiven Ressourcen erfordern. Außerdem gerät die Suche wahrscheinlich in Konflikt mit der Wiederholung, und das zusätzlich zu der Tatsache, daß Wiederholungsstrategien bei Kleinkindern ohnehin noch nicht gut entwickelt sind (Guttentag, Ornstein und Siemans, 1987). Und da der Erwachsene die Bewegungen des Kindes verfolgen muß, ist diese doppelte Aufmerksamkeit sowohl beim Kind als auch bei seinem Gesprächspartner erforderlich.

In dem zuvor erwähnten Projekt (von Tetzchner et al., 1998) wurde die Annahme zugrunde gelegt, daß es einfacher ist, ein graphisches Zeichen während der Konstruktion des übrigen Satzes an seine „Position im Satz" zu bringen, als darauf zu zeigen. Es wurde daher ein Ort bestimmt, an den die ausgewählten graphischen Zeichen gelegt werden sollten, während der Satz noch konstruiert wurde; bei Robert handelte es sich dabei um eine ausklappbare Seite, bei Mari war es der Deckel des Puppenkoffers. Dabei wurde unterstellt, daß diese vorübergehende Plazierung als eine Art „Wiederholungspuffer" dienen würde. Außerdem sollten sie ein Hilfsmittel zur Einführung neuer Zeichen bieten. Zwar kann man nicht wissen, wie weit Robert gelangt wäre, wenn er auf die herkömmliche Weise gezeigt hätte, aber sein Gebrauch der Sätze ging über die Grenzen hinaus, die in der Regel bei ähnlichen Kindern für den Sprachgebrauch beschrieben werden, und sie übertraf auch sein geringes Verständnis für gesprochene Syntax, in die sich an seiner Leistung in den Reynell-Skalen zeigte (Hagtvet und Lillestølen, 1985). Darüber hinaus brachte er von sich aus Variationen in die vorhandene Struktur der graphischen Zeichen auf der Gesprächsseite ein, ein Hinweis, daß diese ihm half, die Struktur der Mitteilung im Kopf zu behalten und gleichzeitig nach Lösungen für die Kommunikationsaufgaben zu suchen. Daß das herkömmliche Zeigen ihm in dieser Hinsicht ebenso gut geholfen hätte, ist unwahrscheinlich.

Sprachverständnis

Die Kinder in den drei Hauptgruppen unterscheiden sich in ihrer Fähigkeit, Lautsprache zu verstehen. Manche von ihnen verfügen über ein gutes Sprachverständnis, andere verstehen Lautsprache nur, wenn man ihr durch unterstützte Kommunikationssysteme Nachdruck verleiht. Manche verstehen graphische Zeichen allein, andere begreifen auch die Unterstützte Kommunikation nur, wenn sie durch Lautsprache verstärkt wird.

Bei Kindern, die Lautsprache in einem gewissen Umfang verstehen, kann man fragen: Bis zu welchem Grade ist der semantisch-pragmatische Inhalt der graphischen Zeichen und ihrer zugehörigen Wörter, die in der Regel als Wortbedeutung unter der graphischen Darstellung stehen, ähnlich zusammengesetzt? Dem liegt offenbar die Annahme zugrunde, daß hier ein enger Zusammenhang besteht; findet man aber große Unterschieden zwischen dem in der Lautsprache verstandenen Wortschatz und dem, der mit Gebärden oder graphischen Zeichen ausgedrückt wird, so läßt das auf eine unterschiedliche Kombination schließen, und dann wäre eine solche Vermutung falsch. Daraus folgt unter anderem, daß Kindern syntaktische Modelle von Nutzern ihres eigenen Kommunikationssystems brauchen, damit sie nicht selbst eine Struktur schaffen müssen oder vielleicht überhaupt keine solche Struktur entwickeln. Ein wichtiger Aspekt der Intervention besteht demnach darin, daß die Gesprächspartner ihre eigene Lautsprache nicht nur so früh wie möglich mit isolierten Schlüsselwörtern verstärken, sondern daß sie zur Unterstützung der Lautsprache für jede gesprochene Äußerung mindestens zwei syntaktisch verbundene graphische Zeichen benutzen.

Erwachsene dienen aber nicht nur als Vorbild, sondern sie können auch die Äußerungen des Kindes erweitern. Diese Erweiterung ist ein charakteristisches Kennzeichen der an das Kind gerichteten Lautsprache, und in der herkömmlichen Sprachtherapie dient sie häufig dazu, das Sprachverständnis und den Gebrauch von Sätzen auf der Grundlage der eigenen Initiative und Sprachproduktion des Kindes zu verstärken (Nelson, 1996; Snow und Fergusson, 1977). Da aber in der Regel nur ein sehr begrenzter unterstützter Wortschatz zur Verfügung steht, sollten die Erwachsenen die Äußerung des Kindes in jedem Fall in einer Form erweitern, die es den Kind ermöglicht, selbst zumindest einen Teil der erweiterten Äußerung hervorzubringen.

> K: *BALL*
> E: {*BALL WERFEN Ich werfe dir den Ball zu*}

Wichtig ist, daß man zwischen der gesprochenen Interpretation der kindlichen Mitteilung und der Erweiterung seiner Äußerung unterscheidet. Erstere kann das Kind in der Regel nicht erzeugen, und deshalb muß der Erwachsene sie artikulieren. In dem genannten Beispiel erweitert der Erwachsene das *BALL* des Kindes zu *BALL WERFEN*, und gleichzeitig sagt er *Ich werfe dir den Ball zu*. Damit wird der Bitte des Kindes Genüge getan, aber in Form einer Antwort, so daß unnötige, nutzlose Wiederholungen vermieden werden.

bootstrapping

Mit Vervollständigungsaufgaben kann man Kinder veranlassen, Sätze zu produzieren. Eine ähnliche, aber umgekehrte Strategie läßt sich auch anwenden, um das Verständnis für graphische Kommunikation zu vereinfachen: Man benutzt ein neues Zeichen in Kombination mit bekannten Zeichen. *KIND GEBEN BALL LEHRERIN* und *KIND ROLLEN BALL LEHRERIN* kann man dem Kind zeigen, um ihm *GEBEN* und *ROLLEN* beizubringen, wenn *KIND*, *BALL* und *LEHRERIN* bereits bekannt sind. Für den Erwachsenen, der die Vervollständigung als Interventionsstrategie zur Förderung der Sprachproduktion benutzt, stellt sich die Frage, was das Kind bereits wissen muß, um dem Zeichen die richtige Bedeutung zuzuordnen. Es handelt sich dabei übrigens um dieselben Kenntnisse, die das Kind auch braucht, um das Zeichen zu verstehen. Die Vorgänge, die man bei dieser Strategie nutzt, ähneln vermutlich dem hypothetischen *bootstrapping*-Effekt, der sowohl für die normale als auch für die atypische Sprachentwicklung postuliert wurde (Morgan und Demuth, 1996; Pinker, 1984): Das Kind bedient sich des sprachlichen und/oder situativen Rahmens, um die Bedeutung von Wörtern und Zeichen abzuleiten.

Perspektive

Gemeinsame Aufmerksamkeit bedeutet bis zu einem gewissen Grade auch eine gemeinsame Perspektive. Teilt das Kind die Perspektive des Kommunikationspartners nicht, interpretiert es eine Mitteilung unter Umständen falsch. Deshalb kann man das Verständnis für Wörter und

Zeichen unter anderem dadurch fördern, daß man eine bestimmte Sichtweise oder einen Aspekt des Zusammenhanges für die jeweilige Äußerung ausdrücklich deutlich macht. Bittet man beispielsweise ein drei- bis vierjähriges, normal sprechendes Kind, die Handlung *Die Katze wird von der Ente gebissen* auszuführen, wird es dafür sorgen, daß die Katze die Ente beißt. Das Kind interpretiert den Satz nicht passiv, sondern aktiv, denn dies stimmt besser mit seinen Kenntnissen über Katzen und Enten überein. Verändert der Erwachsene die Sichtweise des Kindes, indem er zuerst Böse Ente sagt und dann den Passivsatz präsentiert, sorgt das Kind dafür, daß die Ente die Katze beißt, sobald es den Satz nachspielen soll (MacWinney, 1982). Diese Vermittlung einer Sichtweise dürfte bis zu einem gewissen Grade der Vorgabe eines Themas ähneln. In beiden Fällen handelt es sich um Strategien, mit denen man beim Kommunikationspartner die Rahmenbedingungen oder den Zusammenhang beeinflußt, um die richtige Interpretation zu erleichtern.

Lautsprachverständnis

Bei Kindern, deren Verständnisfähigkeit für Lautsprache mehr oder weniger stark eingeschränkt ist, besteht ein Ziel der Intervention immer darin, die Entwicklung dieser Verständnisfähigkeit zu begünstigen. Eine der hier erwähnten Studien weist darauf hin, daß die Fähigkeit, graphische Zeichen syntaktisch zu nutzen, als Ausdrucksmittel dem Verständnis für die Syntax der Lautsprache vorangehen und es erleichtern kann. Wie von Tetzchner und Mitarbeiter (1998) feststellten, benutzte Robert mit sechs Jahren Sätze aus graphischen Zeichen; als er aber mit der norwegischen Version der Reynell-Skalen (Hagtvet und Lillestølen, 1985) getestet wurde, verstand er gesprochene Sätze offenbar nicht. Diese Entwicklung steht im Einklang mit den Annahmen, die der totalen Kommunikation zugrunde liegen: Danach unterstützen sich alle lautsprachlichen und nichtlautsprachlichen Sprachformen gegenseitig, und eine Intervention, die auf die Entwicklung der Fähigkeit abzielt, graphische Zeichen syntaktisch zu nutzen, kann auch die Verständnisfähigkeit für die Lautsprache verbessern.

Abwandlungen

Die hier dargelegten Gedanken sind ein Schritt in Richtung der Entwicklung vielfältiger Interventionsstrategien, mit denen die Struktur von Sprache auf der Grundlage unterstützter Systeme gefördert werden soll. Man hat solchen Strategien bisher relativ wenig Aufmerksamkeit geschenkt, und es besteht ein starker Bedarf für weitere Verfeinerungen und Neuentwicklungen, damit ein vielseitiger, flexibler Sprachgebrauch gefördert und die Langeweile monotoner Ausdrucksformen vermieden wird, das heißt, daß Kind soll nicht nur in wenigen, immer gleichen Situationen kommunizieren. Das bedeutet, daß nicht nur das Kind, sondern auch der Kommunikationspartner seine Sätze abwandeln muß. Sprachstruktur hängt von der Vielseitigkeit ab, und monotone Sprachsituationen führen zu einer geringeren Vielseitigkeit des Ausdrucks, das heißt zu geringeren Erfahrungen, die neue Aspekte der Sprachstruktur verstärken könnten. Wenn ein Kind beispielsweise immer Gegenstände und erwünschte Tätigkeiten bezeichnet oder Benennungen vornimmt, die keine Funktion haben, nimmt die Motivation bald ab. Bei der Untersuchung sollte man fragen, welche Funktion die Äußerungen des Kindes in unterschiedlichen Situationen erfüllen und ob sie beispielsweise immer das Thema wiedergeben. Semantischen Analysen dürften ein nützliches Hilfsmittel sein, um die Kommunikation des Kindes zu beschreiben und um festzuhalten, wie es Handelnden, Handlung, Gegenstand, Erleidenden und so weiter verwendet.

Bei Kindern aus der Gruppe 1 (UK als expressives Hilfsmittel), die über ein ausreichendes Verständnis für Lautsprache verfügen, sollte man explizite Strategien anwenden, wenn man ihnen Strukturen beibringt. Diese Gruppe kann viele Satzkonstruktionen in ganz normalen Schulstunden oder im Einzelunterricht üben, aber da Sprache immer - ob im Rahmen des Unterrichts oder nicht - in einen Zusammenhang eingebunden ist, muß zumindest ein nennenswerter Teil des Unterrichts in einer nichtschulischen Umgebung stattfinden.

11. Gesprächsfähigkeit

Ein charakteristisches Kennzeichen der Menschen aus allen drei genannten Gruppen ist ihre geringe Fähigkeit, Gespräche zu führen. Was das Sprachverständnis, die sozialen Fähigkeiten und die Interessen angeht, bestehen zwischen ihnen aber so große Unterschiede, daß sich auch die Ziele und Methoden bei der Förderung der Gesprächsfähigkeit stark unterscheiden müssen. Bei allen Unterschieden führt eine Verbesserung der Gesprächsfähigkeit aber zur mehr Selbständigkeit und zu dem Gefühl, dazuzugehören und gleichberechtigt zu sein. Die meisten Menschen, die sich unterstützter Kommunikationssysteme bedienen, sind sowohl bei ihren Alltagstätigkeiten als auch in der Freizeit auf andere angewiesen. Gespräche sind dabei ein Mittel, um Informationen auszutauschen, Ansichten mitzuteilen und andere zu beeinflussen. Wer die Gesprächsführung besser beherrscht, kann die eigenen Wünsche und Standpunkte besser bekannt machen, andere beeinflussen, Interessen ausdrücken und eigene Entscheidungen treffen.

Während der Sprachentwicklung fördern Gespräche mit Erwachsenen das Üben von Sprache, Begriffen und Werten. Den Erwachsenen verschaffen solche Gespräche die Gelegenheit zu Kommentaren über das, was die Kinder sagen und tun; man kann ihnen erklären, welchen Namen Gegenstände und Tätigkeiten haben, wie man bestimmte Gegenstände verwendet, und was Kinder tun oder nicht tun können. Für die Kinder sind Gespräche mit Erwachsenen ein bedeutender Teil der Sozialisation. Kindern, die an umfangreichen Sprach- und Kommunikationsstörungen leiden oder sich wegen motorischer Störungen nur schlecht ausdrücken können, bleibt ein großer Teil dieses natürlichen Lernprozesses verschlossen. Ein zentrales Ziel der Intervention besteht deshalb darin, mit der Unterstützten Kommunikation einen Ausgleich für den durch die Behinderung entstandenen Mangel an Lerngelegenheiten zu schaffen.

Ein weiterer negativer Effekt mangelnder Gesprächsfähigkeiten ist die Tatsache, daß Kinder und Erwachsene, die Unterstützte Kommunikation benötigen, nur geringen Nutzen aus den Interaktionen mit anderen Menschen ziehen können. Für Menschen aus der Gruppe 1 (UK als expressives Hilfsmittel), die etwas sagen wollen und es auszudrücken versuchen, sind die Probleme, auf die sie dabei stoßen, tagtäglich eine Ursache von Frustrationen. Gespräche werden stereotyp und langweilig. Für viele Angehörige der Gruppe 2 (UK als Unterstützung der Lautsprache) führt die Erfahrung, nicht verstanden zu werden, zu Schüchternheit und peinlichen Situationen. Verbesserte Gesprächsfähigkeiten haben für die Nutzer Unterstützter Kommunikation aus allen drei Hauptgruppen zur Folge, daß sich die Interaktionen mit anderen verstärken und reichhaltiger werden.

Die Gruppe 3 (UK als Ersatz für Lautsprache)

Im Unterricht für Menschen mit Sprachstörungen hat man der Gesprächsfähigkeit herkömmlicherweise nur wenig Aufmerksamkeit geschenkt. Die Intervention mit Unterstützter Kommunikation verfolgte vor allem das Ziel, den betroffenen Personen den Gebrauch einzelner Zeichen beizubringen und ihnen so ein Hilfsmittel zu verschaffen, um etwas zu bekommen oder Gegenstände und Tätigkeiten zu benennen. Deshalb ist nicht bekannt, in welchem Umfang die vorhandenen Standard-Unterrichtsprogramme tatsächlich die Fähigkeiten fördern, mit deren Hilfe die betroffenen Personen sich unterhalten können. Höchstwahrscheinlich sind aber zur Verbesserung der Gesprächsfähigkeit neue Strategien und Zielsetzungen notwendig.

Die grundlegende Gesprächsfähigkeit besteht darin, daß man eine Unterhaltung anfangen und weiterführen kann, wobei man Sprecherwechsel vornimmt, das Thema wechselt, unterschiedliche Partner einbezieht und Störungen, die durch Mißverständnisse oder aus anderen Gründen entstehen, wieder beseitigt. Autisten, die zur Gruppe 3 gehören, können diese Fähigkeiten nur schwer erwerben.

Ein längeres Gespräch in Gang zu halten, erweist sich oft als Hauptproblem; Autisten und schwer behinderte Menschen dazu zu bringen, daß sie eigenständige Gesprächsbeiträge leisten, ist äußerst schwierig. Ein Dialog besteht in der Regel nur aus zwei Äußerungen, wenn die betroffene Person ihn in Gang setzt, oder aus dreien, wenn der Partner den Anfang macht. Am häufigsten sind Gespräche, in denen der Partner (P) nach etwas Bekanntem fragt und der betroffenen Person (B) bei der Antwort hilft, beispielsweise mit der Frage WAS oder mit einem unterstützenden Auslöser.

  B: KAFFEE.
  P: {DU KAFFEE *Du kannst Kaffee haben*}.

  P: {WAS *Was möchtest du tun?*}.
  B: DRAUßEN GEHEN
  P: {JACKE *Zieh' deine Jacke an*}.

Auf die Frage, wie man dieses Muster durchbrechen kann, gibt es keine einfache Antwort, abgesehen von streng strukturierten oder ritualisierten Situationen. Häufig ist es aber nützlich, wenn man lustige, interessante Themen findet. Bei den Themen, die mit Kindern und Erwachsenen aus der Gruppe 3 für ein Gespräch geeignet erscheinen, handelt es sich häufig um Situationen, welche die betroffene Person und der Gesprächspartner gemeinsam erlebt haben, oder vielleicht auch um gemeinsame Bekannte. Ein gutes Mittel, um eine längere Unterhaltung zu beginnen, ist oft ein Fotoalbum mit Bildern von vertrauten Situationen. Dabei ist es aber wichtig, daß die betroffene Person mit Gebärden oder graphischen Zeichen über die Fotos kommuniziert, damit die Interaktion sich nicht so entwickelt, daß die betroffene Person nur auf das Bild zeigt und der normal sprechende Mensch einen Kommentar dazu abgibt.

Wie nicht anders zu erwarten, besteht ein Zusammenhang zwischen der Gesprächsfähigkeit und anderen sprachlichen Fertigkeiten. In der Frage, wieviele Zeichen oder gesprochene Wörter eine betroffene Person beherrschen muß, bevor man einen Gesprächsversuch unternehmen kann, gibt es aber keine festen Regeln. Eher geht es darum, ein geeignetes Thema zu finden. Kinder, die sich in den ersten Stadien einer normalen Sprachentwicklung befinden und über einen sehr begrenzten Wortschatz verfügen, führen mit ihren Eltern und anderen Erwachsenen bereits einfache Dialoge. Bei Autisten und geistig stark behinderten Menschen, denen man die Teilnahme an Gesprächen beizubringen versuchte, hatte man Erfolg, nachdem sie 40 bis 80 Zeichen gelernt hatten, die sie nur selten spontan verwendeten.

Routinetätigkeiten, Situationspläne und Skripts

Im Unterricht mit Zeichen verwendet man Strukturierung und festgelegte Routinetätigkeiten, um der betroffenen Person beizubringen, was geschehen soll. Die Struktur hilft der betroffenen Person, sich eine Vorstellung von den nächsten Vorgängen zu verschaffen; sie erleichtert Verstehen und Anwendung der Zeichen, die gelernt werden sollen, und baut eine Erwartungshaltung auf. Ganz allgemein haben alle Menschen eine Reihe von Erwartungen im Hinblick auf das, woraus unterschiedliche Situationen bestehen und was sich abspielen wird. Beschreibungen solcher Situationen bezeichnet man als Situationspläne oder Skripts (Schank und Abelson, 1977). Pläne gehen dabei mehr in die Einzelheiten als Skripts. Sie beinhalten eine Beschreibung einer bestimmten Abfolge von Ereignissen, Skripts dagegen beschreiben eine allgemeine Situation mit verschiedenen Abwandlungsmöglichkeiten. Bei der Beschreibung einer streng strukturierten Kommunikationssituation handelt es sich um einen Plan, bei einer eher flexiblen Struktur kann man von einem Skript sprechen.

Mit Hilfe von Skripts wurde die Entstehung der frühen Dialogfähigkeit bei Kindern mit normaler Sprachentwicklung beschrieben (Nelson, 1996), und Strategien zur Entwicklung der Gesprächsfähigkeit bei Personen aus der Gruppe 3 basierten ebenfalls zu einem großen Teil auf Skripts. Eigentlich handelt es sich dabei um eine Fortsetzung der Strukturierung und der Betonung von Routinetätigkeiten, das heißt, der Lehrer baut Pläne oder Skripts auf und benutzt sie bei der Gesprächsführung.

Bei normaler Entwicklung ergeben sich die ersten Gespräche, an denen Kinder sich beteiligen, weil Erwachsene die Situation so strukturieren und gestalten, daß das Kind zu einer Antwort veranlaßt wird. Der Erwachsene (E) *verbindet* die Äußerungen des Kindes (C) und stellt auf diese Weise ein sinnvolles Ganzes her.

E: *Gestern warst du bei der...*
K:
E: *Du warst bei der O...*
K: *Oma.*
E: *Und gefahren bist du mit der...*
K: *Eisenbahn.*

Die Gespräche handeln in der Regel von Dingen, die man gerade tut oder getan hat. Es kann um das Essen gehen, das der Erwachsene gerade kocht, um einen Besuch, um die Kinder im Kindergarten, und so weiter. Viele Gespräche wiederholen sich immer wieder, so daß das Kind allmählich lernt, was es auf die verschiedenen Stichworte hin sagen soll. Manche Gespräche finden jeden Tag statt.

Auch bei Menschen mit Kommunikationsstörungen sollte man versuchen, ähnliche Unterhaltungen aufzubauen. Der Partner bestimmt den Verlauf des Gesprächs und gibt der betroffenen Person Hinweise, wann sie an der Reihe ist, das heißt, sie ermutigt die betroffene Personen und hilft ihr bei der Antwort. Manche Menschen aus der Gruppe 3 (UK als Ersatz für die Lautsprache) sind ihr ganzes Leben lang auf diese Vorgehensweise angewiesen. Für sie besteht der größte Nutzen darin, daß sie die Rolle des Gesprächspartners kennenlernen und daß die Bezugspersonen in die Unterhaltung allmählich neue Elemente einbringen können, die zu neuen Lernvorgängen führen.

Sommer, Whitman und Keogh (1988) brachten sechs geistig Behinderten und autistischen Jugendlichen bei, sich über ein Wurfringspiel zu unterhalten. Die jungen Leute waren zwischen acht und 25 Jahre alt und verfügten kaum oder gar nicht über eine Lautsprache. Ihr Gebärdenwortschatz bestand aus 40 bis 80 Zeichen, die aber nur selten spontan benutzt wurden. In der Unterrichtssituation kamen sieben Zeichen zum Einsatz: DU, ICH, WOLLEN, SPIELEN, WERFEN, MEHR und JA. Der Dialog selbst wurde als Plan formuliert.

 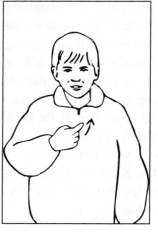 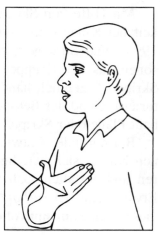

DU　　　　　　　　ICH　　　　　　　　WOLLEN

  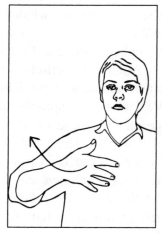

SPIELEN　　　　　WERFEN　　　　　　MEHR

  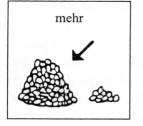

 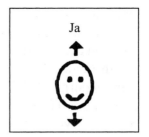

JA

P1: DU WOLLEN SPIELEN
P2: ICH WOLLEN SPIELEN
P1: WERFEN
P2: (wirft)
P2: DU WERFEN
P1: (wirft)
P1: DU WERFEN
P2: (wirft)
P2: DU WERFEN
P1: (wirft)
P2: MEHR SPIELEN
P1: JA

Zunächst wurde die Unterhaltung von jeweils einem Jugendlichen und einem Lehrer geführt. Dann half der Lehrer jeweils zwei Jugendlichen, sich untereinander zu unterhalten. Die Hilfe bestand in Aufforderungen, wenn einer der Beteiligten innehielt. Zwei Jugendliche lernten die gesamte Gesprächsfolge, die anderen eigneten sich Teile davon an. Grundlage des Dialogs über das Wurfspiel war eine Situation, in der die Betroffenen allgemein interagierten, wobei die Zeichenfolgen eine ganz bestimmte Funktion erfüllten. Auch später, nach dem Ende der Unterrichtsstunden, verwendeten die Jugendlichen weiterhin einige der Zeichen, wenn sie sich mit dem Wurfringspiel beschäftigten.

Die beiden Jugendlichen, die in dieser Studie die besten Fähigkeiten zeigten, hatten vorher bereits an einer Untersuchung teilgenommen, in der sie auf ganz ähnliche Weise ein Gespräch über Orangensaft und Kekse erlernen mußten. Dabei lernten sie, eine Reihe von Sätzen aus Zeichen zusammen mit dem Lehrer - aber nicht untereinander - zu verwenden (Keogh et al., 1987). In dieser Studie hatten sie 15 Zeichen und drei verschiedene Pläne benutzt, und es besteht Grund zu der Annahme, daß dies zu kompliziert war. Gleichzeitig kann man sich durchaus vorstellen, daß die guten Leistungen dieser beiden Jugendlichen in der zweiten Studie auf ihre früheren Erfahrungen zurückzuführen waren.

In beiden Untersuchungen wurde ein Plan benutzt, das heißt ein zuvor niedergeschriebener Dialog und kein Skript. In solchen Situationen sollte man das Ziel verfolgen, das Gespräch allmählich in ein flexibleres Skript zu verwandeln. Man kann mit gutem Grund annehmen, daß dies zu stärkerer Verallgemeinerung und spontanerer Verwendung von Zeichen führt, als es in den beschriebenen Studien der Fall war. Die Strategie, Gesprächsfähigkeit mit Hilfe eines Planes beizubringen, ist jedoch völlig neu; das Verfahren muß noch in unterschiedlichen Situationen erprobt werden, bevor man mit einer gewissen Sicherheit sagen kann, welche Bedeutung es für die Entwicklung der Gesprächsfähigkeit in einem alltäglichen Umfeld hat. In der Studie von Sommer und Mitarbeitern (1988) wurden nur Teile des Gespräches in allgemeinerer Form angewandt. Insbesondere die Äußerung DU WERFEN wurde weggelassen, vermutlich weil diese Bemerkung eigentlich überflüssig war: Daß der nächste Spieler an der Reihe war, wurde schon durch die Tatsache angezeigt, daß der erste mit dem Werfen fertig war. Besser wäre es vielleicht gewesen, ZU ENDE in das Gespräch einzuführen. Man könnte sich auch vorstellen, daß die Beteiligten sich lieber Notizen über die Zahl der Ringe gemacht hätten, die auf dem Zielstab gelandet waren. In geeigneten Spielphasen hätte man also SCHREIBEN und ZU ENDE hinzunehmen können.

Die Kommunikationsfähigkeiten geistig behinderter Menschen konzentrieren sich häufig zu stark ausschließlich auf Tätigkeiten, die mit Schule und Arbeit zu tun haben. Um eine weiter gefaßte, der Situation angemessene Kommunikation zu entwickeln, eignet sich eine Vorgehensweise mit Skripts. Heller und ihre Mitarbeiter (1996) bedienten sich einer Skript-ähnlichen Methode, um im Umfeld einer beschützten Werkstätte bei drei geistig behinderten, gehörlosen Personen, die keine schweren motorischen Störungen zeigten, soziale Interaktionen und die Kommunikation über andere Themen als die Aufgaben der Arbeit zu fördern. Die Betroffenen verfügten über einen Wortschatz von etwa 200 Gebärden, benutzten diese Zeichen aber in der Kommunikation mit den anderen Arbeitskräften nicht; deshalb erhielten sie zu diesem Zweck zwei Kommunikationstafeln mit PCS und Zeichnungen der Gebärden: Eine davon enthielt Gegenstände aus dem Arbeitsumfeld, die zweite einen Wortschatz aus anderen Bereichen mit Elementen wie *WIE-GEHT'S, GUT, MÜDE, EINKAUFEN, FUSSBALL* und *FERNSEHEN*. Die Intervention bestand darin, daß den drei betroffenen Personen Skripts für die Begrüßung, das Anbieten eines Gegenstandes, Gespräche über ein

Thema und die Beendigung von Gesprächen beigebracht wurden. Nach einer Unterrichtsphase in einem schulischen Umfeld half man den drei Betroffenen, die neu erworbenen Fähigkeiten auch im Umgang mit den anderen Mitarbeitern ihrer beschützten Werkstätte anzuwenden. Das führte zu mehr Kommunikation über andere Themen als die Arbeit und zu verstärkter sozialer Beteiligung während der Tätigkeit. Im weiteren Verlauf sollte man den anderen Mitarbeitern beibringen, einschlägige Gebärden zu verstehen und zu verwenden.

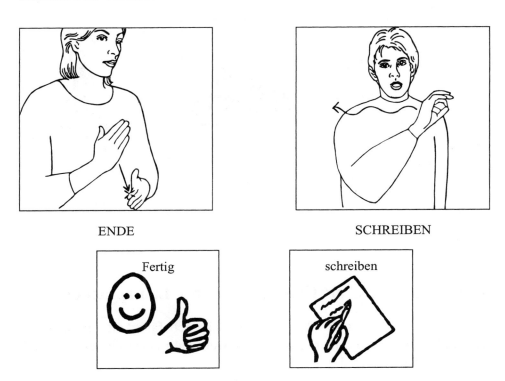

Die wenigen Erfahrungen, die bei dieser Gruppe zur Nützlichkeit eines direkten Unterrichts in Gesprächsfähigkeit vorliegen, sind sehr unterschiedlich. Es gibt aber gute Gründe dafür, die Methode bei Personen auszuprobieren, die eine Reihe von Zeichen erlernt haben. Wie sich in mehreren Studien gezeigt hat, ist Kommunikation auch für Menschen mit starken geistigen Behinderungen nicht nur ein Mittel, um Bedürfnisse auszudrücken und Kontrolle über die Umwelt auszuüben, sondern sie dient auch zu anderen Formen des Gesprächs. Ein Beispiel ist Bodil, eine Frau von 43 Jahren, die nicht über Lautsprache verfügt und sie nur in begrenztem Umfang versteht: Sie zeigte demnach ein echtes Bedürfnis, anderen ihre Erfahrungen mitzuteilen, positive und negative Gefühle bei Begegnungen mit anderen Menschen in Worte zu fassen und sich selbst „darzustellen". Die Tatsache, daß ihr das im Verlaufe der Intervention in erheblichen Umfang gelang, unterstreicht die Notwendigkeit, die Sprachintervention in den Rahmen von Gesprächen zu stellen (Møller und von Tetzchner, 1996). Außerdem spielt sich die Kommunikation in Einrichtungen für geistig Behinderte fast ausschließlich zwischen den Bewohnern und dem Personal ab. Das Ziel, auch zwischen Personen mit gestörter Kommunikationsfähigkeit mehr Austausch zu ermöglichen, ist deshalb ebenfalls ein stichhaltiges Argument dafür, den Gesprächsunterricht auszuprobieren.

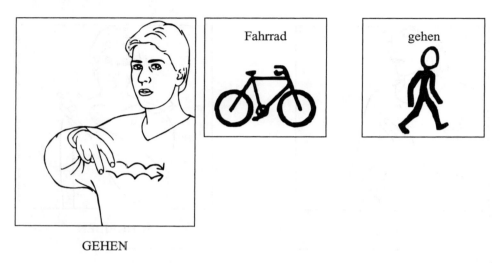

GEHEN

Die Gruppe 2 (UK als Unterstützung der Lautsprache)

Auch in der Gruppe 2 war die Gesprächsfähigkeit bisher kein Hauptanliegen, obwohl man von diesen Menschen erwartet, daß sie sich irgendwann an Unterhaltungen beteiligen.

Für Kinder, die zur Gruppe 2 gehören, sind die ersten Gespräche oft ein frustrierendes Erlebnis. Das gilt insbesondere für Kinder mit Sprachentwicklungsstörungen und andere Menschen, die an so umfassenden Artikulationsproblemen leiden, daß die Zuhörer das Gesagte nur schwer verstehen können. Die Unterhaltung kommt häufig zum Erliegen. Solche Personen antworten auf Fragen in der Regel mit ja, auch wenn sie gar nicht verstanden haben, wonach eigentlich gefragt wurde.

Selbst Erwachsene, die mit den Kindern engen Kontakt haben, können diese nicht allein aufgrund ihrer Lautsprache verstehen. Um zu begreifen, was das Kind sagen will, sind die Erwachsenen auf situative Hinweise angewiesen. Gibt es solche Hinweise nicht, wird kaum etwas verstanden. Eltern berichten beispielsweise, sie könnten ihre Kinder insbesondere beim Autofahren schwer verstehen (Schjølberg, 1984). Die Probleme, mit denen Erwachsene zu kämpfen haben, wenn sie die Kinder zu verstehen versuchen, führen bei ihnen - ebenso wie bei den Kindern - häufig dazu, daß sie Fragen mit *ja* oder *nein* beantworten und dann hoffen, das Richtige gesagt zu haben. Solche Antworten sind einer fortlaufenden Unterhaltung nicht dienlich, und Kinder geben die Kommunikation häufig auf, wenn sie erleben müssen, daß sie falsche, sinnlose Antworten erhalten. Die Erwachsenen ihrerseits, die nicht verstanden haben, was das Kind gesagt hat, bemühen sich, das Gespräch aufrechtzuerhalten, und übernehmen dazu die Kontrolle, indem sie den Kindern Fragen stellen oder selbst über den weiteren Ablauf entscheiden. Damit üben sie Druck auf die Kommunikationsfähigkeit der Kinder aus, um ihre eigenen Vorstellungen durchzusetzen. Wenn die Erwachsenen alle Entscheidungen treffen, wird das Zusammensein mit ihnen für die Kinder häufig uninteressant.

Die Intervention hat das Ziel, den Kindern die Teilnahme an Gesprächen einfacher zu machen und ihnen die Erfahrung zu verschaffen, daß andere sie verstehen. Graphische Zeichen oder Gebärden erleichtern dem Gesprächspartner das Verständnis, so daß die Unterhaltung nicht so leicht durch die Versuche des Erwachsenen, die Gesprächsbeiträge des Kindes zu verstehen, zum Erliegen kommt oder von ihrem Ziel abgelenkt wird. Das verschafft den Kindern meist bessere Gelegenheiten, indirekt etwas zu lernen und aus den Kontakten mit Erwachsenen größeren Nutzen zu ziehen.

Der Unterricht unterscheidet sich nicht nennenswert von dem für die Gruppe 3; allerdings kann man auch Strategien benutzen, die bei der Gruppe 1 angewandt werden (siehe unten). Das Schwergewicht sollte auf Dialogen in einem natürlichen Umfeld liegen, und sie sollten die Form einer strukturierten Unterhaltung über ein klar abgegrenztes Thema haben. Dieses Thema sollte zu Beginn des Gesprächs festgelegt werden, zum Beispiel indem man sagt: *Sprechen wir einmal über dein Fahrrad* oder *Du weißt doch, welchen Spaziergang wir morgen machen wollen*. Um sicherzustellen, daß das Thema verstanden wurde und daß das Kind aufmerksam ist, sollte man dafür sorgen, daß es den Gegenstand des Gesprächs bestätigt. Das kann dadurch geschehen, daß das Kind FAHRRAD oder SPAZIERENGEHEN anzeigt. Um dem Erwachsenen das Verstehen zu erleichtern, sind Skripts nützlich. Das bedeutet, daß man *neue* Situationen herstellt, die leicht zu begreifen sind und in denen das Kind einen Beitrag leisten kann; es kann also etwas mitteilen, was die Person, mit der es kommuniziert, nicht weiß.

Die Verständlichkeit der Lautsprache von Kindern mit Artikulationsstörungen läßt sich aber nicht nur durch den Gebrauch von Zeichen und die Festlegung eines Gesprächsthemas verbessern, sondern auch indem man Situationen herstellt, in denen mehrere situative Hinweise dem Erwachsenen zeigen, wofür das Kind sich interessiert. Solche Situationen lassen sich einfach arrangieren: Das Kind und der Erwachsene beschäftigen sich beispielsweise jeden Tag mit dem gleichen Spielzeug, aber das Spiel ist jedesmal ein wenig anders. Den Erwachsenen fordert man dabei auf, Kommentare zu dem abzugeben, was das Kind mit dem Spielzeug tut. In einer solchen Situation erlebt das Kind, daß mehr von dem verstanden wird, was es sagt, ohne daß es auf langweilige Wiederholungen zurückgreifen muß, und der Erwachsene lernt allmählich immer besser, wie das Kind spricht und Laute artikuliert. Das Gespräch kann sich um Bilder oder Spielzeuge drehen, die der Unterhaltung einen Rahmen verleihen, aber das Kind sollte Informationen beitragen können, die dem Gesprächspartner zuvor nicht bekannt sind.

Entscheidend ist, daß die Gesprächspartner ihre Rollen tauschen. Der Erwachsene sollte nicht ständig nur Fragen stellen, auf die das sprachbehinderte Kind antwortet. Das Kind sollte vielmehr ebenfalls nach Informationen verlangen, zu Tätigkeiten auffordern, und so weiter. Da die Unterhaltung häufig zum Erliegen kommt, hat das Kind in der Regel wenig Erfahrung damit, bei einem Thema zu bleiben. Deshalb ist es ein wichtiges Ziel, daß man dem Kind hilft, an einen Thema festzuhalten und es im Gespräch weiterzuverfolgen. Dazu können Rollenspiele nützlich sein. Begibt der Erwachsene dabei allerdings jedesmal die gleichen Kommentare ab, wird die Spielsituation häufig stereotyp und ritualisiert. Durch den Rollentausch läßt sich die Tätigkeit des Erwachsenen, der die Verbindungen herstellt und so für die Aufrechterhaltung des Gespräches sorgt, allmählich abbauen, so daß ein immer größerer Anteil der Verantwortung für die Kommunikation auf positive Weise auf das Kind übertragen wird.

Da Kinder in der Gruppe 2 schwer zu verstehen sind, unterstellen die Menschen in ihrem Umfeld häufig, sie hätten nichts Bedeutsames zu sagen. Der Unterricht verfolgt deshalb unter anderem das Ziel, den Menschen in der Umgebung zu zeigen, daß das Kind an Gesprächen teilnehmen kann und durchaus etwas zu sagen hat. Das schafft die Grundlage für eine natürlichere Form des Sprechenlernens, das in dieser Gruppe gewöhnlich im Laufe der Zeit an die Stelle des formellen Unterrichts tritt.

Bei manchen Kindern aus der Gruppe 2, beispielsweise bei solchen mit Down-Syndrom, kommen Gespräche, in denen das Kind einen gleichberechtigten Anteil an der Initiierung der Kommunikation hat, vor allem deshalb nur schwer in Gang, weil das Kind sehr lange braucht, um auf die Tätigkeiten des Erwachsenen und die sonstigen Vorgänge in der jeweiligen Situation zu reagieren. Der Erwachsene hat dabei das Problem, daß er lange genug warten muß, so daß das Kind die Chance hat, seinen Beitrag zu leisten. Dieses Ziel erreicht man am besten dadurch, daß man die Gesprächspartner auffordert, ein wenig länger als üblich zu warten, so daß sie sich durch eigene Erfahrung davon überzeugen können, daß diese Art des Wartens nicht vergeblich ist. Um positive Erfahrungen zu gewährleisten, sollte das Warten in festgelegten Situationen stattfinden, in denen das Kind höchstwahrscheinlich die Initiative zur Kommunikation ergreifen wird.

Die Gruppe 1 (UK als expressives Hilfsmittel)

Bei Kindern und Erwachsenen der Gruppe 1, die Unterstützte Kommunikation als Ausdrucksmittel benötigen, tragen mehrere Faktoren gemeinsam dazu bei, daß bei der Teilnahme an sinnvollen Gesprächen Probleme auftreten. Vor allem ergeben sich durch die verschiedenen Kommunikationshilfen praktische Auswirkungen, die zusammen mit den motorischen Behinderungen des Nutzers zu physischen Einschränkungen führen, welche die Aufrechterhaltung der Gespräche erschweren. Für den Ablauf des Gespräches kann es von großer Bedeutung sein, welche Kommunikationshilfe verwendet wird. Eine schlechte Gesprächsfähigkeit ist aber auch die Folge unzureichenden Unterrichts und negativer Erfahrungen, welche die betroffene Personen in der Kommunikation mit anderen sammeln mußte. Oft verhalten sich die Gesprächspartner so, daß die Unterhaltung schwieriger wird und kaum einen Sinn hat. Sie tun so, als verstünden sie Äußerungen, die sie in Wirklichkeit nicht begriffen haben, beantworten die an die betroffene Person gerichteten Fragen, statt diese für sich selbst antworten zu lassen, und erheben häufig die Stimme, wenn sie mit einer betroffenen Person sprechen (Collins, 1996; Kraat, 1985; Shane und Cohen, 1981). Ähnliche Strategien beobachtet man auch, wenn jemand mit Menschen spricht, die eine andere Muttersprache haben (Ferguson und Debose, 1977).

Zu den wichtigsten Problemen, die bewältigt werden müssen, gehören die mangelnde Initiierung von Kommunikation durch die betroffenen Personen, passives Kommunikationsverhalten, ein langsames Tempo der Kommunikation und unzureichende Kommunikationsstrategien. In der Praxis sind alle diese Schwierigkeiten miteinander verflochten. Eine gute Lösung erfordert in der Regel, daß sowohl die betroffene Person als auch der Gesprächspartner neue Verhaltensweisen lernen, daß man sich über die Auswahl der Kommunikationshilfe eingehend Gedanken macht, und daß man die praktischen Umstände so gestaltet, daß die Hilfe sich so effizient wie möglich einsetzen läßt.

Für Menschen aus der Gruppe 1, die Lautsprache gut verstehen, ist die Entwicklung der Gesprächsfähigkeit das wichtigste Unterrichtsziel.

Gewöhnlich erlegen nicht mangelnde sprachliche Fähigkeiten dem Nutzer der Kommunikationshilfe Beschränkungen auf, sondern der Mangel an Gelegenheiten, seine Kenntnisse anzuwenden. Solche Menschen brauchen keinen Sprachunterricht im herkömmlichen Sinn, sondern Anleitung im technischen und funktionellen Gebrauch der Hilfe. Herkömmliche Sprachintervention der Art, die sie nicht benötigen, kann zu Passivität und Unselbständigkeit führen. Ihre bisherigen Erfahrungen mit der Kommunikation haben beträchtlich dazu beigetragen, daß sich ein passives Kommunikationsverhalten entwickelt hat. Wie bedeutsam es ist, gute Strategien zu erlernen, um Gespräche zu beginnen und in Gang zu halten, wurde offenbar unterschätzt. Man unterstellte, der nutzbringende, wandlungsfähige Gebrauch der Kommunikationshilfen werde von selbst folgen, sobald das Zeichensystem und die Hilfe technisch beherrscht werden (Basil, 1992; Harris, 1982; Kraat, 1985). Eine stärkere Berücksichtigung der Gesprächsstrategien kann dazu beitragen, das Bewußtsein für dieses Problem zu schärfen, und dürfte deshalb zu einer geringeren erlernten Hilflosigkeit sowie zu stärkerem Verantwortungsbewußtsein im Gespräch führen.

Menschen aus der Gruppe 1 sind häufig motorisch behindert und haben Schwierigkeiten bei der Ausführung zahlreicher Alltagshandlungen, die motorische Fähigkeiten erfordern. Über die Sprache haben sie häufig die beste Kontrolle, und sprachliche Kommentare treten bei ihnen an die Stellen anderer Aktivitäten wie Zeigen und Handhabung von Gegenständen, die in der normalen Interaktion vorkommen. Deshalb ist die Entwicklung der Gesprächsfähigkeit von entscheidender Bedeutung, damit diese Gruppe in ein ganzes Spektrum sozialer Zusammenhänge einbezogen werden kann.

Die Unterrichtsmethoden, die zur Entwicklung einer besseren Gesprächsfähigkeit eingesetzt werden, kann man in drei Gruppen unterteilen: *Umfeldstrategien*, *Partnerstrategien* und *Gesprächsstrategien*. Umfeldstrategien und Partnerstrategien zielen darauf ab, die betroffene Person stärker in Gesprächssituationen einzubeziehen, Routinesituationen abzubauen und den Gesprächspartner zu veranlassen, sich auf den sprachbehinderten Menschen einzustellen. Gesprächsstrategien sind Vorgensweisen, welche die betroffenen Personen selbst anwenden können, um ihre Kommunikation effizienter zu gestalten.

Umfeldstrategien

Bei vielen motorisch behinderten Menschen ist die Sprachfähigkeit größer als die motorischen Fähigkeiten. Eigentlich sollten sie sich deshalb an mehr Kommunikationssituationen beteiligen als andere. In Wirklichkeit nehmen sie aber an weniger derartigen Situationen teil. Ihre Gespräche führen sie häufig mit professionellen Helfern, und wenn sie kommunizieren, handelt es sich in einem großen Teil der Fälle um Routinesituationen. Zum Teil liegt das daran, daß motorisch behinderte Kinder und Erwachsene mehr Zeit als andere für Routinetätigkeiten brauchen, ein anderer Grund ist aber auch die Tatsache, daß die Eltern sprachbehinderter Kinder bevorzugt in solchen Situationen kommunizieren, weil sie gerade dann ihre Kinder am besten verstehen (Culp, 1982).

Wenn man sich in hohem Maße auf Routinetätigkeiten verläßt, wird die Beteiligung an neuen Situationen behindert. Um das Umfeld so gut wie möglich zu nutzen, kann man unter anderem neue Situationen finden, in denen Gespräche stattfinden oder einen Teil der jeweiligen Tätigkeit bilden. Wenn nötig, kann man die Situation so arrangieren, daß sie für den normalen Gesprächspartner einfacher zu verfolgen ist, so daß dieser in der Kommunikationssituation einen Erfolg erlebt. Gleichzeitig - und auch das ist von großer Bedeutung - darf man die Situation aber nicht so gestalten, daß an den unterstützten Sprecher zu wenig Anforderungen gestellt werden. Die Eltern behinderter Kinder beispielsweise nutzen häufig ihre Kenntnisse über das Kind, um zu erraten, was es will. Das Kind beteiligt sich nur an wenigen Aktivitäten, und die meisten davon sind den Eltern wohlvertraut. Deshalb ist es für die Eltern einfach, die Wünsche des Kindes zu erraten, und solche Gespräche haben dann sehr schnell einen immer gleichen, monotonen Inhalt. Die Situation sollten nicht in allen Einzelheiten vorhersehbar sein. Der Gesprächspartner sollte ein echtes Bedürfnis haben zu erfahren, was die betroffene Person mitteilt, so daß auch diese für die Kommunikation Verantwortung trägt. Das Fehlen von Verantwortung und echter Kommunikation sind häufige Hindernisse für die Entwicklung der Gesprächsfähigkeit (Glennen und Calculator, 1985; von Tetzchner und Martinsen, 1996).

Eine häufig geübte Praxis ist die Anwendung eines Mitteilungsheftes, das auf dem Weg zwischen Wohnung und Kindergarten oder Schule mitgeführt wird. Ein solches Heft kann in vielen Situationen nützlich sein und wird vor allem von Personen aus den Gruppen 2 und 3 häufig benutzt. Es gewährleistet, daß praktische Informationen systematisch zwischen häuslicher Umgebung und Schule ausgetauscht werden. Unter Umständen nimmt es aber der betroffenen Person auch die Verantwortung für die Kommunikation ab, weil diese beispielsweise nicht mehr wählen kann, was sie von zu Hause oder von der Schule erzählt. Es wird nur über diejenigen Themen gesprochen, die in dem Heft erwähnt sind. Die Fragen, die man der betroffenen Person stellt, sind häufig nicht echt, weil der Gesprächspartner weiß oder ohne weiteres raten kann, wie die Antwort lauten wird. Auf diese Weise erhält die betroffene Person kaum eine Rückmeldung, ob sie gut oder schlecht kommuniziert. Auch Rückschläge bei der Kommunikation können zu positiven Lernergebnissen führen, aber das setzt voraus, daß die betroffene Person weiß, was schiefgelaufen ist und was sie anders machen kann, um die Kommunikation effizienter zu gestalten.

Wenn die Zahl unterschiedlicher Kommunikationssituationen zunimmt, ergibt sich daraus auch eine stärkere Öffnung der Gesellschaft für Behinderte. Kommunikation sollten nicht nur zu Hause, im Kindergarten, in der Schule, am Arbeitsplatz und in anderen vertrauten Situationen stattfinden, sondern auch mit Unbekannten auf der Straße, im Café, beim Einkaufen, auf öffentlichen Plätzen, im Kino und so wweiter. Nicht immer geht es aber nur darum, betroffene Personen neuen Situationen auszusetzen. Sie sind oft ängstlich im Umgang mit Menschen, die nicht an Anwender von Kommunikationshilfen gewöhnt sind, und verhalten sich in neuen Situationen unter Umständen furchtsam oder ablehnend. Deshalb ist es vielfach notwendig, der betroffenen Person zu Beginn einen guten Überblick über die Situation und die voraussichtlichen Abläufe zu verschaffen, so daß sie sich sicherer fühlen kann. Ein Weg, sich auf neue Situationen vorzubereiten, sind Rollenspiele.

> Die neunjährige Becky hat eine Zerebralparese. Sie verfügt über ein gewisses Maß an Lautsprache, die aber fast nicht verständlich ist. Deshalb bedient sie sich eines Kommunikationsheftes mit 200 Rebus-Zeichen. Das Heft enthält kleine Kommunikationstafeln für verschiedene Bereiche (Kunst, Naschereien, Menschenansammlungen und so weiter). Sie geht oft mit ihren Eltern zu „Burger King", hat dort aber nie selbst etwas bestellt. Zunächst spricht sie mit ihrer Lehrerin darüber, was bei „Burger King" abläuft. Man muß warten, bis man bedient wird, genau das bestellen, was man haben möchte, und bezahlen. Dann legen Becky und die Lehrerin gemeinsam eine Tafel für den Bereich „Burger King" an. Im Unterricht spielen sie „Burger King", wobei eine Mitschülerin die Rolle der Bedienung übernimmt. Becky übt, wie sie der Bedienung mitteilt, ob diese sie richtig verstanden hat. Dann geht sie mit der Freundin, welche die Bedienung gespielt hat, zu „Burger King" und erhält dort ohne jede Schwierigkeit den Hamburger, den sie haben will (Mills und Higgins, 1984).

> Martin ist zwölf Jahre alt und hat ebenfalls eine Zerebralparese. Er besitzt mehrere Kommunikationshefte mit einem begrenzten Wortschatz und bedient sich auch eines elektronischen Schreibapparates, der das, was er schreiben möchte, auf Papier ausdruckt. Das Schreiben geht aber äußerst langsam. Martin liest gern, war aber noch nie in der Bibliothek. Zunächst redet er mit seiner Lehrerin darüber, wie es in der Bibliothek zugeht, und sie besprechen den Vorgang des Ausleihens von Büchern. Er übt das Schreiben einiger Sätze, die ihm von Nutzen sein könnten, wie <u>Wo sind die Bücher über Löwen?</u> Und <u>Wieviele Bücher kann ich ausleihen?</u> Dann spielt einer seiner Klassenkameraden die Rolle des Bibliothekars. Er stellt Fragen, und Martin antwortet. Am

nächsten Tage gehen sie in die Bibliothek, und dort wird Martin leicht mit der neuen Situation fertig (Higgins und Mills, 1986).

Wichtig ist hier jedoch der Hinweis, daß Rollenspiele kein Ersatz für echte Situationen sein sollten; gerade vorgetäuschte Situationen sind das typische Kennzeichen vieler Erfahrungen, die behinderte, auf Unterstützte Kommunikation angewiesen Menschen machen. Das Rollenspiel soll nur ein Hilfsmittel sein, das es der betroffenen Person zunächst einmal einfacher macht, sich an der echten Situation zu beteiligen. Dieses Ziel des Rollenspiels sollte dem Lehrer wie auch dem Schüler von vornherein klar sein.

Ganz allgemein nehmen unterstützte Sprecher seltener an Gesprächen teil als andere Menschen. Sowohl Kinder als auch Jugendliche führen die große Mehrzahl ihrer Unterhaltungen mit Erwachsenen (Harris, 1982). Deshalb sollte man die Interaktion und Kommunikation mit Gleichaltrigen verstärken. Situationen, in denen Kinder mit Erwachsenen interagieren, sind anders als solche, in denen die Interaktion zwischen Kindern stattfindet. Außerdem führen Kinder und Jugendliche, die sich einer Kommunikationshilfe bedienen, mit Gleichaltrigen offenbar vielfältigere Unterhaltungen als mit Erwachsenen (Sutton, 1982). Darüber hinaus verschaffen Gespräche mit Altersgenossen den betroffenen Personen auch Zugang zur Jugendkultur. Besondere Aufmerksamkeit sollte man auf die Gestaltung von Aktivitäten verwenden, die ohne Hilfe eines Erwachsenen stattfinden können, wie beispielsweise Rollen- und andere Spiele. Manchmal müssen Erwachsene zwischen Kindern, die Kommunikationshilfen benutzen, vermitteln, und dabei ist es wichtig, daß die Erwachsenen nicht versuchen, die weitergegebenen Mitteilungen zu beeinflussen.

> Ein Mädchen und ein Junge, die beide Kommunikationshilfen und einige Gebärden benutzten, saßen mit ihrer Lehrerin zusammen, die zwischen ihnen vermittelte. Das Mädchen zählte auf, welche Kinder sie an ihrem Geburtstag einladen wollte, erwähnte dabei aber nicht den Jungen, der eifrig zu verstehen gab, er würde gern ebenfalls kommen. Die Lehrerin übermittelte den Wunsch. Das Mädchen zeigte *NEIN* an, und die Lehrerin gab diese Mitteilung ohne Störung an den Jungen weiter, das heißt ohne daß sie versuchte, die Antwort zu verändern (Soro, Basil und von Tetzchner, 1992).

Erwachsene sollten sich selbst dann nicht unnötig einmischen, wenn Konflikte und Diskussionen entstehen. Die Nutzer von Kommunikationshilfen sollten genau wie andere Menschen auch solche Situationen erleben und lernen, wie man mit ihnen umgeht. Wer behinderte Kinder stärker als andere vor solchen Situationen abschirmt, verwehrt ihnen die Gelegenheit, allgemein übliche Erfahrungen zu sammeln und die Bewältigung von Alltagssituationen zu lernen. Bei Jugendlichen haben Schulkameraden und andere Gleichaltrige die Aufgabe, der betroffenen Person zu helfen und sie in ihre Freizeitgestaltung einzubeziehen. Soweit wie möglich sollte es sich dabei um Aktivitäten handeln, die bei jungen Leuten beliebt sind, so daß die betroffenen Personen ermutigt werden, trotz ihrer motorischen Behinderung eine soweit wie möglich gleichberechtigte Rolle zu spielen. Beispiele für solche Aktivitäten sind Kinobesuche, sportliche Ereignisse, Hausaufgaben, der Besuch von Cafés, Schallplattenhören und das Herumstehen an Straßenecken.

Telekommunikation

Mehr Kommunikation bedeutet nicht zwangsläufig, daß sämtliche Kommunikation von Angesicht zu Angesicht stattfinden muß. In der modernen Gesellschaft spielt die Telekommunikation eine immer größere Rolle, und es ist wichtig, daß auch sprachbehinderte Menschen den bestmöglichen Zugang zu diesen Dienstleistungen erhalten. Darüber hinaus ist die Telekommunikation für motorisch behinderte Menschen, die mit ihren Bewegungen Schwierigkeiten haben, ein wichtiges Hilfsmittel für eine stärkere soziale Beteiligung. Gespräche können unmittelbar über ein Texttelefon oder einen Computer mit der Ausgabe gedruckter oder synthetischer Sprache stattfinden. In den letzten Jahren hat sich die elektronische Post (e-Mail) durchgesetzt. Für motorisch behinderte Menschen ist elektronische Schrift einfacher zu lesen und zu schreiben (McKinnon et al., 1995). Sowohl Gespräche via Telekommunikation als auch e-Mail-Korrespondenz lassen sich auch mit Bliss-Symbolen und anderen graphischen Zeichen führen (Gandell und Sutton, 1998; von Tetzchner, 1991; Tronconi, 1989).

Das Internet, die Datenautobahn der modernen Informations- und Kommunikationstechnik, bietet auch die Möglichkeit zu „Unterhaltungen" in Form von Computerkonferenzen. Dabei werden mehrere Computer über das Telefonnetz und ein Modem beziehungsweise eine ISDN-Karte mit einem Rechner verbunden, der für die Konferenz als Host arbeitet. Ein ähnliches System läßt sich auch mit e-Mail und einem Listserver schaffen. Computerkonferenzen und e-Mail-Server werden in der Regel zu bestimmten Themen und Interessengebieten eingerichtet. Die Teilnehmer an der Konferenz oder „Unterhaltung" brauchen sich nicht am gleichen Ort zu befinden. In der Regel sind sie auch nicht zur gleichen Zeit anwesend, aber da neue Kommentare auf frühere Äußerungen aufbauen, ähneln Computerkonferenzen einem Gespräch in der Gruppe. Die Teilnehmer können sehen, was andere geschrieben haben, und nach Belieben ihre eigenen Kommentare hinzufügen. Für Menschen, die sich einer Kommunikationshilfen bedienen, haben Computer den Vorteil, daß die Kommunikation nicht schnell ablaufen muß. Sie können in ihrer eigenen Geschwindigkeit schreiben, was sie möchten, und sind nicht auf andere angewiesen, die ihre Äußerungen interpretieren. Derzeit müssen sie allerdings in der Lage sein, sich der normalen Schrift zu bedienen (Cullen et al., 1995; Magnusson und Lundman, 1987).

Partnerstrategien

Der Gesprächspartner eines Anwenders von Kommunikationshilfen muß neben seiner eigenen Rolle häufig auch aktiv an der Formulierung dessen mitwirken, was die betroffene Person sagen möchte. Der Partner interpretiert die Elemente, die von dem unterstützten Sprecher angezeigt werden, setzt diese Elemente zusammen und rät bis zu einem gewissen Grade, was die betroffene Person sagt, bevor diese ihren Satz vollendet hat. Die Gesprächspartner sind also immer aktiv beteiligt, ganz gleich, ob sie sprechen oder zuhören. Ihre Strategien und Fähigkeiten sind aber sehr unterschiedlich, und sie können die betroffene Personen in ihrem Kommunikationserfolg unterstützen oder behindern. Wegen dieser Doppelrolle der Gesprächspartner ist eine entsprechende Schulung von Familie, Gleichaltrigen und anderen Personen ein wichtiges Mittel, um dem Nutzer der Kommunikationshilfe zu einer besseren Gesprächsfähigkeit zu verhelfen.

In einem typischen Gespräch zwischen einem unterstützten und einem natürlichen Sprecher ergreift der natürliche Sprecher die Initiative, um das Thema zu wechseln und die Unterhaltung zu lenken. Dies tut er auf eine Art, die man am besten als *Vereinfachungsstrategie* bezeichnet, das heißt, der Gesprächspartner setzt Grenzen für das Thema und für das, was der unterstützte Sprecher sagen kann. Das macht es der betroffenen Person leichter, sich an den Gespräch zu beteiligen, erschwert aber eigenständige Beiträge. In vielen Fällen hat man den Eindruck, daß der Gesprächspartner wegen seiner Helferfunktion einer Täuschung unterliegt und den unterstützten Sprecher unterschätzt. Besonders bei Gesprächspartnern, die sich ihrer besonderen Rolle nicht bewußt sind, stellt man häufig fest, daß sie den unterstützten Sprecher an die Wand reden und nicht in Rechnung stellen, was dieser tatsächlich weiß und versteht (Bau, 1983; Shane und Cohen, 1981; Sweidel, 1989).

Der Gesprächsbeitrag des unterstützten Sprechers besteht häufig darin, daß er Antworten gibt, und die Zahl möglicher Antworten wird durch die Art beschränkt, wie der Gesprächspartner die Fragen stellt. Obwohl die Kommunikation viel Zeit in Anspruch nimmt, können sprachbehinderte Menschen dazu nur begrenzte Beiträge leisten. Der Gesprächspartner ergreift die Initiative und wählt das Thema. Nach den Befunden von Sutton (1982) ging die Initiative in 84 Prozent der Zeit vom natürlichen Sprecher aus, Anwender von Bliss-Symbolen im Alter zwischen 10 und 27 Jahren dagegen ergriffen die Initiative zur Kommunikation nur in 16 Prozent der Zeit. Ähnliches stellte auch Light (1985) fest: Die Mütter drei- bis sechsjähriger Kinder, die Bliss-Symbole verwendeten, ergriffen in 85 Prozent der Fälle die Initiative.

Zeit, um etwas zu sagen

Werden Kommunikationshilfen benutzt, dauert ein Gespräch immer viel länger als wenn beide Beteiligte natürlich sprechen können. Wenn mehrere Sprecherwechsel stattfinden, wobei Informationen und Meinungen ausgetauscht werden, steigt die erforderliche Zeit beträchtlich an. Besonders lange dauert es, wenn die betroffene Person etwas sagen möchte, das außerhalb der normalen Routinetätigkeiten liegt, und deshalb ist es oftmals schwierig, etwas Wichtiges mitzuteilen. Das ist auch der Hauptgrund für die asymmetrische Struktur der Gespräche und für die Strategien, die von den Gesprächspartnern in der Regel angewandt werden. Viele Gesprächspartner können nur schwer abwarten. Nach Feststellungen von Light (1985) fangen die Mütter drei- bis sechsjähriger Kinder nach ein bis zwei Sekunden zu sprechen an. In 92,5 Prozent der Fälle folgte auf eine Pause von mehr als einer Sekunde eine lautsprachliche Äußerung der Mutter. Die Kinder, die zum Sprechen mit Hilfe ihrer Bliss-Symboltafeln länger brauchten, hatten nur Zeit, Fragen mit ja oder nein zu beantworten (siehe unten), denn das konnten sie sehr schnell durch Lautäußerungen, Nicken oder Kopfschütteln tun. Wie wichtig es ist, den betroffenen Personen ausreichend Zeit zu lassen, zeigte sich sehr deutlich an der Tatsache, daß die Mutter des Kindes, das am meisten kommunizierte, auch am längsten abwartete - nämlich bis zu 47 Sekunden. Die Zahl der Gelegenheiten, bei denen die Kinder die Initiative zur Kommunikation ergriffen, lag im Laufe von 20 Minuten durchschnittlich bei 11, dieses spezielle Kind jedoch ergriff 45 mal die Initiative. Nach ähnlichen Befunden von Glennen und Calculator (1985) wuchs bei zwei Kindern von neun und zwölf Jahren die Initiative zur Kommunikation, nachdem man den Gesprächspartnern beigebracht hatte, abzuwarten.

Um unterstützten Sprechern die Möglichkeit zu geben, den Verlauf des Gespräches stärker zu beeinflussen und auf eher gleichberechtigte Weise dazu beizutragen, ist es das erste und wichtigste Gebot, daß man ihnen die nötige Zeit läßt, so daß sie sagen können, was sie sagen wollen. Das bedeutet, daß der Gesprächspartner lange genug abwarten muß, bevor er interpretiert oder rät, was die betroffene Person sagt, oder bevor er selbst die Initiative ergreift, seit es um das Gespräch fortzusetzen oder um das Thema zu wechseln.

Voraussagen

Um die Unterhaltung zu beschleunigen, errät der Gesprächspartner in der Regel das Wort, bevor es vollständig buchstabiert wurde, oder auch einen ganzen Satz, bevor alle Zeichen produziert oder angezeigt wurden. Bei den meisten Äußerungen von Kindern, die Kommunikationshilfen und graphische Zeichen benutzen, handelt es sich um solche aus einem einzigen Zeichen (Harris, 1982; von Tetzchner und Martinsen, 1996). Teilweise liegt das daran, daß die Äußerungen der Kinder zum größten Teil Antworten auf Fragen sind, ein anderer Grund ist aber die Tatsache, daß der Gesprächspartner nach dem ersten Zeichen rät. Der Zuhörer stellt Vermutungen darüber an, was die betroffene Person sagen möchte, und drückt es an ihrer Stelle aus. Derartige Voraussagen mögen eine gute Strategie sein, um das Gespräch effizienter zu gestalten, aber es kann auch dazu führen, daß die betroffene Person nicht in der Lage ist, sich selbst auszudrücken. Die Interpretation von Wörtern und Sätzen läuft in der Regel Element für Element ab, das heißt, der Zuhörer muß sich unter Umständen an die Buchstaben in dem Wort erinnern, das gerade buchstabiert wird, oder an die Wörter und graphischen Zeichen, die bereits erzeugt wurden. Das kann recht schwierig sein, insbesondere wenn der Gesprächspartner eine gewisse Zeit braucht, um einem Zeichen die Analogie herauszuarbeiten oder ein langes Wort zu buchstabieren. Auch wenn die Äußerungen nicht besonders lang sind, treten bereits Fehler auf. Rät der Gesprächspartner falsch, kann ein längerer Dialog die Folge sein (Collins, 1996, S. 95):

> Fay verfügt nicht über eine brauchbare Lautsprache und bedient sich einer Kommunikationstafel mit 200 Bliss-Symbolen. Sie kommuniziert mit Conrad, einem Betreuer.
> F: *{VATER: Mmm mmm.}*
> C: *Du willst deinem Vater etwas sagen.*
> F: *FERIEN.*
> C: Sieht Fay an und dann auf die Kommunikationstafel.
> F: (fährt mit dem Zeigen fort) *{FERIEN. Mm mm mm.}*
> C: Ach, du fährst... (blickt auf die Kommunikationstafel).
> F: Schüttelt den Kopf und gibt Laute von sich.
> C: *...mit deinem Vater in die Ferien.*
> F: Beugt sich nach vorn über die Kommunikationstafel.
> C: *Richtig.* (Lehnt sich ein wenig zurück und sagt etwas Lautloses).
> F: *GERN.*
> C: *Du hast etwas gern.*
> F: *{VATER. Mmm mmm.}*
> C: *Deinen Vater.*

F: Bewegt den Finger und zeigt auf ein anderes Bliss-Symbol.
C: *In die Ferien fahren.*
F: {'Ja' (blickt Conrad an und nickt) *Mm.*}
C: *Richtig.*
C: (lehnt sich zurück) *Du möchtest, daß es geschieht.*
F: *Mmm.* 'Ja' (nickt).
(verstrichene Zeit: 40 Sekunden).

In diesem Beispiel hat Conrad versucht, zuviel auf einmal zu erraten. Statt einfach das Bliss-Symbol zur Kenntnis zu nehmen, als Fay auf VATER zeigte, und dann auf das nächste zu warten, versuchte er alles, was Fay gerade zu sagen begann, auf einmal wiederzugeben, und dabei nahm er an, Fay sei das Subjekt und der Vater das Objekt. Als seine Interpretation zurückgewiesen wurde (und zwar unausgesprochen, weil Fay weiterhin auf zeigte und Conrads Annahme nicht bestätigte), bot dieser ihr eine zweite Vermutung an, wiederum über alles, was Fay zu sagen versuchte. Diesmal verstand Conrad, daß Fay die anfängliche Aussage fortsetzen wollte, indem sie etwas darüber sagte, was sie in ihren nächsten Ferien gerne tun würde. In Wirklichkeit wollte Fay über etwas Neues sprechen: Sie hätte es gern, wenn ihr Vater in die Ferien führe. Dies zeigt, daß der Gesprächspartner Geduld und Sorgfalt aufbringen muß, um die Bestätigung zu erhalten, daß er richtig geraten hat. Diese Bestätigung gehört dazu, wenn man die Kommunikation eines behinderten Menschen ernstnehmen will (von Tetzchner und Jensen, im Druck). Es ist ein unentbehrlicher Teil der Strategie, mit der ein Gesprächspartner dafür sorgt, daß sich während der Unterhaltung keine Mißverständnisse aufbauen.

In manchen Fällen dürfte das Raten zu Unselbständigkeit führen und die Entwicklung einer guten Gesprächsstrategie behindern.

> Larry ist 26 Jahre alt und leidet an Zerebralparese. Er kann sprechen, aber seine Lautsprache ist nur schwer zu verstehen. Um sich gegenüber Menschen verständlich zu machen, die nur schwer begreifen, was er sagt, bedient er sich einer Tafel mit Buchstaben. Einmal sprach er mit einem Mädchen aus Schweden, das ihn nicht kannte und nicht verstand, daß er das Wort Krankenhaus aussprach, obwohl dieses Wort im Norwegischen und Schwedischen sehr ähnlich klingt. Larry fing an, das Wort zu buchstabieren, gab aber nach K-r-a-n-k- auf. Da seine Gesprächspartnerin das Wort nicht erraten hatte, buchstabierte Larry es von Anfang an, anstatt das ganze Wort auseinanderzunehmen. Das führte in der Kommunikationssituation zu großen Problemen, und er brauchte sehr lange, bis er den Witz, den er erzählen wollte, beendet hatte.

Diese Beschreibung soll kein Argument gegen das Raten als Strategie sein. Vielen Anwendern von Kommunikationshilfen ist es lieber, wenn der Gesprächspartner rät, was die sagen wollen, bevor sie die Äußerung fertig formuliert haben. Auf seiten des Gesprächspartners kann es eine gute Strategie sein, das Gesagte vor Beendigung der Äußerung zu erraten, und am effizientesten können das Menschen tun, die den Anwender gut kennen. Werden graphische Zeichen benutzt, ist diese Art des Ratens ganz natürlich: In der Regel interpretiert der Gesprächspartner in Form von Lautsprache, was der Anwender mit Hilfe der Zeichen sagt. Aber auch wenn das Raten vielfach nützlich ist, muß man unbedingt sicherstellen, daß eine Bestätigung folgt. Außerdem ist wichtig, daß die betroffenen Personen auch andere Strategien beherrschen, so daß sie durch das Raten nicht von dem Gesprächspartner abhängig werden, und sie müssen lernen, sich auch bei Gelegenheiten auszudrücken, bei denen der Gesprächspartner nicht rät oder das Raten nirgendwohin führt.

Ja-Nein-Fragen

Für Gespräche zwischen unterstützten und natürlichen Sprechern ist es typisch, daß der Anwender der Kommunikationshilfe die Rolle des Reagierenden einnimmt: Er beantwortet Fragen und Aufforderungen des Gesprächspartners. In einer Studie von Sutton (1982) machten Fragen beim Gesprächspartner 34 Prozent, beim Kind jedoch nur zwei Prozent der Äußerungen aus. Wexler, Blau, Leslie und Dore (1983) gelangten in einer Studie an erwachsenen Anwendern von Kommunikationshilfen zu dem Ergebnis, daß die unterstützten Sprecher acht Bitten und Fragen sowie 163 Antworten äußerten, bei den Gesprächspartnern dagegen waren es 285 Fragen und Aufforderungen, jedoch nur acht Antworten. Einer der Gründe dürfte die Erfahrung der normal sprechenden Partner sein, daß die Kommunikation dann, wenn sie Fragen stellen, einen normaleren Verlauf nimmt als wenn der behinderte Mensch ein graphisches System verwendet.

Zu einem großen Teil besteht die Kommunikation vom natürlichen zum unterstützten Sprecher aus Ja-Nein-Fragen. Nach den Feststellungen von Sutton (1982) handelte es sich bei 16 Prozent der Äußerungen derer, die mit Anwendern von Bliss-Symbolen im Alter von 10 bis 27 Jahren sprachen, um Ja-Nein-Fragen. In einer Studie von Culp (1982) waren 40 Prozent der Äußerungen unterstützter Sprecher Antworten auf Ja-Nein-Fragen. Darüber hinaus stellen die Gesprächspartner auch zahlreiche Fragen, auf die sie die Antwort bereits wissen (Light, 1985; von Tetzchner und Martinsen, 1996). Häufig sind die unterstützten Sprecher sich dieser Tatsache bewußt, und die Gespräche haben kaum einen Sinn.

Es ist nichts Ungewöhnliches, daß auf Fragen weitere, gezielte Unterfragen folgen, bevor die betroffene Person die Möglichkeit zu einer Antwort erhält. In dem folgenden Beispiel stellt der Lehrer (L) zunächst eine Frage, die ein guter Ausgangspunkt für ein Gespräch werden könnte, aber dann macht er eine mögliche Unterhaltung mit dem Schüler (S) zunichte, bevor sie überhaupt begonnen hat (Harris, 1982).

L: Was hast du gestern abend gemacht?
S: (Fängt an, auf der Kommunikationstafel eine Antwort zu formulieren).
L: Bist du nach Hause gegangen?
L: Bist du ins Kino gegangen?
L: Hast du ferngesehen?
L: Hast du den Walt-Disney-Film gesehen?
L: Ist dein Bruder gekommen?

Die vorrangige Verwendung von Ja-Nein-Fragen ist für die Kommunikation von Kindern besonders schädlich, denn sie behindert den Erwerb eines neuen Ausdruckswortschatzes und neuer Strategien zur Übermittlung komplizierterer Mitteilungen. Um die Zahl der Gesprächsbeiträge von seiten der betroffenen Person zu steigern, sollte der Gesprächspartner weniger Ja-Nein-Fragen stellen, es sei denn, er kann ausschließlich auf diese Weise erfahren, was die betroffene Person meint, beispielsweise weil diese nicht über die Zeichen verfügt, mit denen sie das Gewünschte ausdrücken könnte. Es sollte sich soweit wie möglich um offene Fragen handeln, die mit Fragewörtern wie Was, Wer und Wo beginnen, so daß sie anders als mit „ja" und „nein" beantwortet werden müssen; ganz allgemein sollte es jedoch das Ziel sein, die Zahl der Fragen insgesamt zu verringern.

Korrekturen

Viele Kinder und Jugendliche benutzen ihre Kommunikationshilfe nur selten spontan. Damit sie dies häufiger tun, fordern professionelle Helfer und Eltern sie häufig auf, die Hilfe auch in Situationen einzusetzen, in denen die betroffene Person sich auch auf andere Weise verständlich machen kann (Harris, 1982).

L: *Was möchtest du?*
S: (Zeigt auf den Ball).
L: *Nein, sag' es mir mit einer Tafel.*
S: (Zeigt wieder auf den Ball).
L: *Wie kannst du es mir mit deiner Tafel sagen.*
S: (Legt den Kopf auf die Tafel auf dem Schoß).

Ein nutzbringender Unterricht besteht nicht darin, daß man den betroffenen Personen neue Ausdrucksmethoden beibringt, wenn sie in der betreffenden Situation bereits effizient kommunizieren können. Das Ziel besteht vielmehr darin, daß sie die Kommunikation in Situationen lernen, in denen sie sie nur unzureichend beherrschen. Eine betroffene Person zur Benutzung einer Kommunikationshilfe zu zwingen, wenn es keinen

Nutzen bringt, und dann zu glauben, sie werde besser kommunizieren lernen, weil sie auf ein graphisches Zeichen anstelle eines Gegenstandes zeigt, hat keinen großen Sinn. In dem zuvor genannten Beispiel beherrschte die betroffene Person die Anwendung der graphischen Zeichen, und die „Korrektur" erlebt sie als unnötige Nörgelei. Solche Situationen führen zu negativen Erfahrungen, die der betroffenen Personen unter Umständen die Motivation zur Kommunikation rauben.

Verhaltensweisen des Partners

Die Gesprächspartner wenden häufig recht unterschiedliche Strategien an, wenn sie mit Menschen kommunizieren, die sich unterstützter Kommunikationssysteme bedienen. Deshalb leitet man die Bezugspersonen im Umfeld an, bessere Kommunikationspartner zu werden, aber als Ergänzung dürfte es die Kommunikation ebenfalls erleichtern, wenn man der behinderten Personen selbst hilft, sich der Unterschiede in Fähigkeiten und Strategien der Partner - beispielsweise zwischen Kindern und Erwachsenen - bewußt zu werden und sie bei der Interaktion mit solchen Menschen zu berücksichtigen (Buzolich und Lunger, 1995).

Gesprächsstrategien

Gespräche beginnen und beenden

Damit eine betroffene Person ein Gespräch beginnen kann, muß sie einen Weg finden, um die Aufmerksamkeit des Gesprächspartners auf sich zu ziehen. Ist sie in der Lage, stimmliche Äußerungen hervorzubringen, klickende Geräusche mit der Zunge zu machen, einige Worte zu sagen oder eine Kommunikationshilfe mit synthetischer Sprache zu benutzen, stellt sich hier in der Regel kein Problem. Für Personen jedoch, die auf Blickkontakt angewiesen sind, ist es unter Umständen äußerst schwirig, die Aufmerksamkeit des Gesprächspartners zu wecken. Solche Kommunikationsversuche werden häufig übersehen, insbesondere wenn die betroffene Person diejenige ist, die die Initiative ergreift. Damit der Versuch gelingt, muß der potentielle Gesprächspartner in die richtige Richtung blicken. Antwortet die betroffene Person jedoch auf eine Frage, richtet der Fragesteller die Aufmerksamkeit von selbst auf den Menschen, von dem die Antwort erwartet wird.

Wie sich in wissenschaftlichen Untersuchungen gezeigt hat, übernehmen die Mütter von Vorschulkindern, die Bliss-Symbole benutzen, in bis zu 85 Prozent der Fälle die Initiative zur Kommunikation (Light, 1985). Bei den Gesprächspartnern erwachsener Nutzer von Kommunikationshilfen liegt dieser Anteil bei 79 Prozent (Wexler et al., 1983). Smith (1991) fand bei einem neunjährigen Mädchen, das Bliss-Symbole benutzte, in der Kommunikation mit ihrer Lehrerin und Gleichalterigen keinen selbständigen Beginn eines Gesprächs und keine eigenständigen Gesprächshandlungen. Nach Feststellungen von Calculator und Dollaghan (1982) wurden im Schulunterricht 20 bis 40 Prozent der Fälle, in denen motorisch behinderte Menschen die Initiative zur Kommunikation ergriffen, übersehen. Das liegt unter anderem daran, daß viele Personen mit umfassenden motorischen Störungen unwillkürlich Geräusche oder Bewegungen machen, so daß die Menschen in ihrem Umfeld sich daran gewöhnen und sie nicht mehr zur Kenntnis nehmen. Viele betroffene Personen, die Laute artikulieren können, haben dabei Schwierigkeiten, wenn es wichtig für sie ist, sich auszudrücken. Damit solche Menschen das sichere Gefühl haben, daß sie die Aufmerksamkeit eines Gesprächspartners wecken können, müssen sie unter Umständen eine Art Alarmsystem benutzen. Praktisch kann zu diesem Zweck eine Art Summer oder Glocke sein, besser ist aber ein kleiner Sprechapparat, der „Hallo" oder etwas ähnliches sagt. Benutzt jemand eine Kommunikationshilfe mit synthetischer Sprache, können fertige Eröffnungsformulierungen den Beginn einer Unterhaltung vereinfachen, wie zum Beispiel: *„Hallo, ich möchte mit dir sprechen."* Auch Berührungen können ein Weg sein, die Aufmerksamkeit eines anderen zu wecken, aber auf Menschen, welche die betroffene Person nicht kennen, wirken sie unter Umständen bedrohlich (Yoder und Kraat, 1983).

Es ist nicht ungewöhnlich, daß ein Nutzer einer Kommunikationshilfen Gespräche immer mit Hilfe des gleichen Themas beginnt (Shane, Lipshultz und Shane, 1982). Das führt zu schwerfälligen Unterhaltungen, und der Gesprächspartner langweilt sich. In solchen Fällen ist es nützlich, wenn man der betroffenen Person beibringt, verschiedene Themen zum Eröffnen eines Gespräch zu benutzen.

Da die Unterhaltung zu einem großen Teil vom Gesprächspartner dominiert wird, entscheidet dieser in der Regel auch, wann sie zu Ende ist. Das kann früher oder später der Fall sein, als die betroffene Person es eigentlich wünscht. Es ist für die betroffenen Personen nicht immer einfach, sich aus der Situation zurückzuziehen oder auf diese oder jene Weise zu zeigen, daß sie das Gespräch nicht weiterführen möchten. Deshalb muß man ihnen unbedingt Strategien an die Hand geben, die sie einsetzen können, wenn sie eine Unterhaltung beenden möchten; dazu kann man ihnen beibringen, *GESPRÄCH ENDE* oder einer ähnliche Formulierung zu produzieren. Auch wenn sie noch mehr sagen möchten, müssen sie wissen, wie sie das anzeigen können, beispielsweise mit *MEHR SPRECHEN* oder *KEIN ENDE*. Bedient die betroffene Person sich eines graphischen Systems, verfügt sie auf ihrer Kommunikationstafel höchstwahrscheinlich über geeignete Zeichen, und wenn das nicht der Fall ist, dürfte es kein Problem sein, ihr entsprechende Zeichen zur Verfügung zu stellen. Meist haben die Anwender aber mit der Beendigung von Gesprächen nur wenig Erfahrungen, und deshalb muß man ihnen beibringen, wie sie die Zeichen zu diesem Zweck einsetzen können.

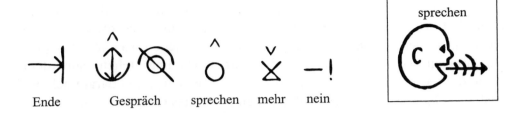

Sprecherwechsel

Um zur Aufrechterhaltung eines Gespräches beizutragen, muß die betroffene Person in der Lage sein, darin abwechselnd ihre jeweilige Rolle als Sprecher und Zuhörer einzunehmen. Nutzer von Kommunikationshilfen sind dazu oft nicht in der Lage, weil sie für ihren Beitrag soviel Zeit brauchen, daß der Partner nicht lange genug abwartet. In der Studie von Light (1985) ergriffen die Mütter fast immer die Gelegenheit, wenn sie an der Reihe waren, die Kinder dagegen nutzten nur die Hälfte ihrer Chancen. Es gibt in Gesprächen einen zwangsläufigen Rollenwechsel, wenn ein Gesprächspartner den anderen auffordert, etwas zu sagen und beispielsweise eine Frage zu beantworten. Nicht einmal diese zwangsläufigen Gelegenheiten ergreifen unterstützte Sprecher in allen Fällen (Calculator und Luchko, 1983). Bei den Gelegenheiten, welche die Kinder in der Studie von Light nutzten, handelte es sich meist um die Beantwortung von Fragen.

Einer der Gründe, warum Nutzer von Kommunikationshilfen nicht in ein Gespräch eingreifen, ist die Tatsache, daß der Sprecherwechsel häufig durch nichtverbale Signale angezeigt wird, die sie nicht beherrschen. Es kann sich beispielsweise um einen Wechsel von Tonfall oder Gesichtsausdruck handeln. Solche Signale motorisch behinderter Menschen werden häufig mißverstanden. Ein Versuch, auf etwas zu zeigen, wirkt unter Umständen wie eine Abwehrbewegung. Ist die betroffene Person nicht in der Lage, den Kopf aufrecht zu halten, wird dies vielleicht als Zeichen für mangelndes Interesse interpretiert, und das Gespräch wird beendet (Morris, 1981; Yoder und Kraat, 1983).

Darüber hinaus besteht ein Ungleichgewicht in der Menge dessen, was die Gesprächspartner sagen. Der natürlich sprechende Partner leistet häufig lange Beiträge, der unterstützte Sprecher dagegen kann in der Regel jedesmal, wenn er an der Reihe ist, nur eine einzige Äußerung machen (Light, 1985; von Tetzchner und Martinsen, 1996). Das führt dazu, daß Kinder und Erwachsene aus der Gruppe 1, die Unterstützte Kommunikation als expressives Hilfsmittel brauchen, in ganz normalen, alltäglichen Gesprächen mit Problemen zu kämpfen haben. Sich zu unterhalten, kleine Kommentare abzugeben, während der Gesprächspartner spricht, und das Erzählen lustiger Geschichten und Witze gehört für Menschen, die auf eine Kommunikationstafel und einen Helfer angewiesen sind, zu den schwierigsten Dingen. Damit eine betroffene Person mehr ausdrücken kann, als sie ganz allgemein jeden Tag in denselben Situationen sagt, muß sehr viel Zeit zur Verfügung stehen; außerdem muß der Gesprächspartner aufmerksam sein und sorgfältig darauf achten, daß er keinen zu großen Einfluß auf den Inhalt des Gespräches nimmt.

Thema und Kommentar

Ein Weg zur Verbesserung der Gespräche besteht darin, daß sowohl die betroffene Person als auch der Gesprächspartner lernt, sich in der Unterhaltung einer Struktur mit Thema und Kommentar zu bedienen. Das bedeutet, daß beide sich zuerst für ein Thema entscheiden, und was später in der Äußerung oder dem Gespräch gesagt wird, hat die Form eines Kommentars oder einer näheren Beschreibung des Themas. Eine solche Konstruktion erleichtert dem Gesprächspartner das Verständnis und vermindert die Gefahr von Mißverständnissen. Wenn es lange dauert, einen Satz wie beispielsweise WEIHNACHTEN BUCH zu konstruieren, macht WEIHNACHTEN dem Gesprächspartner deutlich, daß die betroffene Person etwas über Weihnachten sagen möchte. Nach dem nächsten Zeichen kann der Gesprächspartner dann verstehen, daß die betroffene Person ein Buch als Weihnachtsgeschenk erhalten hat. Eine solche Strategie mit Thema und Kommentar steigert die Wahrscheinlichkeit, daß der Gesprächspartner das Gesagte richtig interpretiert oder errät.

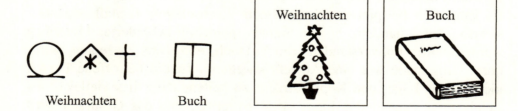

Die Struktur mit Thema und Kommentar ist typisch für die Sprache von Menschen, die unterschiedliche Muttersprachen haben und deshalb nur schwer kommunizieren können. Da sie regelmäßig miteinander kommunizieren, entwickelt sich eine gemeinsame Sprache. Solche Sprachen, die allgemein zum Meinungsautausch verwendet werden, bezeichnet man als Pidginsprachen (Broch und Jahr, 1981). Da Strukturen mit Thema und Kommentar in Situationen angewandt werden, in denen die Menschen Schwierigkeiten mit der Kommunikation haben, besteht Grund zu der Annahme, daß sich die gleiche Strategie auch gut für die Nutzer von Kommunikationshilfen eignet. Mit diesem Hilfsmittel kann man sowohl ein Gespräch beginnen oder ein neues Thema einführen als auch Einfluß auf den Inhalt des Gespräches nehmen. Gleichzeitig ist es eine sparsame Strategie: Man kommt mit weniger Wörtern aus, und auch deshalb ist sie nützlich.

Der Unterricht für Menschen, die Kommunikationshilfen benutzen, war oft durch eine normative Einstellung gekennzeichnet, das heißt, es wurde die „richtige" Verwendung der Sprache verlangt. Die Konstruktion von Sätzen und Gesprächen nach dem Prinzip von Thema und Kommentar ist eine Abweichung von der üblichen Vorstellung, wie Sprache aussehen sollte. Um mit graphischen Zeichen oder ganzen geschriebenen Wörtern eine Struktur von Thema und Kommentar anzuwenden, muß man mit der normativen Vorstellung einer „richtigen" Sprache, die sich auf die Lautsprache des jeweiligen Kulturkreises gründet, ganz bewußt brechen. Das dürfte notwendig sein, um für die Nutzer von Kommunikationshilfen in möglichst vielen Situationen und Umfeldern die effizienteste Kommunikation zu gewährleisten. Im Gespräch mit Menschen, die mit Kommunikationshilfen nicht vertraut sind, ist es für die betroffenen Personen dennoch häufig notwendig, sich sprachlich anzupassen. In der Regel tun sie das, indem sie eine kompliziertere oder „richtigere" Sprache verwenden (Morningstar, 1981).

Verstehenskrisen und Lösungen

Im Gespräch kann es zu Mißverständnissen oder fehlendem Verständnis kommen. Der Sprecher wird durch die Bitte um Wiederholung oder andere Klärungsversuche in Kenntnis gesetzt, daß das Gesagte in irgendeiner Form unklar war. Im Verlauf des Spracherwerbs ist es von großer Bedeutung, daß Kinder in der Frage, ob sie verstanden wurden, eine Rückmeldung erhalten (Pinker, 1990). Diese Rückmeldung hat häufig die Form einer Diskussion über den Sinn des Gesagten.

Von den Äußerungen, die durch Unterstützte Kommunikation hervorgebracht werden, wird ein erheblicher Teil mißverstanden, so daß es zum Zusammenbruch der Kommunikation kommt (Collins, 1996; Hjelmquist und Sandberg, 1996; Kraat, 1985). Häufig liegt das an der langen Zeit, die eine betroffene Person braucht, um sich auszudrücken: Beim Zuhörer läßt die Konzentration nach, und er verfolgt das Gesagte nicht mehr. Aber auch ungenaues Zeigen und andere Fehler auf seiten des Anwenders können zu Mißverständnissen führen. Um zu gewährleisten, daß eine solche Störung nicht zum völligen Abbruch des Gespräches führt, muß die betroffene Person unbedingt über Strategien verfügen, um anzuzeigen, daß ein Mißverständnis vorliegt, und um es zu beseitigen. Eine weitere Ursache für Verstehenskrisen können auch Probleme sein, auf die eine betroffene Person stößt, wenn sie sich mit einer begrenzten Zahl von Zeichen oder Wörtern ausdrücken muß.

> Ein zwölfjähriges Mädchen mit Zerebralparese sollte in den Weihnachtsferien nach Hause fahren und äußerte mit Bliss-Symbolen *MUTTER FERIEN BUCH*. Sie weigerte sich, die Schule zu verlassen, und wiederholte immer wieder die gleichen drei Symbole. Nach einer Stunde fand der Lehrer heraus, daß das Mädchen die „Berichtskarte" mitnehmen wollte, die er ihr laut vorgelesen hatte und auf der stand, sie habe große Fortschritte gemacht.

Mutter Ferien Buch falsch

Es ist nicht ungewöhnlich, daß Menschen mit begrenzten Ausdrucksmitteln ein Mißverständnis bestehen lassen, weil sie nicht wissen, wie sie es beheben oder vermindern sollen, oder weil eine Korrektur zu lange dauern würde (Yoder und Kraat, 1983). Auch bei normaler Entwicklung verfügen kleine Kinder kaum über Strategien zur Behebung von Mißverständnissen, und das gleiche beobachtet man auch bei jungen unterstützten Sprechern (Light, 1985). In dem zuvor beschriebenen Beispiel fühlte die Hartnäckigkeit des Mädchens dazu, daß sie die Berichtskarte schließlich mit nach Hause nehmen durfte. Sie konnte aber das, was sie sagen wollte, nicht auf andere Weise formulieren, und höchstwahrscheinlich hatte sie im Unterricht nicht in ausreichendem Maße gelernt, wie man Situationen, in denen man nicht verstanden wird, aufklärt.

Es ist wichtig, daß man Kindern solche Strategien zur Korrektur beibringt, und sie müssen auch lernen, wie sie dem Gesprächspartner bewußt machen können, daß sie falsch interpretiert oder mißverstanden worden. Die häufigsten Strategie zur Beseitigung eines Mißverständnisses besteht darin, noch einmal auf dasselbe graphische Zeichen zu zeigen oder das Wort erneut zu buchstabieren. Das ist eine gute Vorgehensweise, wenn der Zuhörer nicht gesehen hat, welches Zeichen von dem unterstützten Sprecher benutzt wurde, oder wenn er beim ersten Buchstabieren den Faden verloren hat. Eine andere Methode ist die Neuformulierung des Gesagten. Sie ist besonders wichtig, wenn graphische Zeichen verwendet werden, denn dann muß die betroffene Person häufig

Umschreibungen anwenden, um klarzumachen, was sie sagen will. Wiederholungen werden dabei unter Umständen als das nächste Worte oder die nächste Äußerung interpretiert, und der Gesprächspartner ist möglicherweise unsicher, wo das Mißverständnis liegt. *MISSVERSTÄNDNIS* sollte sich deshalb auf der Tafel befinden, damit die betroffene Person darauf hinweisen kann, daß das Gesagte falsch interpretiert oder wahrgenommen wurde. Bei synthetischer Sprache kann man sich zu diesem Zweck einer Äußerung wie „*das wollte ich eigentlich nicht sagen*" bedienen. Die betroffene Person sollte lernen, dieses Zeichen zu benutzen, bevor sie Zeichen oder Wörter wiederholt oder versucht, ihre Absicht durch eine Umschreibung klarzumachen.

Die Ausdrucksweise des unterstützten Sprechers ist nicht die einzige Ursache für Verstehenskrisen. Die Fähigkeit, klärende Fragen zu verstehen und anzuwenden, taucht jedoch recht spät auf - ein Hinweis, daß es sich um eine fortgeschrittene sprachliche Fähigkeit handelt. Normal sprechende Kinder sind vor dem fünften Lebensjahr nicht sonderlich aufmerksam gegenüber dem Ausdruck von Verwirrung oder Überraschung bei ihrem Gesprächspartner, der damit unter Umständen anzeigt, daß er das Gesagte nicht verstanden hat. Kinder zeigen mangelndes Verständnis häufig nicht (Donaldson, 1978; Garvey, 1977). Sobald es die Verständnisfähigkeit eines unterstützten Sprechers zuläßt, sollte man ihm beibringen, bei dem normal sprechenden Partner auf Anzeichen für Mißverständnisse zu achten, und man sollte dafür sorgen, daß ihm graphische Zeichen für klärende Fragen zur Verfügung stehen, beispielsweise *WAS SAGST DU* und *WAS MEINST DU*. Echte klärende Fragen des unterstützten Sprechers können dem Kommunikationspartner mitteilen, wie gut Lautsprache verstanden wird. Außerdem trägt die so erreichte Klärung dazu bei, daß die Klärungsstrategien des unterstützten Sprechers sich weiterentwickeln.

Und schließlich ist es wichtig, daß man zwischen Korrektur und Klärung unterscheidet. Bei der graphischen Kommunikation interpretiert und artikuliert der normal sprechende Partner in der Regel die Äußerungen des Kindes, und dieses bestätigt dann, daß die Formulierung oder Interpretation richtig ist. Sehr häufig werden behinderte Kinder aber auch dann gebeten, eine graphische Äußerung zu wiederholen, wenn sie bereits gut verstanden wurde. Die Aufforderung zur Wiederholung weist aber in der Regel auf einen Fehler hin, und wenn die Kinder ein zweites Mal gefragt werden, wandeln sie meist ihre Antwort ab, so daß eine Veränderung des Ausdrucks entsteht, obwohl es nicht angemessen oder notwendig ist. Außerdem können Korrekturen, die das Kind als Ablehnung seines Kommunikationsversuchs erlebt, sich negativ auf die Sprachentwicklung auswirken. Echte Diskussionen über den Inhalt einer

Äußerung dagegen führen offensichtlich nicht dazu, daß Kinder sich zurückgewiesen fühlen, sondern sie haben einen positiven Einfluß auf die Sprachentwicklung (Barnes et al., 1983).

  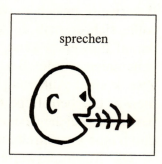

Erzählungen

Erzählungen sind Beschreibungen früherer Ereignisse, bei denen es sich häufig um Abfolgen persönlicher Erlebnisse handelt; sie bilden eine wichtige Grundlage für die Sprachentwicklung eines Kindes und für seinen Erwerb von Kenntnissen über die Welt (Nelson, 1996). Der Aufbau von Erzählungen gemeinsam mit einem Erwachsenen bietet außerdem entscheidende Gelegenheiten, etwas über sich selbst und andere zu erfahren.

Erzählungen können aus Sätzen bestehen, aber in den ersten Phasen der Sprachentwicklung handelt es sich häufig auch um Äußerungen aus einzelnen Wörtern, die nur den zeitlichen Ablauf der Ereignisse wiedergeben. Für Kinder, die sich einer Kommunikationshilfe bedienen und über ein gutes Verständnis für Lautsprache verfügen, sind Äußerungen aus einzelnen Zeichen jedoch auch noch in fortgeschrittenem Alter typisch, wie das folgende Beispiel aus von Tetzchner und Martinsen (1996, S. 81/82) zeigt:

> Eva, fünf Jahre und vier Monate alt, benutzte direkte Selektion und ein Kommunikationsheft mit 285 PIC-Zeichen und Fotos. Sie verständigt sich mit ihrer Mutter über den Besuch bei einer Tante.
> M: *Was hast du mitgebracht, als wir zu Tante Kari gegangen sind?*
> E: *FAHRRAD.*
> M: *Du hast dieses Fahrrad mitgebracht, als wir zu Tante Kari gegangen sind.*
> E: *FAHRRAD. FAHRRADFAHREN* (bewegt den Arm auf und ab, eine Gebärde für „Fahrradfahren").
> M: *Ja, du bist mit dem Fahrrad dorthin gefahren.*
> M: *Hm?*
> E: *SANDKASTEN.*
> M: *Warst du auch im Sandkasten?*
> E: „Ja" (nickt).
> M: *Hm.*

E: *SCHAUKELN.*
M: *Und dann warst du auf der Schaukel.*
E: *„Ja"* (nickt).
M: *Hm.*
E: *RUTSCHBAHN.*
M: *Eine Rutschbahn war auch da. Als wir Tante Kari besucht haben, war Eva auf dem Spielplatz.*
(Verstrichene Zeit: 0:35).

In diesem Dialog veranlaßte die Mutter das Mädchen mit der Frage *Was hast du mitgebracht?*, FAHRRAD zu signalisieren. Danach jedoch steuerte Eva das Gespräch; sie sorgte dafür, daß die Mutter eine Erzählung zusammenstellte, in der FAHRRADFAHREN, SANDKASTEN, SCHAUKEL und RUTSCHBAHN vorkamen. Eva bezog sich auf Ereignisse, die sowohl ihr selbst als auch der Mutter bereits bekannt waren, und in dem Dialog wurde wiedergegeben, was sie zu einem bestimmten Zeitpunkt getan hatte. Die Mutter antwortete auf Evas aus einem Zeichen bestehende Äußerungen, fragte aber nicht nach Kommentaren oder Erweiterungen, sondern steuerte diese selbst bei. Eva versuchte nicht von sich aus, einen Kommentar abzugeben.

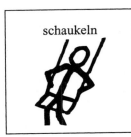

Eine solche Gesprächsstruktur ist typisch für die Interaktionen zwischen jungen Nutzern von Kommunikationshilfen und normal sprechenden Erwachsenen. In der Regel veranlassen die Kinder mit wenigen graphischen Zeichen den erwachsenen Partner, eine Geschichte zu erzählen; dazu sagen sie so etwas wie: „Erzähl' mir etwas, das mit dem folgenden Thema zu tun hat." Diesen besonderen, pragmatischen Einsatz von Zeichen in Dialogen kann man als *Anweisung* bezeichnen, denn die Zeichen dienen dazu, die Aufmerksamkeit des normal sprechenden Partners auf ein Thema zu lenken, zu dem der Partner nach dem Willen des Nutzers einen Kommentar abgeben soll.

Die Fähigkeit zur Wiedergabe von Erzählungen, die von mehr als einem Ereignis handeln, ist wichtig und muß bei Kindern, die mit Gebärden und graphischen Zeichen kommunizieren, unbedingt gefördert werden. Zwar erfordern Erzählungen keine zueinander in Beziehung stehenden Äußerungen, aber sie bieten dennoch nützliche Gelegenheiten, die Satzkonstruktion zu verbessern. Um ein Ereignis mitzuteilen, in dem

Menschen, Gegenstände, Eigenschaften, Abläufe, Tätigkeiten und so weiter. vorkommen, ist es sehr häufig unabdingbar, daß man mehrere semantische Rollen kennt. Die Erzählungsstruktur kann unterschiedliche semantische Elemente und damit auch die von dem Kind gebrauchten, vertikal und horizontal strukturierten Sätze verknüpfen. Um diese Entwicklung zu erleichtern, muß der Erwachsene die Ereignisse, die erzählt werden sollen, so anpassen, daß Personen, Handlungen, Gegenstände und Ort erwähnt werden müssen.

Im Rahmen dieser Strategie kann der Erwachsene auch Situationen und Ereignisse herstellen, um dann das Kind zu einer Beschreibung aufzufordern; diese kann frei erfolgen oder auch innerhalb eines Rahmens, indem der Erwachsene fehlende Teile einer Äußerung ergänzt und auf diese Weise Informationen liefert. Mehr Spaß als die Beschreibung alltäglicher Routinetätigkeiten macht es Kindern, wenn sie von ungewöhnlichen oder lustigen Ereignisse, beispielsweise wenn ein Lehrer auf dem Kopf steht oder von einem leeren Teller zu essen beginnt, oder wenn eine Katze ins Klassenzimmer kommt. Selbst stark geistig behinderte Kinder können sich über solche Ereignisse freuen und sind dann motiviert, sie auf einfache Weise zu beschreiben und darüber zu erzählen. Andererseits muß man aber auch in Rechnung stellen, daß manche Kinder - insbesondere Autisten - nur schwer Wörter lernen können, in denen sich ihre eigenen Erlebnisse widerspiegeln.

12. Das sprachliche Umfeld

Personen, die unterstützte Kommunikationssysteme erlernen, verbringen in Unterrichtssituationen sehr viel weniger Zeit als in ihrem natürlichen Umfeld. Wenn der Unterricht überhaupt einen Sinn haben soll, muß er dazu beitragen, daß die betroffene Person in alltäglichen Situationen ihre Kommunikationsfähigkeit nutzen und weiterentwickeln kann. Dennoch wird unterstützte Sprache außerhalb des schulischen Umfeldes in vielen Fällen kaum genutzt. Mangelnde Kenntnisse über das jeweils verwendete System und wenig einfühlsame Kommunikationsstrategien auf seiten des Gesprächspartners haben häufig zur Folge, daß sich nur selten echte Gelegenheiten zur Kommunikation ergeben. Viele Personen, die sich unterstützter Kommunikationssysteme bedienen, schöpfen ihre Kommunikationsfähigkeit bei weitem nicht aus. Vielfach traut man ihnen überhaupt nicht zu, daß sie kommunizieren können oder daß sie etwas haben, was sie anderen mitteilen könnten. Das heißt, daß die Menschen in der Umgebung der betroffenen Person lernen müssen, wie deren Kommunikation aussieht, und daß sich immer wieder Gelegenheiten zu einer solchen Kommunikation bieten müssen, damit sie merken, wozu die betroffene Person fähig ist. Am effizientesten erreicht man dieses Ziel durch systematischen Unterricht und regelmäßige Anleitung für Angehörige, Freunde und professionelle Helfer. Da der Erwerb einer unterstützten Sprachform in der Regel ein langwieriger, mühsamer Prozeß ist, sollten auch der Unterricht und die Unterstützung für Familie, Bekannte und Betreuer langfristig angelegt sein.

Wenn Kinder normal sprechen lernen, dann durch die Interaktion mit einem unterstützenden sprachlichen Umfeld. Ein solches normales sprachliches Umfeld besteht aus Angehörigen, Betreuern in Kindergarten und Schule sowie anderen Erwachsenen und Kindern in der unmittelbaren Umgebung des Kindes. Auch Personen, die in Unterstützter Kommunikation unterrichtet werden, sind in einem normalen Sprachumfeld aufgewachsen, waren aber nicht in der Lage, Sprache im üblichen Rahmen zu erwerben. Deshalb ist es notwendig, daß das Umfeld speziell auf sie zugeschnitten wird. Die Fähigkeit, mit Menschen in der Umgebung zu kommunizieren, ist ein wichtiger Aspekt der Lebensqualität. In die Anpassung sollten deshalb möglichst viele Menschen einbezogen werden, die mit der betroffenen Person in engem Kontakt stehen; das bedeutet, daß man sowohl die Angehörigen als auch das Personal von Kindergarten, Schule oder Betreuungseinrichtung sowie andere Bezugspersonen in den Unterricht einbezieht.

Die Anpassung des Umfeldes

Mit der Anpassung des Umfeldes verfolgt man unter anderem das Ziel, daß Menschen, die mit der betroffenen Personen in Kontakt stehen, auf deren Verhalten in größerem Umfang so reagieren, als diene es der Kommunikation. Generell bemerken die Menschen insbesondere die Lautäußerungen einer betroffenen Personen, aber Kommunikationsbemühungen, bei denen sie sich beispielsweise der Armbewegungen oder der Körperhaltung bedient, werden häufig übersehen. In einer angepaßten Umgebung ist es einfacher, die Bewegungen, Gesichtsausdrücke und Körperhaltung der betroffenen Person zu (über)interpretieren. Damit steigt die Wahrscheinlichkeit, daß andere auf die betroffene Person reagieren, und das wiederum fördert die Eigeninitiative.

Bei Säuglingen und behinderten Kleinkindern zielt die Intervention in der Regel darauf ab, Interaktion und Kommunikation zu verstärken. Die Interventionsmaßnahmen richten sich auf die Art, wie Eltern und andere auf das Kind reagieren. Die Intervention mit unterstützten Kommunikationssystemen beginnt im allgemeinen noch nicht während des ersten Lebensjahres. Über den Einsatz von graphischen Zeichen und Gebärden wird in der Regel erst dann diskutiert, wenn die Eltern das Thema zur Sprache bringen, und nur wenn das Kind nicht normal zu sprechen beginnt, zieht man ihn als Möglichkeit in Betracht.

Besteht für ein Kind ein *bekanntes Risiko* für eine unzureichende Entwicklung der Lautsprache, beginnt die Diskussion über Unterstützte Kommunikation unter Umständen schon wenige Monate nach der Geburt (Launonen, 1996, 1998; le Prevost, 1983). Die Verwendung von Gebärden erfordert einen gewissen Unterricht; deshalb ist es von Vorteil, wenn entscheidende Personen im Umfeld bereits einige Gebärden erlernt haben, bevor man damit rechnen kann, daß das Kind sie verwendet. Ebenso kann es nützlich sein, wenn man in dem Kindergarten, den das Kind besucht oder bald besuchen wird, die älteren Kinder entsprechend vorbereitet und ihnen einige Gebärden beibringt. Schon von einem sehr frühen Stadium an können Eltern und andere Erwachsene Gebärden ausführen, wenn das Kind Interesse für Gegenstände und Tätigkeiten in seiner Umgebung zeigt.

Auf die gleiche Weise kann man auch graphische Zeichen allmählich einführen, so daß sie zu einem Teil des sprachlichen Umfeldes werden, bevor man mit ihrer Verwendung durch das Kind rechnen kann. Auf diese Weise machen sich die Menschen in der Umgebung mit den graphischen Zeichen vertraut, und wenn sie eingeführt werden, erlebt das Kind einen geringeren Erwartungsdruck.

Wie sich die Anpassung des Umfeldes auf ältere Kinder, Jugendliche und Erwachsene auswirkt, hängt von ihren sprachlichen Fähigkeiten ab. Für Menschen mit geringem Sprachverständnis und schlechter Ausdrucksfähigkeit wird die Überinterpretation weiterhin eine wichtige Rolle spielen. Ist die Sprechfähigkeit besser ausgeprägt, gilt es vor allem darauf zu achten, daß die betroffene Person sich mit Menschen unterhalten kann, die sie verstehen. Dies läßt sich zum Beispiel dadurch erreichen, daß man potentielle Kommunikationspartner entsprechend unterrichtet, oder aber durch geplantes „zufälliges Lernen" und indem man die Menschen im Umfeld darüber aufklärt, wozu die betroffene Person in der Lage ist.

Menschen mit umfassenden motorischen Störungen haben häufig einen derart festgelegten Tagesablauf, daß sich nur wenige Gelegenheiten zur Kommunikation ergeben. Bei solchen Personen besteht ein wichtiges Ziel der Umfeldanpassung darin, mehr Abwechslung in die Alltagssituationen zu bringen und Kommunikationssituationen herzustellen, in denen die Gesprächspartner nicht immer im voraus wissen, was gesagt wird.

Gleichzeitige Verwendung von Lautsprache und Zeichen

Während man Gebärden, graphische und greifbare Zeichen ausführt, sollte man immer sprechen, so daß derjenige, der die Zeichen lernt, diese mit den gesprochenen Worten in Zusammenhang bringen kann, sofern er dazu in der Lage ist. Durch Intervention mit gleichzeitigem Einsatz von Lautsprache und Zeichen verbessert sich bei vielen betroffenen Personen das Lautsprachverständnis. Bei anderen hat die begleitende Lautsprache anscheinend weder positive noch negative Auswirkungen (Clark, Remington und Light, 1986; Romski und Sevcik, 1996). Die Antwort auf die Frage, ob man Lautsprache verwenden sollte, liegt also offenbar auf der Hand: Es ist immer richtig, sie zusammen mit den Zeichen einzusetzen. Eigentlich ist es gar nicht möglich, die Lautsprache wegzulassen. Vielleicht von einigen kleinen Gruppen gehörloser Zeichenanwender abgesehen, ist Lautsprache im Umfeld immer die häufigste Form der Kommunikation. Allerdings nützt sie nicht allen betroffenen Personen.

Um die optimalen Voraussetzungen für den Erwerb einer unterstützten Sprachform zu schaffen, müssen die Menschen in der Umgebung der betroffenen Personen deren Möglichkeiten, in der sozialen Interaktion zu lernen, unterstützen. Unter Umständen machen diese Menschen sich eine unterstützte Sprachform zu eigen und benutzen sie in der gesamten Kommunikation mit der betroffenen Person, so daß eine Insel der Unterstützten Kommunikation in einem Umfeld aus natürlichen Sprechern entsteht. Eine solche Insel kann die Schule, die Tagesstätte, die häusliche Umgebung, die Betreuungseinrichtung und ähnlich begrenzte Umgebungen umfassen. Das dürften zwar für Menschen mit geringer oder völlig fehlender Verständnisfähigkeit für Lautsprache die optimalen Lernbedingungen sein, in der Praxis hat es sich jedoch als schwierig erwiesen, eine solche umfassende Anpassung vorzunehmen (Martinsen und von Tetzchner, 1996).

Wenn die Menschen in der Umgebung auf eine betroffene Person reagieren, die sich einer unterstützten Form der Kommunikation bedient, können sie auch normal sprechen, ohne gleichzeitig Zeichen zu gebrauchen. In einem solchen Austausch verwenden der in seiner Kommunikation behinderte Mensch und sein Kommunikationspartner unterschiedliche Methoden für Verständnis und Sprachproduktion. Ein solches Umfeld ist typisch für Menschen aus der Gruppe 1 (UK als expressives Hilfsmittel), man findet es aber auch häufig bei den beiden anderen Gruppen. Wie wirksam eine solche Anpassung ist, hängt sowohl vom Lautsprachverständnis der betroffenen Person ab als auch von dem Zusammenhang zwischen unterstützter Kommunikationsform und Lautsprache, den die Menschen im Umfeld deutlich machen.

Und schließlich können die Menschen im Umfeld auch normal sprechen, wobei sie die Lautsprache mit Gebärden oder graphischen Zeichen unterstützen (Gebrauch von Zeichen für entscheidende Wörter). Dies ist für Personen aus den Gruppen 2 (UK als Unterstützung der Lautsprache) und 3 (UK als Ersatz für Lautsprache) vermutlich die häufigste Anpassung des Umfeldes. Welche Möglichkeiten ein in seiner Kommunikation beeinträchtigter Mensch hat, sich der Umwelt zu bedienen, hängt aber in großem Umfang von seinem Lautsprachverständnis ab, und bei Menschen mit Verständnisproblemen reichen solche Anpassungen vermutlich in den meisten Fällen nicht aus (vgl. Grove et al., 1996; Romski und Sevcik, 1996).

Vereinfachte Sprache

Wer mit einem sprachbehinderten Menschen kommuniziert, sollte sich einer vereinfachten Lautsprache bedienen und komplizierte Sätze vermeiden. Man sollte dabei die Lautsprache jedoch nur in begrenztem Umfang verändern. Zu stark verkürzte und deshalb grammatikalisch falsche Sätze führen offenbar bei geistig Behinderten, die selbst im allgemeinen Äußerungen aus einem Wort hervorbringen, nicht zu besseren Verständnis. Experimentelle Studien an Kindern mit normaler Sprachentwicklung erbrachten unterschiedliche Ergebnisse. In einer solchen Untersuchung (Petretic und Tweeney, 1977) sollten Kinder, deren Äußerungen eine durchschnittliche Länge von weniger als zwei Wörtern hatten, sprachlich mehr oder weniger gut formulierten Anweisungen folgen; dabei stellte sich heraus, daß gut formulierte Sätze häufiger zu den richtigen Tätigkeiten führten. Verkürzte Sätze und das Auslassen funktionstragender Wörter hatten kein besseres Verständnis zur Folge. In einer ähnlichen Studie fanden Shipley, Gleitman und Smith (1969), daß Kinder, die selbst vorwiegend Äußerungen aus einem Wort verwendeten, auf verkürzte und vereinfachte Äußerungen häufiger reagierten als auf solche, die gut formuliert waren.

Da es unnatürlich ist, im „Telegrammstil" zu sprechen, bedient man sich offenbar am besten vollständiger, aber einfacher Sätze. Verständnis und Anwendung von Sätzen im Passiv und von Äußerungen mit langen eingebetteten Sätzen tauchen auch in der normalen Sprachentwicklung erst spät auf und sind wahrscheinlich so schwierig, daß man sie am besten vermeidet. Es ist sehr wichtig, daß es sich um eine natürliche Lautsprache handelt; nur dann können die Erwachsenen sich wohl fühlen, so daß sie in der Lage sind, ihre ungeteilte Aufmerksamkeit der betroffenen Person zu widmen, statt sich ausschließlich auf das richtige Sprechen zu konzentrieren.

Häufig werden Zeichen nicht benutzt, um ganze Sätze auszudrücken, sondern sie dienen als Unterstützung der Lautsprache. Bedient man sich der Gebärden, läßt man kleine Wörter und Bindewörter im allgemeinen aus (Grove et al., 1996). Das macht es einfacher, Gebärden zu verwenden, aber wer in Unterstützter Kommunikation unterrichtet wird, sollte auch die Gelegenheit erhalten, sich Präpositionen und andere funktionstragende Wörter anzueignen, sobald die sprachlichen Fähigkeiten dazu ausreichen.

Die Sprechweise des Gesprächspartners bestimmt darüber, welche Rolle die betroffene Person in der Unterhaltung spielt. Selbst motorisch behinderte Menschen mit gutem Lautsprachverständnis, die außerdem über eine Kommunikationstafel mit einer beträchtlichen Zahl von Zeichen verfügen, bekommen unverhältnismäßig häufig Ja-Nein-Fragen zu hören (Basil, 1986; von Tetzchner und Martinsen, 1996). Damit sie die Gelegenheit erhalten, mehr Zeichen zu benutzen und sich einer abwechslungsreicheren Sprache zu bedienen, müssen die Menschen, die mit ihnen in Kontakt stehen, sich ihrer eigenen Verwendung von Lautsprache und graphischer Sprache bewußt sein. Das heißt, sie sollten mit ihrer Sprache ebenfalls abwechseln und im Gespräch mit einem unterstützten Sprecher beispielsweise mehr Kommentare abgeben und offene Fragen stellen.

Modelle

Ein gutes sprachliche Umfeld besteht aus Menschen, die sich der vom Schüler verwendeten Ausdrucksformen bedienen und als sprachliche Modelle dienen können. Im Gespräch mit Personen, die Gebärden erlernen, ist es ganz natürlich, daß man Gebärden zu Unterstützung einsetzt. Die Menschen im Umfeld benutzen jedoch kaum einmal eine Kommunikationstafel, die ihnen selbst oder der betroffenen Personen gehört, um damit dem Nutzer einer Kommunikationshilfe das Verständnis der Lautsprache zu erleichtern (Bruno und Bryen, 1986; Romski und Sevcik, 1996). Das hat unter anderem zur Folge, daß graphische Zeichen nicht auf die gleiche „natürliche" Weise eingeführt werden wie Gebärden.

Sehr häufig lernen auch andere Kinder in der Schule oder im Kindergarten einige Gebärden. Mit ihrer Hilfe teilen sie dem Anwender der Zeichen in der Regel mit, daß sie jetzt essen oder spazierengehen wollen, und so weiter. In der gleichen Weise können natürlich sprechende Kinder auch graphische Zeichen anwenden, aber um dies zu unterstützen, dürfte ein wenig Übung nötig sein. Die meisten graphischen Zeichensysteme sind zwar einfach zu verstehen, aber es ist dennoch möglich, daß Kinder, die nicht lesen können, sie mißverstehen (siehe Smith, 1996). Die Tatsache, daß die graphischen Zeichen erlernt werden müssen und nicht nur zufällige Bilder darstellen, macht sie auch für die anderen Kinder interessanter. Auf diese Weise erhält das Zeichensystem einen höheren Rang, und das gleiche gilt auch für das Kind, das es benutzt.

Wenn die Menschen in der Umgebung der betroffenen Person deren Kommunikationsform anwenden und zeigen, daß sie sie ernstnehmen, kann sich dadurch das Ansehen der betroffenen Person verbessern.

> In einer Tagesstätte für geistig Behinderte wurde einmal in der Woche ein Jugendtreff veranstaltet. Einer der Jugendlichen benutzte Gebärden, die anderen konnten sprechen. Der Jugendliche, der sich der Gebärden bediente, konnte Lautsprache gut verstehen und wandte 200 Gebärden aktiv an. Die anderen Jugendlichen benutzten keine Gebärden und hatten Schwierigkeiten, ihn bei den Zusammenkünften zu verstehen. Deshalb mußte eine Lehrerin für ihn dolmetschen. Die Folge war, daß die anderen Jugendlichen ernstnahmen, was er sagte, und sein Ansehen in der Gruppe wuchs (Steindal, persönliche Mitteilung, August 1990).

Um bei den Menschen im Umfeld ein Bewußtsein für graphische Zeichen zu schaffen, kann man solche Zeichen auch zur Kennzeichnung von Gegenständen in der Umgebung benutzen, wie beispielsweise *TÜR, TOILETTE, STUHL, GLAS, FERNSEHEN, RADIO* und *BETT*. Der betroffenen Person hilft es, die Namen der Dinge zu lernen, graphische Zeichen werden ein Teil des Umfeldes, und für andere ist es leichter, die Zeichen im Gespräch mit der betroffenen Person anzuwenden. Auch Schränke und Schubladen, in denen sich das Eigentum der betroffenen Person befindet, kann man mit Zeichen kennzeichnen. In der Regel verwendet man dazu die gleichen graphischen Zeichen, die auch gerade gelernt werden.

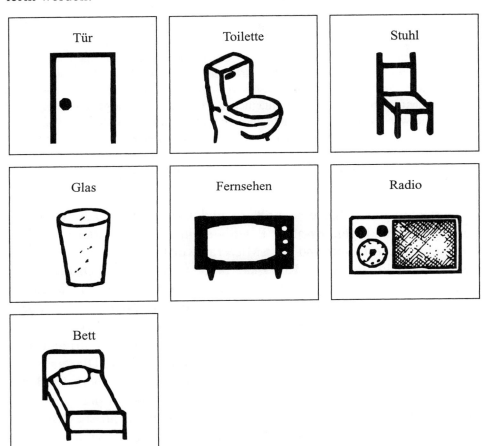

Unterricht für die Familie

Eltern und Geschwister sind zentrale Gestalten im Leben eines Kindes, und damit sind sie auch für jede Intervention wichtige Partner. Ein Kind lernt nur dann, Gebärden, graphische und greifbare Zeichen kompetent zu verwenden, wenn die Familie seine Bemühungen versteht und unterstützt. Deshalb müssen auch die Angehörigen darüber Bescheid wissen, welche Möglichkeiten das Kind für seine Kommunikation hat und wie sie sich mit ihm verständigen können, das heißt, sie müssen

Strategien erlernen, entwickeln und einsetzen, die für das Kind die Gelegenheit schaffen, die Initiative zur Kommunikation zu ergreifen und sich an Gesprächen mit echten Inhalt zu beteiligen. Vermittelt man der Familie diese Kenntnisse nicht, kann das mangelnde Verständnis sich negativ auf die Gelegenheit des Kindes zur Kommunikation und auf die Möglichkeiten zur Teilnahme an den von ihm gewünschten Tätigkeiten auswirken.

> Margarida verfügt nicht über eine Lautsprache und kann keine Lautäußerungen hervorbringen, die laut genug wären, damit sie gehört werden. Bis sie acht Jahre alt war, hatte sie keinerlei Gelegenheit, ihre grundlegenden Bedürfnisse, Wünsche und Gefühle auf wirksame Weise zu zeigen. Wenn sie von der Schule kam, wurde sie auf das Sofa vor den Fernseher gesetzt, und die Eltern beschäftigten sich mit ihren alltäglichen Pflichten. Da Margarida nicht in der Lage war, zu gehen und Laute zu erzeugen, konnte sie sich nicht von ihrem Platz entfernen und noch nicht einmal nach ihren eigenen Wünschen ein anderes Programm einschalten. Die Eltern sagten, ihre Tochter sehe gern fern, weil sie zwei bis drei Stunden lang ruhig blieb und ihnen keinen Ärger machte (Lourenço et al., 1996, S. 312).

Die Intervention hat eine größere und länger anhaltende Wirkung, wenn die Angehörigen als aktiv Beteiligte einbezogen werden, die richtige Anleitung erhalten und zu „Mitverantwortlichen" der Intervention werden (Angelo, Jones und Kokoska, 1995; Berry, 1987). Das erfordert gemeinsame Anstrengungen, aber in vielen Fällen werde in die Eltern entweder nicht gefragt, oder man überläßt es umgekehrt völlig ihnen, solche Maßnahmen in die Tat umzusetzen. „Aktive Beteiligung der Eltern" bedeutet aber nicht, daß sie als Lehrer ihrer Kinder auftreten oder die Aufgaben professioneller Helfer übernehmen sollten. Die erste und wichtigste Rolle der Eltern ist die Elternrolle, und bei einem Kind mit schweren Behinderungen ist diese Aufgabe als solche anspruchsvoll genug. Unter Umständen kostet es die Eltern ein beträchtliches Maß an Zeit und Mühe, mit dem behinderten Kind alltägliche Tätigkeiten wie Ankleiden, Waschen und Essen auszuführen. Häufig bleibt nur wenig Zeit, in der Eltern und Kind gemeinsam an erfreulicheren Aktivitäten teilnehmen könnten. Die Unterrichtung der Eltern sollte das Ziel verfolgen, gemeinsame Aktivitäten und Kommunikation zu erleichtern und dafür zu sorgen, daß alltägliche Routinetätigkeiten so reibungslos, abwechslungsreich und interessant wie möglich ablaufen.

Ein Programm zur Unterrichtung der Eltern umfaßt in der Regel drei Elemente: allgemeinen Unterricht, Einzelsitzungen und Interaktionen zwischen Eltern und Kind mit Anleitung und nachfolgenden Diskussionen, die in der Regel auch Videoaufnahmen umfassen. Sofern die Geschwister alt genug sind, kann man sie in alle drei Elemente mit einbeziehen, sie können aber auch alle Informationen und Unterstützung von den Eltern erhalten. Die Eltern sollten darüber informiert werden, was Unterstützte Kommunikation ist und welche Erfahrungen man in Forschung und klinischer Praxis damit gemacht hat. Insbesondere ist es wichtig zu betonen, daß man die Hoffnung, daß das Kind zu sprechen beginnen wird, nicht aufgegeben hat und daß das Ziel darin besteht, eine mögliche Entwicklung der Lautsprache zu fördern. Zu den Diskussionen über die Interaktionen des Kindes gehört als wichtiger Teil, daß man der Familie gegenüber auf die Fortschritte des Kindes hinweist.

Zum Unterricht gehört natürlich auch, daß man der Familie das Kommunikationssystem nahebringt, das ihr Kind benutzen wird. Das geschieht häufig entweder zu viel oder zuwenig.

> „Ich wäre ihm gern voraus und würde vielleicht gern seine Zeichen lernen, bevor sie anfangen, sie ihm beizubringen. Er kennt jetzt zum Beispiel schon Farben, für die ich die Zeichen nicht weiß. Es ist ganz schön verrückt, wenn er Dinge eindeutig ausdrücken kann, und ich verstehe sie nicht, weil ich die Zeichen nicht kenne. Man braucht ihm keine Kommunikation beizubringen, wenn er niemanden hat, mit dem er kommunizieren kann" (von Tetzchner, 1996b).

Die meisten Kurse in Gebärdensprache richten sich nicht gezielt an die Eltern autistischer und geistig behinderter Kinder, und unter Umständen haben die Eltern das Gefühl, daß viele der erlernten Zeichen ihnen nur wenig nützen. Möglicherweise verbringen sie ihren einzigen freien Abend in der Woche mit der Teilnahme an einem Gebärdenkurs, nachdem sie mit Mühe einen Babysitter gefunden haben, und nach einem Jahr haben sie mehrere hundert Gebärden gelernt. Hat das Kind sich in der gleichen Zeit nur zehn Zeichen angeeignet, entsteht bei den Eltern der Eindruck, dies sei ein schlechtes Ergebnis, und sie sind dann von der Intervention enttäuscht, in die sie große Hoffnungen gesetzt und viel Zeit investiert hatten. Meist ist es besser, wenn die Angehörigen von professionellen Helfern unterrichtet werden, die auch für den Unterricht sprachbehinderter Menschen verantwortlich sind. Es gibt auch Lehrbücher mit einem Gebärdenwortschatz, die speziell für Kinder gedacht sind. Es ist nicht nötig, daß die Angehörigen eine wesentlich größere Zahl von Zeichen erlernen als das Kind in der derzeitigen Unterrichtsphase. Zeigt sich bei den Kind eine schnelle Entwicklung, wird auch die Familie motiviert, neue Zeichen zu erlernen. Wenn das Kind zehn Gebärden erlernt, während die Angehörigen 20 Gebärden benutzen können, hat man im Hinblick auf die investierte Zeit und Energie ein gutes Ergebnis erzielt.

Einer Familie, in der ein Kind graphische Zeichen erlernt, muß man das System ebenfalls gründlich erklären. Die Angehörigen müssen erkennen, wie die Zeichen verwendet werden sollen, und möglichst sollten sie an den Unterrichtsstunden im Kindergarten oder Schule teilnehmen. Es sollte nachdrücklich betont werden: Graphische Zeichen sind nicht nur eine Sammlung zufälliger Bilder, sondern ein Kommunikationssystem. Sie sind die Wörter des Kindes und ersetzen oder ergänzen derzeit die Lautsprache. Besonders wichtig ist das bei einfachen Systemen wie PIC und PCS. Wenn das Kind auf Zeichen zeigt, sprechen manche Eltern über das, was sie sehen, ganz ähnlich wie über gewöhnliche Bilder (Carmen Basil, persönliche Mitteilung, Mai 1989). Damit untergraben sie die beabsichtigte sprachliche Funktion dieser Bilder. Man sollte die Angehörigen deshalb darüber aufklären, wie der eigentliche Kommunikationsprozeß abläuft, und sie sollten Anleitung erhalten, wie man graphische Zeichen verwendet - beispielsweise um damit gewöhnliche Bilder zu kommentieren.

Im Zusammenhang mit dem komplizierteren System der Bliss-Symbole sieht es so aus, als sabotierten viele Eltern die Benutzung der Kommunikationstafel; die Ursache ist vermutlich unzureichende Unterrichtung. Da die Eltern selbst unsicher sind und das Kind nur in begrenztem Umfang im Gebrauch des Systems unterstützen können, haben sie den Eindruck, als verstünden sie das Kind nicht besser als zuvor. Sie entschließen sich, lieber weiterhin ein vertrautes piktographisches System wie PIC oder PCS zu benutzen und stellen dem Kind Ja-Nein-Fragen, bis es lesen lernt, obwohl das unter Umständen lange dauert und manchmal überhaupt nicht geschieht (von Tetzchner, 1997a).

Die familiären Beziehungen haben entscheidenden Einfluß darauf, wie ein Kind kommuniziert, und deshalb muß die Familie den Erwerb einer unterstützten Sprachform mittragen. Eine negative Einstellung bei den Eltern färbt meist auch auf das Kind ab und hat zur Folge, daß es das sprachliche Hilfsmittel, das ihm zur Verfügung steht, nicht in vollem Umfang zu nutzen lernt.

Das Kind muß unbedingt lernen, neue Zeichen nicht nur im Kindergarten oder in der Schule, sondern bald darauf auch zu Hause anzuwenden. Die Eltern sollten deshalb den Unterricht des Kindes mitverfolgen. Das kann man unterstützen, indem man dem Kind „Hausaufgaben" gibt, die Eltern und Kind gemeinsam zu Hause ausführen müssen. Umgekehrt sollte man auch Zeichen, die zuerst zu Hause gelernt wurden, soweit wie möglich in die schulischen Tätigkeiten einbeziehen. Es ist jedoch wichtig, daß professionelle Helfer die Kommunikation zu Hause nicht einfach als Fortsetzung des Schulunterrichts und der Hausaufgaben betrachten. Man sollte den Eltern helfen, zu Hause so gut wie möglich mit ihrem Kind zu kommunizieren. Dazu brauchen sie nicht die Fähigkeiten von Lehrern, sondern die Fähigkeiten von Eltern, die mit Hilfe der Lehrer und anderer professioneller Helfer verstärkt und auf das Kind zugeschnitten werden. Das heißt: Es reicht nicht aus, den Eltern zu sagen, was in der Schule oder Vorschule abläuft. Die professionellen Helfer müssen ihre Hilfe und Anleitung auf echte Kenntnisse über die häusliche Situation stützen und wissen, wie diese Situation so angepaßt werden kann, daß sie bei dem Kind die Entwicklung von Sprache und Kommunikation unterstützt. Gleichzeitig müssen aber auch die Bedürfnisse, Möglichkeiten und Grenzen der Familie insgesamt in die Überlegungen einbezogen werden.

Allgemeiner Unterricht und die Erörterung der Interventions- und Lehrmethoden bieten keine Garantie dafür, daß das Training und die Anwendung unterstützter Kommunikationsformen zu Hause in der richtigen Form stattfinden (Basil, 1986; Casey, 1978). In einem gewissen Umfang kann man Rollenspiele einsetzen, und auch Videoaufnahmen sind vielfach nützlich. Eine weitere gute Methode besteht darin, daß die Eltern zusehen, wie die professionellen Helfer unterrichten und praktische Anleitungen geben. Dabei können die Eltern sehen, wie das Kind die Zeichen anzeigt und ausführt, und das trägt dazu bei, daß sie die Kommunikationsversuche des Kindes zu Hause besser erkennen. Einige derartige Stunden mit Kind und Lehrer sollten regelmäßig im häuslichen Umfeld des Kindes stattfinden (Basil und Soro-Camats, 1996). Das führt auch dazu, daß der Unterricht besser auf die Kommunikation Gelegenheiten des Kindes zu Hause zugeschnitten wird, und die Angehörigen können auf diese Weise solche Gelegenheiten besser nutzen.

Der häusliche Unterricht sollte aber keinen so großen Umfang haben, daß er alle anderen Tätigkeiten, an denen die Familie Spaß hat, beeinträchtigt. Wenn man den Eltern Aufgaben überträgt, sollte man dabei die Gesamtsituation der Familie in Betracht ziehen. Unter Umständen sollen die Eltern zu umfangreiche Aufgaben erfüllen, und nicht selten hört man von professionellen Helfern Kritik, weil diese glauben, die Eltern befolgten die Anweisungen nicht richtig. Professionelle Helfer vergessen leicht, daß sie selbst ihre Arbeit im Büro zurücklassen können, während Eltern ständig die Verantwortung tragen.

Es ist zwar von großer Bedeutung, daß der Unterricht der Familie zum Teil im häuslichen Umfeld des Kindes stattfindet, aber auch Kurse und Seminare, in denen die Familien eine bis drei Wochen lang zusammen sind, haben wichtige Vorteile. Die Lehrprogramme für Kinder und Eltern sollten sich teilweise überschneiden und teilweise parallel ablaufen. Die Kinder erhalten meist intensiven Unterricht, an dem die Angehörigen zeitweilig teilnehmen, weil dies die gemeinsamen Interaktionen und die Kommunikationsfähigkeit fördert. Eltern (und Geschwister) sollten aber auch qualifizierte Vorträge über theoretische und praktische

Themen hören, die mit der Unterstützten Kommunikation zu tun haben, und sie sollten darüber diskutieren, wie man den Wortschatz wählt, Äußerungen aus mehreren Zeichen fördert, Rollenspiele veranstaltet und andere Formen von Gruppenaktivitäten durchführt. Von besonderer Bedeutung ist dabei, daß die Eltern von ihren alltäglichen Verpflichtungen entlastet werden und Zeit haben, sich eingehend mit den einschlägigen Fragen zu befassen, sich gegenseitig kennenzulernen und ein Netzwerk von Betroffenen aufzubauen, so daß sich die Gelegenheit ergibt, Erfahrungen, Probleme und Lösungen auszutauschen. Durch solche Kurse verändern sich nachweislich die Leistungen sowohl bei den Eltern als auch beim Kind (Bruno und Dribbon, 1998).

Unterrichtung von Gleichaltrigen und Freunden

Klassenkameraden und andere Gleichaltrige gehören als wichtiger Teil zum sprachlichen Umfeld des Kindes und sind ein höchst wertvolles Hilfsmittel, wenn man das Umfeld auf ein Kind zuschneidet, das Gebärden, graphische und greifbare Zeichen benutzt. In mehreren Studien wurden eine stärkere Kommunikation und ausgeglichenere Dialoge als Folge der Unterrichtung von Gleichaltrigen nachgewiesen (Hunt, Alwell und Goetz, 1991; Romski und Sevcik, 1996). Die Kameraden eines behinderten Kindes aus der Gruppe 1 wissen über dessen Interessen und Vorlieben in der Regel besser Bescheid, weil sie meist denen anderer Kinder im gleichen Alter entsprechen. Wie sich außerdem herausgestellt hat, fühlen behinderte Kinder sich weniger unselbständig, wenn ihnen nicht Erwachsene, sondern andere Kinder helfen (Madge und Fassam, 1982). Auch bei autistischen und geistig behinderten Kindern kann sich das Kommunikationsumfeld beträchtlich verbessern, wenn man den Gleichaltrigen beibringt, wie sie auf die Kommunikationsversuche der betroffenen Kinder reagieren und die Interaktionen mit ihnen in Gang setzen sollen (Goldstein et al., 1992).

Individuelle Unterschiede in der Art der Kommunikation beeinflussen die Gespräche, und wenn man Gleichaltrige unterrichtet, sollte man die vorhandenen Gewohnheiten und Strategien berücksichtigen. Ältere Kinder aus der Gruppe 1 sind meist selbst in der Lage, die Verhaltensweisen ihres Partners zu beobachten. In einer Untersuchung von Buzolich und Lunger (1995) sollte Vivian, ein zwölfjähriges Mädchen mit motorischer Behinderung, das sich einer Kommunikationshilfe bediente, das Verhalten von drei Klassenkameraden beurteilen, die man für eine spezielle Trainingssituation als Kommunikationspartner ausgesucht hatte. Das führte zu dem Ergebnis, daß sowohl Vivian als auch die Klassenkameraden ihre Strategien veränderten, sobald sie sich ihres Kommunikationsstils bewußt wurden. Daraufhin stellten sie sich in ihrer Kommunikation besser aufeinander ein.

Die Mitwirkung von Bezugspersonen aus dem Umfeld beschränkt sich nicht auf Kinder. Auch in ihrer Kommunikation behinderte Erwachsene haben Freunde und andere Menschen, die ihnen nahestehen; diese sind wichtige Kommunikationspartner und können als Vorbild dienen. Verschafft man solchen Personen ausreichende Kenntnisse über die Kommunikation der betroffenen Person und Zugang zu guten Strategien als Partner, wird das sprachliche Umfeld aufgeschlossener, und die alltägliche Kommunikation der betroffenen Person verbessert sich sowohl quantitativ als auch qualitativ. Light und ihre Mitarbeiter (1992) weisen nach einem kurzen Unterrichtsprogramm bei zwei Erwachsenen mit Kommunikationsbehinderungen eine verstärkte Gesprächsbeteiligung und -initiative nach, während sich Initiative und Gesprächsanteile bei ihren Helfern und Freunden entsprechend verminderten.

Schließlich ist es auch ein wichtiges Ziel, die Interaktion zwischen sprechenden Menschen mit geistiger Behinderung und solchen, die sich unterstützter Kommunikationsformen bedienen, zu fördern. Geistig Behinderte kommunizieren untereinander in der Regel selbst dann nur wenig, wenn sie in Tagesstätten und Betreuungseinrichtungen viel Zeit zusammen verbringen. Ihre Kommunikation richtet sich meist unmittelbar an die Betreuer, die ihrerseits häufig nur begrenzt Zeit haben, auf die Initiative einzugehen. Viele Menschen mit geistigen Behinderungen können sprechen und sind motiviert, mehr zu kommunizieren, aber wie andere normal sprechende Menschen brauchen sie geeignete Anleitung, damit sie für Personen, die Gebärden, greifbare und graphische Zeichen verwenden, gute Kommunikationspartner werden. Dieser Unterricht kann die Form speziell zugeschnittener Kurse und praktischer Anleitung haben. Die Folge ist häufig eine beträchtliche Ausweitung des Kommunikationsumfeldes. Außerdem ist diese Form des Unterrichts ein Signal der professionellen Helfer an die geistig behinderten Menschen, daß ihre Kommunikation - auch wenn es sich nicht um Lautsprache handelt - wichtig ist und daß man bereit ist, ihre vom Personal unabhängige Verwendung zu fördern.

Das Lehrpersonal

Die Unterrichtung des Lehrpersonals ist ein unverzichtbarer Teil jeder Intervention mit unterstützten Kommunikationssystemen. Die meisten professionellen Helfer haben keine oder nur sehr begrenzte Kenntnisse über solche Systeme, und deshalb - das ist eines der wichtigsten Ziele - müssen sie zunächst einmal erkennen, daß die betroffenen Personen sich tatsächlich einer Form der Sprache bedienen und nicht nur einiger mehr oder weniger „natürlicher" Gesten und Bilder.

Wenn die Intervention Erfolg haben soll, müssen alle Menschen, die mit der betroffenen Person oder in ihrem Umfeld arbeiten, die nötigen Informationen erhalten, und man muß ihnen helfen, die erforderlichen Fähigkeiten zu entwickeln. In vielen Fällen erhalten nur diejenigen, die das größte Interesse zeigen, einen Hang zu Gebärden, graphischer und greifbarer Kommunikation besitzen oder aus irgendeinem anderen Grund ausgewählt werden, Unterricht in Unterstützter Kommunikation. Nur diese Menschen können in der Regel Gebärden benutzen, fühlen sich mit graphischer Kommunikation wohl, und wissen, wie sie auf die Kommunikationsversuche der betroffenen Person reagieren sollen. Die Unterrichtung des Lehrpersonals sollte aber alle einschließen, die mit der betroffenen Person in Kontakt kommen, einschließlich der Betreuer, die zur Entlastung eingesetzt werden. Häufig haben Assistenten die meisten Gelegenheiten, mit der betroffenen Person zu kommunizieren, aber gerade sie werden nur selten unterrichtet und systematisch beaufsichtigt.

Der Unterricht des Lehrpersonals sollte regelmäßig stattfinden und sich mit allen Aspekten der Intervention befassen. Häufig ist ein Betreuer, der durch externe Spezialisten eine intensive Ausbildung erhält, für den Unterricht des übrigen Personals verantwortlich, so daß der Unterricht sich insgesamt stärker auf das Umfeld der betroffenen Person auswirkt (Granlund, Terneby und Olsson, 1992). Gleichzeitig verstärken sich damit auch das Bewußtsein und die Fähigkeiten derjenigen Angehörigen des Personals, die eine solche intensive Ausbildung erhalten haben.

Die Betreuer sollten nicht nur etwas über die Beurteilung der betroffenen Person erfahren, sondern man sollte sie auch darüber in Kenntnis setzen, wie sich die Fähigkeiten und Probleme der betroffenen Person auf die Interaktionen mit ihnen auswirken. Häufig ist die Unterrichtung unzureichend: Unter Umständen werden nur wenige Gebärden gelehrt, oder es wird gezeigt, wie die graphischen Zeichen aussehen. Es ist aber wichtig, daß die Betreuer darüber hinaus auch erlernen, nach welchen Prinzipien Gebärden, graphische und greifbare Zeichen gebildet werden, wie die Systeme aufgebaut sind und auf welchen theoretischen Grundlagen die Kommunikationsintervention ganz allgemein beruht. Ein professioneller Helfer erklärte die Notwendigkeit für einen solchen Unterricht folgendermaßen:

> „Mich mit dem theoretischen Hintergrund und den Forschungsergebnisse über die Interventionsmethoden zu beschäftigen, war unentbehrlich, damit ich das behinderte Kind verstehen konnte. Es führte dazu, daß ich das Kind völlig anders betrachtete und behandelte" (Mendes und Rato, 1996, S. 351).

Viele Menschen finden es schon seltsam oder albern, auf graphische Zeichen zu zeigen oder Gebärden auszuführen, aber das ist noch der einfachste Teil des Unterrichts. Unter Umständen ist es sogar ein Vorteil, wenn die Betreuer noch keine großen Erfahrungen mit Gebärden haben, denn dann führen sie die Zeichen langsamer und deutlicher aus, und das macht ihre Wahrnehmung für die betroffene Person einfacher.

Die Gebärden eines anderen zu lesen, ist beträchtlich schwieriger als sie selbst zu produzieren. Zu einem erheblichen Teil sollte der Unterricht deshalb darauf abzielen, die Gebärden anderer zu verstehen. Insbesondere in Alltagssituationen kann es schwierig sein, die von anderen Menschen ausgeführten Gebärden zu begreifen. In einer genau definierten Unterrichtssituation weiß der Lehrer in der Regel, welche Gebärde die betroffene Person gerade auszuführen versucht, so daß er selbst dann darauf reagieren kann, wenn das Zeichen schlecht artikuliert ist.

Die Vereinigungen der Gehörlosen verfügen in der Regel über eine ganze Reihe von Videofilmen, die man zu Unterrichtszwecken ausleihen kann. Ebenso ist es möglich, eigene Videos aufzunehmen oder Gebärden auszuführen, die andere dann raten sollen. Besonders nützlich sind Videoaufnahmen von betroffenen Personen, die Zeichen ausführen, denn dann können die Angehörigen des Personals lernen, wie die Gebärden bei einzelnen betroffenen Personen aussehen. Oft ist es eine gute Übung, wenn man anhand des Videos zu raten versucht, welches Zeichen jemand gerade ausführen will, ohne daß man dazu sonstige Hinweise hat, das heißt, man stellt die Lautstärke auf Null, so daß man nicht mehr hört, was der Lehrer sagt; außerdem kann man dafür sorgen, daß die Aufnahmen nicht den Gegenstand oder die Tätigkeit zeigen, über die die betroffene Person kommuniziert, und man kann darauf achten, daß der Lehrer nicht zuvor das Zeichen ausführt.

In manchen Fällen ist nur schwer zu verstehen, wohin und wie ein Nutzer einer Kommunikationshilfe zeigt. Auch hier sind Videoaufnahmen häufig ein nützliches Hilfsmittel: Sie können zeigen, welche Methode des Zeigens sich für bestimmte Personen am besten eignet, und damit vermindert sich die Gefahr, daß die Menschen im Umfeld das Zeigen mißverstehen.

Werden graphische Zeichen verwendet, steht die Wortbedeutung in der Regel über dem Zeichen geschrieben, so daß Menschen im Umfeld, die lesen können, nicht die Gestaltung der einzelnen Zeichen erlernen müssen. Dennoch sollten alle Betreuer Grundkenntnisse über den Aufbau des Systems besitzen, und sie sollten wissen, warum bestimmte Zeichen in die Kommunikationstafel der betroffenen Person aufgenommen wurden. Es ist nützlich, wenn die Angehörigen des Personals auch untereinander mit Hilfe der Zeichen zu kommunizieren versuchen, denn das verschafft ihnen einen Eindruck von den Möglichkeiten und Grenzen des Systems. Außerdem sollte man die Betreuer mit den allgemeinen Gründen für die Auswahl des jeweiligen Systems vertraut machen und ihnen mitteilen, mit welcher Entwicklung man bei der betroffenen Person rechnet. Das trägt dazu bei, daß sie in neuen Situationen richtig reagieren und alle bedeutsamen Entwicklungen zur Kenntnis nehmen.

Die Angehörigen des Personals müssen auch darüber Bescheid wissen, welche Art der Kommunikation die betroffene Person wünscht - ob sie beispielsweise den Inhalt der Kommunikation erraten oder interpretieren sollen, bevor die betroffene Person mit dem, was sie sagen möchte, zu Ende ist. Zur Förderung der spontanen Kommunikation ist es wichtig, daß die Betreuer lernen, nicht selbst ständig die Initiative zur Kommunikation zu ergreifen, sondern auf die Kommunikationsversuche der betroffenen Person zu achten und darauf zu reagieren. Die Betreuer müssen lernen, sich ihrer Rolle als Kommunikationspartner bewußt zu werden. Nach den Befunden von Kaiser, Ostrosky und Alpert (1993) verbessert sich die gesamte Kommunikation von Kindern, die Kommunikationshilfen benutzen, wenn die Betreuer in der Vorschule gelernt haben, bessere Kommunikationspartner zu sein, und wenn man ihnen Strategien an die Hand gibt, um den Einsatz der Kommunikationshilfe in einem normalen Umfeld zu fördern. Nach einem längeren Trainingskurs, in dem unter anderem Videoaufnahmen von den Interaktionen zwischen betroffene Personen und Betreuer gezeigt wurden, berichteten einige Teilnehmer:

> „Jetzt wurde ich mir aller Versuche, Wege und Möglichkeiten des Mädchens zur Kommunikation bewußt; ich ließ ihr Zeit, wenn sie an der Reihe war, und vermied so eine Situation, in der alle ihre Versuche mit der Frustration des Mißverständnisses endeten."

> „Der wichtigste Faktor war die Entwicklung meiner Fähigkeiten als Gesprächspartner. Ich lernte zu beobachten, aufmerksam zu sein und besser auf das Verhalten des Kindes zu reagieren. Allmählich paßte ich meine Sprechweise an meinen Kommunikationspartner an" (Mendes und Rato, 1996, S. 349).

Werden graphische Zeichen benutzt, verliert der Kommunikationspartner leicht den Gesprächsfaden, und dann vergißt er, eine Frage oder eine Äußerung zu beantworten, für deren Produktion die betroffene Person viel Zeit aufgewandt hat. Man sollte darauf hinweisen, welche Schwierigkeiten bei der Benutzung des Systems auftreten können und wie man Mißverständnisse korrigieren kann. Wenn die Betreuer wissen, welche Probleme den Benutzern begegnen können, wird es für sie erheblich einfacher, bei der Lösung dieser Probleme zu helfen.

Für die Anwender von Bliss-Symbolen ist es unabdingbar, daß die Betreuer mit einzelnen Zeichen, der Verwendung von Analogien, der Satzbildung und den grundlegenden Gesprächsstrategien vertraut sind. Das ermöglicht es der betroffenen Person, das System so effizient wie möglich einzusetzen, und es verhindert, daß sie ihre Kommunikation auf eine einfachere Ebene zurückschrauben muß, um sich mit den Angehörigen des Personals zu verständigen.

Die Personen, die für die Ausbildung der Betreuer verantwortlich sind, sollten nicht nur unmittelbar Unterricht und Anleitung geben, sondern den Angehörigen des Personals auch in natürlichen, nicht geplanten Situationen als Vorbild dienen. Für viele Betreuer ist die Verwendung von Zeichen eine neue Erfahrung, und ein Vorbild macht es ihnen einfacher, das Gelernte anzuwenden.

Menschen, die sich der Unterstützten Kommunikation bedienen, erleben von anderen häufig Gleichgültigkeit, Ablehnung oder Angst. Bei der Unterrichtung des Personals sollte deshalb nachdrücklich darauf hingewiesen werden, wie wichtig es ist, daß ein Betreuer zur Kommunikation zur Verfügung steht, und es sollte gezeigt werden, daß kommunikative Interaktionen Vorrang vor anderen Aufgaben haben. Die Tatsache, daß die Betreuer Interesse und Verständnis für das Kommunikationssystem der betroffenen Person zeigen, ist ein Signal für eine positive Einstellung und Respekt gegenüber dieser Kommunikationsform. Insbesondere bei der Gruppe 1, die Unterstützte Kommunikation als expressives Hilfsmittel benötigt, führt das zu einem stärkeren Selbstwertgefühl. Es schadet nicht, wenn Betreuer einer Person mit gutem Verständnis für Lautsprache zu verstehen geben, daß ihnen die Beherrschung des Kommunikationssystems dieser Person schwerfällt und daß sie ihre Fähigkeiten bewundern. Ein solches Eingeständnis verschafft dem Anwender ein Gefühl von größerer Kompetenz, und vielleicht verzweifelt er dann weniger an den Mißverständnissen und Fehlern anderer.

Kosten und Nutzen

Der Unterricht von Angehörigen und Betreuern bringt großen Nutzen. Ohne ein kompetentes, unterstützendes Umfeld wird die Intervention ihre Ziele wahrscheinlich sogar verfehlen. Die Unterrichtung von Familie und Betreuern wird zwangsläufig Zeit und Geld kosten, aber diese Zeit und dieses Geld sind gut angelegt. Außerdem weist die Bereitschaft, Mittel für Angehörige und Betreuer einzusetzen, auch auf die dringende Notwendigkeit hin, die Sprach- und Kommunikationsfähigkeit der betroffenen Person im größtmöglichen Umfang zu entwickeln.

Manche professionellen Helfer wollen den Eltern die Mühe ersparen, die mit dem gründlichen Erlernen der Kommunikation ihres Kindes verbunden ist, aber damit „schützen" sie sie in Wirklichkeit davor, optimal mit ihrem eigenen Kind zu kommunizieren. In Trainingsprogrammen hat man ein unverhältnismäßig großes Schwergewicht darauf gelegt, daß die Ausbildung der Betreuer nicht zu lange dauert und daß die dafür aufgewandte Zeit nicht bei anderen Aufgaben fehlt (vgl. McNaughton und Light, 1989). Nach unserer Auffassung ist es keine gute Strategie, an der Ausbildung der Betreuer zu sparen. Ein gutes Ausbildungsprogramm bringt kompetente Betreuer hervor, die ihre Arbeit durchschauen und beherrschen. Diese professionellen Helfer schaffen das beste sprachliche Umfeld für Personen, die dabei sind, Unterstützte Kommunikation zu erlernen.

13. Fallstudien: eine Übersicht

Dieses Kapitel bietet eine Übersicht über Fachartikel mit der Beschreibung betroffener Personen, die eine Intervention mit Systemen der Unterstützten Kommunikation erhielten. Das Kapitel verfolgt das Ziel, Eltern und professionellen detailliertere Beschreibungen der Intervention zugänglich zu machen; deshalb wurden nur veröffentlichte Untersuchungen in die Liste aufgenommen. Die Übersicht enthält Informationen über Alter und Behinderungen der betroffenen Personen (nach der in dem jeweiligen Artikel vorgenommenen Einteilung) sowie über die jeweils eingesetzten Kommunikationssysteme. Die vollständigen Literaturangaben finden sich in der Bibliographie am Ende des Buches.

Es wurde eine erhebliche Zahl von Aufsätzen mit Beschreibungen betroffener Personen veröffentlicht, so daß die Liste keineswegs als vollständig gelten kann. Sie umfaßt aber Beschreibungen der häufigsten Personengruppen, die wegen entwicklungsbedingter Störungen die Unterstützte Kommunikation benötigen, sowie Beispiele für die am häufigsten eingesetzten Kommunikationssysteme und Unterrichtsstrategien.

Gruppen von Behinderungen:

Autismus (A)
geistige Behinderung (II)
motorische Störungen (M)
Mehrfachbehinderungen (MI)
isolierte Sprachstörungen (S)
andere (Oth)
nicht benannt (?)

Kommunikationssysteme:

Bliss-Symbole (B)
computergestützte Hilfen (C)
Gesten (G)
Gebärden (MS)
Lexigramme (L)
Picsym (PS)
Pichtogram Ideogram Communication (PIC)
Picture Communication System (PCS)
Bilder/Fotos (P)
Premack-Wortbausteine (PWS)
Rebuszeichen (R)

Skripts (S)
Sigsymbole (SG)
andere (Oth)
nicht benannt (?)

Beschreibungen

Autoren	Behinderung	Alter	System
Barrera et al., 1980	A	4	MS
Barrera & Sulzer-Azaroff, 1983	A	6, 7, 9	MS
Basil, 1992	MI	7-8	PCS
Basil & Soro-Camats, 1986	MI	7	PCS
Baumgart et al., 1990	M, II, MI, A	3-37	O, P, B
Bedwinek, 1983	II	5	G
Bennet et al., 1986	MI	14, 14, 17	MS
Blischak & Lloyd, 1996	MI	38	R,S,R,MS,C
Bonvillian & Nelson, 1976	A	5	MS
Bonvillian & Nelson, 1978	A	12	MS
Booth, 1978	II	15	MS
Brady & Smouse, 1978	A	6	Oth
Brookner & Murphy, 1975	II, S	13	MS, S
Bruno, 1989	M	4	P
Buzolich, 1987	M, II	7, 9, 15	MS, B, C
Buzolich & Lunger, 1995	M	12	S, C
Carr et al., 1978	A	10-15	MS
Carr et al., 1987	A	11-16	MS
Casey, 1978	A	6, 7	MS
Clarke et al., 1986	II	6, 11, 11	MS
Clarke et al., 1988	II	5-12	MS
Coleman et al., 1980	M	44	C
Cook & Coleman, 1987	M, II	14	B, P
Cregan, 1993	II	14	SG

Culatta & Blackstone, 1980	II, MI	3, 5, 5	MS
Culp, 1989	S	8	MS
Dattilo & Camarata, 1991	M, MI	21, 36	P, S, C
Deich & Hodges, 1977	A, II	2-20	MS, PWB
Dixon, 1996	M	2	P, B, S, C
Duker & Michielsen, 1983	II	8, 12, 16	MS
Duker & Moonen, 1985	II	11, 13, 14	MS
Duker & Moonen, 1986	II	10, 12, 14	MS
Duker & Morsink, 1984	A, II	8-23	MS
Durand, 1993	MI, II	3, 5, 15	?, C
Elder & Bergman, 1978	II	3-17	B
English & Prutting, 1975	Oth	1	MS
Everson & Goodwyn, 1987	M	16-19	C
Faulk, 1988	MI	9	MS, S, P, C
Fay, 1993	MI	35	S, C
Fenn & Rowe, 1975	II	10-13	MS
Ferrier, 1991	M	47	S, C
Flensborg, 1988	M	12, 12	B, S, C
Foss, 1981	A, Oth	25, 39	MS
Foxx et al., 1988	II, MI	18, 20	MS
Fuller et al., 1983	MI	6	MS
Fulwiler & Fouts, 1976	A	5	MS
Gee et al., 1991	MI	5, 7, 10	Oth
Glennen & Calculator, 1985	M, MI	5, 12	P, R, S
Goodman and Remington, 1993	II	4-6	MS
Goosens', 1989	M	6	PCS
Goosens' & Kraat, 1985	M, MR	3, 5, 7	P, S, C
Hamilton & Snell, 1993	A	15	P
Hansen, 1986	A	6	MS
Harris, 1982	M	6, 6, 7	S, C
Harris et al., 1996	S	5	PCS, C

Heim & Baker-Mills, 1996	MI	2	B, G
Heller at al., 1996	MI	19, 19, 20	MS, PCS, Oth
Hill et al., 1968	M	6	S
Hind, 1989	M	3	B, C
Hinderscheit & Reichle, 1987	MI	18	R
Hinerman et al., 1982	A	5	MS
Hobson & Duncan, 1979	II	16-57	MS
Hooper et al., 1987	MI	7	MS, B
Horner & Budd, 1985	A, II	11	MS
Hughes, 1974/75	S	7-11	PWB
Hunt et al., 1991	II, MI	15, 15, 17	P
Hurlbut et al., 1982	M, II	14, 16, 18	P, B
Iacono et al., 1993	II	3, 4	MS, PCS
Iacono & Duncum, 1995	MI	2	MS, PS, C
Iacono & Parsons, 1986	II	11, 13, 15	MS
Kahn, 1981	II	5-8	MS
Karlan et al., 1982	S	6-7	MS
Keogh et al., 1987	A, II	14, 25	MS
Koerselman, 1996	S	7	B
Kollinzas, 1983	II	20	MS
Konstantareas et al., 1977	A, II	5-9	MS
Konstantareas et al., 1979	A, II	8-10	MS
Kotkin et al., 1978	II	6, 7	MS
Kouri, 1989	II	2	MS
Kozleski, 1991	A	7-13	B, PWB, R, P, S
Kristen, 1997	MI	7	P, PCS
Lagerman & Höök, 1982	M	11	S, C
Layton & Baker, 1981	A	8	MS
Leber, 1994	MI	12	P, S, Oth
Light et al., 1992	MI	26	Oth, C

Study			
Light et al., 1998	A	6	S, C
Light et al., 1982	A, II	14, 14, 14	PWB
Locke & Mirenda, 1988	II	11	Oth
Luetke-Stahlman, 1985	S	5	MS
Marshall & Hegrenes, 1972	A	7	S
Maty-Laikko et al., 1989	MI	8	Oth
McDonald & Schultz, 1973	M	6	B
McEwwn & Karlan, 1989	MI	3, 4	Oth
McGregor et al., 1992	MI	20	P, S, C
McIlvane et al., 1984	A, II	18, 27	MS
McLean & McLean, 1973	A	8, 8, 10	Oth
McNaughton & Light, 1989	M, II	27	G
Mills & Higgins, 1984	M	9	R, S
Mirenda & Dattilo, 1987	II	10, 11, 12	P
Mirenda & Santogrossi, 1985	II	8	PCS
Murdock, 1978	II	15	S
Møller & von Tetzchner, 1996	MI	42	MS, PCS, PIC
Nelms, 1996	MI	11	Oth, C
Odom & Upthegrove, 1997	M	29	S, C
O'Keefe & Datillo, 1992	II, MI	24, 38, 60	R, P, C
Oliver & Halle, 1982	II	7	MS
Osguthorpe & Chang, 1987	M, II	11-14	R
Parkinson et al., 1995	MI	15, 15	MS, C
Pecyna, 1988	II	4	R
Peters, 1973	M, MI	13	MS
Peterson et al., 1995	A	7, 9	MS, G, P
Prevost, 1983	II	1	MS
Ratusnik & Ratusnik, 1974	A	10	S
Reichle & Brown, 1986	A	23	R, PIC
Reichle et al., 1984	II	15	MS
Reichle et al., 1987	A, MI	18, 18	P
Reichle & Ward, 1985	II	13	MS, S, C

Reichle & Yoder, 1985	MI	3-4	PIC
Reid & Hurlbut, 1977	M, MI	31-34	P
Remington & Clarke, 1983	A	10, 15	MS
Remington and Clarke, 1993a	II	6-12	MS
Remington and Clarke, 1993b	II	4-11	MS
Robinson & Owens, 1995	II	27	P
Romski & Ruder, 1984	II	3-7	MS
Romski & Sevcik, 1989	II	18, 19	L
Romski et al., 1984	II	11-18	L
Romski et al., 1988	M, II	14-9	L
Rotholz et al., 1989	A	17, 18	MS, PCS
Rowe & Rapp, 1980	M, S	6, 13	MS
Salvin et al., 1977	A	5	MS
Schaeffer et al., 1977	A	4, 5, 5	MS
Schepis et al., 1982	A, II	18-21	MS
Sigafoos et al., 1996	MI	7-15	P, C
Sisson & Barrett, 1984	II	4, 7, 8	MS
Smeets & Striefel, 1976	II	16	MS
Smith-Lewis & Ford, 1987	M	25	MS
Smith, 1991	MI	9	P, B, S
Smith, 1992	M	7-9	G, PCS, C
Smith, 1994	M	7-9	G, PCS, C
Sommer et al., 1988	A, MI, II	8-25	MS
Spiegel et al., 1993	MI	19	S, P, C
Topper, 1975	II	28	MS
Trefler & Crislip, 1985	M	18	S, C
Trevianus & Tannock, 1987	M	7, 8	B, P, S, C
Vanderheiden et al., 1975	M	11-16	B
Vanderheiden & Lloyd, 1986	M	7	S, C, ?
Vaughn & Horner, 1995	A	21	P
Villiers & McNaughton, 1974	A	6, 9	S

von Tetzchner, 1984a	S	3	MS
von Tetzchner, 1984b	A	5	MS
von Tetzchner & Gangkofer, 1996	II		MS, B
Watson & Leahy, 1995	S	3	MS
Webster et al., 1973	A, II	6	MS
Wells, 1981	II	18, 25, 26	MS
Wherry & Edwards, 1983	A	5	MS
Wilken-Timm, 1997	M	5	PCS, C
Yorkston et al., 1989	M	36	B, PS

Literatur

Adamson, L.B. and Dunbar, B. (1991). Communication development of young children with tracheostomies. *Augmentative and Alternative Communication, 7,* 275-283.

Alm, N. and Newell, A.F. (1996). Being an interesting communication partner. In S. von Tetzchner and M.H. Jensen (Eds.), *Augmentative and alternative communication: European perspectives* (pp. 171-181). London: Whurr.

Angelo, D.H., Jones, S.D. and Kokoska, S.M. (1995). Family perspective on augmentative and alternative communication: Families of young children. *Augmentative and Alternative Communication, 11,* 193-201.

Armstrong, D. (1997). Recent developments in neuropathology - electron microscopy - brain pathology. *European Child and Adolescent Psychiatry, 6 (Supplement 1),* 69-70.

Baker, B. (1986). Using images to generate speech. *Byte, 11,* 160-168.

Baker, L. and Cantwell, D.P. (1982). Language acquisition, cognitive development, and emotional disorder in childhood. In K.E. Nelson (Ed.), *Children's language, Volume 3* (pp. 286-321). London: Lawrence Erlbaum.

Balandin, S. and Iacono, T. (1998). Topics of meal-break converstaions. *Augmentative and Alternative Communication, 14,* 131-146.

Barnes, S., Gutfreund, M., Scatterly, D. and Wells, G. (1983). Characteristics of adult speech which predict children's language development. *Journal of Child Language, 10,* 65-84.

Barrera, R.D., Lobato-Barrera, D. and Sulzer-Azaroff, B. (1980). A simultaneous treatment comparison of three expressive language training programs with a mute autistic child. *Journal of Autism and Developmental Disorders, 10,* 21-37.

Barrera, R.D. and Sulzer-Azaroff, B. (1983). An alternating treatment comparison of oral and total communication training programs with echolalic autistic children. *Journal of Applied Behavior Analysis, 16,* 379-394.

Basil, C. (1986). Social interaction and learned helplessness in nonvocal severely handicapped children. Presented at The 2nd Biennial Conference on Augmentative and Alternative Communication, Cardiff, August 1986.

Basil, C. (1992). Social interaction and learned helplessness in severely disabled children. *Augmentative and Alternative Communication, 8,* 188-199.

Basil, C. and Soro-Camats, E. (1996). Supporting graphic language acquisition by a girl with multiple impairments. In S. von Tetzchner and M.H. Jensen (Eds.), *Augmentative and alternative communication: European perspectives* (pp. 270-291). London: Whurr.

Bates, E. (1979). *The emergence of symbols.* New York: Academic Press.

Bates, E., Bretherton, I. and Snyder, L. (1988). *From first words to grammar: Individual differences and dissociable mechanisms.* Cambridge: Cambridge University Press.

Bates, E., Dale, P.S. and Thal, D. (1988). Individual differences and their implications for theories of language development. In P. Fletcher and B. MacWhinney (Eds.), *The handbook of child language* (pp. 96-151). Cambridge: Cambridge University Press.

Baumgart, D., Johnson, J. and Helmstetter, E. (1990). *Augmentative and alternative communication systems for persons with moderate and severe disabilities.* Baltimore: Paul H. Brookes.

Becker, H. and Gangkofer, M.H. (Eds.) (1994). *Das Bliss-System in Praxis und Forschung.* Heidelberg: Julius Groos Verlag.

Bedwinek, A.P. (1983). The use of PACE to facilitate gestural and verbal communication in a language-impaired child. *Language, Speech, and Hearing Services in Schools, 14,* 2-6.

Bennet, D.L., Gast, D.L., Wolery, M. and Schuster, J. (1986). Time delay and system of leasts prompts in teaching manual sign production. *Education and Training of the Mentally Retarded, 21,* 117-129.

Benton, A. (1977). The cognitive functioning of children with developmental dysphasia. In M.A. Wyke (Ed.), *Developmental dysphasia* (pp. 43-62). New York: Academic Press.

Berg, M.H. (1998). Children's use of pointing cues in aided language intervention Presented at The 8th Biennial Conference on Augmentative and Alternative Communication, Dublin, August 1998.

Berry, D.C. and Dienes, Z. (1993a). Towards a working characterisation of implicit learning. In D.C. Berry and Z. Dienes (Eds.), *Implicit learning. Theoretical and empirical issues* (pp. 1-18). Hove: Lawrence Erlbaum.

Berry, D.C. and Dienes, Z. (1993b). Practical implications. In D.C. Berry and Z. Dienes (Eds.), *Implicit learning. Theoretical and empirical issues* (pp. 129-143). Hove: Lawrence Erlbaum.

Berry, J.O. (1987). Strategies for involving parents in programs for young children using augmentative and alternative communication. *Augmentative and Alternative Communication, 3,* 90-93.

Beukelman, D.R. and Mirenda, P. (1998). *Augmentative and alternative communication: Management of severe communication disorders in children and adults. Second Edition.* London: Paul H. Brookes.

Beukelman, D.R. and Yorkston, K.M. (1984). Computer enhancement of message formulation and presentation for communication system users. *Seminars in Speech and Language, 5,* 1-10.

Beukelman, D.R., Yorkston, K.M., Poblete, M. and Naranjo, C. (1984). Frequency of word occurrence in communication samples produced by adult communication aid users. *Journal of Speech and Hearing Disorders, 49,* 360-367.

Biklen, D. (1990). Communication unbound: Autism and praxis. *Harvard Educational Review, 60,* 291-314.

Biklen, D. (1993). *Communication unbound.* New York: Teachers College Press.

Bishop, D.V.M. (1994). Grammatical errors in specific language impairment: Competence or performance limitations. *Applied Psycholinguistics, 15,* 507-550.

Bishop, K., Rankin, J. and Mirenda, P. (1994). Impact of graphic symbol use on reading acquisition. *Augmentative and Alternative Communication, 10,* 113-125.

Bjerkan, B. (1975). En re-definering av stamming og en analyse av stammingens situasjonsvariabilitet (A redefinition of stuttering and an analysis of the situational variability of stuttering). Thesis, University of Oslo.

Blackstone, S. and Painter, M. (1985). Speech problems in multihandicapped children. In J. Darby (Ed.), *Speech and language evaluation in neurology: Childhood disorders* (pp. 219-242). Orlando: Grune and Stratton.

Blau, A. (1983). On interaction. *Communicating together, 1,* 10-12.

Blischak, D.M. (1994). Phonological awareness: Implications for individuals with little or no functional speech. *Augmentative and Alternative Communication, 10,* 245-254.

Blischak, D.M. and Lloyd, L.L. (1996). Multimodal augmentative and alternative communication: A case study. *Augmentative and Alternative Communication, 12,* 37-46.

Blischak, D.M. and McDaniels, M.A. (1995). Effects of picture size and placement on memory for written words. *Journal of Speech and Hearing Research, 38,* 1356-1362.

Bliss, C. (1965). *Semantography (Blissymbolics).* Sydney: Semantography Publications.

Bloom, L. (1973). *One word at a time.* The Hague: Mouton.

Bloom, L. (1998). Language acquisition in its developmental context. In W. Damon, D. Kuhn and R.S. Siegler (Eds.), *Handbook of child psychology, Volume 2* (pp. 309-420). New York: Wiley.

Bloom, L. and Lahey, M. (1978). *Language development and language disorders.* New York: John Wiley and Sons.

Bloom, Y. (1990). *Object symbols: A communication option.* North Rocks, Australia: North Rocks Press.

Bloomberg, K. and Johnson, H. (1990). A statewide demographic survey of people with severe communication impairments. *Augmentative and Alternative Comunication, 6,* 50-60.

Bloomberg, K.P. and Lloyd, L.L. (1986). Graphic/aided symbols and systems: resource information. *Communication Outlook, 7,* 24-30.

Bo-enheden M-huset. (1986). *Hva sker der i M-Huset???* København: Københavns Amtskommune.

Bondurant, J.L., Romeo, D.J. and Kretschmer, R. (1983). Language behaviors of mothers of children with normal and delayed language. *Language, Speech, and Hearing Services in Schools, 14,* 233-242.

Bonvillian, J.D. and Blackburn, D.W. (1991). Manual communication and autism: Factors relating to sign language acquisition. In P. Siple and S.D. Fischer (Eds.), *Theoretical issues in sign language research. Volume 2: Psychology* (pp. 255-277). Chicago: Chicago University Press.

Bonvillian, J.D. and Nelson, K.E. (1976). Sign language acquisition in a mute autistic boy. *Journal of Speech and Hearing Disorders, 41,* 339-347.

Bonvillian, J.D. and Nelson, K.E. (1978). Development of sign language in language-handicapped individuals. In P. Siple (Ed.), *Understanding language through sign language research* (pp. 187-212). New York: Academic Press.

Bonvillian, J.D., Orlansky, M.D. and Novack, L.L. (1981). Early sign language acquisition and its relation to cognitive and motor development. Presented at the 2nd International Symposium on Sign Language Research, Bristol, July 1981.

Booth, T. (1978). Early receptive language training for the severely and profoundly retarded. *Language, Speech, and Hearing Services in Schools, 9,* 142-150.

Bottorf, L. and DePape, D. (1982). Initiating communication systems for severely speech-impaired persons. *Topics in Language Disorders, 2,* 55-71.

Brady, D.O. and Smouse, A.D. (1978). A simultaneous comparison of three methods for language training with an autistic child. Journal of Autism and Childhood Schizophrenia, 8, 271-279.

Braine, M.D.S. (1963). The ontogeny of English phrase structure: The first phase. *Language, 39,* 1-14.

Braun, U. (Ed.) (1994). *Unterstützte Kommunikation.* Düsseldorf: Verlag Selbstbestimmtes Leben.

Braun, U. (1997). Kleine Einführung in den Einsatz von Kommunikationsfateln. *Unterstützte Kommunikation, 2-3,* 6-13.

Braun, U. and Stuckenschneider-Braun, M. (1990). Adapting "Words Strategy" to the German culture and language. *Augmentative and Alternative Communication, 6,* 115.

Broch, I. and Jahr, E.H. (1981). *Russenorsk - et pidginspråk i Norge* (Russenorsk - a pidgin language in Norway). Oslo: Novus.

Brodin, J. and von Tetzchner, S. (1996). Augmentative and alternative telecommunication for people with intellectual impairment - a preview. In S. von Tetzchner and M.H. Jensen (Eds.), *Augmentative and alternative communication: European perspectives* (pp. 195-212). London: Whurr.

Brookner, S.P. and Murphy, N.O. (1975). The use of a total communication approach with a nondeaf child: A case study. *Language, Speech, and Hearing Services in Schools, 6,* 313-139.

Brown, R. (1977). Why are signed languages easier to learn than spoken languages? Presented at the National Symposium on Sign Language Research and Teaching, Chicago, 1977.

Bruno, J. (1989). Customizing a Minspeak system for a preliterate child: A case example. *Augmentative and Alternative Communication, 5,* 89-100.

Bruno, J. and Bryen, D.N. (1986). The impact of modelling on physically disabled nonspeaking children's communication. Presented at the 2nd Biennial Conference on Augmentative and Alternative Communication, Cardiff, September 1986.

Bruno, J. and Dribbon, M. (1998). Outcomes in AAC: Evaluating the effectiveness of a parent training program. *Augmentative and Alternative Communication, 14,* 59-70.

Bryen, D.N. and Joyce, D.G. (1985). Language intervention with the severely handicapped: A decade of research. *The Journal of Special Education, 19,* 7-39.

Burd, L., Hamnes, K., Boernhoeft, D.M. and Fosher, W. (1988). A nOrth-Dakota prevalence study of nonverbal school-age children. *Language, Speech and Hearing Services in Schools, 19,* 371-383.

Burkhart, L.J. (1987). *Using computers and speech synthesis to facilitate communicative interaction with young and/or severely handicapped children.* College Park: Burkhart.

Burr, D.B. and Rohr, A. (1978). Patterns of psycholinguistic development in the severely retarded: A hypothesis. *Social Biology, 25,* 15-22.

Buzolich, M.J. (1987). Children in transition: Implementing augmentative communication systems with severely speech-handicapped children. *Seminars in Speech and Language, 8,* 199-213.

Buzolich, M.J. and Lunger, J. (1995). Empowering system users in peer training. *Augmentative and Alternative Communication, 11,* 37-48.

Byler, J.K. (1985). The Makaton vocabulary: An analysis based on recent research. *British Journal of Special Education, 12,* 113-129.

Calculator, S. and Dollaghan, C. (1982). The use of communication boards in a residential setting: An evaluation. *Journal of Speech and Hearing Disorders, 47,* 281-287.

Calculator, S. and Luchko, C.D'A. (1983). Evaluating the effectiveness of a communication board training program. *Journal of Speech and Hearing Disorders, 48,* 185-191.

Caparulo, B.K. and Cohen, D.J. (1977). Cognitive structures, language, and emerging social competence in autistic and aphasic children. *Journal of the American Academy of Child Psychiatry, 16,* 620-645.

Caputo, A.J. and Accardo, P.J. (1991). Cerebral palsy. In A.J. Caputo and P.J. Accardo (Eds.), *Developmental disabilities in infancy and childhood* (pp. 335-348). Baltimore: Paul H. Brookes.

Carey, S. (1978). The child as word learner. In M. Halle, J. Bresnan & G.A. Miller (Eds.), *Linguistic theory and psychological reality* (264-293). Cambridge, Massachusetts: MIT Press.

Carlson, F. (1981). A format for selecting vocabulary for the nonspeaking child. *Language, Speech, and Hearing Services in Schools, 12,* 240-145.

Carr, E.G. (1985). Language acquisition in developmentally disabled children. *Annals of Child Development, 2,* 49-76.

Carr, E.G. (1988). Tegnspråk (Sign language). In O.I. Løvaas, *Opplæring av utviklingshemmede barn* (pp. 177-186). Oslo: Gyldendal.

Carr, E.G., Binkoff, J.A., Kologinsky, E. and Eddy, M. (1978). Acquisition of sign language by autistic children. I: Expressive labelling. *Journal of Applied Behavior Analysis, 11,* 489-501.

Carr, E.G., Kologinsky, E. and Leff-Simon, S. (1987). Acquisition of sign language by autistic children. III: Generalized descriptive phrases. *Journal of Autism and Developmental Disorders, 17,* 217-229.

Carr, E.G., Levin, L., McConnachie, G., Carlson, J.I., Kemp, D.C. and Smith, C.E. (1994). *Communication intervention for problem behavior: A user's guide for producing positive change.* Baltimore: Paul H. Brookes.

Carrier, J.K. (1974). Nonspeech noun usage training with severely and profoundly retarded children. *Journal of Speech and Hearing Research, 17,* 510-517.

Carrier, J.K. and Peak. T. (1975). *NONSLIP (non-speech language initiation program).* Kansas City: H. and H. Enterprise.

Casey, L.O. (1978). Development of communicative behavior in autistic children: A parent program using manual signs. *Journal of Autism and Childhood Schizophrenia, 8,* 45-59.

Chapman, R.S. and Miller, J.F. (1980). Analyzing language and communication in the child. In R.L. Schiefelbusch (Ed.), *Nonspeech language and communication* (pp. 159-196). Baltimore: University Park Press.

Cicchetti, D. and Beegly, M. (Eds.) (1990). *Children with Down syndrome: A developmental perspective.* Cambridge: Cambridge University Press.

Clark, C.R. (1981). Learning words using traditional orthography and the symbols of Rebus, Bliss and Carrier. *Journal of Speech and Hearing Disorders, 46,* 191-196.

Clark, C.R. (1984). A close look at the standard Rebus system and Blissymbolics. *Journal of the Association for Persons with Severe Handicaps, 9,* 37-48.

Clark, R. (1982). Theory and method in child-language research: Are we assuming too much? In S. Kuczaj, II (Ed.), *Language development, Volume 1: Syntax and semantics* (pp. 1-36). Hillsdale, N.J.: Erlbaum.

Clarke, S., Remington, B. and Light, P. (1986). An evaluation of the relationship between receptive speech skills and expressive signing. *Journal of Applied Behavior Analysis, 19,* 231-239.

Clarke, S., Remington, B. and Light, P. (1988). The role of referential speech in sign learning by mentally retarded children: A comparison of total communication and sign-alone training. *Journal of Applied Behavior Analysis, 21,* 419-426.

Cline, T. and Baldwin, S. (1993). *Selective mutism in children.* London: Whurr.

Coleman, C.L., Cook, A.M. and Meyers, L.S. (1980). Assessing non-oral clients for assistive communication devices. *Journal of Speech and Hearing Research, 45,* 515-526.

Collins, S. (1996). Referring expressions in conversations between aided and natural speakers. In S. von Tetzchner and M.H. Jensen (Eds.), *Augmentative and alternative communication: European perspectives* (pp. 89-100). London: Whurr.

Conway, N. (1986). My perceptions of communication aids. Presented at the 2nd Biennial Conference on Augmentative and Alternative Communication, Cardiff 1986.

Cook, A.M. and Coleman, C.L. (1987). Selecting augmentative communication systems by matching client skills and needs to system characteristics. *Seminars in Speech and Language, 8,* 153-167.

Cregan, A. (1982). Sigsymbol dictionary. Cambridge: LDA.

Cregan, A. (1993). Sigsymbol system in a multimodal approach to speech elicitation: Classroom project involving an adolescent with severe mental retardation. *Augmentative and Alternative Communication, 9,* 146-160.

Cregan, A. and LLoyd, L.L. (1984). *Sigsymbol dictionary: American edition.* West Lafayette: Purdue University.

Cregan, A. and LLoyd, L.L. (1990). *Sigsymbol dictionary: American edition.* Wauconda, Illinios: Don Johnston Developmental Equipment.

Crossley, R. (1994). *Facilitated communication training.* New York: Teachers College Press.

Crossley, R. and Remington-Gurney, J. (1992). Getting the words out: Facilitated communication training. *Topics in Language Disorders, 12,* 29-45.

Crystal, D. (1986). *Listen to your child.* Harmonsworth: Penguin.

Crystal, D. (1987). Towards a "bucket" theory of language disability: taking account of interaction between linguistic levels. *Clinical Linguistics and Phonetics, 1,* 7-22.

Culatta, B. and Blackstone, S. (1980). A program to teach non-oral communication symbols to multiply handicapped children. *Journal of Childhood Communication Disorders, 1,* 29-55.

Cullen, K., Ollivier, H., Kubitschke, L., Clarkin, N., Darnige, A., Robinson, S. and Dolphin, C. (1995). Connecting the information superhighway: Access issues for elderly people and people with disabilities. In P.R.W. Roe (Ed.), *Telecommunications for all* (pp. 233-

244). Luxembourg: Office for Official Publications of the European Communities.

Culp, D.M. (1982). Communication interactions - nonspeaking children using augmentative systems and their mothers. Unpublished manuscript.

Culp, D.M. (1989). Developmental apraxia and augmentativ or alternative communication - a case example. *Augmentative and Alternative Communication, 5,* 27-34.

Dalhoff, F. (1986). *Forstår han hvad man sier?* Fredrikshavn: Dafolo Forlag.

Dattillo, J. and Camarata, S. (1991). Facilitating conversation through self.initiated augmentative communication treatment. *Journal of Aplied Behavior Analysis, 24,* 369-378.

Deacon, J. (1974). *Tongue tied.* London: Spastics Society.

Deich, R.F. and Hodges, P.M. (1977). *Language without speech.* London: Souvenir Press.

de Loache, J. and Burns, N.M. (1994). Early understanding of the representational function of pictures. *Cognition, 52,* 83-110.

Dennis, R., Reichle, J., Wiliams, W. and Vogelsberg, R.T. (1982). Motoric factors influencing the selection of vocabulary for sign production programs. *Journal of the Association for Persons with Severe Handicaps, 7,* 20-32.

Detheridge, T. and Detheridge, M. (1997). *Literacy through symbols.* London: David Fulton.

Dienes, Z. (1993). Implicit concept formation. In D.C. Berry and Z. Dienes (Eds.), *Implicit learning. Theoretical and empirical issues* (pp. 37-61). Hove: Lawrence Erlbaum.

Dixon, H. (1996). Natalie and her ORAC: From babbling to custom scanning. *Communication Matters, 10* (2), 13-16.

Dixon, L.S. (1981). A functional analysis of photo-object matching skills of severely retarded adolescents. *Journal of Applied Behavior Analysis, 14,* 465-478.

Doherty, J.E. (1985). The effect of sign characteristics on sign acquisition and retention: An integrative review of the literature. *Augmentative and Alternative Communication, 1,* 108-121.

Donaldson, M. (1978). *Children's minds.* Glasgow: Fontana.

Downing, J. (Ed.) (1973). *Comparative reading.* New York: MacMillan.

Duker, P.C. and Michielsen, H.M. (1983). Cross-setting generalization of manual signs to verbal instructions with severely retarded children. *Applied Research in Mental Retardation, 4,* 29-40.

Duker, P.C. and Moonen, X.M. (1985). A program to increase manual signs with severely/profoundly mentally retarded students in natural environments. *Applied Research in Mental Retardation, 6,* 147-158.

Duker, P.C. and Moonen, X.M. (1986). The effect of two procedures on spontaneous signing with Down's syndrome children. *Journal of Mental Deficiency Research, 30,* 335-364.

Duker, P.C. and Morsink, H. (1984). Acquisition and cross-setting generalization of manual signs with severely retarded individuals. *Journal of Applied Behavior Analysis, 17,* 93-103.

Durand, M. (1993). Functional communication training using assistive devices: Effects on challenging behavior and affect. *Augmentative and Alternative communication, 9,* 168-176.

Elbro, C., Rasmussen, I. and Spelling, B. (1996). Teaching reading to disabled readers with language disorders: A controlled evaluation of synthetic speech feedback. *Scandinavian Journal of Psychology, 37,* 140-155.

Elder, P.S. and Bergman, J.S. (1978). Visual symbol communication instruction with nonverbal, multiply-handicapped individuals. *Mental Retardation, 16,* 107-112.

Elman, J.L., Bates, E.A., Johnson, M.H., Karmiloff-Smith, A., Parisi, D. and Plunkett, K. (1996). *Rethinking innateness. A connectionist perspective on development.* London: MIT Press.

English, S.T. and Prutting, C.A. (1975). Teaching American Sign Language to a normally hearing infant with tracheostenosis. *Clinical Pediatrics, 14,* 1141-1145.

Everson, J.M. and Goodwyn, R. (1987). A comparison of the use of adaptive microswitches by students with cerebral palsy. *The American Journal of Occupational Therapy, 41,* 739-744.

Faulk, J.P. (1988). Touch Talker: A case study. *Communication Outlook, 10,* 8-11.

Fay, L. (1993). An account of the search of a woman who is verbally impaired for augmentative devices to end her silence. *Women and Therapy, 14,* 105-115.

Fenn, G. and Rowe, J.A. (1975). An experiment in manual communication. *British Journal of Disorders of Communication, 10,* 3-16.

Ferguson, C.A. (1978). Learning to pronounce: The earliest stages of phonological development in the child. In F.D. Minifie and L.L. Lloyd (Eds.), *Communicative and cognitive abilities - Early behavioral assessment* (pp. 273-297). Baltimore: University Park Press.

Ferguson, C.A. and Debose, C.E. (1977). Simplified registers, broken language, and pidginization. In A. Valman (Ed.), *Pidgin and creole linguistics* (pp. 99-125). Bloomington: Inidiana University Press.

Ferrier, L. (1991). Clinical study of a dysarthric adult using a Touch Talker with Words Strategy. *Augmentative and Alternative Communication, 7,* 266-274.

Fischer, U. (1994). Learning words from context and dictionaries: An experimantal comparison. *Applied Psycholinguistics, 15,* 551-574.

Fishman, I.R. (1987). *Electronic communication aids and techniques: Selection and use.* San Diego: College Hill.

Flensborg, C. (1988). *Snak med mig.* København: Socialstyrelsen.

Foss, N.E. (1981). Tegnspråkopplæring av autister og psykisk utviklingshemmede (Teaching signs to peeople with autism and intellectual impairment). Thesis, University of Oslo.

Foxx, R.M., Kyle, M.S., Faw, G.D. and Bittle, R.G. (1988). Cues-pause-point training and simultaneous communication to teach the use of signed labeling repertoires. *American Journal of Mental Retardation, 93,* 305-311.

Frafjord, F.D. and Brekke, K.M. (1997). *Bliss symbolkommunikasjon. Etablering av nettverkssamarbeid for fagpersoner i Rogaland.* Stavanger: Rehabiliteringstjenesten Østerlide.

Franklin, K., Mirenda, P. and Phillips, G. (1996). Comparison of five symbols asssessment protocols with nondisabled preschoolers and learners with severe intellectual disabilities. *Augmentative and Alternative Communication, 12,* 63-77.

Franzkowiak, T. (1994). Verständigung mit grafischen Symbolen (Understanding with graphic symbols). In U. Braun (Ed.), *Unterstützte Kommunikation* (pp. 22-32). Düsseldorf: Verlag Selbstbestimmtes Leben.

Fried-Oken, M. and More, L. (1992). Initial vocabulary for nonspeaking preschool children based on developmental and environmental language samples. *Augmentative and Alternative Communication, 8,* 1-16.

Fristoe, M. and Lloyd, L.L. (1980). Planning an initial expressive sign lexicon for persons with severe communication impairment. *Journal of Speech and Hearing Disorders, 45,* 170-180.

Frith, U. (1989). *Autism. Explaining the enigma.* Oxford: Blackwell.

Fry, D.B. (1966). The development of the phonological system in the normal and the deaf child. In F. Smith and G.A. Miller (Eds.), *The genesis of language* (pp. 187-206). London: MIT Press.

Fuller, D.R. (1997). Initial study into the effects of transluency and complexity on the learning of Blissymbols by children and adults with normal cognitive abilities. *Augmentative and Alternative Communication, 13,* 14-29.

Fuller, D.R. and Lloyd, L.L. (1987). A study of physical and semantic characteristics of a graphic symbol system as predictors of perceived complexity. *Augmentative and Alternative Communication, 3,* 26-35.

Fuller, P., Newcombe, F. and Ounsted, C. (1983). Late language development in a child unable to recognize or produce speech sounds. *Archives of Neurology, 40,* 165-169.

Fulwiler, R.L. and Fouts, R.S. (1976). Acquisition of American sign language by a noncommunicating autistic child. *Journal of Autism and Childhood Schizophrenia, 6,* 43-51.

Fundudis, T., Kolvin, I. and Garside, R. (Eds.) (1979). *Speech retarded and deaf children: Their psychological development.* London: Academic Press.

Gandell, T. and Sutton, A. (1998). Comparions of AAC interactions patterns in face-to-face and telecommunications conversations. *Augmentative and Alternative Communication, 14,* 3-10.

Gangkofer, M. and von Tetzchner, S. (1996). Cleaning-ladies and broken buses. A case study on the development of Blissymbol use. In S. von Tetzchner and M.H. Jensen (Eds.), *Augmentative and alternative communication: European perspectives* (pp. 292-308). London: Whurr.

Garber, N. and Veydt, N. (1990). Rett syndrome: A longitudinal developmental casereport. *Journal of Communication Disorders, 23,* 61-75.

Garvey, C. (1977). The contingent query: A dependant act in conversation. In M. Lewis and L.A. Rosenblum (Eds.), *Interaction, conversation and the development of language* (pp. 63-93). New York: Wiley.

Gee, K., Graham, N., Goetz, L., Oshima, G. and Yoshioka, K. (1991). Teaching students to request the continuation of routine activities by using time delay and decreasing physical assistance in the context of chain interruption. *Journal of the Association for Persons with Severe handicaps, 16,* 154-167.

Gibbon, F. and Grunwell, P. (1990). Specific developmental language learning disabilities. In P. Grunwell (Ed.), *Developmental speech disorders* (pp. 135-161). Edinburgh: Churchill Livingstone.

Gjessing, H.-H. and Nygaard, H.D. (1975). *Illinois Test of Psycholinguistic Abilities håndbok* (Manual). Oslo: Universitetsforlaget.

Glennen, S.L. and Calculator, S.N. (1985). Training functional communication board use: A pragmatic approach. *Augmentative and Alternative Communication, 1,* 134-142.

Goldstein, H., Kaczmarek, L., Pennington, R. and Shafer, K. (1992). Peer-mediated intrvention: Attending to, commenting on, and acknowledging the behavior of preschoolers with autism. *Journal of Applied Behavior Analysis, 25,* 289-305.

Goodman, J. and Remington, B. (1993). Acquisition of expressive signing: Comaprison of reinforcement strategies. *Augmentative and Alternative Communication, 9,* 26-35.

Goodwin, C. and Duranti, A. (1992). Rethinking context: An introduction. In A. Duranti and C. Goodwin (Eds.), *Rethinking context* (pp. 1-42). Cambridge: Cambridge University Press.

Goosens', C.A. (1983). The relative iconicity and learnability of verb referents represented in Blissymbolics, Rebus symbols, and manual signs: An investigation with moderately retarded individuals. Thesis, Purdue University.

Goosens', C.A. (1989). Aided communication intervention before assessment: A case study of a child with cerebral palsy. *Augmentative and Alternative Communication, 3,* 14-26.

Goosens', C., Crain, S.S. and Elder, P.S. (1992). *Engineering the preschool environment for interactive, symbolic communication.* Birmingham, Alabama: Southeast Augmentative Communication Conference.

Goosens', C.A. and Kraat, A. (1985). Technology as a tool for conversation and language learning for the physically disabled. *Topics in Language Disorders, 6,* 56-70.

Grandin, T. (1989). An autistic person's view of holding therapy. *Communication, 23,* 75-78.

Granlund, M., Terneby, J. and Olsson, C. (1992). Creating communicative opporptunities through a combined in-service training and supervision package. *European Journal of Special Needs Education, 7,* 229-252.

Green, G. (1994). The quality of the evidence. In H.C. Shane (Ed.), *Facilitated communication: The clinical and social phenomenon* (pp. 157-225). San Diego: Singular Press.

Griffith, P.L. and Robinson, J.H. (1981). A comparative and normative study of the iconicity of signs rated by three groups. *American Annals of the Deaf, 126,* 440-449.

Grove, N. (1990). Developing intelligible signs with learning-disabled students: A review of the literature and an assessment procedure. *British Journal of Disorders of Communication, 25,* 265-294

Grove, N., Dockrell, J. and Woll, B. (1996). The two-word stage in manual signs: Language development in signers with intellectual impairment. In S. von Tetzchner and M.H. Jensen (Eds.), *Augmentative and alternative communication: European perspectives* (pp. 101-118). London: Whurr.

Guillaume, P. (1971). *Imitation in children.* Chicago: Chicago University Press.

Guttentag, R.E., Ornstein, P.A. and Siemens, L. (1987). Children's spontaneous rehearsal: Transitions in strategy acquisition. *Cognitive Development, 2,* 307-326.

Hagberg, B. (1995). Rett syndrome: Clinical peculiarities and biological mysteries. *Acta Pædiatrica, 84,* 971-976.

Hagberg, B. (1997). Condensed points for diagnostic criteria and stages in Rett syndrome. *European Child and Adolescent Psychiatry, 6 (Supplement 1),* 2-4.

Hagberg, B. and Hagberg, G. (1997). Rett syndrome: Epidemiology and geographical variability. *European Child and Adolescent Psychiatry, 6 (Supplement 1),* 5-7.

Hagberg, B. and Skjeldal, O.H. (1994). Rett variant: A suggested model for inclusion criteria. *Pediatric Neurology, 11,* 5-11.

Hagen, C., Porter, W. and Brink. J. (1973). Nonverbal communication: An alternate mode of communication for the child with severe cerebral palsy. *Journal of Speech and Hearing Disorders, 38,* 448-455.

Hagtvet, B. and Lillestølen, R. (1985). *Reynells språktest.* Oslo: Universitetsforlaget.

Halle, J.W., Alpert, C.L. and Anderson, S.R. (1984). Natural environment language assessment and intervention with severely impaired preschoolers. *Topics in Early Childhood Special Education, 4,* 36-56.

Hamilton, B.L. and Snell, M.E. (1993). Using the milieu approach to increase spomtaneus communication book use across environments by an adolescent with autism. *Augmentative and Alternative Communication, 9,* 273-280.

Hansen, E.M. Jon lærer tegn. Thesis, Statens Spesiallærerhøgskole, 1986.

Hardy, J.C. (1983). *Cerebral palsy.* Englewood Cliffs, N.J.; Prentice-Hall.

Harris, D. (1982). Communicative interaction processes involving nonvocal physically handicapped children. *Topics in Language Disorders, 2,* 21-37.

Harris, L., Doyle, E.S. and Haaf, R. (1996). Language treatment approach for users of AAC: Experimental single-subject investigation. *Augmentative and Alternative Communication, 12,* 230-243.

Harris, M. (1992). *Language experience and early language development. From input to uptake.* Hove: Lawrence Erlbaum.

Haskew, P. and Donnellan, A. (1992). *Emotional maturity and well being: Psychological lessons of facilitated communication.* Madison, Wisconsin: DRI Press.

Hawkes, R. (1998). A visual communication-based intervention approach for challenging behaviour. Presented at The 8th Biennial Conference on Augmentative and Alternative Communication, Dublin, August 1998.

Heim, M.J.M. and Baker-Mills, A.E. (1996). Early development of symbolic communication and linguistic complexity through augmentative and alternative communication. In S. von Tetzchner and M.H. Jensen (Eds.), *Augmentative and alternative communication: European perspectives* (pp. 232-248). London: Whurr.

Heller, K.W., Allgood, M.H., Davis, B., Arnold, S.E., Castelle, M.D. and Taber, T.A. (1996). Promoting tontask-related communication at vocational sites. *Augmentative and Alternative Communication, 12,* 169-178.

Hermelin, B.A. and O'Connor, N. (1970). *Psychological experiments with autistic children.* Oxford: Pergamon Press.

Higgins, J. and Mills, J. (1986). Communication training in real environments. In S.W. Blackstone (Ed.), *Augmentative communication: An introduction* (pp. 345-352). Rockville: American Speech and Hearing Association.

Hill, S.D., Campagna, J., Long, D., Munch, J. and Naecker, S. (1968). An explorative study of the use of two response keyboards as a means of communication for the severely handicapped child. *Perceptual and Motor Skills, 26,* 699-704.

Hind, M. (1989). Synrel: Programs to teach sequencing of Blissymbols. *Communication Outlook, 10,* 6-9.

Hinderscheit, L.R. and Reichle, J. (1987). Teaching direct select color encoding to an adolescent with multiple handicaps. *Augmentative and Alternative Communication, 3,* 137-142.

Hinerman, P.S., Jenson, W.R., Walker, G.R. and Petersen, P.B. (1982). Positive practice overcorrection combined with additional procedures to teach signed words to an autistic child. *Journal of Autism and Developmental Disorders, 12,* 253-263.

Hjelmquist, E. and Sandberg, A.D. (1996). Sounds and silence: Interaction in aided language use. In S. von Tetzchner and M.H. Jensen

(Eds.), *Augmentative and alternative communication: European perspectives* (pp. 137-152). London: Whurr.

Hobson, P.A. and Duncan, P. (1979). Sign learning and profoundly retarded people. *Mental Retardation, 17,* 33-37.

Hodges, P.M. and Deich, R.F. (1978). Teaching an artificial language system to nonverbal retardates. *Behavior Modification, 2,* 489-509.

Hodges, P.M. and Schwethelm, B. (1984). A comparison of the effectiveness of graphic symbol and manual sign training with profoundly retarded children. *Applied Psycholinguistics, 5,* 223-253.

Hooper, J., Connell, T.M. and Flett, P.J. (1987). Blissymbols and manual signs: A multimodal approach to intervention in a case of multiple disability. *Augmentative and Alternative Communication, 3,* 68-76.

Horn, E.M. and Jones, H.A. (1996). Comparison of two selection techniques used in augmentative and alternative communication. *Augmentative and Alternative Communication, 12,* 23-31.

Horner, R.H. and Budd, C.M. (1985). Acquisition of manual sign use: Collateral reduction of maladaptive behavior, and factors limiting generalization. *Education and Training of the Mentally Retarded, 20,* 39-47.

Howlin, P. (1997). *Autism: Preparing for adulthood.* London: Routledge.

Hughes, J. (1974/75). Acquisition of a non-vocal "language" by aphasic children. *Cognition, 3,* 41-55.

Humphreys, G.W and Riddoch, M.J. (1987). *To see but not to see. A case study of visual agnosia.* London: Lawrence Erlbaum.

Hunt, P., Alwell, M. and Goetz, L. (1991). Establishing conversational exchanges with family and friends: Moving from training to meaningful communication. *Journal of Special Education, 25,* 305-319.

Hupp, S.C. (1986). Use of multiple exemplars in object concept training: How many are sufficient? *Analysis and Intervention in Developmental Disabilities, 6,* 305-317.

Hurlbut, B.I., Iwata, B.A. and Greeen, J.D. (1982). Nonvocal language acquisition in adolescents with severe physical disabilities: Blissymbol vs. iconic stimulus formats. *Journal of Applied Behavior Analysis, 15,* 241-258.

Iacono, T.A. and Duncom, J.E. (1995). Comparison of sign alone and in combination with an electronic communication device in early language intervention: Case study. *Augmentative and Alternative Communication, 11,* 249-259.

Iacono, T.A., Mirenda, P. and Beukelman, D. (1993). Comparison of unimodal and multimodal AAC techniques for children with intellectual disabilities. *Augmentative and Alternative communication, 9,* 83-94.

Iacono, T.A. and Parsons, C.L. (1986). A comparison of techniques for teaching signs to intellectually disabled individuals using an alternating treatment design. *Australian Journal of Human Communication Disorders, 14,* 23-34.

Ingram, T.T.S. (1959). Specific disorders of speech in childhood. *Brain, 82,* 450-467.

Ingram, T.T.S. Speech disorders in childhood. In E.H. Lenneberg and E. Lenneberg (Eds.), *Foundations of language development* (pp. 195-261). New York: Academic Press.

Johannessen, A.-M. and Preus, R.F. (1989a). Brytere for funksjonshemmede, del 1 (Switches for disabled people, Part 1). *CP-Bladet, 35,* 16-18.

Johannessen, A.-M. and Preus, R.F. (1989b). Brytere for funksjonshemmede, del 2 (Switches for disabled people, Part 2). *CP-Bladet, 35,* 18-23.

Johansson, I. (1987). Tecken - en genväg till tal (Signs - a short-cut to speech). *Down Syndrom: Språk ock tal,* No. 28.

Johnson, I. (1989). "Hellish difficult to live in this world": The unexpected emergence of written communication in a group of severely mentally handicapped individuals. *Journal of Social Work Practice, 1,* 13-23.

Johnson, R. (1981). *The picture communication symbols.* Solana Beach, Ca.: Mayer-Johnson.

Johnson, R. (1985). *The picture communication symbols - Book II.* Solana Beach, Ca.: Mayer-Johnson.

Jones, K. (1979). A Rebus system of non-fade visual language. *Child: Care, Health and Development, 5,* 1-7.

Jones, P.R. and Creagan, A. (1986). *Sign and symbol communication for mentally handicapped people.* London: Croom Helm.

Kahn, J.V. (1981). A comparison of sign and verbal language training with nonverbal retarded children. *Journal of Speech and Hearing Research, 24,* 113-119.

Kaiser, A.P., Ostrosky, M.M. and Alpert, C.I. (1993). Training teachers to use environmental and milieu teaching with nonvocal preschool children. *Journal of The Association for Persons with Severe handicaps, 18,* 188-199.

Karlan, G.R., Brenn-White, B., Lentz, A., Hodur, P., Egger, D. and Frankoff, D. (1982). Establishing generalized, productive verb-noun phrase usage in a manual language system with moderately handicapped children. *Journal of Speech and Hearing Disorders, 47,* 31-42.

Keogh, D., Whitman, T., Beeeman, D., Halligan, K. and Starzynski, T. (1987). Teaching interactive signing in a dialogue situation to mentally retarded individuals. *Research in Developmental Disabilities, 8,* 39-53.

Kerr A.M. (1995). Early clinical signs in the Rett disorder. *Neuropediatrics, 25,* 67-71.

Kiernan, C. and Reid, B. (1987). *Pre-verbal communication schedule.* Windsor: NFER-Nelson.

Kiernan, C., Reid, B. and Jones, L. (1982). *Signs and symbols.* London: Heinemann.

Kirman, B.H. (1985). Mental Retardation: Medical aspects. In M. Rutter and L. Hersov (Eds.), *Child and adolescent psychiatry* (pp. 650-660). Oxford: Blackwell.

Klewe, L., Starup, G., Cros, B., Andersen, J., Karpatschof, B. and Hansen, V.R. (1994). *Tro, håb og pædagogik* (Faith, hope and pedagogy). Herning: Systine.

Klima, E. and Bellugi, U. (1979). *The signs of language.* London: Harvard University Press.

Koerselman, E. (1996). Using Blissymbols to structure language. *Communication Matters, 10* (3), 13-14.

Koester, H.H. and Levine, S.P. (1996). Effect of word prediction features on user performance. *Augmentative and Alternative Communication, 12,* 155-168.

Kohl, F.L. (1981). Effects of motoric requirements on the acquisition of manual sign responses by severely handicapped students. *American Journal of Mental Deficiency, 85,* 396-403.

Koke, S. and Neilson, J. (1987). The effect of auditory feedback on the spelling of nonspeaking physically disabled individuals who use microcomputers. Unpublished manuscript, University of Toronto.

Kollinzas, G. (1984). The communication record: Sharing information to promote sign language generalization. *Journal of the Association for Persons with Severe Handicaps, 8,* 49-55.

Konstantareas, M.M., Oxman, J. and Webster, C.D. (1977). Simultaneous communication with autistic and other severely dysfunctional nonverbal children. *Journal of Communication Disorders, 10,* 267-282.

Konstantareas, M.M., Webster, C.D. and Oxman, J. (1979). Manual language acquisition and its influence on other areas of functioning in four autistic and autistic-like children. *Journal of Child Psychology and Psychiatry, 20,* 337-350.

Koppenhaver, D. and Yoder, D. (1992). Literacy issues in persons with severe physical and speech impairments. In R. Gaylord-Ross (Ed.), *Issues in research and special education, Volume 2* (pp. 156-201). New York: Teacher's College Press.

Kose, G., Beilin, H. and O'Connor, J.M. (1983). Children's comprehension of actions depicted in photographs. *Developmental Psychology, 19,* 636-643.

Kotkin, R.A., Simpson, S.B. and Desanto, D. (1978). The effect of sign language on the picture naming in two retarded girls possesing normal hearing. *Journal of Mental Deficiency Research, 22,* 19-25.

Kouri, T. (1989). How manual sign acquisition relates to the development of spoken language: A case study. *Language, Speech, and Hearing Services in Schools, 20,* 50-62.

Kozleski, E.B. (1991). Visual symbol acquisition by students with autism. *Exceptionality, 2,* 173-194.

Kraat, A.W. (1985). *Communication interaction between aided and natural speakers: A state of the art report.* Toronto: Canadian Rehabilitation Council for the Disabled.

Kristen, U. (1997). Wie Kerstin lernt, über Bilder zu kommunizieren. *Unterstützte Kommunikation, 2-3,* 18-25.

Kvale, A.M., Martinsen, H. and Schjølberg, S. (1992). Miljømessige betingelser for trivsel og læring hos autistiske barn og voksne. Oslo: Landsforeningen for Autister.

Lagergren, J. (1981). Children with motor handicaps. *Acta Paediatrica Scandinavia, Supplement 289.*

Lagerman, U. and Höök, O. (1982). Communication aids for patients with dys/anathria. *Scandinavian Journal of Rehabilitational Medicine, 14,* 155-158.

Lahey, M. and Bloom, L. (1977). Planning a lexicon: Which words to teach first. *Journal of Speech and Hearing Disorders, 42,* 340-350.

Lane, H. (1984). *When the mind hears.* London: Penguin.

Launonen, K. (1996). Enhancing communication skills of children with Down syndrome: Early use of manual signs. In S. von Tetzchner and M.H. Jensen (Eds.), *Augmentative and alternative communication: European perspectives* (pp. 213-231). London: Whurr.

Launonen, K. (1998). *Eleistäsanoihin, viittomista kieleen.* Helsinki: Hehitysvammaliitto ry.

Layton, T.L. and Baker, P.S. (1981). Description of semantic-syntactic relations in an autistic child. *Journal of Autism and Developmental Disorders, 11,* 385-399.

Leber, I. (1994). *Nikki ist nicht Sprachlos!* Karlsruhe: von Loeper Literaturverlag.

Lenneberg, E.H. (1967). *Biological foundations of language.* New York: Wiley.

Leonard, L.B. (1981). Facilitating linguistic skills in children with specific language impairment. *Applied Psycholinguistics, 2,* 89-118.

le Prevost, P. (1983). Using the Makaton vocabulary in early language learning with a Down's baby. *Mental Handicap, 11,* 28-29.

Lesher, G.W., Moulton, B.J. and Higginbotham, D.J. (1998). Techniques for augmenting scanning communication. *Augmentative and Alternative Communication, 14,* 81-101.

Light, J. (1985). *The communicative interaction patterns of young nonspeaking physically disabled children and their primary caregivers.* Toronto: Blissymbolics Communication Institute.

Light, J. (1988). Interaction involving individuals using augmentative and alternative communication systems: State of the art and future directions. *Augmentative and Alternative Communication, 4,* 66-82.

Light, J., Binger, C. and Smith, A.K. (1994). Story reading interactions between preschoolers who use AAC and their mothers. *Augmentative and Alternative Communication, 10,* 255-268.

Light, J., Collier, B. and Parnes, P. (1985). Communicative interaction between young nonspeaking physically disabled children and their primary caregivers: Part 1. Discourse patterns. *Augmentative and Alternative Communication, 1,* 74-83.

Light, J., Dattilo, J., English, J., Gutierrez, L. and Hartz, J. (1992). Instructing facilitators to support the communication of people who use augmentative communication systems. *Journal of Speech and Hearing Research, 35,* 865-875.

Light, J., Roberts, B., Dimarco, R. and Greiner, N. (1998). Augmentative and alternative communication to suport receptive and expressive communication for people with autism. *Journal of Communication Disorsers, 31,* 153-180.

Light, P., Remington, R.E. og Porter, D. (1982). Substitutes for speech? Nonvocal approaches to communication. I: M. Beveridge (Ed.), *Children thinking through language.* London: Arnold.

Lindberg, B. Retts syndrom - en kartlegging av psykologiske och pedagogiska erfarenheter i Sverige. Stockholm: Högskolan för lärarutbildning i Stockholm, 1987.

Lock, A. (1980). *The guided reinvention of language.* London: Academic Press.

Locke, J.L. (1993). *The child's path to spoken language.* Cambridge: Harvard University Press.

Locke, J.L. (1994). Gradual emergence of developmental language disorders. *Journal of Speech and Hearing Research, 37,* 608-616.

Lord, C. and Rutter, M. (1994). Autism and pervasive developmental disorders. In M. Rutter, E. Taylor and L. Hersov (Eds.), *Child and adolescent psychiatry, Thrird edition* (pp. 569-593). Oxford: Blackwell.

Locke, P.A. and Mirenda, P. (1988). A computer-supported approach for a child with severe communication, visual, and cognitive impairments: A case study. *Augmentative and Alternative Communication, 4,* 15-22.

Lossiusutvalget. (985). Levekår for psykisk utviklingshemmede. *NOU,* Nr. 34.

Lourenço, L., Faias, J., Afonso, R., Moreira, A. and Ferreira, J.M. (1996). Improving communication and language skills of children with developmental disorders: Family involvement in graphic language intervention. In S. von Tetzchner and M.H. Jensen (Eds.), *Augmentative and alternative communication: European perspectives* (pp. 309-323). London: Whurr.

Lucariello, J. (1987). Concept formation and its relation to word learning and use in the second year of life. *Journal of Child Language, 14,* 309-332.

Luchsinger, R. and Arnold, G.E. (Eds.) (1965). *Voice - Speech - Language.* Belmont: Wadsworth.

Luetke-Stahlman, B. (1985). Using single design to verify language learning in a hearing, aphasic boy. *Sign Language Studies, 46,* 73-86.

Luftig, R.L. (1984). An analysis of initial sign lexicons as a function of eight learnability variables. *Journal of the Association for Persons with Severe Handicaps, 9,* 193-200.

Luria, A.R. (1969). *The mind of a mnemonist.* London: Jonathan Cape.

Lyon, S.R. and Ross, L.E. (1984). Comparison scan training and the matching and scanning performance of severely and profoundly mentally retarded students. *Applied Research in Mental Retardation, 5,* 439-449.

Lyons, J. (1977). *Semantics, Volume 1.* Cambridge, UK: Cambridge University Press.

Løvaas, O.I., Koegel, R.L. and Schreibman, L. (1979). Stimulus overselectivity in autism: A review of research. *Psychological Bulletin, 86,* 1236-1254.

MacWhinney, B. (1982). Basic syntactic processes. In S. Kuczaj (Ed.), *Language development. Volume 1. Syntax and semantics* (pp. 73-136). Hillsdale, New Jersey: Erlbaum.

Madge, N. and Fassam, M. (1982). *Ask the children.* London: Batsford.

Magnusson, M. and Lundman, M. (1987). Datorkonferenser för talhandikappade (Computer conferences for speech-impaired people). Presented at Forskningskonferansen "Människa - Miljö - Handikapp", Örebro 1987.

Maharaj, S.C. (1980). *Pictogram ideogram communication.* Regina, Canada.: The George Reed Foundation for the Handicapped.

Maisch, G. and Wisch, F.-H. (1987). *Gebärden-Lexicon, Band 1 Grundgebärden.* Hamburg: Verlag Hörgeschädigter Kinder.

Marshall, N.R. and Hegrenes, J. (1972). The use of writen language as a communication system for an autistic child. *Journal of Speech and Hearing Disorders, 37,* 258-261.

Martinsen, H. (1980). Biologiske forutsetninger for kulturalisering (Biological prerequisites for culturalisation). *Tidsskrift for Norsk Psykologforening, Monografiserien, 6,* 122-129.

Martinsen, H., Nordeng, H. and von Tetzchner, S. (1985). *Tegnspråk* (Sign language). Oslo: Universitetsforlaget.

Martinsen, H. and von Tetzchner, S. (1989). Imitation at the onset of speech. In S. von Tetzchner, L.S. Siegel and L. Smith (Eds.), *The social and cognitive aspects of normal and atypical language development* (pp. 51-68). New York: Springer-Verlag.

Martinsen, H. and von Tetzchner, S. (1996). Situating augmentative and alternative communication intervention. In S. von Tetzchner and M.H. Jensen (Eds.), *Augmentative and alternative communication: European perspectives* (pp. 37-48). London: Whurr.

Masterson, J.J. (1997). Interrelationships in children's language production. *Topics in Language Disorders, 17 (4),* 11-22.

Matas, J.A., Mathy-Laikko, P., Beukelman, D.R and Legresley, K. (1985). Identifying the nonspeaking population. *Augmentative and Alternative Communication, 1,* 17-31.

Mathy-Laikko, P., Iacono, T., Ratcliff, A., Villarruel, F., Yoder, D. and Vanderheiden, G. (1989). Teaching a child with multiple disabilities to use a tactile augmentative communication device. *Augmentative and Alternative Communication, 5,* 249-256.

McClenny, C.S., Roberts, J.E. and Layton, T.L. (1992). Unexpected events and their effect on children's language. *Child Language Teaching and Therapy, 8,* 229-245.

McDonald, E.T. and Schultz, A.R. (1973). Communication borads for cerebral-palsied children. *Journal of Speech and Hearing Disorders, 38,* 73-88.

McEwen, I.R. and Karlan, G.R. (1989). Assessment of effects of position on communication borad access by individuals with cerebral palsy. *Augmentative and Alternative Communication, 5,* 235-242.

McGregor, G., Young, J., Gerak, J., Thomas, B. and Vogelsbeerg, R.T. (1992). Increasing functional use of an assistive communication device by a student with severe disabilities. *Augmentative and Alternative Communication, 8,* 243-250.

McIlvane, W.J., Bass, R.W., O'Brien, J.M., Gerovac B.J. and Stoddard, L.T. (1984). Spoken and signed naming of foods after receptive exclusion training in severe retardation. *Applied Research in Mental Retardation, 5,* 1-27.

McKinnon, E., King, G., Cathers, T. and Scott, J. (1995). Electronic mail: Services from afar for individuals with physical disabilities. *Augmentative and Alternative Communication, 11,* 236-243.

McLean, L.P. and McLean, J.E. (1973). A language training program for nonverbal autistic children. *Journal of Speech and Hearing Disorders, 39,* 186-193.

McNaughton, D., Fallon, K., Tod, J., Weiner, F. and Neisworth, J. (1994). Effect of repeated listening experiences on the intelligibility of synthesized speech. *Augmentative and Alternative Communication, 10,* 161-168.

McNaughton, D. and Light, J. (1989). Teaching facilitators to support the communication skills of an adult with severe cognitive disabilities: A case study. *Augmentative and Alternative Communication, 5,* 35-41.

McNaughton, S. (1998). Reading acquisistion of adults with severe congenital speech and physical impairments: Theoretical infrastructure, empirical investigation, educational application. Thesis, University of Toronto.

McNaughton, S. and Kates, B. (1974). Visual symbols: Communication system for the pre-reading physically handicapped child. Presented at the

American Association on Mental Deficiency Annual Meeting, Toronto, 1974.

McNaughton, S. and Kates, B. (1980). The application of Blissymbolics. In R.L. Schiefelbusch (Ed.), *Nonspeech language and communication: Analysis and interventions* (pp. 303-321). Baltimore, Maryland: University Park Press.

McNaughton, S. and Lindsay, P. (1995). Approaching literacy with AAC graphics. *Augmentative and Alternative Communication, 11,* 212-228.

McNaughton, S., Marshall, P., Millin, N., Baird, E. and Lindsay, P. (1996). The new highway for Bliss! Presented at the 7th Biennial Conference of the International Society for Augmentative and Alternative Communication, Vancouver, August 1996.

Meier, R.P. (1991). Language acquisition by deaf children. *American Scientist, 79,* 60-70.

Mendes, E. and Rato, J. (1996). From system to communication: Staff training for attitude change. In S. von Tetzchner and M.H. Jensen (Eds.), *Augmentative and alternative communication: European perspectives* (pp. 342-354). London: Whurr.

Miller, M.S. (1987). Sign iconicity: single-sign receptive vocabulary skills of nonsigning hearing preschoolers. *Journal of Communication Disorders, 20,* 359-365.

Mills, J. and Higgins, J. (1984). An environmental approach to delivery of microcomputer-based and other communication systems. *Seminars in Speech and Language, 5,* 35-45.

Mirenda, P. and Dattilo, J. (1987). Instructional techniques in alternative communication for students with severe intellectual handicap. *Augmentative and Alternative Communication, 3,* 143-152.

Mirenda, P. and Santogrossi, J. (1985). A prompt-free strategy to teach pictoral communication system use. *Augmentative and Alternative Communication, 1,* 143-150.

Morley, M.E. (1972). *The development and disorders of speech in childhood.* Edinburgh: Churchill Livingstone.

Morgan, J.L and Demuth, K. (Eds.) (1996). *Signal to syntax: Bootstrapping from speech to grammar in early acquisition.* Mahwah, New Jersey: Lawrence Erlbaum.

Morningstar, D. (1981). Blissymbol communication: Comparison of interaction with naive vs. experienced listeners. Manuscript, University of Toronto.

Morris, S.E. (1981). Communication/interaction development at mealtimes for the multiple handicapped child: Implications for the use of augmentative communication systems. *Language, Speech, and Hearing Services in Schools, 12,* 216-232.

Murdock, J.Y. (1978). A non-oral expressive communication program for a nonverbal retardate. *Journal of Childhood Communication Disorders, 2,* 18-25.

Murphy, J., Marková, I., Moodie, E., Scott, J. and Boa, S. (1995). AAC systems used by people with cerebral palsy in Scotland: A demographic study. *Augmentative and Alternative Communication, 11,* 26-36.

Møller, S. and von Tetzchner, S. (1996). Allowing for developmental potential: A case study of intervention change. In S. von Tetzchner and M.H. Jensen (Eds.), *Augmentative and alternative communication: European perspectives* (pp. 249-269). London: Whurr.

Nadel, L. (Ed.) (1988). *The psychobiology of Down syndrome.* London: MIT Press.

Nelms, G. (1996). Tactile symbols: A case study. *Communication Matters, 10* (3), 11-12.

Nelson, K. (1996). *Language in cognitive development.* Cambridge: Cambidge University Press.

Nelson, K. (Ed.) (1989). *Narratives from the crib.* Cambridge: Harvard University Press.

Nelson, K.E., Camarata, S.M., Welsh, J., Butkovsky, L. and Camarata, M. (1996). Effects of imitative and conversational recasting treatment on the acquisition of grammar in children with specific language impairment and younger language-normal children. *Journal of Speech and Hearing Research, 39,* 850-859.

Newell, A.F., Arnott, J.L., Booth, L., Beattie, W., Brophy, B. and Ricketts, I.W. (1992). Effect of the "Pal" word prediction system on the quality and quantity of text generation. *Augmentative and Alternative Communication, 8,* 304-311.

Newell, A.F., Booth, L. and Beattie, W. (1991). Predictive text entry with PAL and children with learning difficulties. *British Journal of Educational Techneology, 22,* 23-40.

Norsk Tegnordbok. (1988). Bergen: Døves Forlag.

Odom, A.C. and Upthegrove, M. (1997). Moving towards employment using AAC: Case study. *Augmentative and Alternative Communication, 13,* 258-262.

O'Keefe, B.M. and Datillo, J. (1992). Teaching respons-recode form to adults with mental retardation using AAC systems. *Augmentative and Alternative Communication, 8,* 224-233.

Oliver, C.B. and Halle, J.W. (1982). Language training in the everyday environment. *Journal of the Association for Persons with Severe Handicaps, 8,* 50-62.

Olsson, B. and Rett, A. (1987). Autism and Rett syndrome: Behaviourial investigations and differential diagnosis. *Developmental Medicine and Child Neurology, 29,* 429-441.

Olsson, B. and Rett, A. (1990). A review of the Rett syndrome with a theory of autism. *Brain and Development, 12,* 11-15.

Osguthorpe, R.T. and Chang, L.L. (1987). Computerized symbol processors for individuals with severe communication disabilities. *Journal of Special Education Technology, 8,* 43-54.

Ottem, E., Sletmo, A. and Bollingmo, M. (1991). En analyse av WPPSI med relevans for barn med språk/talevansker. *Tidsskrift for Norsk Psykologforening, 28,* 1079-1084.

Paget, R. (1951). *The new sign langyuage.* London: The Welcome Foundation.

Paget, R., Gorman, P. and Paget, P. (1976). *The Paget Gorman Sign System (6th Edition).* London: Association for Experiment in Deaf Education.

Parkinson, E., Royal, L. and Darvil, G. (1995). Does augmentative communication improve communication and reduce frustration? *Communication Matters, 9* (2), 17-21.

Pecyna, P.M. (1988). Rebus symbol communication training with a severely handicapped preschool child: A case study. *Language, Speech, and Hearing Services in Schools, 19,* 128-143.

Peirce, C.S. (1931). *Collected papers.* Cambridge: Harvard University Press.

Percy, A.K. (1993). Meeting report: Second International Rett Syndrome Workshop and Symposium. *Journal of Child Neurology, 8,* 97-100.

Peters, A.M. (1983). *The units of language acquisition.* Cambridge: Cambridge University Press.

Peters, A.M. (1986). Early syntax. In P. Fletcher and M. Garman (Eds.), *Language acquisition, 2. edition* (pp. 307-325). Cambridge: Cambridge University Press.

Peters, L.J. (1973). Sign language stimulus vocabulary learning of a brain-injured child. *Sign Language Research, 3,* 116-118.

Peterson, S.L., Bondy, A.S., Vincent, Y. and Finnegan, C.S. (1995). Effects of altering communicative input for students with autism and no speech: Two case studies. *Augmentative and Alternative Communication, 11,* 93-100.

Petretic, P.A. and Tweeney, R.D. (1977). Does comprehension precede the production? The development of children's responses to telegraphic sentences of varying grammatical adequacy. *Journal of Child Language, 4,* 201-209.

Piaget, J. and Inhelder, B. (1969). *The psychology of the child.* London: Routledge and Kegan Paul.

Pinker, S. (1984). *Language learnability and language development.* Cambridge, Massachusetts: Harvard University Press.

Pinker, S. (1990). Language acquisition. In D.N. Osherson and H. Lasnik (Eds.), *Language* (pp. 199-241). Cambridge, Massachusetts: MIT Press.

Premack, D. (1971). Language in a chimpanzee? *Science, 172,* 808-822.

Prinz, P.M. and Prinz, E.A. (1979). Acquisition of ASL and spoken English in a hearing child of a deaf mother and hearing father: Phase I - Early lexical development. *Papers and Reports on Child Language Development, 17,* 139-146.

Prinz, P.M. and Prinz, E.A. (1981). Acquisition of ASL and spoken English in a hearing child of a deaf mother and hearing father: Phase II - Early combinatorial patterns. *Sign Language Studies, 30,* 78-88.

Raghavendra, P. and Allen, G.D. (1993). Comprehension of synthetic speech with three text-to-speech systems using a sentence verification paradigm. *Augmentative and Alternative Communication, 9,* 126-133.

Raghavendra, P. and Fristoe, M. (1990). "A spinach with a V on it": What 3-year-olds see in standard and enhanced Blissymbols. *Journal of Speech and Hearing Disorders, 55,* 149-159.

Raghavendra, P. and Fristoe, M. (1995). "No shoes; they walked away?": Effects of enhancement on learning and using Blissymbols by normal 3-year-old children. *Journal of Speech and Hearing Research, 38,* 174-188.

Ramer, A. (1976). Syntactic styles in emerging language. *Journal of Child Language, 3,* 49-62.

Rankin, J.L., Harwood, K. and Mirenda, P. (1994). Influence of graphic symbol use on reading cmprehension. *Augmentative and Alternative Communication, 10,* 269-281.

Ratcliff, A. (1994). Comparison of realtive demands implicated in direct selection and scanning: Considerations from normal children. *Augmentative and Alternative Communication, 10,* 67-74.

Ratusnik, C.M. and Ratusnik, D.L. (1974). A comprehensive communication approach for a ten-year-old nonverbal autistic child. *American Journal of Orthopsychiatry, 44,* 396-403.

Reichle, J., Barrett; C., Tetlie, R.R. and McQuarter, R.J. (1987). The effect of prior intervention to establish generalized requesting on the acquisition of object labels. *Augmentative and Alternativ Communication, 3,* 3-11.

Reichle, J. and Brown, L. (1986). Teaching the use of a multipage direct selection communication board to an adult with autism. *Journal of the Association for Persons with Severe Handicaps, 11,* 68-73.

Reichle, J. and Karlan, G. (1985). The selection of an augmentative communication system in communication intervention: A critique of decision rules. *Journal of the Association for Persons with Severe Handicaps, 10,* 146-156.

Reichle, J. Rogers, N. and Barrett, C. (1984). Establishing pragmatic discriminations among the communicative functions of requesting, rejecting, and commenting in an adolescent. *Journal of the Association for Persons with Severe Handicaps, 9,* 31-36.

Reichle, J. and Ward, M. (1985). Teaching discriminative use of an encoding electronic communication device and Signing Exact English to a moderately handicapped child. *Language, Speech, and Hearing Services in Schools, 16,* 58-63.

Reichle, J. and Yoder, D.E. (1985). Communication use in severely handicapped learners. *Language, Speech, and Hearing Services in Schools, 16,* 146-157.

Reid, D.H. and Hurlbut, R. (1977). Teaching nonvocal communication skills to multihandicapped retarded adults. *Journal of Applied Behavior Analysis, 10,* 591-603.

Remington, B. and Clarke, S. (1983). Acquisition of expressive signing by autistic children: An evaluation of the relative effects of simultaneous communication and sign-alone training. *Journal of Applied Behavior Analysis, 16,* 3154-3328.

Remington, B. and Clarke, S. (1993a). Simultaneous communication and speech comprehension. Part 1: Comparison of two methods of teaching expressive signing and speech comprehension skills. *Augmentative and Alternative Communication, 9,* 36-48.

Remington, B. and Clarke, S. (1993b). Simultaneous communication and speech comprehension. Part ll: Comparison of two methods of overvoming selective attention during expressive signing training. *Augmentative and Alternative Communication, 9,* 49-60.

Remington, B. and Light, P. (1983). Some problems in the evaluation of research on non-oral communication systems. *Advances in Mental Handicaps, 2,* 69-94.

Reynell, J. (1969). *Reynell Developmental Language Scales.* London: National Foundation for Educational Research.

Reynolds, M.E., Bond, Z.S. and Fucci, D. (1996). Synthetic speech intelleigibility: Comparison of native and non-native speakers of English. *Augmentative and Alternative Communication, 12,* 32-36.

Rimland, B. (1971). The differentiation of childhood psychosis: An analysis of checklists for 2,218 psychotic children. *Journal of Autism and Childhood Schizophrenia, 1,* 161-174.

Robinson, L.A. and Owens, R.E. (1995). Functional augmentative communication and positive behaviour change. *Augmentative and Alternative Communication, 11,* 207-211

Roe, P.R.W. (Ed.) (1995). *Telecommunications for all.* Luxembourg: Office for Official Publications of the European Communities.

Romski, M.A. and Ruder, K.F. (1984). Effect of speech and speech and sign instruction on oral language learning and generalization of action+object combinations by Down's syndrome children. *Journal of Speech and Hearing Research, 49,* 293-302.

Romski, M.A. and Sevcik, R.A. (1989). An analysis of visual-graphic symbol meanings for two nonspeaking adults with severe mental retardation. *Augmentative and Alternative Communication, 5,* 109-114.

Romski, M.A. and Sevcik, R.A. (1993). Language comprehension: Considerations for augmetative and alternative communication. *Augmetative and Alternative Communication, 9,* 281-285

Romski, M.A. and Sevcik, R.A. (1996). *Breaking the speech barrier.* Baltimore: Paul H. Brookes.

Romski, M.A., Sevcik, R.A. and Pate, J.L. (1988). Establishment of symbolic communication in persons with severe retardation. *Journal of Speech and Hearing Disorders, 53,* 94-107.

Romski, M.A., White, R.A., Millen, C.E. and Rumbaugh, D.M. (1984). Effects of computer-keyboard teaching on the symbolic communication of severely retarded persons: Five case studies. *The Psychological Record, 34,* 39-54.

Rosenberg, S. and Abbeduto, L. (1993). *Language and communication in mental retardation.* Hillsdale, New Jersey: Lawrence Erlbaum.

Rosenblum, S.M., Arick, J.R., Krug, D.A. Stubbs, E.G., Young, N.B. and Pelson, R.O. (1980). Auditory brainstem evoked responses in autistic children. *Journal of Autism and Childhood Disorders, 10,* 215-225.

Rostad, A.M. (1989). Erfaringer med tegnopplæring av psykisk utviklingshemmede småbarn. Levanger: Unpublished manuscript.

Rotholz, D.A., Berkowitz, S.F. and Burberry, J. (1989). Functionality of two modes of communication in the community by students with developmental disabilities: A comparison of signing and sommunication books. *Journal of the Association for Persons with Severe handicaps, 14,* 227-233.

Rowe, J.A. and Rapp, D.L. (1989). Tantrums: Remediation through communication. *Child: Care, Health, and Development, 6,* 197-208.

Rowland, C. and Schweigert, P. (1989). Tangible symbols: Symbolic communication for individuals with miltisensory impairments. *Augmentative and Alternative Communication, 5,* 226-234.

Rutter, M., Mawhood, L. and Howlin, P. (1992). Language delay and social development. In P. Fletcher and D. Hall (Eds.), *Specific speech and language disorders in children* (pp. 63-78). London: Whurr.

Ryan, J. (1974). Early language development: Towards a communication analysis. In M.P.M. Richards (Ed.), *The integration of a child into a social world* (pp. 185-213). London: Cambridge University Press, 1974,

Ryan, J. (1977). The silence of stupidity. In J. Morton and J.C. Marshall (Eds.), *Psycholinguistic series, Vol 1. Developmental and pathological* (pp. 99-124). London: Elek Science.

Salvin, A., Routh, D.K., Foster, R.E. Jr. and Lovejoy, K.M. (1977). Acquisition of modified American Sign Language by a mute autistic child. *Journal of Autism and Childhood Schizophrenia, 7,* 359-371.

Sandberg, A.D. (1996). Literacy abilities in nonvocal children with cerebral palsy. Thesis, Gothenburg University.

Sandberg, A.D. and Hjelmquist, E. (1992). Blissanvändare i förskola, skola och efter avslutad skolgång. Inventering an antall och skattning av grad av Blissanvänding. *Rapport från Psykologiska Institutionen,* No. 6.

Sarriá, E., Gómez, J.C. and Tamarit, J. (1996). Joint attention and alternative language intervention in autism: Implications of theory for practice. In S. von Tetzchner and M.H. Jensen (Eds.), *Augmentative and alternative communication: European perspectives* (pp. 49-64). London: Whurr.

Schaeffer, B., Kollinzas, G., Musil, A. and McDowell, P. (1977). Spontaneous verbal language for autistic children through signed speech. *Sign Language Studies,* 17, 387-328.

Schaeffer, B., Raphael, A. and Kollinzas, G. (1994). *Signed speech for nonverbal students.* Seattle, Washington: Educational Achievement Systems.

Schaffer, H.R. (1989). Language development in context. In S. von Tetzchner, L.S. Siegel and L. Smith (Eds.), *The social and cognitive aspects of normal and atypical language development* (pp. 1-22). New York: Springer-Verlag.

Schank, R.C. and Abelson, R.P. (1977). *Scripts, plans, goals, and understanding.* Hillsdale: Lawrence Erlbaum.

Schepis, M.M., Reid, D.H., Fitzgerald, J.R., Faw, G.D., Pol, A.v.d. and Welty, P.A. (1982). A program for increasing manual signing by autistic and profoundly retarded youth within the daily environment. *Journal of Behavior Ananlysis, 15,* 363-379.

Scherz, J.W. and Beer, M.M. (1995). Factors affecting the intelligebility of synthesized speech. *Augmentative and Alternative Communication, 11,* 74-78.

Schopler, E., Reichler, R.J., DeVellis, R.F. and Daly, K. (1980). Toward objective classification of childhood autism: Childhood Autism Rating Scale (CARS). *Journal of Autism and Developmental Disorders, 10,* 91-103.

Schjølberg, S. (1984). Forståelighet av talen til barn med språkvansker. Thesis, University of Oslo.

Schlosser, R.W. (1997a). Nomenclature of category levels in graphic symbols, Part I: Is a flower a flower a flower? *Augmentative and Alternative Communication, 13,* 4-13.

Schlosser, R.W. (1997b). Nomenclature of category levels in graphic symbols, Part II: The role of similarity in categorization. *Augmentative and Alternative Communication, 13,* 14-29.

Schlosser, R.W. and Lloyd, L.L. (1997). Effects of paired-associate learning versus symbol explanations on Blissymbol comprehension and production. *Augmentative and Alternative Communication, 13,* 226-238.

Scollon, R. (1976). *Conversations with a one year old.* Honolulu: University of Hawaii Press.

Sellin, A. (1992). Bericht über die Arbeit mit Birger nach der Methode `Facilitated Communication' vom 2. August 1990 bis November 1990. *Autismus, 33,* 2-4.

Shane, H.C. and Bashir, A.S. (1981). Election criteria for the adoption of an augmentative communication system: Preliminary considerations. *Journal of Speech and Hearing Disorders, 45,* 408-414.

Shane, H.C. and Cohen, C.G. (1981). A discussion of communicative strategies and patterns by nonspeaking persons. *Language, Speech, and Hearing Services in Schools, 12,* 205-210.

Shane, H.C., Lipschultz, R.W. and Shane, C.L. (1982). Facilitating the communicative interaction of nonspeaking persons in a residential setting. *Topics in Language Disorders, 2,* 73-84.

Sharpe, P.A. (1992). Comparative effects of bilateral hand splints and an elbow orthosis on stereotypic hand movements and toy play in two children with Rett syndrome. *American Journal of Occupational Therapy, 46,* 134-140.

Sheehy, E., Moore, K. and Tsamtsouris, A. (1993). Augmentative communication for the non-speaking child. *The Journal of Clinical Pediatric Dentistry, 17,* 261-264.

Sheplerd, T.C. and Haaf, R.G. (1995). Comparison of two training methods in the learning and generalization of Blissymbolics. studies. *Augmentative and Alternative Communication, 11,* 154-164.

Shere, B. and Kastenbaum, R. (1966). Mother-child interaction in cerebral palsy: Environmental and psychosocial obstacles to cognitive development. *Genetic Psychology Monographs, 73,* 255-335.

Shipley, E., Gleitman, L.R. and Smith, C. (1969). A study in the acquisition of language: Free responses to commands. *Language, 45,* 322-342.

Sigafoos, J., Laurie, S. and Pennell, D. (1996). Teaching children with Rett syndrome to request preferred objects using aided communication: Two preliminary studies. *Augmentative and Alternative Communication, 12,* 88-96.

The formative evaluation of the Ontario Crippled Children's Centre symbol communication program. In H. Silverman, S. McNaughton and B. Kates Silverman, H., Kates, B. and McNaughton, S. (Eds.) (1978). *Handbook of Blissymbolics.* Toronto: Ontario Crippled Children's Centre.

Siple, P. and Fischer, S. (Eds.) (1991). *Theoretical issues in sign language research. Volume 2: Psychology.* Chicago: University of Chicago Press.

Sisson, L.A. and Barrett, R.P. (1984). An alternating treatment comparison of oral and total communication training with minimally verbal children. *Journal of Applied Behavior Analysis, 17,* 559-566.

Siverts, B.E. (1982). *Sjekkliste for autister.* Oslo: Landsforeningen for Autister.

Skinner, B.F. (1957). *Verbal behavior.* New York: Appleton-Century-Crofts.

Skjeldal, O.H., von Tetzchner, S., Asplund, F., Herder, G.A & Lofterød, B. (1997). Rett syndrome: geographic variation in prevalence in Norway. *Brain and Development, 19,* 258-261.

Skjelfjord, V.J. (1976). *Fonemlæring i skolen* (Phoneme learning in school). Oslo: Universitetsforlaget.

Smeets, P.M. and Striefel, S. (1976). Acquisition of sign reading by transfer of stimulus control in a retarded deaf girl. *Journal of Mental Defiency Research, 20,* 197-205.

Smith, A.K., Thurston, S., Light, J., Parnes, P. and O'Keele, B. (1989). The form and use of written communication produced by physically disabled individuals using microcomputers. *Augmentative and Alternative Communication, 5,* 115-124.

Smith, L. and von Tetzchner, S. (1986). Communicative, sensorimotor, and language skills of young children with Down syndrome. *American Journal of Mental Deficiency, 91,* 57-66.

Smith, M.M. (1991). Assessment of interaction patterns and AAC use: A case study. *Journal of Clinical Speech and Language Studies, 1,* 76-102.

Smith, M.M. (1992). Reading abilities of nonspeaking student: Two case studies. *Augmentative and Alternative Communication, 8,* 57-66

Smith, M.M. (1994). Speech by another name: The role of communication aids in interaction. *European Journal of Disorders of Communication, 29,* 25-240.

Smith, M.M. (1996). The medium or the message: A study of speaking children using communication boards. In S. von Tetzchner and M.H.

Jensen (Eds.), *Augmentative and alternative communication: European perspectives* (pp. 119-136). London: Whurr.

Smith-Lewis, M. (1994). Discontinuity in the development of aided augmentative and alternative communication systems. *Augmentative and Alternative Communication, 10,* 14-26

Smith-Lewis, M. and Ford, A. (1987). A user's perspective on augmentative communication. *Augmentative and Alternative Communication, 3,* 12-17.

Snow, C.E. and Ferguson, C.A. (Eds.) (1977), *Talking to children.* Cambridge: Cambridge University Press.

Sommer, K.S., Whitman, T.L. and Keogh, D.A. (1988). Teaching severely retarded persons to sign interactively through the use of a behavioral script. *Research in Developmental Disabilities, 9,* 291-304.

Soro, E., Basil, C. and von Tetzchner, S. (1992). *Teaching initial communication and language skills to AAC users. Part 1: Children and adolescents with impairment of language comprehension and expression.* Video presented at Fifth Biennial Conference on Augmentative and Alternative Communication, Philadelphia, August 1992.

Sparrow, S.S., Balla, D.A. and Cicchetti, D.V. (1984). *Vineland Adaptive Behavior Scales.* Circle Pines: American Guidance Service.

Spiegel, B.B., Benjamin, B.J. and Spiegel, S.A. (1993). One method to increase spontaneous use of an assistive communication: case study. *Augmentative and Alternative Communication, 9,* 111-118.

Stephenson, J. and Linfoot, K. (1996). Pictures as communication symbols for students with severe disability. *Augmentative and Alternative Communication, 12,* 244-255.

Stokes, T.F., Baer, D.M. and Jackson, R.L. (1974). Programming the generalization of a greeting response in four retarded children. *Journal of Applied Behavior Analysis, 7,* 599-610.

Sutton, A.C. (1982). Augmentativ communication systems: The interaction process. Presented at the Annual Convention of the American Speech-Language-Hearing Association, Toronto, 1982.

Sutton, A. and Morford, J.P. (in press). Constituent order in picture pointing sequences produced by speaking children using AAC. *Applied Psycholinguistics.*

Sweidel, G.B. (1989). Stop, lok and listen! When vocal and nonvocal adults communicate. *Disability, Handicap and Society, 4,* 165-175.

Taylor, H.G. and Alden, J. (1997). Age-related differences in outcomes following childhood brain insults: An introduction and overview. *Journal of the International Neuropsychological Society, 3,* 555-567.

Topper, S.T. (1975). Gesture language for a non-verbal severely retarded male. *Mental Retardation, 13,* 30-31.

Trasher, K. and Bray, N. (1984). Effects of iconicity, taction, and training technique on the initial acquistion of manual signing by the mentally retarded. Presented at the 17th Annual Gatinburg Conference on Research in Mental Retardation, Gatinburg, 1984.

Trefler, E. and Crislip, D. (1985). No aid, an Etran, a Minspeak: A comparison of efficieny and effectiveness during structured use. *Augmentative and Alternative Communication, 1,* 151-155.

Trevathan, E. and Moser, H.W. (1988). Diagnostic criteria for Rett syndrome. *Annals of Neurology, 23,* 425-428.

Trevarthen, C. (1986). Notes on the psychology and developmental neurobiology of Rett syndrome. *Journal of Mental Deficiency Research, 31,* 106-108.

Trevinarus, J. and Tannock, R. (1987). A scanning computer access system for children with severe physical disabilities. *The American Journal of Occupational Therapy, 41,* 733-738.

Tronconi, A. (1989). Blissymbolics-based telecommunications. *Communication Outlook, 11,* 8-11.

Udwin O. and Yule, W. (1990). Augmentative communication systems taught to cerebral palsy children - a longitudinal study. 1. The acquisition of signs and symbols and syntactic aspects of their use over time. *British Journal of Disorders of Communication, 25,* 295-309.

Udwin, O. and Yule, W. (1991). Augmentative communication systems taught to cerebral-palsied children - A longitudinal study. 3. Teaching practices and exposure to sign and symbol use in schools and homes. *British Journal of Disorders of Communication, 26,* 149-162.

Undheim, J.O. (1978). *Håndbok til Wechsler Intelligence Scale for Children - Revised.* Oslo: Norsk Psykologforening.

Van Acker, R. (1991). Rett syndrome: A review of current knowledge. *Journal of Autism and Developmental Disorders, 21,* 381-406.

Vance, M. and Wells, B. (1994). The wrong end of the stick: Language-impaired children's understanding of non-literal language. *Child Language Teaching and Therapy, 10,* 23-46.

Vanderheiden, D.B., Brown, W.P., MacKenzie, P., Reinen, S. and Scheibel, C. (1975). Symbol communication for the mentally handicapped. *Mental Retardation, 13,* 34-37.

Vanderheiden, G.C. and Lloyd, L.L. (1986). Communication systems and their components. In S.W. Blackstone (Ed.), *Augmentative communication: An introduction* (pp. 49-161). Rockville, Maryland: American Speech and Hearing Association.

van Oosterom, J. and Devereux, K. (1985). *Learning with Rebus glossary.* Back Hill, UK: Earo, The Resource Centre.

Vaughn, B. and Horner, R.H. (1995). Effects of concrete versus verbal choice systems on problem behavior. *Augmentative and Alternative Communication, 11,* 89-92.

Venkatagiri, H.S. (1994). Effect of sentence length and exposure on the intelligibility of synthesized speech. *Augmentative and Alternative Communication, 10,* 96-104.

Venkatagiri, H.S. (1993). Efficiency of lexical prediction as a communication acceleration technique. *Augmentative and Alternative Communication, 9,* 161-167

Venkatagiri, H.S. and Ramebadran, T.V. (1995). Digital speech synthesis: A tutorial. *Augmentative and Alternative Communication, 11,* 14-25.

Villiers, J.G.D. and McNaughton, J.M. (1974). Teaching a symbol language to autistic children. *Journal of Conculting and Clinical Psychology, 42,* 111-117.

von Tetzchner, S. (1984a). Facilitation of early speech development in a dysphatic child by use of signed Norwegian. *Scandinavian Journal of Psychology, 25,* 265-275.

von Tetzchner, S. (1984b). Tegnspråksopplæring med psykotiske/autistiske barn: Teori, metode og en kasusbeskrivelse. *Tidsskrift for Norsk Psykologforening, 21,* 3-15.

von Tetzchner, S. (1985). Words and chips - pragmatics and pidginization of computer-aided communication. *Child Language Teaching and Therapy, 1,* 295-305.

von Tetzchner, S. (1987). *Testprogrammer for barn med bevegelseshemning.* Oslo: Sentralinstituttet for Cerebral Parese.

von Tetzchner, S. (Ed.) (1991). *Issues in telecommunication and disability.* Luxembourg: Office for Official Publications of the European Communities.

von Tetzchner, S. (1996a). Facilitated, automatic and false communication: Current issues in the use of facilitating techniques. *European Journal of Special Needs Education, 11,* 151-166.

von Tetzchner, S. (1996b). The contexts of early aided language acquisition. Presented at the 7th Biennial Conference of the International Society for Augmentative and Alternative Communication, Vancouver, August 1996.

von Tetzchner, S. (1997a). The use of graphic language intervention among young children in Norway. *European Journal of Disorders of Communication, 32,* 217-234.

von Tetzchner, S.v. (1997b). Communication skills of females with Rett syndrome. *European Child and Adolescent Psychiatry, 6 (Supplement 1),* 33-37.

von Tetzchner, S. (1997c). Historical issues in intervention research: Hidden knowledge and facilitating techniques in Denmark. *European Journal of Disorders of Communication, 32,* 1-18.

von Tetzchner, S., Dille, K., Jørgensen, K.K., Ormhaug, B.M., Oxholm, B. and Warme, R. (1998). From single signs to relational meanings. Presented at the 8th Biennial Conference of the International Society for Augmentative and Alternative Communication, Dublin, August 1998.

von Tetzchner, S., Grove, N., Loncke, F., Barnett, S., Woll, B. and Clibbens, J. (1996). Preliminaries to a comprehensive model of augmentative and alternative communication. In S. von Tetzchner and M.H. Jensen (Eds.), *Augmentative and alternative communication: European perspectives* (pp. 19-36). London: Whurr.

von Tetzchner, S., Jacobsen, K.H., Smith, L., Skjeldal, O.H., Heiberg, A. and Fagan, J.F. (1996). Vision, cognition and developmental characteristics of girls and women with Rett syndrome. *Developmental Medicine and Child Neurology, 38,* 212-225.

von Tetzchner, S. and Jensen, K. (in press). Communicating with people who have severe communication impairment: Ethical considerations. *International Journal of Disability, Development and Education.*

von Tetzchner, S. and Jensen, M.H. (1996). Introduction. In S. von Tetzchner and M.H. Jensen (Eds.), *Augmentative and alternative communication: European perspectives* (pp. 1-18). London: Whurr.

von Tetzchner, S. and Martinsen, H. (1980). A psycholinguistic study of the language of the blind: I. Verbalism. *International Journal of Psycholinguistics, 19,* 49-61.

von Tetzchner, S. and Martinsen, H. (1996). Words and strategies: Communicating with young children who use aided language. In S. von Tetzchner and M.H. Jensen (Eds.), *Augmentative and alternative communication: European perspectives* (pp. 65-88). London: Whurr.

von Tetzchner, S., Rogne, S.O. and Lilleeng, M.K. Literacy intervention for a deaf child with severe reading disorders. *Journal of Literacy Research,* 1997, *29,* 25-46.

von Tetzchner, S. and Øien, I. (1989). *Rett syndrom: Forløp og tiltak.* Video. Oslo: Norsk forening for Rett syndrom.

Wagner, K.R. (1985). How much do children say in a day? *Journal of Child Language, 12,* 475-487.

Walker, M. (1976). *Language programmes for use with the revised Makaton vocabulary.* Surrey: M. Walker.

Walker, M. and Ekeland, J. (1985). *The revised Makaton vocabulary, Norsk versjon* (foreløpig utgave). Klæbu: Vernepleierhøgskolen i Sør-Trøndelag.

Walker, M., Parson, P., Cousins, S., Carpenter, B. and Park, K. (1985). *Symbols for Makaton.* Back Hill, UK: Earo, The Resource Centre.

Warren, D.H. (1994). *Blindness and children.* Cambridge: Cambridge University Press.

Warren, S.F. and Kaiser, A.P. (1986). Incidental teaching: A critical review. *Journal of Speech and Hearing Disorders, 51,* 291-299.

Watson, M.M. and Leahy, J. (1995). Multimodal therapy for a child with developmental apraxia for speech: A case study. *Child Language Teaching and Therapy, 11,* 264-272.

Watters, R.G. Wheeler, L.J. and Watters, W.E. (1981). The realtive efficiency of two orders for training autistic children in the expressive and receptive use of manual signs. *Journal of Communication Disorders, 14,* 273-285.

Webster, C.D., McPherson, L., Evans, M.A. and Kuchar, E. (1973). Communication with an autistic boy by gesture. *Journal of Autism and Childhood Schizophrenia, 3,* 337-346.

Weir, R.H. (1966). Some questions on the child's learning of phonology. In F. Smith and G.A. Miller (Eds.), *The genesis of language* (pp. 153-168). London: The MIT Press.

Weis, D.A. (1967). Cluttering. *Folia Phoniatrica, 19,* 233-263.

Wells, M.E. (1981). The effect of total communication training versus traditional speech training on word articulation in severely mentally retarded individuals. *Applied Research in Mental Retardation, 2,* 323-333.

Wexler, K., Blau, A., Leslie, S. and Dore, J. (1983). Conversational interaction of nonspeaking cerebral palsied individuals and their speaking partners, with and without augmentative communication aids. Manuscript, West Haverstraw, Helen Hayes Hospital.

Wherry, J.N. and Edwards, R.P. (1983). A comparison of verbal, sign, and simultaneous systems for the acquisition of receptive language by an autistic boy. *Journal of Communication Disorders, 16,* 201-216.

Wilbur, R.B. (1979). *American sign language and sign systems.* Baltimore: University Park Press.

Wilken-Timm, K. (1997). *Kommunikationshilfen zur Persönlichkeitsentwicklung.* Karlsruhe: von Loeper Literaturverlag.

Wilkinson, K.M., Romski, M.A. and Sevcik, R.A. (1994). Emergence of visual-graphic symbol combinations by youth with moderate or severe mental retardation. *Journal of Speech and Hearing Research, 37,* 883-895.

Wills, K.E. (1981). Manual communication for nonspeaking hearing children. *Journal of Pediatric Psychology, 6,* 15-27.

Woodcock, R.W., Clark, C.R. and Davies, C.O. (1969). *Peabody Rebus Reading Program.* Circle Pines: American Guidance Service.

Woodyatt, G.C. and Ozanne, A.E. (1992). Communication abilities in a case of Rett syndrome. *Journal of Intellectual Disability Research, 36,* 83-92.

Woodyatt, G.C. and Ozanne, A.E. (1993). A longitudinal study of communication behaviours in children with Rett syndrome. *Journal of Intellectual Disability Research, 37,* 419-435.

World Health Organization (1993). The ICD-10 classification of mental and behavioural disorders: Diagnostic criteria for research. Geneva: World Health Organization.

Yoder, D.E. and Kraat, A. (1983). Intervention issues in nonspeech communication. In J. Miller, D.E. Yoder and R.L. Schiefelbusch (Eds.), *Contemporary issues in language intervention* (pp. 27-51). Rockville, Maryland: American Speech and Hearing Association.

York, J., Nietupski, J. and Hamre-Nietupski, S. (1985). A decision-making process for using microswithches. *Journal of the Association for Persons with Severe Handicaps, 10,* 214-223.

Yorkston, K.M., Honsinger, M.J., Dowden, P.A. and Marriner, N. (1989). Vocabulary selection: A case report. *Augmentative and Alternative Communication, 5,* 101-109.

Register

Abhängigkeit 108; 135; 190
Abkürzungen 55; 58
Agnosie 83
Aktivität 116
Aktivitätsniveau 119
Akzent 158
Aladin 33; 39; 52; 169; 258
Alternativsprache 100
Altersstufen 110
Analogie 267; 329
Analogien 359
Anarthrie 80; 84
Angehörige 127
Anweisungszeichen 164
Apple-Computer 51; 56
Apraxie 102f.; 105; 211
Artikulation 19; 74; 84; 89; 199; 219; 318; 319
Artikulationsfähigkeit 277
Artikulationsstörungen 82
Attribut 282
Aufmerksamkeit 12; 40; 120; 129; 146; 163; 193; 205; 294
   gemeinsame 147; 148
Augenbewegungen 66
Augmentative and Alternative Communication 17
Ausdrucksfähigkeit
   nicht-lautsprachliche 12
Ausdrucksformen 18; 208
Ausdrucksmittel 135; 163
Ausdruckssprache 284; 288
Ausdrucksunterricht 209f.; 212; 215; 287
Ausdruckswortschatz 285
Ausdruckszeichen 211; 222; 244; 299
Ausschlußverfahren 247
Autismus 43; 83; 96; 98f.; 131; 165; 174; 177; 183; 190; 193; 249; 281; 296; 302; 310
   Gebärdenunterricht 100
Auto 259; 318

Bedeutungserweiterung 139
Bedeutungsverengung 130; 139
Bedeutungswechsel 296
Beeinträchtigungen 10
Begleitfaktoren 88
begrenzte Klasse 287
Begriffe
   zusammengesetzte 232
Behinderungen
   erworbene 10
   geistige 91
   komplexe 110
   motorische 258
Behinderungsformen 84
Benennung 187; 188
Beobachten, Warten und Reagieren 172f.; 183
Beobachtung 115
Berichtskarte 338
Beruf 110
Berufsausbildung 119
Besitz 282
Betreuer 356
betroffene Person 14
Bett 261
Beziehungswörter 237; 271
Bezugspersonen 15; 355
Bilder 33; 34
Bildschirm 264
Bildwahrnehmung 230
Bitten um Handlungen 244
Blickbewegungen 62
Blickkontakt 59; 99; 193; 333
Blickrichtung 193; 194
Bliss-Symbole 17; 21ff.; 30; 39; 41; 45f.; 52; 73; 80; 171; 187; 227f.; 258; 266; 275ff.; 328ff.; 333; 352; 359
bootstrapping 306
Brabbeln 68
Brief 53
Brille 93
Buchstabenbrett 51
Buchstabierfähigkeiten 203

Checklisten 114
Code 48; 57
Computer 18; 21; 27; 33; 48; 51f.; 54f.; 59; 63f.; 123; 278; 326
   IBM-kompatible 51
Concept Keyboard 64; 65; 71; 222; 277

Deutsche Gebärdensprache 19
Deutsche Wortstrategie 58
Diagnose 126
Dialekt 19; 58
digitalisierte Sprache 59; 73; 106; 260
dissoziierte Entwicklung 102
Down-Syndrom 82; 93ff.; 141; 160; 210; 320
Druckstärke 71
Dysarthrie 84
Dysphasie 81; 223
Dyspraxie 88; 90; 102f.; 105

Eigennamen 249; 250
Eigenständigkeit 122
Einfachheit der Demonstration 232
Ein-Wort-Äußerungen 293
Ein-Wort-Phase 285
Eltern 351; 353
   Unterstützung 351
e-Mail 60; 326

417

Entwicklung
  dissoziierte 102
Entwicklungsfaktoren 159
Erläuterung 16
Erlebnisse
  nichtsprachliche 148
erneutes Auftauchen 282
Ersatzsprache 82
Erwartungen 239
Erzählungen 340f.
Erzählungsstruktur 294
ETRAN 61
Evaluation 136; 138
  Generalisierungen 138
Evaluationsbericht 137
Existenz 282
expressive Fähigkeiten 128

Fachteams 145
facilitated communication Siehe gestützte Kommunikation
Fähigkeiten
  allgemeine 119
  auditive 123
  expressive 128
  feinmotorische 103
  linguistische 58
  motorische 122; 124; 199; 201; 219
  nonverbale 98
  soziale 116; 138
  sprachliche 141
  versteckte 202
  visuelle 123
falsche Kommunikation 203
Familie 349
Farbinformationen 36
Feinmotorik 105
Fernsehsendungen 255
Fingeralphabet 250
Förderungsmaßnahmen 13
Formen, linguistische 14
Fotos 36
Frage-Antwort-Spiel 87
Freizeit 110; 156
Freizeitgestaltung 156
Fremdsprachen 20
Freunde 354
Funktionsfelder 64

Gebärden 11; 13f.; 17ff.; 39ff.; 60; 84; 94; 136; 138; 159; 160; 165; 170; 174; 179; 194; 210; 212; 219ff.; 270; 284; 316; 319; 344ff.; 349; 356f.
  Anwendung 226
  lautsprachbegleitende 19
  Topographie 19
Gebärdensprache 83; 90f.; 281; 351
  Erläuterung 16
  natürliche 21

Gebärdenunterricht 95; 100; 126; 171
  Nachahmung 198
Gebärdenwortschatz 351
Gegenstandswörter 271
Gehirnschäden 123; 158
Gehirnverletzungen 84
Gehörlose 357
geistige Behinderung 91
Gelegenheitsunterricht 182; 183
Generalisierung 138; 151; 152
Geräusche 129; 208
  wortähnliche 86
Geschwister 353
Gesichtsausdrücke 55; 208
Gesprächsfähigkeit 262; 309f.; 316ff.; 322f.
Gesprächsorte 298
Gesprächspartner 76; 335; 343
  Verhaltensweisen 333
Gesprächsstrategien 322; 333
Gesprächsstruktur 341
Gesprächsthema 196
Gestalt-Strategie 303
Gesten 208
gestützte Kommunikation 201f.
Gleichaltrige 354
Grapheme 81
graphemisches Bewußtsein 277
Graphische Zeichen 17; 21; 81; 170f.; 208; 219; 227; 229; 276; 284; 305; 319; 344; 348; 357; 358
Graphische Zeichensysteme 45
Greifbare Zeichen 18; 37; 47; 231; 345; 349

Halsreflex 85
Handbewegungen 122
Handlungen
  ortsbezogene 282
Handwaschbewegungen 103
Hausaufgaben 352
High-Tech-Hilfen 51; 55; 87
Hilflosigkeit 241
  erlernte 120
hilfsmittelgestützte Kommunikation 18
Hörfähigkeit 10; 17; 83; 93; 100; 123
Hörhilfen 48

Ideogramme 227f.
Ikonizität 224ff.; 231
Illinois Test of Psycholinguistic Ability, *siehe* ITPA
Informationsaustausch 139
Initiative 186; 215; 321; 358
innere Lautsprache 284
Intelligenzalter 112
Intelligenztest 88; 91f.; 113
Intelligenztests 113
Interesse 119
Interpretation 306; 329
Intervention

Bedarf 110
Beginn 158
bereichsorientierte 242; 244
Evaluation 136
Kontinuität 144
oberflächenorientierte 242
Intonation 293
IQ 91; 92
Iris 66
ISDN 326
ITPA 132; 266

Ja-Nein-Fragen 274; 331; 347; 352

Kalender 190f.
Kategorien 281
Kehlkopfoperation 81
Ketten 175; 177; 299; 302
Kindergarten 119
Klassenkameraden 354
Kognition 281
Kognitionsfähigkeit 104; 303
Kognitionsfunktionen 92
kognitive Anforderungen 303
Kommentare 320; 322; 341
Kommunikation 128
   Geschwindigkeit 71
   graphische 27; 33; 43; 284
   hilfsmittelgestützte 18
   hilfsmittelunterstützte 39; 41f.; 105
   im Auto 259
   Initiative 210
   Initiierung 321
   lautsprachliche 146
   nichtverbale 135
   ohne Hilfsmittel 18
   personenabhängige 18
   personenunabhängige 18
   Rückschläge 324
   strukturierte 137
   totale 104; 161
   Zeitbedarf 328
Kommunikationsaufgaben 147
Kommunikationsbericht 140; 142
Kommunikationsfähigkeit 12; 180; 208
Kommunikationsform
   Auswahl 40
Kommunikationshandlungen 129
Kommunikationshilfen 25; 36; 48ff.; 55; 57ff.; 63; 67ff.; 76; 117; 128; 160; 254; 322
   Auswahl 67; 105
   batteriebetriebene 48
   computergestützte 52
   Kosten 73
   traditionelle 51
Kommunikationspartner 40
Kommunikationssituation 146; 203
Kommunikationssysteme 12; 123

Anwendung 43
Kommunikationstafel 25; 33; 35; 43; 46; 61f.; 72; 75; 206f.; 221; 255f.; 262ff.; 275; 316; 334; 352; 357
   Gestaltung 35
   situationsorientierte 258
Konditionierung 185
Kontaktfähigkeit 120
Kontaktlinsen 93
Kontaktpersonen 115
Kontext 294
körpereigene Kommunikationsformen 18
Körperhaltung 55
Korrektur 332; 338
Kosten 73; 359
künstliche Sprache 48; 58f.; 72

Lähmung 276
Laptopcomputer 69
Lautäußerungen 128
Laute
   digitalisierte 57
Lauterkennung 31
Lautsprache 10; 11; 13ff.; 24; 58; 79; 81; 84; 87; 159; 170; 206; 210; 240; 254; 277; 295; 304f.; 340; 344ff.
   Alternativen 116
   Entwicklung 11
   innere 284
   schwer verständliche 84
   Verständlichkeit 160
   Verständnis 307
Lebensqualität 110
Lehrer 15
   Anforderungen 242
Lehrinhalte 110
Lehrpersonal 355
Lernerfolg 90
Lernfähigkeit 91
Lernkurven 200
Lernmuster 83
Lesefähigkeit 276
Lexigramme 32; 45f.; 160; 227
lexikalische Formen 217
Lichtstrahl 50; 61
linguistische Verwendung 35
Lückenfüllen 298

Makaton 30; 269ff.
Markierungen 166; 168; 169; 176
mean length of Utterance (MLU) 131
Memowriter 43
Metafähigkeiten 197; 199
Minspeak 57; 264; 267
Minsymbole 58
Mißverständnisse 310; 337f.; 358
Mit-den-Augen-Zeigen 61
Mitteilungsheft 323
Mobilität 69; 256

Modelle 348
Monitor 48
Morsezeichen 18
Motivation 120; 175; 205
motorische Behinderungen 258
motorische Fähigkeiten 122; 124; 193; 199; 201; 219
motorische Störungen 84; 86; 111; 128; 156
Muskelkontraktionen 65
Muskeltonus 85
Mutismus 90; 121
Muttersprache 163; 321

Nachahmung 192; 193; 197ff; 200
natürliche Lernanlässe 149; 150
Nichtexistenz 282
nichtsprechend 14
Normbereich 112
Norwegische Gebärdensprache 19

Opazität 224
Orthographische Schrift 36

Paget-Gorman-Gebärdensystem 19
Partizipationsmodell 151
Partnerscanning 72; 74; 201; 257
Partnerstrategien 322; 327
Passivität 108; 241
PCS 14; 17; 25; 34; 39; 45f.; 52; 169; 228; 316; 352
Peabody Rebus Reading Program 30
Personalcomputer 51; 60
Personennamen 36
Perspektive 306
phonologisches Bewußtsein 277
physisch-motorische Störungen 122
PIC 14; 17; 25; 27; 34; 39; 41f.; 45f.; 52; 74; 167; 179; 222f.; 230; 266f.; 296; 352
Pictogram Ideogram Communication, siehe PIC
Picture Communication Symbols, siehe PCS 29
Pidginsprachen 337
Piktogramme 227
pivots 287; 288
Premack-Wortbausteine 18; 37; 40ff.; 47; 222; 228; 231
Problemlösungsstrategien 163
Prognose 126

Quasselkiste 58

Radikale 21
Rahmenstruktur 155ff.; 166; 169
Raten 330
Rebus 30f.; 41; 52; 227f.; 266f.; 279; 324
Rechtschreibung 26
Reichweite 70
Reizselektion 223

Reizumfeld 162
Rett-Syndrom 63; 89; 101ff.; 126; 158; 162; 210
Reynell-Skalen 133; 304; 307
Reynell-Sprachtest 112
Rollenspiele 264; 324; 325
Rollstuhl 256
Routinetätigkeiten 312; 313

Satzbildung 359
Sätze 291; 302
   fertige 302
Satzkonstruktion 25; 308
Satzkontur 292
Satzstellung 288
Scanning 49; 50f.; 54f.; 65; 70f.; 201; 230; 261
Schalter 65f.; 70; 122; 133
Schlafmangel 261
Schreiben 52
   Briefe 52
Schrift
   ideographische 21
   normale 55
   orthographische 36
Schriftsprache 276; 284
Schule 119
   Wechsel 139
Schulmeister 78
Seeing Exact English 17
Sehbehinderte 47; 221
Sehstörungen 92
Sehvermögen 100
Selbstachtung 110
Selbständigkeit 215
Selbsthilfe 116; 271
Selbstversorgung 119; 121
Selektion 49; 70; 261
semantische Beziehungen 281
semantische Elemente 22
semantische Rollen 283; 295; 297f.
semantische Verdichtung 57
sensorisch-motorisches Stadium 192
Signale
   nichtverbale 335
Signalzeichen 164; 171; 212; 233; 244; 250; 274; 299
Signed Norwegian 17
Sigsymbole 32
Situationen 155
   natürliche 166
   strukturierte und unstrukturierte 188
Situationspläne 312
situative Hinweise 157; 318; 319
situativer Kontext 256
Sitzhaltung 122
Skripts 312; 313; 316
Software 52
Sonderschulen 113

soziale Fähigkeiten 116; 138
Sozialisation 309
spezielle Trainingssituationen 149; 150; 152; 154; 170; 172; 185; 194; 256
Spiele 123
   hilfsmittelunterstützte 54
Sprache
   digitalisierte 59; 69; 73; 106; 260
   künstliche 48; 58f.; 69; 72; 222
   synthetische 58; 59; 277
   vereinfachte 346
Sprachentwicklung 34; 68; 100; 116; 309; 340
   frühe 270
   verzögerte 210
Sprachentwicklungsstörungen 89; 90; 94; 107; 318
Spracherwerb 86; 146; 148; 187; 192
Sprachfähigkeit 92; 106; 114; 242
Sprachformen 307
Sprachproduktion 281
Sprachstörungen 82; 130
   entwicklungsbedingte 88
Sprachstruktur 281; 288; 290
Sprachsynthese 18; 19
Sprachsynthesizer 55
Sprachtherapie 11
Sprachverständnis 11; 72; 80; 87; 128; 131; 132; 134; 146; 240; 305; 345
Sprecher 14
Sprecherwechsel 335
Sprechfähigkeit 345
Sprechunterricht 83
Stammeln 89
Standardsituationen 114
Standardwerte 112f.
Standard-Wortschatz 275
Stillsitzen 193; 194; 195
stimmliche Äußerungen 85
Störungen
   entwicklungsbedingte 10
   motorische 128; 156
   physisch-motorische 122
Stottern 295
Strategie
   bereichsorientierte 254; 262
Strichzeichnungen 34
Strichzeichnungen 36; 45
Struktur
   ritualisierte 190
   situationsspezifische 157; 158
Strukturen
   horizontale 291
   vertikale 291; 292
strukturiertes Warten 185; 186
Strukturierung 155; 157; 169; 189; 312f.
Stützer 201; 203f.
Symbole 62
Symbolsysteme 14

Syntax 19; 38; 89; 98; 284; 288; 295; 304
synthetische Sprache 58; 59

Tagesablauf 155
Tagesbetreuung 127
Tagesstruktur 155f.; 176f.; 189
Tagesüberblick 117
Tagesuhr 117ff.
Tastaturen 63
Tasteindrücke 232
Tastzeichen 18; 37ff.
Tätigkeitstafel 297
Telegrammstil 347
Telekommunikation 60; 326
Terminologie 14
Testprofile 113
Tests 111
Texttelefon 326
Thema und Kommentar 336f.
Thema-Kommentar 294
Tonbandaufnahmen 59
Tonfall 59
totale Kommunikation 104; 161; 307
Training
   motorisches 199
   vorbereitendes 192
Transluzenz 224f.; 231
Transparenz 225; 231

Überinterpretation 86; 104; 134; 147; 345
   strukturierte 161; 172
Überselektion 230
Übertragung 152
Umfeld 139; 146; 148; 348
   Anpassung 344
   sprachliches 343f.
Umfeldstrategien 322
Umschreibung 226; 339
Umwelt-Steuerungssysteme 52
Unruhe 196
Unselbständigkeit 330
Unterricht
   Dauer und Ort 154
   Erwartungen 239
   expliziter 162
   geplanter 149
   impliziter 162; 163
   Probleme 106
   spontaner 149
   strukturierter 217
   versuchsweiser 116
   Voraussetzungen 192
   Zeitbedarf 107
Unterrichtsmethoden 242
Unterrichtssituation 137; 146; 148f.; 152; 154
   ritualisierte 184
   Strukturierung 188
Unterrichtssituationen 343
Unterrichtsstrategien 161

Unterstützte Kommunikation
   Besonderheiten 73
   Definition 17
   unterschiedliche Funktionen 79
   Zeitbedarf 74; 77
   Zielgruppen 79
Unterstützung 127
Untersuchungsverfahren 110; 111

Validierung 203
Verallgemeinerung 108; 316
Verantwortungsbereiche 144
Verdichtung 57
Vereinfachungsstrategie 327
Verhalten
   gewohnheitsmäßiges 173
   nichtverbales 55
   problematisches 174
   vorausschauendes 176; 244
Verhaltensabläufe 193; 196
Verhaltensauffälligkeiten 107
Verhaltensstörungen 116; 190
Verhaltensweisen
   problematische 119
Verneinung 282; 298
Verschwinden 282
Verständnisfähigkeit 189; 209; 231; 339; 346
Verständnisschwierigkeiten 111
Verständnistraining 209f.; 270
Verständnisunterricht 164; 166f.; 170f.; 246f.
Versteckspiel 54
versteckte Fähigkeiten 202
Verstehenskrisen 337
versuchsweiser Unterricht 116
Vervollständigungsaufgaben 299; 306
Videoaufnahmen 115; 357f.
Vineland Adaptive Behavior Scale 114
vocables 130
Voraussagefähigkeit 55f.
Voraussagen 329
Voraussagesysteme 58; 278
Vorstrukturierung 149

Wahrnehmung 221f.
   visuelle 92; 100
Wahrnehmungsstörungen 123
Warten
   strukturiertes 185f.
Wechsler Intelligence Scale for Children
   (WISC) 88
Wiedererkennungsquote 225
Wiederholungen 215
Wo ist Blob 54
Wochentage 156
Word Strategy 267
Wortbedeutung 29; 357
Wörter
   Erwerb 281
   für innere Gefühle 237

   für Objekte 237
Wortschatz 34; 43; 46; 55; 58; 98; 100; 242f.; 262; 265; 285; 287
   Erweiterung 246
   vorgefertigter 268; 271; 275
Wünsche 177

Zeichen 136; 161; 290; 345
   Ähnlichkeit 234
   allgemeine und spezifische 211
   Auswahl 242
   Eigennamen 250
   erste 205
   Gebrauch 164
   graphische 34; 39f.; 43; 45; 81; 170; 171; 179; 208; 219; 227; 229; 276; 284; 305; 319; 344; 348; 357f.
   greifbare 37f.; 40; 47; 171; 231; 345; 349
   Größe 221
   ikonische 231
   Kategorien 290
   Kombinationen 265
   linguistische Funktion 46
   mehrere 281
   Suchstruktur 263
   symmetrische 221
   transluzente 226
   Unterschiede 247; 249
   Verwendung 172
   Zugriff 261
Zeichenbrett 18
Zeichengebrauch
   Erweiterung 251
Zeichensystem
   Auswahl 39; 68
Zeichenverständnis 187
Zeichenverwendung
   ausdrucksorientierte 210
Zeichenwörterbuch 253f.
Zeichenwortschatz 208; 285; 288
   Erweiterung 253
Zeichnungen 227
Zeigen 61f.; 122; 133; 261; 357
   Genauigkeit 70
Zeiger 50
Zeigestock 61
Zerebralparese 70; 80; 84f.; 275; 324; 330
Zielgruppen 79
   Behinderungsformen 84
zufälliges Lernen 345
Zuhörer 14
Zuordnungsaufgaben 42
Zuordnungsfähigkeit 192
Zuordnungsübungen 41
zusammengesetzte Begriffe 232